이론과 실무를 폭넓게 서술

자동차사고로 인한
손해배상의 책임과 보상

법학박사 박영민 著

이론과 실무를 폭넓게 서술한 자동차보험 전문서!!!

대한민국 법률지식의 중심
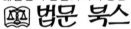 법문 북스

머 리 말

　오늘날 자동차사고로 인한 인적 손해에 있어서 법률적용 및 의학적 적용을 함께 할 수 있는 전문적 인력은 많지 않다. 법률 전문가는 의학지식이 부족하고, 의학전문가는 법률적 지식이 부족하며, 두 가지 지식을 함께 가지고 있다 하더라도 그 적용에 지식이 부족하기 때문이다. 필자는 법조인도 아니고, 의학전문가도 아니면서 감히 자동차사고로 인한 손해배상의 책임과 보상이라는 제목으로 졸저를 쓴다. 이러한 용기는 2000년 7월부터 현재까지 자동차사고로 인한 인적 손해배상 실무에 종사하고 있었기 때문이고, 그 동안 배웠던 지식을 누구에겐가 체계적으로 전달하고 싶어서 이다.

　자동차사고로 인한 인적 손해에 관한 손해배상과 관련하여 지난 12년 간 7편의 논문을 써서 학회지에 게재 했다. 손해배상 책임론과 관련하여 "자동차사고로 인한 자배법상의 책임", "자동차손해배상보장법상의 타인성에 관한 연구", "자동차손해배상보장법상 운행자의 의미", "무단운전과 절취운전에 있어서 보유자책임의 한계"라는 주제로 발표했고, 손해론과 관련하여 "자동차사고와 민사상 책임분담", "자동차사고로 인한 인적 손해에 있어서 손해배상의 범위", "자동차사고로 인한 인적 손해에 있어서 과실에 관한 비판적 고찰"이라는 주제로 한양법학회, 한국재산법학회, 법학논총 등에 발표했다. 손해배상과 관련한 쟁점에 대하여 그 동안 발표했던 논문들을 한 곳으로 엮어서 이제 자동차사고로 인한 손해배상에 관심이 있는 분들에게 전달하고 싶다.

　손해배상 책임론은 자동차사고로 인한 인적 사고에 있어서 손해배상 책임이 있는가 없는가의 문제이고, 손해배상 범위론은 책임이 있다면 어느 정도까지 인가에 대한 문제이다. 책임론은 자동차손해배상보장법 제3조가 그 핵심이고 그 조건부 상대적 무과실 책임주의를 취하는 법률 조문의 이해가 필요하다. 손해배상의 범위론은 소득, 과실, 장해로 이루어

지는 상실수익의 계산이 그 기본이라 할 수 있다. 이 책은 자동차보험사의 대인보상 실무 직원, 보험모집 종사자, 교통사고로 중, 경상의 상해를 입은 피해자, 그 외 자동차를 보유하고 있는 자로 교통사고 손해배상에 관심이 있는 사람에게 필요할 것이다.

끝으로 이 책이 나올 수 있도록 도와주신 은사님이신 한양대학교 법학전문대학원 조성민 교수님, 원광대학교 법학전문대학원 김일룡 교수님, 국가보훈처 윤명석 박사님, 국회에 계신 이로문 박사님께 깊은 감사드린다.

2012.10. 저자 올림

< 차 례 >

제 1 편 책 임 론

제 2 편 손해론

< 부 록 >

[제 1 편] 책 임 론

제 1 장 서 론

제 1 절 연구의 목적

현대사회에서 자동차는 우리의 삶에 필수적인 역할로 자리 매김한다는 사실은 누구도 부인할 수 없을 것이다. 교통수단의 발전이 우리 사회생활과 경제성장에 크게 기여한 것은 두말할 나위가 없다. 이 같은 과정에서 자동차 기술의 비약적 발전과 폭발적인 증가를 가져왔고 이제는 자동차 생산 세계 제5위의 자동차 대국으로 성장하게 되었다. 원시적 형태의 교통수단에서 비롯하여 이제는 상상을 초월하는 고속의 교통수단이 등장하게 되었고, 특히 육로운송수단인 자동차 부문의 급성장은 특히 주목할 만하다. 그러나 그로 인하여 적지 않은 문제가 발생하였는데 교통사고 문제가 대표적이라 할 수 있다. 폭발적 자동차 사용의 증가는 사고의 위험성을 고도화시켜 인적, 물적, 정신적 손해를 가하는 흉기로 인식되어 있는 실정이다.

자동차사고는 자동차의 운행으로 말미암은 필연적 소산으로서 사고의 발생원인, 도로상황, 자동차의 속도, 운행자의 주의상태 등에 의하여 복합적인 원인에 의하여 발생한다. 대부분 순간적이고 쌍방의 과실에 의하여 발생하며, 가해자도 부득이한 실수에 의하여 사고를 야기한 경우가 일반적이므로 가해자나 피해자 모두가 피해자라는 것을 가지는 특수한 면1)이 있다. 이러한 순간적인 사고는 가해자 및 피해자의 구분을 쉽게 알 수 없을 뿐 아니라, 공평한 책임관계를 정하기가 쉽지 않고, 가해자와 피해자 모두를 구제해야 할 필요성을 가진다. 그래서 자동차 사고는 일반불법행위와는 근본적으로 달리 접근해야 할 필요성이 있다. 즉 가해자의 책임을 부과시키는 문제보다는 피해자에게 공평, 신속, 타당한 배상을 할 것인가가 중요한 과제로 등장하게 되고 가해자 역시 사회적, 경제적으로 반드시 구제해야 하는 문제가 발생하

---

1) 椎木綠司, 自動車事故損害賠償の理論と實際, 有斐閣, 1979, 37-38頁.

게 된다.

　따라서 자동차 사고에 있어서 손해배상책임을 논하지 않을 수 없게 되었는데 민법의 불법행위의 규정으로 피해자의 충분한 구제가 불가능하여 1963년 4월 4일 법률 제1314호로 자동차손해배상보장법이 제정되었고, 동년 6월 1일 시행되었다. 자동차 사고로 인한 민사책임의 문제는 크게 손해배상책임의 발생요건, 손해배상책임의 범위, 입증책임의 문제이다. 손해배상책임의 요건에 있어서 운행자의 개념을 도입시켰고 민법과는 다른 요건체계를 구성하고 있으며, 입증의 문제에서도 상당부분 운행자에게 전가시켰다. 다만 책임의 범위에 대하여는 민법의 규정을 준용하도록 규정하고 있다.

　본 편에서 연구의 목적은 자동차손해배상보장법 제3조에서 규정하고 있는 손해배상책임의 주체, 인과관계, 타인성 및 면책사유에 대하여 연구하여 자동차 사고로 인한 손해배상책임체계를 새롭게 구성하고자 하는 것이다. 특히 손해배상책임 주체에 대한 새로운 개념인 운행자에 대하여 14가지 형태로 유형화하여 분석적으로 접근하고자 하였다.

제 2 절   연구의 범위 및 방법

　자동차 사고가 발생하여 손해를 입은 경우 법적 쟁점은 손해배상책임의 요건, 손해배상의 범위, 입증책임이다. 자동차사고 발생시 가해자, 피해자 모두를 위한 해결책을 규정한 자동차손해배상보장법 제3조의 규정을 살펴보면 손해배상책임의 발생요건을 규정하고 있고, 동법 시행령을 보면 손해배상의 범위를 규정하고 있다. 입증책임에 관한 자동차손해배상보장법상 규정은 없으나 동 법률의 해석을 통하여 민법과는 다른 입증책임의 구조를 정착시키고 있다. 본 편에서는 자동차 사고로 인한 대인배상 문제의 해결을 위한 세 가지 쟁점 중 손해배상책임 발생의 요건에 국한하고자 한다. 현실적으로 손해배상의 범위가 어디까지인가가 가장 중요한 관점으로 떠오르고 있다. 또한 입증책임의 문제도 실정법상의 규정이 없는 한계가 있어 좀 더 많은 판례를 통하여 기준이 형성되어야 할 일이 남아 있다. 그러나 요건론에 해당하는 자동차손해배상보장법 제3조에 관한 연구가 아직까지 미흡한 것도 사실이다.

따라서 동법 제3조를 연구하고자 하는 것이 본 편의 의도인바 제2장에서 자동차사고의 발생에 있어서 적용될 법률 검토 및 외국에서의 법률관계는 어떠한지 알아보고 제3장에서 자배법상 손해배상책임의 주체인 운행자에 대하여 살펴보도록 한다. 제4장에서 자동차 사고와 손해와의 인과관계에 대하여 알아보고 제5장에서 손해배상책임의 객체인 타인성에 대하여 알아보고 제6장에서 손해배상책임의 면책사유를 검토하였다.

제 2 장 자동차사고에 관한 일반론

제 1 절 서 설

자동차사고에 있어서 그 문제를 해결하기 위하여 수많은 문제를 검토해야 하는 바 대표적으로 법률적용 및 자동차종합보험 약관의 이해가 필요하다. 실제 사고가 발생하였을 때 어떤 법률이 어떤 순서로 적용되는지 이해해야 할 뿐 아니라, 종합보험에 가입되었다 하더라도 어떤 약관이 어떤 항목에 적용되는지, 적용된다면 어디까지 적용되는지는 사고가 발생한 당사자에게는 중요한 문제가 아닐 수 없다. 자동차사고는 그 어느 누구도 의도하지 않고 누구에게도 발생할 수 있기 때문에 그 적용 법률과 적용 약관에 대하여 체계적으로 이해하는 것은 참으로 중요하다고 할 수 있다. 따라서 본 장에서는 각각의 자동차사고에 따른 적용 법률과 적용약관에 대하여 살펴보도록 한다. 또한 외국에 있어서 자동차사고의 처리과정을 검토하여 우리나라의 제도와 비교 분석하도록 하여 어떤 점이 우월한 제도인지도 아울러 알아보도록 한다.

제 2 절 손해배상책임의 법적 근거

Ⅰ. 우리나라

우리나라에서 자동차사고로 인한 손해배상책임의 일반적인 법적 근거로서 민법 제750조 이하를 들 수 있다. 이에 의하면 피해자가 손해의 배상을 청구하는 경우 가해자의 고의, 과실이라는 요소가 중요한 의미를 갖는 바, 이는 우리의 책임체계가 과실 책임에 근거한 때문이다.

민법 제750조에 근거하여 손해배상책임이 성립하기 위해서는 몇 가지 요건이 충족되어야 하는데, 첫째로 가해자 자신이 피해자에게 손해를 야기 시키는 행위를 해야 한다. 즉 가해행위가 존재해야 하고 가해자의 가해행위로 손해가 발생하여야 한다. 둘째로 가해행위와 발생한 손해 사이에 인과관계가 존재해야 한다. 셋째로 가해자에게 고의, 과실 및 책임능력이 존재해야 하고 넷째로 위법성 여부가 그 요건이라 할 수 있다.

한편 자동차사고 손해배상책임을 근거지우는 또 다른 법적 근거는 자동차손해배상보장법에 따른 것이다. 이는 자동차운행자의 책임 및 책임보험의 가입강제를 규정한 것으로 책임주체인 운행자의 과실과 직접 연결되지 않는 위험책임의 일종이다. 즉 자기를 위하여 자동차를 운행하는 자가 그 자동차의 운행으로 말미암은 타인의 인체손해에 대한 무과실에 가까운 손해배상책임을 지는 것을 말한다.

II. 독일

독일에서는 자동차사고로 인한 손해가 발생했을 경우 두 가지 제도에 의하여 손해배상의 청구가 가능하게 되어 있다. 하나는 BGB 제823조에 근거한 과실책임에 의한 것이고,[2] 다른 하나는 도로교통법(StVG) 제7조, 제17조에 근거한 위험책임을 들 수 있다.[3] 이러한 제도에 의해 피해자는 손해에 대한 구제를 받을 수 있는 가능성이 확대되었다고 할 수 있고 양 제도는 청구의 법적 기초를 달리 하는 만큼 몇 가지 점에서 그 차이를 보이고 있다. 즉 피해자가 과실책임에 근거하여 손해배상청구를 하는 경우라면 다음의 두 가지 점에서 위험책임에 근거하는 경우보다 더 큰 이점을 가지게 된다. 그 첫째는 피해자가 과실 있는 운전자에게 무제한으로 책임을 지게 할 수 있다는 것이고, 둘째는 피해자의 부상 시 등에 위자료의 청구가 가능하다는 점이다. 그러나 반대로 과실 책임에 의할 경우 불리한 것은 피해자에게 입증책임이 부과된다는 점이다. 즉 피해자가 가해자에게 과실이 존재한다는 사실을 피해자가 충분히 입증하지 않으면 안 될 것이고 이를 충분히 행하지 않은 경우에 패소하여 손해배상을 받을 수 없게 된다.
한편 독일의 도로교통법상의 위험책임이라는 것은 자기의 지배영역에서 확실한 위험을 야기한 데에 대한 책임을 지우는 것을 말한다. 이는 그가 야기한 상태가 손해의 발생과 밀접한 관련이 있다는 사실에 근거를 두고 있다. 이러한 위험책임의 인정근거에 대하여 이익설과 위험설이 대립하고 있는 바,

---

2) 독일민법 제823조는 타인에게 불법하게 손해를 끼친 자는 손해를 배상할 의무를 진다고 규정하고 있다. 이러한 경우 책임의 전제로서 고의 또는 과실이라는 두 가지 형태가 존재하여야 하는데, 교통법규가 적용되는 범위에 있어서는 고의적으로 초래한 사고는 거의 그 역할을 하지 못하므로 따라서 이 경우에는 과실의 경우에로 제한되게 된다.

3) Becker / Boehme, Kraftverkehrs-Haftpflicht-Schaeden, 19. Aufl., Heidelberg, 1994, S.1 ff. 유승훈, 자동차사고와 민사상 책임분담, 법률신문사, 1995, 13면, 재인용.

이익설은 자기의 이익을 위하여 행동하는 자는 그에 대하여 발생한 손해도 부담해야 한다는 사실에 책임의 기초를 두고 있다. 한편 위험설은 책임의 기초를 위험의 창조에 두고 있는 입장으로 위험산업 및 고속교통기관 등의 활동으로 인하여 타인에게 비 통상적인 위험을 야기한 경우 과실이 없더라도 그로 인해 발생된 손해에 대해 책임을 부담해야 한다는 입장이다. 이러한 위험책임이론에 입각하여 자동차사고를 살피건대 차량은 그의 운행이 위험성향을 지닌 위험한 이동수단이므로 위험책임의 주체가 되는 것이다.

제 3 절 자동차사고에 있어서 법률적용

Ⅰ. 서언

자동차사고로 인하여 가해자가 부담하는 책임의 종류는 크게 민사책임, 형사책임, 행정책임으로 분류된다. 이 중 민사책임에 대하여는 피해자 역시 피해자 과실부분 만큼 책임을 지게 되나 형사책임 및 행정책임은 면제된다. 본고는 민사책임에 대한 부분만 한정하여 검토하는 만큼 민사책임의 발생에 따른 법률관계를 주로 살펴보고자 한다. 자동차사고로 인하여 민사책임의 문제는 크게 세 가지로 구분하여 이해하는 것이 필요한바 그것은 첫째, 손해배상책임발생의 요건은 무엇인가의 문제이며 둘째, 책임의 범위는 어디까지로 할 것인가의 문제이고 셋째, 입증책임은 누가 지는가의 문제이다. 자동차사고의 종류는 크게 네 가지로 분류가 가능한바 첫째는 대인사고, 둘째는 대물사고, 셋째는 자손사고, 넷째는 자차사고이다. 최근에는 무보험차로 인한 사고 및 자상사고의 경우도 문제되나 크게는 네 가지로 대별된다.

가장 중요한 대인사고에 관하여 손해배상책임발생의 요건은 민법의 특별법이라 할 수 있는 자배법 제3조의 규정에 의하고 운행자 책임이 등장한다. 손해배상의 범위와 방법은 민법의 규정에 의한다. 대물사고는 기본적으로 민법이 적용되어 손해배상책임발생 요건은 민법 제750조의 적용을 받고 손해배상의 범위도 민법의 손해배상에 관한 규정이 적용된다. 다만 2003년 8월 21일 자동차손해배상보장법 및 동시행령에서 대물보험도 가입이 강제되도록 법령이 신설되었다. 자손사고는 손해배상책임이 아니기 때문에 자동차 종합보험에 가입되어 있음을 전제로 상법 보험편이 적용되고, 자차 사고 역시 손해배상책임이 아니기 때문에 자동차 종합보험에 가입되어 있음을 전제로 역시 상법 보험편이 적용된다. 그러나 이 모든 사고에 대하여 자동차 종합보험에 가입되어 있는 경우에는 상법 및 보험업법 그리고 보험약관이 유기적으로 복잡하게 적용된다. 또한 사고의 내용에 따라 형사책임 부분에 대하여는 형법 및 교통사고처리특례법이 적용되고, 행정책임 부분에 대하여는 관련 행정법규가 적용된다.

Ⅱ. 대인사고시의 법률관계

자동차의 운행으로 인하여 타인이 사망하거나 부상하였을 경우에 사망이나 부상에 대한 손해배상책임을 지는 사고를 대인사고[4]라 한다. 기본적으로 자동차사고는 민법상의 불법행위에 속한다. 따라서 민법의 제750조 "고의 또는 과실로 인한 위법행위로 타인에게 손해를 가한 자는 그 손해를 배상할 책임이 있다"라고 하는 규정의 적용을 받게 되나 자동차사고의 특수성으로 인하여 일정 부분은 민법의 적용을 받게 되고 일정 부분을 자배법의 적용을 받게 된다. 이러한 적용상의 분리는 민법만으로는 자동차 사고 피해자의 구제에 미흡하여 일정부분 자배법의 적용을 받게 하여 피해자 구제에 용이함을 위해서라 할 수 있다. 그 내용 중 가장 중요한 것은 입증책임의 전환이라 할 수 있다. 근대민법의 3대 원칙이라 할 수 있는 소유권 절대의 원칙, 계약자유의 원칙, 과실 책임의 원칙 중 과실 책임의 원칙이 자동차사고의 특성으로 인하여 무과실책임 내지 조건부 무과실책임의 원칙으로 전환되었다. 자배법의 본질적 특색은 자동차운행자의 대인사고 발생시 인적 손해에 대한 일정한 배상을 함으로써 피해자를 구제하고, 더 나아가 가해자의 사회활동을 용이 하도록 함이 자배법의 제정 취지라 할 수 있다.[5] 따라서 대인사고에 대하여 자기를 위하여 자동차를 운행하는 자의 손해배상책임발생의 요건은

---

4) 대인사고에 대하여는 기본적으로 자배법 제3조에서 책임의 주체 및 요건, 입증책임이 정하여지며 손해배상의 범위 및 방법은 자배법 4조에 의거 민법의 규정에 의한다. 그리고 이것은 기본적인 법률규정을 살펴본 것이고 구체적인 손해배상에 있어서 자동차 종합보험에 가입되어 있는 경우가 대부분이며 이로 인하여 자배법 및 교통사고 처리특례법, 상법, 보험업법, 보험약관 등이 복잡하게 적용된다. 藤村和夫·山野嘉朗, 交通事故賠償法, 日本評論社, 1999, 9-11頁.
5) 이 취지를 달성하기 위한 법제로서 여러 가지가 개발되었는데 우리나라는 '위험책임의 도입'과 '책임보험에의 가입강제' 라는 방법을 쓰고 있다. 즉 손해배상청구권의 발생을 가해자의 과실과 연결시키지 않고 자동차 사고와 일정한 관련이 있는 자에게 위험책임을 인정하고 이를 기초로 그 책임 주체에 책임보험의 가입을 강제하여 귀책사유를 묻지 않고 일정범위의 보상액을 신속히 보상받도록 한다. 이은영, 채권각론, 박영사, 2005년, 883면.

자배법 제3조가 적용되고 그 외에는 자배법 제4조에 의하여 민법이 적용되며, 가해자의 자동차보험 가입을 전제로 상법 및 보험업법, 보험사업자 및 피보험자간의 보험약관이 적용된다. 여기에서 자배법 제3조 외에 적용되는 민법의 내용을 검토하면 공동불법행위, 사용자배상책임, 법정대리인의 책임관계, 손해배상의 범위, 고의, 과실, 책임능력, 위법성, 과실상계, 손익상계, 손해배상청구권의 소멸시효, 권리의 혼동, 태아의 권리능력, 법인의 책임능력, 손해배상청구권의 상속 등이다.

대인배상에 있어서 손해배상책임의 주체는 자배법상의 운행자이다. 운행자에 대하여는 제3장 제2절에서 상술하겠지만 자기를 위하여 자동차를 소유, 사용, 관리하는 자라고 정의할 수 있다. 자배법은 자동차를 운전시킨 자가 자기를 위하여 자동차를 운행한 자이면 족하고 양자간의 사용관계나 사무집행에 관하여 등의 요건을 필요로 하지 않는다. 또한 운전자의 선임, 감독상의 주의의무를 입증하여도 책임을 회피할 수 없어 자동차 보유자는 사용자보다 훨씬 더 엄격하게 책임을 지게 되어 사실상 면책은 불가능에 가깝다 할 것이다. 더욱이 자배법은 운전자의 과실유무에 관계없이 피해자가 승객일 경우 피해자의 고의 및 자살행위를 입증하지 못하면 책임을 지도록 규정하고 있다.[6]

손해배상책임의 요건은 자기를 위하여 자동차를 운행하는 자가 그 운행으로 말미암아 타인을 사상케 하여야 한다. 자동차종합보험에 가입되어 있다면 사고 당시 보험계약이 유효하게 존속되고 있어야 하고 피보험자가 피보험자동차의 운행으로 인하여 타인을 사상하게 하여 자배법 등에 의한 손해배상책임을 짐으로써 손해를 입어야 한다. 배상책임보험의 본질상 배상책임을 짐으로써 입은 손해를 보상한다.

또한 입증책임의 전환과 관련하여 민법은 피해자가 가해자에게 손해배상을 청구할 때에는 가해자의 고의 또는 과실 및 책임능력과 위법성, 및 인과관계를 입증하여야 했다. 그러나 자배법의 적용으로 피해자는 자동차의 운행으로 인하여 피해자가 사망, 또는 부상을 입었다는 사실만 입증하면 운행자측에서 고의 또는 과실 유무를 떠나 일단 배상책임을 인정하고 운행자가 책임을 면하려면 일정한 면책요건을 주장 및 입증하여야 한다. 또한 피해자가

---

[6] 사용자가 피용자의 선임, 감독상의 주의의무를 다했을 경우에는 책임을 부담하지 않는다. 특히 피해자가 승객인 경우에 민법상의 사용자책임은 피용자의 불법행위를 전제로 책임이 발생하므로 피용자의 고의 또는 과실이 없으면 책임을 지지 않는다. 이 점에서 사용자책임과 운행자책임은 근본적으로 차이가 있다고 할 수 있다.

자배법의 적용을 청구하지 않더라도 민법의 특별규정이므로 대법원에서도 우선 적용하고 있다.7) 손해배상책의 범위는 기본적으로 피해자의 적극적 손해, 소극적 손해, 위자료로 대별되나 그 이론적 근거는 민법 제393조의 통상손해8)를 한도로 한다고 할 것이다. 다만 가해자가 알거나 알 수 있었을 경우에는 그 내용을 범위로 한다고 해야 할 것이다.

Ⅲ. 대물사고시의 법률관계

대물사고란 자동차사고로 인하여 타인소유의 물건이 파손된 것을 말한다. 이 경우는 대인사고와는 달리 손해배상책임발생 요건에 대하여는 자배법이 적용되지 않는다. 피해자 소유물의 배상을 위하여 특별법을 제정할 필요가 없다고 생각하는 것이 입법자의 의도라 볼 수 있다. 따라서 손해배상책임 발생 요건에 관하여 적용될 법률은 기본적으로 민법이다. 이 점에서 대인배상과 근본적인 차이를 보인다. 그러나 보험 등에의 가입의무는 대물사고도 의무보험으로 전환되었다.9) 대물사고로 인한 피해자도 신속한 보호를 필요로 하다는 것이 입법자의 취지이다. 그리고 전술한 바와 같이 모든 적용법리는 민법의 기본원칙에 의하고 민법 제750조의 일반불법행위의 규정에 의하여 처리되며 자동차종합보험가입을 전제로 상법의 보험편 및 보험업법, 보험자와 피보험자간의 보험약관이 적용된다. 보험약관상 보험회사는 두 가지 요건이 충족되었을 경우에 보상책임이 발생하는 바 그 첫째는 피보험자가 피보험자동차를 소유, 사용, 관리하는 동안 생긴 피보험자동차의 사고로 남의 재물을 멸실, 파손, 오손하여야 한다. 즉 반드시 남의 재물을 멸실, 파손, 오손한 사고라야만 보상책임이 발새하고 재물이라 함은 유체물 및 관리할 수 있는 자연력을 포함하며 경제적 가치가 있는 것을 말한다. 둘째로 이로 인하여

---

7) 대법원 1997. 11. 28, 선고 95다29390 판결
8) 대법원 2002. 9. 24, 선고 2000다30275 판결. "불법행위로 인하여 신체장애를 일으켜 노동능력을 상실한 피해자가 입은 일실수입손해는 원칙적으로 손해가 발생한 불법행위 당시의 소득을 기준으로 삼아 산정하여야 할 것이지만, 그 후 사실심의 변론종결시까지 사이에 일실이익의 기초가 되는 소득이 인상되었을 때에는 그 이후의 일실이익손해는 사실심의 변론종결시에 가장 가까운 소득을 기준으로 삼아 산정하여야 하고 이와 같은 손해는 불법행위로 인한 통상의 손해에 해당한다"고 판시하여 손해액산정기준에 새로운 기준을 제시하고 있다.
9) 2003년 8월 21일 자동차손해배상보장법 및 동시행령에서 대물보험도 가입이 강제되도록 법령이 신설되었고, 2005년 2월 21일부터 대물배상도 의무보험화되어 피해자 보호에 좀 더 적극적으로 제도가 변화하고 있다.

피보험자가 법률상 손해배상책임을 짐으로써 손해를 입어야 한다. 여기서 법률상 손해배상책임은 민법의 불법행위에 의한 손해배상책임을 말한다. 그러나 실제로 자동차 운행으로 인한 대물사고 발생시 분쟁해결 과정을 살펴보면 자동차종합보험 미가입시 가해자 및 피해자는 책임의 범위에 대하여 수많은 분쟁이 발생하고 있고 종합보험 가입시에도 여러 가지 문제점이 발견된다. 즉 배상범위가 계약의 내용에 따라 한정되어 있어 피해액이 보험가입금액의 범위를 초과할 경우 피해자는 보험가입금액을 초과하는 피해액에 대하여 가해자에게 개인적으로 청구해야 하는 문제가 발생한다. 또한 피해액이 보험가입금액의 범위 내라 할지라도 가해자의 배상책임 부분을 대행하는 보험자는 약관을 적용하여 보상하고 있는바 업무용 차량 및 영업용 차량은 피해물을 수리하는 동안 대차를 할 수 없을 뿐 아니라 대차료 및 휴차료 역시 실제 피해액과 현격하게 차이가 있어 문제로 대두되고 있다.10)

IV. 자손 및 자차 사고 시 법률관계

피보험자동차의 사고로 인하여 자기가 사망 또는 부상한 경우 그리고 자기 소유의 물건이 파손된 경우11)에는 불법행위 자체가 아니므로 민법이나 자배법이 적용될 여지가 전혀 없다. 다만 자기와 보험자간의 계약과 계약내용에 관한 문제이므로 보험계약에 관하여 상법 보험편, 보험업법, 보험자와 피보험자간의 보험약관이 적용되게 된다. 그러나 운행자 본인의 진료비에 대하여는 자동차보험진료수가에 관한 규정이 적용된다. 자동차 종합보험보통약관상 자손사고에 있어서 자동차사고라 함은 보험증권에 기재된 자동차를 그 용법에 따라 사용 중 그 자동차에 기인하여 피보험자가 상해를 입거나 사망하는 경우를 의미한다. 따라서 피보험자가 다른 차량에 충격되어 사망한 사고에서 자손보험금청구를 배척하는 것은 정당하다는 판결은 자손사고의 의

---

10) 또한 감가손해에 대한 약관상 지급기준은 2000년도 까지 없었다. 그러나 2000년도에 약관개정이 되면서 차량 출고 시 1년 이내의 차량에 한해 차량 전손가액의 30%이상의 수리비가 산출되었을 경우 수리비의 10% 범위 내에 지급하도록 개정되었으나 개정약관은 현실과 거리가 먼 것으로 지적되기도 했다. 2012년 10월 현재에는 사고로 인한 자동차(출고후 2년 이하 자동차에 한함)의 수리비용이 사고 직전 자동차가액의 20%를 초과하는 경우 출고 후 1년 이하인 자동차는 수리비용의 15%를 지급하고, 출고후 1년 초과~2년 이하인 자동차는 수리비용의 10%를 지급하는 것으로 개정하여 현실성 있게 변화하고 있다.

11) 자기차량보험계약에서 차량가액을 정하여 놓고 보험계약을 체결한다는 점에서 대법원은 이를 기평가 보험으로 보고 있다. 대법원 2002. 3. 26, 선고 2001다6312 판결

미를 정확히 이해하게 해주는 판결이라 할 수 있다.12) 한편 자손사고에 대하여 피보험자동차의 의미를 정확히 이해할 필요가 있는바 자손 사고라 함은 보험증권에 피보험자동차로 기재되어 있는 차를 그 용법에 따라 사용 중 그 자동차에 기인하여 피보험자가 상해를 입거나 사망한 경우를 의미한다.13) 한편 주취운전 중 자손사고에 대하여 보험자는 보험금지급책임이 없던 것이 기존의 약관이었고 판례였다.14) 그러나 자기신체 사고 자동차보험은 생명 또는 신체에 관하여 보험사고가 생길 경우에 보험자인 피고가 보험계약이 정하는 보험금을 지급할 책임이 있는 것으로서 그 성질이 인보험의 일종이라 할 것이므로, 그와 같은 인보험에 있어서의 음주운전 면책약관이 보험사고가 전체적으로 보아 고의로 평가되는 행위로 인한 경우뿐만 아니라 과실(중과실 포함)로 평가되는 행위로 인한 경우까지 포함하는 취지라면 과실로 평가되는 행위로 인한 사고에 관한 한 무효로 보아야 할 것이라는 대법원 판결이 있었다.15) 그래서 이 판결 이후 2000년도 개정된 약관에 의하면 자손사고의 경우에도 약관상 부책으로 개정되었다.

자차 사고에 대하여 전술하였듯이 피보험자와 보험자와의 계약내용이므로 보험약관이 적용된다. 급발진으로 인한 사고가 자동차 제조회사의 책임인지 여부에 대하여 아직까지의 법원의 판단은 아직까지 소극적이다.16) 제조물책임에 있어서 설계상의 결함이 있는지 여부를 판단하는 기준에 대하여 대법원은 '일반적으로 제조물을 만들어 판매 하는 자는 제조물의 구조, 품질, 성능 등에 있어서 현재의 기술 수준과 경제성 등에 비추어 기대 가능한 범위 내의 안전성을 갖춘 제품을 제도하여야 하고, 이러한 안전성을 갖추지 못한 결함으로 인하여 그 사용자에게 손해가 발생한 경우에는 불법행위로 인한 배상책임을 부담하게 되는 것인바, 그와 같은 결함 중 주로 제조자가 합리적인 대체 설계를 채용하였더라면 피해나 위험을 줄이거나 피할 수 있었음에

---

12) 대법원 2001. 9. 7, 선고 2000다21833 판결 ; 대법원 1989. 4. 25, 선고 88다카11787 판결. 그러나 기존 약관에서는 대인배상으로 보상받을 수 있는 금액은 자기신체담보 보험금에서 제외되었으나 2003년 1월 1일 개정약관에서는 대인배상으로 보상을 받더라도 실제 손해액 범위 안에서는 자기신체사고담보로 보상받을 수 있도록 하였다. 다만 2012년 10월 기준으로 현재 시행되고 있는 보험약관을 살펴보면 과실상계 및 보상한도를 적용하기 전의 금액인 실제손해액에서 대인배상 Ⅰ,Ⅱ에서 보상받을 수 있는 금액 및 배상의무자 이외의 제3자로부터 보상받은 금액은 공제하도록 되어 있다.

13) 대법원 1989. 4. 25, 선고 88다카11787 판결

14) 서울민사지법 1990. 8. 30, 90가합33955.

15) 대법원 1998. 3. 27, 선고 97다48753 판결 ; 대법원 1998. 4. 28, 선고 98다4330 판결

16) 대법원 2004. 3. 12, 선고 2003다16771 판결

도 대체설계를 채용하지 아니하여 제조물이 안전하지 못하게 된 경우를 말하는 소위 설계상의 결함이 있는지 여부는 제품의 특성 및 용도, 제조물에 대한 사용자의 기대와 내용, 예상되는 위험의 내용, 위험에 대한 사용자의 인식, 사용자에 의한 위험회피 가능성, 대체 설계의 가능성 및 경제적 비용, 채택된 설계와 대체설계의 상대적 장단점 등의 여러 사정을 종합적으로 고려하여 사회통념상 판단하여야 할 것이다'라고 기준을 제시하고 있다.17)

V. 결어

자동차사고 발생시 적용할 법률관계는 복잡다기하게 전개되고 자동차사고 발생시 사고 당사자는 구체적인 법률적용에 대하여 이해하기란 쉽지 않다. 이로 인하여 자동차보험이 탄생되었고 사고처리에 대하여 보험사에 위임하는 것이 일반적인 사고처리 관행이다. 보험사에서 사고 처리하는 과정에서 조차 배상책임의 유무와 손해액의 다소에만 관심을 둘 뿐 구체적인 법률적용에 대하여 이해하고 처리하는 예는 극히 드문 것이 현실이다. 그러나 자동차사고로 인한 민사상 손해배상문제는 민법 및 자배법이 주로 적용되고 보험업법, 보험계약법, 자동차보험 약관 등이 복합적으로 적용됨을 이해할 필요가 있고, 특히 우리나라와 같이 규범적 사고가 부족한 시민의식을 가진 경우에는 더욱 더 필요하다 할 것이다. 그래야만 원만한 사고처리 뿐만 아니라 적정한 손해배상으로 사고 당사자 모두에게 신속한 사회로의 환원을 보장할 수 있을 것이다. 그리고 자동차사고와 관련하여 독일의 위험책임 이론을 도입한 것은 매우 긍정적으로 평가 받을 만 하다고 볼 수 있다.

제 4 절 자동차사고에 있어서 조건부 무과실 책임 주의의 도입

I. 서언

역사적으로 손해전보의 형태는 다양한 형태로 전개되어 왔다. 특히 근대사회 성립이후에는 불법행위법이 그 근간을 이룬다고 할 수 있고, 불법행위 및 그에 따른 손해배상책임의 목적은 개인의 위법한 행위에 대한 응보를 1차적 목적으로 하는 형사책임과는 달리, 사회생활에서 생기는 손해를 적정하게 분

---

17) 대법원 2003. 9. 5, 선고 2002다17333 판결

배함에 있다. 이러한 불법행위는 타인에게 손해를 가하는 위법한 행위를 말하는바 인간의 공동생활 자체가 가지는 이률 배반적 특성에 더하여 현대 산업사회에서의 집단피해가 증가됨에 따라 오늘날 불법행위의 중요성은 크게 증대되었다.   민법은 불법행위에 대하여 극히 추상적인 제750조를 포함하여 전부 17개 조문으로 구성을 하고 있다. 그리고 이러한 태도는 실생활에서 발생하는 불법행위의 다양성, 복잡성에 비추어 지나치게 추상적이고 단순한 것이 아니냐는 의문이 생길 수 있다. 그러나 불법행위법이 계약과 무관한, 예기치 않은 손해를 전보하여야 하며, 보호법익 및 침해양상이 다양함에 따라 각종의 가해행위를 탄력적으로 포용할 수 있어야 한다는 점에서 긍정적으로 평가될 수 있다.

II. 과실책임의 지양과 무과실책임의 등장

영미법계에서는 종래 과실책임주의를 기본으로 하는 불법행위이론상, 배상책임의 부담을 정당화하기 위해서는 적어도 사회적으로 명백히 용납할 수 없는 반규범적 행위가 있어야 한다는 견해가 지배적이었다. 그러나 산업화가 고도로 진행된 후기 자본주의 사회에서 근본적인 도전을 받게 되었다. 왜냐하면 불법 행위자에게 경제적 타격이 없는 한 사회 전체의 차원에서가 아니라, 위험한 활동으로 이익을 얻는 자의 주머니에서 당해 위험이 구체화됨으로써 피해를 입은 자에게 배상토록 하는 것이 바람직하기 때문이다. 이 점에서 그 손해가 사회적 승인을 받지 못한 행위를 원인으로 하는 것이 아니더라도 마찬가지라는 논리가 주목을 받게 되었다. 이처럼 과실책임, 즉 귀책사유를 불법행위책임 인정을 위한 절대적 준거로 삼던 주장이 세력을 잃게 됨으로써 불법행위법의 모습은 크게 바뀌어 가게 되었다.[18]

그 배경을 살펴보면 종래의 개인의 창의와 자기책임원칙을 신봉하던 태도는 문제를 단체적 관점에서 대처해야 한다는 내용으로 변화하였기 때문이다. 이는 20세기 중엽의 인간이 인적, 물적 자원의 취득, 이용이라는 측면보다는 그 보존에 더 큰 관심을 보였기 때문이고, 이처럼 종래의 개인주의 대신 안전이 우리 시대를 특징 지워주기 때문에 과실책임론이 점차 빛을 잃어갔다. 대신 자동차, 항공기 사고나 가스, 전기, 수도, 원자력산업 등 고도의 위험이

---

18) Henry G. Manne, The Economics of Legal Relationships, pp144-145. 김성태, 자동차사고로 인한 인적손해보상제도 연구, 서울대학교 대학원, 1986, 46면, 재인용.

수반되는 분야에 있어서는 과실이 없더라도 책임을 지는 엄격책임원리가 그 중심적인 지위를 누리고 있다.

이러한 보통법상의 법리는 동물 점유자에게는 일찍부터 인정되어 왔고, 1868년 널리 알려진 Rylands v. Flectcher 판결로 확인된 이래 그 적용범위는 지속적으로 넓어졌다. 이 사건의 판결요지는 "개인이 자신을 위하여 그 소유토지에 위험을 야기할 수 있는 물건을 반입, 수집, 유지하는 경우에 이로 인하여 생긴 손해는 그 자신이 부담하여야 한다는 것이 진정한 법원칙이라 하겠다. 따라서 그는 사고가 생긴 때에 당해 위험물의 누출로 인한 모든 손해에 대하여 책임이 있는 것으로 추정된다. 그리고 그 책임을 면하기 위해서는 그 누출이 피해자측의 과실에 의한 것이거나 불가항력으로 발생한 것임을 토지 소유자 스스로 입증하여야 한다"[19]라고 하였고 이때부터 위험책임의 법리를 도입하기 시작했다.

한편 대륙법계에서는 특히 독일민법에서는 불법행위는 철저한 과실책임주의에 입각하고 있다. 즉 독일민법은 불법행위 유형으로서 고의, 과실이 인정되는바 무과실원리가 지배하는 행위유형은 애당초 불법행위의 영역에 포섭되고 있지 아니하였다. 그러므로 독일이 손해배상법은 이원적 구성원리에 터잡고 있는 것으로 이해하여도 무방할 것이다. 그리고 후자를 위험책임이라고 부르는데, 이는 민법전 외의 각종의 특별법으로 나타나고 있다. 그 가운데서도 자동차사고의 피해자의 두터운 보호를 위한 입법 노력은 좋은 본보기라고 할 수 있다. 아울러 그 요건의 결정은 입법자만이 할 수 있고, 해석론을 통하여 유추하지는 못한다고 하는 것이 정설이다. 오늘날 독일에서 입법적 근거가 마련되어 있는 위험책임의 유형으로는 다음과 같은 예가 있다. 자동차보유자책임, 철도사업자, 항공기사업자책임, 에너지 시설에 의한 사고, 원자력사고에 관한 책임과 수질오염에 관한 책임 등이 그것이다. 위험책임론이 사회경제적 의미는 책임을 지는 기업이 손해위험을 보험처리하고, 그 보험료를 자기제품의 가격에 반영하여 위험을 분산시키는데 있다고 한다.

---

19) 사실개요 : 피고는 자신이 경영하는 방앗간에 이용하기 위하여 자기의 토지에 저수지를 만들도록 명성 있는 건축업자에게 도급을 주었다. 그 후 공사가 완료되어 저수지에 물을 채우자 인근이 광산에 침수로 인한 피해가 발생하였는데, 그 원인을 조사해보니 저수지의 물이 원고의 광산으로 흘러든 때문이었음이 밝혀졌다. 그런데 이 사고에는 공사를 맡았던 수급인의 과실이 개제되어 있으나, 피고인 토지 소유자에게는 전혀 과실이 없음이 판명되었다. 이에 피해자가 토지 소유자를 상대로 광산침수로 인한 손해배상을 청구하였다. M. G. Lloyd, Torts, 5th ed., London, Butterworths, 1978, p.138. 김성태 상게논문, 47면, 재인용.

Ⅲ 우리 법제상의 무과실책임원칙

1. 민법의 태도

우리 민법은 특수 불법행위유형으로 6종류를 규정하여 시행하고 있다. 이것은 과실책임주의의 원칙을 근거로 책임을 인정하는 일반불법행위에 대하여 다른 특수한 요건을 정하고 있다. 그 중 책임무능력자의 감독자의 책임, 사용자책임, 공작물 등의 점유자의 책임과 동물 점유자의 책임은 고의, 과실의 입증책임을 전환한 이른바 중간책임이다. 다시 말하면 책임을 무겁게 한 것들이다. 다만 공작물 등의 소유자의 책임을 보면, 이들 소유자의 책임은 면책이 인정되지 않으므로 일단 무과실책임을 인정한 것으로 볼 수 있다. 그러나 그 손해의 원인에 대한 책임이 있는 자를 상대로 구상할 수 있는 여지를 남겨 둔 점에서 완전한 무과실책임을 인정한 것으로 보기는 어렵다. 이는 일종의 위험책임이다.

2. 특별법에 의한 무과실책임

우리나라는 종래 공업발전이 낙후성으로 인하여 이 방면이 입법이 활발하지 못하였으나, 최근에 급속한 발전에 힘입어 무과실책임을 인정하는 입법이 급증하는 단계에 있다. 현재는 광업법이 무과실책임을 인정하고 있고, 원자력손해배상보장법에서 원자력손해에 대한 무과실책임을 인정하고 있고, 독점규제 및 공정거래에 관한 법률도 동법이 규정에 위반하여 손해를 가한 사업자, 사업자단체에 무과실책임을 인정하고 있다. 그리고 환경보전법은 사업장에서 발생하는 오염물질로 사람의 생명, 신체에 손해가 발생한 때에는 사업자에게 무과실책임을 인정하고 있다. 자동차사고로 인한 손해에 관하여 우리나라의 법제는 우선 엄격책임을 그 기본원리로 하고 있다. 이는 피해자 구제 및 치료에 그 이념을 둔 것으로 이해된다.

Ⅳ. 무과실책임의 한계

손해배상 문제에 있어서 귀책사유의 문제를 감소시킴으로서 피해자의 구제가능성을 상대적으로 높인 점은 가히 높이 평가 받을만 하다. 그러나 무과실책임의 법리를 널리 불법행위체계에 포괄하여 책임의 성립요건이나 그 입증에 있어서 피해자의 부담이 완화될 뿐 손해배상의 범위를 산정하는 문제는 여전히 불법행위의 법리를 벗어나지 못하였다. 이로 인하여 실제 손해배상을 하는 과정에서 자동차보험약관과 법원의 판결의 인정기준은 상당히 다르고 현실적으로 소송을 제기하는 것이 쉽지 않은 우리나라의 법률 문화와 결부되어 수 많은 문제를 야기하고 있다.[20] 이러한 문제는 끊임없는 불신을 조장하게 되어 실제 손해배상업무를 대행하는 보험사 직원과 피해자와의 관계에서 극명하게 나타난다.

V. 결어

자동차 대인사고로 인한 사망 및 부상 피해자에 대하여 원상회복의 손해배상은 사실상 곤란하므로 금전배상에 의하지 않을 수 없다. 부상사고에 있어서는 의료비, 휴업보상과 정신적 손해에 대한 약간의 위자료를 지급하므로 손해액의 산정은 비교적 용이하다. 그러나 사망사고의 경우는 손해액 산정방식 등 배상방식이 해당국가에 따라 상이하다. 구미의 경우는 사망자 본인의 상실수익액에 포함시키지 않고, 피부양자가 피부양권의 상실에 따른 손해를 배상하는 체계이다. 우리나라의 경우는 사망자에 대한 재산적 손해가 인정되지만 구미의 경우에는 피부양자가 없는 경우 본인의 사망에 의한 재산적 손해는 없는 것으로 본다. 또한 위자료에 현장사망의 경우 일본의 경우에서만 사망자 본인 및 유족의 위자료를 인정하고 있고, 구미의 경우는 프랑스에서 유족의 위자료가 인정될 뿐이다. 또한 미국은 주에 따라 다르지만 현장 사망한 본인의 위자료는 인정되지 않고 원칙적으로 유족의 위자료도 인정하고 있지 않으나 징벌적 손해배상액으로서 사고의 비난가능성에 따라서 또는 별도의 명목으로 대폭적인 배상금액이 인정되는 경우가 있다. 장례비는 주요국이 배상금액에 포함하고 있지만, 미국의 몇몇 주에서는 사람은 결국 사망하므로 향후 언젠가는 장례비를 지출하여야 한다는 사고에 의하여 장례비를 인정하지 않는다.

이와 같은 측면에서 주목할 점은 주요국과 비교할 때 우리나라와 일본의

---

20) 실제로 법률서비스의 높은 장벽으로 인해 교통사고 피해자의 소송진행율은 0.7%에 불과하고, 교통사고로 인한 가짜 환자의 발생은 심각한 사회문제가 아닐 수 없다. 그리고 그 피해는 보험료 상승 등으로 이어져 전적으로 자동차를 소유한 선량한 시민의 몫으로 귀결된다.

경우는 사망자 본인의 손실을 중요시한다는 것이다. 이는 연금제도나 의료보장 등 각종 사회보장제도가 발달된 구미와는 달리 복지국가로서의 기본적 사회시스템 구축이 미비하기 때문으로 볼 수 있다. 또한 주요국의 배상책임 법리 및 자동차 보험제도의 운용형태는 각국의 사회, 경제적 환경과 사회보장제도의 운용내용에 따라 다소 상이할 수 있으나 자동차보험제도가 사회보험과 연계되어 점차 기본보장의 수단으로 이행되고 있다는 점은 우리나라의 자동차손해배상책임보험의 운용에서 고려되어야 할 부분이라고 판단된다.

제 3 장   자기를 위하여 자동차를 운행하는 자

제 1 절 서설

　근대 민법은 개인주의, 자유주의라는 당시의 사상을 배경으로 하여 개인을 봉건적인 구속으로부터 해방하고, 모든 사람을 평등하게 다루며, 그 자유로운 활동을 보장하는 것을 지도원리로 하여 출발하였다. 따라서 근대민법은 무엇보다도 개인의 자유와 평등이 강조되어 있고 인격 절대주의를 배경으로 하는 개인주의적 법원리에 의하여 그 체계가 세워져 있다고 할 수 있다. 자유인격의 원칙과 공공복리의 원칙을 최고의 원리로 하고 공공복리라는 최고의 존재원리의 실천원리 내지 행동원리로서 신의성실, 권리남용 금지, 사회질서, 거래안전의 여러 기본원칙이 있고, 다시 그 밑에 이른바 사유재산권 존중의 원칙, 사적자치의 원칙, 과실책임의 원칙이 등장하게 되고 일반적으로 근대민법의 3대 원칙이라 칭한다.21) 그러한 근대민법의 기본원리 중 과실책임주의는 개인이 타인에게 준 손해에 대하여는 그 행위가 위법한 할 뿐만 아니라 동시에 고의 또는 과실이 있는 경우에 책임을 지고 고의나 과실이 없는 경우에는 행위에 대한 책임을 지지 않는 다는 원칙이다. 이 원칙을 자신의 고의 또는 과실에 의한 행위에 대하여만 책임을 진다는 의미에서 자기책임의 원칙이라고도 한다. 이러한 과실책임주의는 개인의 경제활동을 왕성하게 하고 자유경쟁에 의한 기업의 발전을 크게 촉진시켰음에 재론의 여지가 없다. 그러나 이러한 과실 책임의 원칙은 19세기말 자본주의가 고도로 발전함에 따라 새로운 국면에 부딪히게 되었다. 즉 사람들 사이의 빈부격차는 점차 커져 갔고, 노동자와 자본가의 대립은 격화되었을 뿐만 아니라 구체적인 사람은 결코 자유롭고 평등한 존재가 아니라는 것이 명백해져 갔다. 이러한 폐해는 사회적, 경제적으로 커다란 차이가 있는 구체적 인간을 추상적

---

21) 곽윤직, 민법총칙, 박영사, 2005, 38면 ; 그러나 이영준 교수는 공공복리를 최고의 존재원리로 전제하는 것은 자유민주적 기본질서에 반한다고 한다. 사적 자치의 원칙은 우리 헌법이 선언하고 있는 개인의 존엄과 가치를 보장하기 위한 유일한 수단이라고 하고 있고, 신의성실의 원칙, 권리남용 금지의 원칙, 사회질서의 원칙, 거래 안전의 원칙은 실천원리내지 행동원리가 아니고 예외적으로 적용되어야 할 제한 규정에 불과하다고 주장한다. 이영준, 민법총칙, 박영사, 2005. 16면 ; 이은영 교수는 사적 자치의 원칙은 자기의 일은 스스로의 결정에 의한다는 자기결정의 법이와 자기가 야기한 일에 대하여는 스스로 책임을 진다는 자기책임의 법리를 파생시킨다고 하고 사적자치를 허용하는 근거는 개인의 자기 결정에 의하여 법률관계를 규율하는 것이 가장 합리적이라는 데에 있다고 한다. 이은영, 민법총칙, 박영사, 2005, 68면.

인격자로 보고 근대민법의 기본원리가 성립된 것에 그 중요한 원인이 있다고 할 수 있다.[22] 그리하여 불가피하게 근대민법의 기본원리가 수정될 수밖에 없는 상태에 이르렀다. 근대사회의 대규모의 기업이나 시설은 경영 그 자체 속에서 많은 위험을 안고 있음에도 불구하고 기업에서 생기는 이익은 독점하면서도 손해는 고의나 과실이 있는 경우에만 배상된다는 것은 손해분담의 공평을 잃은 것이다. 따라서 기업은 고의나 과실의 유무를 묻지 않고서 배상책임을 져야 한다는 이른바 무과실책임주의이론이 주장되었다.[23] 또한 과실책임의 원칙 아래에서도 입증책임의 전환, 무과실책임을 인정하는 예외규정의 확장해석을 통하여 무과실책임을 되도록 인정하고자 하는 쪽으로 변화하고 있다. 이러한 근대민법의 기본원리의 변화는 자동차사고와 관련하여 손해배상의 문제에 적극적으로 도입되기 시작했다.

자동차손해배상보장법은 자동차의 운행으로 사람이 사망하거나 부상한 경우에 있어서 손해배상을 보장하는 제도를 확립하고 피해자를 보호하고 자동차운송의 건전한 발전을 촉진함을 목적으로 1963년에 처음으로 탄생되었다. 이 법률의 두 가지 목적에 의하여 두 가지 내용으로 분류할 수 있다. 그 첫째는 손해배상책임의 주체의 확대, 거증책임의 전환, 조건부 무과실책임을 기본으로 하는 책임의 집중이다. 그 둘째는 책임보험제도와 정부보장사업, 피해자 직접청구권을 내용으로 하는 위험의 분산이다.[24] 상기 법률에서 자동차손해배상책임이 발생하기 위한 요건을 제3조에서 규정하고 있는바 "자기를 위하여 자동차를 운행하는 자는 그 운행으로 인하여 다른 사람을 사망하게 하거나 부상하게 한 때에는 그 손해를 배상할 책임을 진다. 다만 다음 각 호의 1에 해당하는 때에는 그러하지 아니하다"고 규정한다. 그리고 다음의 각 호는 다음과 같다. 첫째는 승객이 아닌 자가 사망하거나 부상한 경우에 있어서 자기와 운전자가 자동차의 운행에 관하여 주의를 게을리 하지 아니하고, 피해자 또는 자기 및 운전자 외의 제3자에게 고의 또는 과실이 있으며, 자동차의 구조상의 결함 또는 기능에 장해가 없다는 것을 증명한 때, 그리고 둘째는 승객이 사망하거나 부상한 경우에 있어서 그 사망 또는 부상이 그 승객의 고의나 자살행위로 인한 것인 때이다. 즉 상기 요건에 해당하고 두 가지 면책사유가 없으면 책임을 지는 것이다. 그리고 본 법률은 손해배상

---

22) 곽윤직, 민법총칙, 전게서, 35면 ; 이은영 민법총칙, 전게서 70면.
23) 조성민, 민법총칙, 두성사, 2003, 22면 ; 곽윤직, 민법총칙, 전게서, 36면 ; 이은영, 민법총칙, 전게서, 71면.
24) 김학선, 자동차보험강의, 한백출판사, 2002, 45면.

의 범위에 대하여는 제4조의 규정을 두어 민법의 규정에 의하도록 하고 있다. 본 논문은 결국 자동차손해배상보장법 제3조를 이해하는데 그 중심사상이 있으며 손해배상책임발생요건을 정밀하게 분석하고자 한다.

자배법 제3조는 크게 네 가지의 요건으로 구성되어 있는바 첫째는 자기를 위하여 자동차를25) 운행하는 자이어야 하고 둘째는 자동차의 운행으로 인한 사고이어야 하고, 셋째는 타인을 사망 또는 부상케 하여야 하고, 넷째로 자동차 운행자에게 소정의 면책사유가 없어야 한다. 즉 손해배상의 주체는 누구인가를 규정했고, 손해배상책임의 원인을 규정하였으며, 손해배상책임의 객체를 규정하였고 책임조각사유를 규정하였다. 제2절에서 운행과 운행자성에 대하여 분석하였고, 제3절에서 입증책임 문제를 검토할 하였으며, 제4절에서 운행자를 유형별로 분석하였다.

자동차사고 발생시 자동차손해배상보장법상 손해배상책임이 발생한다 하더라도 현대에는 자동차보험으로 대부분 처리하게 되고 따라서 약관의 보상책임의 요건도 검토할 필요가 있다. 약관에는 피보험자동차의 소유, 사용, 관리로 인하여 발생한 사고이고, 남을 죽거나 다치게 한 사고이고, 피보험자가 자배법 등에 의한 손해배상책임을 짐으로써 손해가 있을 것이라고 정하고 있다. 추후 논의할 자배법상 요건을 검토하기 이전에 약관상의 요건인 피보험 자동차의 소유, 사용, 관리의 의미를 짚어볼 필요가 있다. 약관에서 말하는 피보험자동차란 피보험자가 소유한 자동차 중 대인배상 I 보험증권에 기재된 자동차라고 명확히 하고 있는데 자배법 제5조(보험 등에의 가입강제) 규정에 의하여 책임보험의 가입이 의무화 된 자동차26)는 물론 법률상 의무가 없는 자동차로서 임의로 책임보험에 가입한 자동차일 수도 있다.

한편 소유, 사용, 관리의 개념에 대하여도 살펴볼 필요가 있다. 자동차손해배상보장법에는 자동차의 운행으로 하여 다른 사람을 사상케 했을 손해배상책임을 지는 것으로 규정하고 있으나 자동차보험의 보험약관상에는 소유, 사용, 관리로 다른 사람을 사상케 했을 때 손해배상책임을 지는 것으로 정하고 있기 때문이다. 여기에서 소유라 함은 법률상 손해배상책임의 부담원인으로

---

25) 이 경우 자동차란 자동차관리법의 적용을 받는 자동차와 건설기계관리법의 적용을 받는 건설기계 중 대통령령이 정한 것을 말한다. 자동차손해배상보장법 제2조 1호.

26) 자동차관리법 제2조 규정의 자동차로서 승용자동차, 승합자동차, 화물자동차, 특수자동차, 이륜자동차와 건설기계관리법에 의한 건설기계 중 대통령령이 정한 건설기계로 덤프트럭, 콘크리트 믹서트럭, 타이어식 기중기, 타이어식 굴삭기, 트럭 적재식 콘크리트 펌프, 트럭 적재식 아스팔트 살포기를 말한다.

이해할 필요가 있다. 즉 소유는 자기의 소유 자동차를 제3자에게 대여한 사이에 생긴 사고에 대하여 소유자로서 책임을 묻는 경우를 상정하고 있다고 할 수 있고, 사용이란 단순히 운전만을 의미하는 것보다 넓은 의미로 해석해야 할 것이다. 즉 사람 또는 물건의 운송 여부에 상관없이 자동차를 그 법에 따라 사용 하는 것과 같은 의미로 해석될 것이며 관리라 함은 보안관리 또는 보수라는 좁은 의미가 아니고 자동차를 control 할 수 있는 정도까지 포함하는 넓은 개념으로 볼 수 있다. 따라서 소유, 사용, 관리라 함은 자동차와 관련한 모든 상태를 포함하는 개념이고, 자동차가 격납, 진열되어 있는 상태 등도 여기에 해당된다. 다시 말하면 소유, 사용, 관리란 운행보다는 넓은 개념이어서 자배법상 운행에 해당되지 않는 경우에도 소유자, 관리자 등이 민법상 불법행위책임을 지게 되는 경우에 까지 자동차종합보험에서 담보된다.

자배법 제3조에서 규정하고 있는 "자기를 위하여 자동차를 운행하는 자"란 추상적으로 자동차의 운행을 지배하여 그 이익을 향유하는 책임의 주체로서의 지위에 있는 자를 말한다. 여기에서 자배법에서만 규정하고 있는 운행자의 개념을 구체적으로 한정해야 하는바 운전자 및 보유자와는 구별되는 개념이라 할 수 있다. 즉 운전자는 다른 사람을 위하여 자동차의 운전이나 운전의 보조에 종사하는 자라고 할 수 있고, 보유자란 자동차의 소유자 또는 자동차를 사용할 권리가 있는 자로서 자기를 위하여 자동차를 운행하는 자를 말한다. 보유자의 개념과 유사하고 통상적으로 일치하지만 항상 일치하는 것은 아니다.27) 판례는 자기를 위하여 자동차를 운행하는 자에 대하여 자동차에 대한 운행을 지배하여 그 이익을 향수하는 책임주체로서의 지위에 있는 자를 가리킨다.28)

제 2 절   자동차손해배상보장법상 운행자의 의미

I. 서언

자동차손해배상보장법(이하 '자배법'이라 칭한다)상 손해배상책임의 주체

---

27) 보유자란 자동차 소유자 및 자동차를 적법하게 소유, 사용, 관리할 수 있는 자를 말하고, 구체적인 예로 절취 운전자는 자동차 보유자는 아니지만 운행자가 될 수 있다. 이동락, "무단운전과 책임", 자동차사고로 인한 손해배상(상), 재판자료 제20집, 법원행정처, 1984, 51면.
28) 대법원 1986. 12. 23, 선고 86다카556 판결

로서 자동차사고로 인하여 인신손해에 대한 책임을 지는 자는 '자기를 위하여 자동차를 운행 하는자'라고 규정(자배법 3조)하고 있다. 즉 민법규정에 없는 손해배상주체의 개념을 새로 창조한 것이다. 운행자에 대한 개념은 자배법 해석에 있어서 가장 핵심적인 것이지만 자배법에 운행자에 대한 정의 규정은 없고 개념 또한 매우 추상적이어서 그 의미를 파악하는 것은 결국 학설과 판례에 맡겨져 있다고 할 수 있다. 여기에서 운행 및 운행자의 개념에 대하여 자배법 제정 초기부터 끝없는 논쟁이 시작되었다. 결국 자동차사고로 인한 인신손해의 책임 주체를 이해하기 위해서는 운행이 무엇인가를 이해해야 하고 운행자가 무엇인지를 이해해야 한다. 아울러 운행자에 대한 입증책임에 대하여도 살펴보고자 한다.

운행에는 기본적으로 원동기설, 주행장치설, 고유장치설, 차고출입설 등이 대립하고 있었다. 운행에 관하여 기존의 다수설과 판례의 입장인 고유장치설은 자동차의 고유장치를 용법에 따라 사용하는 것을 운행이라고 보았다. 오랜기간 동안 운행의 정의를 대표해온 학설이지만 오늘날 자동차를 운송수단일 뿐 아니라 레저의 용도로 사용하는 등 새롭게 변화된 이용가치에 따른 위험을 모두 포괄하기에는 부족한 점이 나타나기에 이르렀다. 이에 새롭게 등장한 위험성설은 무엇이고 어떤 의미에서 가치가 있는지 살펴보고자 한다.

운행자에 대하여는 외형표준설과 이원설과 일원설이 대립하고 있다.[29] 운행자에 대하여 기존의 다수설과 판례인 이원설은 운행으로 인하여 운행지배와 운행이익이 있는 자를 운행자로 보아 자동차 사고에 있어서 손해배상 주체로 보았다. 오랫동안 주류적 견해였던 이원설의 미흡한 점은 무엇이고 그에 따른 대안으로 일원설은 어떠한 의미에서 가치가 있는지 살펴보고자 한다.

아울러 운행자성에 대한 입증책임에 관하여 구체설과 추상설, 간접반증설이 있다. 통설과 판례의 입장인 추상설은 어떠한 이유에서 지배적인 위치에 차지하였는지 살펴보고 각 학설의 차이점은 무엇이고 입증의 범위는 어디까지인지 알아 보도록 한다.

---

29) 오행남. "자기를 위하여 자동차를 운전하는 자의 의의 및 범위", 자동차사고로 인한 손해배상
  (상), 재판자료 제20집, 법원행정처, 1984, 11면.

II. 운행

1. 의의

"운행이라 함은 사람 또는 물건의 운송여부에 관계없이 자동차를 그 용법에 따라 사용 또는 관리하는 것을 말한다"고 규정(자배법 제2조 2호)하고 있다. 이 규정은 1999년 2월 5일 자배법 개정시 일부 개정된 것이다. 개정전의 규정은 "운행이라 함은 사람 또는 물건의 운송여부에 관계없이 자동차를 당해 장치의 용법에 따라 사용하는 것을 말한다"고 규정되어 있었다. 즉 "자동차를 당해장치의 용법에 따라"에서 "자동차를 그 용법에 따라"로 개정되었고, "사용하는 것"이 "사용 또는 관리하는 것"으로 변경되었다. 즉 전반적으로 운행의 개념을 확대하는 쪽으로 흘러감을 알 수 있고 이러한 취지는 상법 및 판례의 입장을 반영하여 본 법의 제정취지에 따라 피해자를 더욱 더 보호하기 위한 것으로 이해할 수 있다. 이와 관련하여 대체적으로 네 가지 학설이 대립하고 있는 바 원동기설, 주행장치설, 고유장치설, 차고출입설이 그것이다.

2. 운행에 따른 학설

(1) 원동기설

이 학설은 원동기에 의하여 자동차를 이동시키는 것에 한정해야 한다는 설이다. 이것은 처음 등장한 학설로 순수 기계공학적인 입장에서 운행을 해석하는 것으로서 이에 따르면 주차, 정차 중의 자동차는 운행하는 것이 아니므로, 설령 위법하게 자동차를 주차, 정차 하여 다른 자동차와 충돌사고를 야기했다 하더라도 이는 운행으로 인한 사고가 아니라는 학설이다. 즉 원동기로 자동차가 이동하는 것이 운행이므로 예컨대 문을 열다가 지나가던 보행자가 부상을 입었을 경우 운행이 아니므로 원동기에 의한 자동차의 이동 중 사고가 아니므로 자배법의 적용을 받을 수 없다고 한다. 또한 내리막길에서 엔진을 끄고 가다가 사고를 일으킨 경우에도 자배법의 적용을 받을 수 없다고 한다.[30] 상기 학설에 의한 판례로는 "망인이 자동차운전 중 졸음이

---

30) 이보환, 자동차사고손해배상소송, 육법사, 1993, 79면 ; 대법원 1999. 11. 12, 선고 98다

오자 방조제 도로변 잔디밭에 차를 세워두고 시동을 끈 후 잠을 자던 중 위 차가 미끄러져 호수로 들어가는 바람에 차 내에서 익사한 사고는 피보험자 가 운행중의 자동차에 탑승중인 사고로 볼 수 없다"고 판시한 예가 있다.31) 또한 "자동차를 운행하는 자는 운행 중에 일어난 모든 사고에 대해 책임을 지는 것이 아니라 그 중에서 운행으로 말미암아 일어난 사고에 대하여만 책 임을 지는 것이기 때문에, 버스가 정류장에 완전히 정지한 후 뒷문이 열린 상태에서 승객이 내리다가 몸의 중심을 잃고 떨어져 사망한 경우 버스의 운 행으로 말미암아 일어난 사고로 볼 수 없다"고 판시한 바 있다.32) 이에 대하 여 운행과 운전을 같은 의미로 해석한 점에서 문제가 있고 자동차의 장치를 원동기만으로 한정할 이유가 없으므로 일시 원동기를 정지한 상태에서 생긴 손해도 운행으로 인한 손해에 포함시켜야 한다는 비판이 있다.33) 그리고 자 동차의 장치를 원동기만으로 한정하는 등 그 범위가 지나치게 좁아 피해자 보호를 최우선으로 하는 자배법의 목적에 부합하지 않는다는 비판도 제기되 고 있다.34) 가장 고전적인 학설로 지나치게 운행의 개념을 좁게 해석한 견 해인데 오늘날 주장하는 이는 없다고 할 수 있다.

(2) 주행장치설

이 학설은 원동기 또는 그 외의 장치를 조정하여 육상을 이동하는 것이라 고 하는 학설이다. 즉 원동기 장치에 중점을 둔 것이기는 하나 반드시 위 장 치에만 한정하는 취지는 아니고 다른 여러 가지 주행장치를 포함한 취지로 해석한다. 따라서 엔진 고장으로 로프로 견인되는 경우에 스스로 핸들조작으 로 브레이크에 의하여 그 조정의 자유가 있는 경우에 운행이라고 보는 것이 다.35) 즉 자배법 제2조의 당해장치란 엔진장치에 중점을 둔 규정이기는 하 나 반드시 위 장치에 한정하는 취지는 아니고 다른 여러 가지 주행장치를 포함한 취지로 해석한다. 따라서 엔진고장으로 인하여 로프로 견인되고 있는

30834 판결; 대법원 1994. 9. 9, 선고 94도1522 판결
31) 대법원 1994. 4. 29, 선고 93다55180 판결
32) 대법원 1994. 8. 23, 선고 93다59595 판결
33) 木宮高彦, "自動車損害賠償保險法 2條 2項にいう 運行の 意義", 判例評論, 122號 40頁 ; 中村 行雄, 自賠法における運行及び運行によって, 現代損害賠償法講座3, 判例タイムズ社, 1990, 96 頁.
34) 최기원, 보험법, 박영사, 2002, 465면.
35) 김주동·마승렬, 자동차보험론, 형설출판사, 1999, 53면 ; 최기원, 상게서, 467면.

자동차도 스스로의 핸들조작으로 또는 발브레이크에 의하여 그 조종의 자유
가 있는 경우에는 이에 해당하고 고장차 자체의 운행행위라 할 것이다. 물론
견인되고 있는 자동차의 전륜 또는 후륜을 들어 올려 견인되고 있는 경우에
는 조종의 자유가 전혀 없으므로 위 운행에 해당되지 아니한다. 또한 운전자
가 교통경찰의 지시에 따라 도로의 좌측에 정차하고 조사에 응하기 위하여
우측문을 열고 하차하려는 순간 지나가는 오토바이에 충돌하여 피해자가 쓰
러지는 동시에 뒤이어 달려오던 삼륜차에 치어 사망한 사안에 대하여 이는
운행 중의 사고에 해당한다고 한다. 그런데 주행장치설 역시 운행의 개념을
주행으로 인한 위험성만으로 제한하고 있어 불합리하고, 자동차가 정지상태
에서 사고를 야기한 경우에는 운행으로 볼 수 없다는 점에서 운행의 인정범
위가 지나치게 협소하고 오늘날 주장하는 학자는 거의 없다고 볼 수 있다.

(3) 고유장치설

원동기 및 주행장치 이 외의 자동차의 고정장치인 문이나 화물차의 적재
함의 옆문이나 뒷문, 크레인장치 등을 그 용법에 따라 사용하는 것도 운행이
라고 보는 견해이다. 즉 운행이란 자동차가 갖는 특수한 위험성이 존재한 기
간, 그 주행 중 및 그것과 밀접하여 연속선상에 있다고 볼 수 있는 경우의
주, 정차를 포함하고, 당해 자동차의 차종 및 용법에 따라 차량 고유의 장치
를 그 용법에 따라 사용하는 것을 의미한다.[36] 여기서 고유의 고정장치는
기관, 조향, 전동, 제동, 전기, 연료, 냉각, 윤활, 배기, 기타 장치 외에 자동
차의 문, 크레인차의 크레인, 덤프카의 덤프, 화물자동차 적재함의 측판 및
후판 등 전부 또는 일부를 각각의 목적에 따라 사용하는 것을 말한다. 따라
서 차고 내에서 세차중인 것과 같이 주행과 단절된 상태 아래서 열린 차문
에 의하여 사람을 부상시킨 경우 등은 운행 중의 사고라 볼 수 없지만 화물
을 적재하여 운송하는 것을 목적으로 하는 화물차에 있어서는 짐을 싣고 주
행하는 사이에 짐이 떨어져 부상케한 경우는 책임을 진다. 또한 크레인차가
사고당시 정지된 상태에 있었더라도 이 차에 설치되어 있는 크레인 장치를
그 목적인 화물운반에 쓰려고 조종하다가 과실로 사고를 일으켰다면 자배법
상 책임을 진다.[37] 그리고 목적지 부근의 노상에 주차하여 짐 또는 부상당

---

36) 대법원 1988. 9. 27, 선고 86다카2270 판결; 대법원 2005. 3. 25, 선고 2004다71232 판결
37) 이보환, 전게서, 80-81면.

한 사람을 내리는 작업을 하는 경우와 같이 주행과 밀접한 상태에 있고 운행의 개념에 포함시키는 것이 당연하다.38) 또한 버스 내에서 승객의 휘발유 지참행위와 성냥불을 던진 행위가 주된 직접 원인이 되어 발생하였다 할지라도 그 인정 사실이 위 버스의 원동기에 의한 진행시의 진동 때문에 지참 휘발유통이 흔들려 비닐마개 틈으로 휘발유가 새어나와 버스바닥에 흘러 퍼지게 되었고, 그 버스의 조명시설이 승객의 소지품을 찾는데 적당치 못한 사정이었으며 그 밖에 출입문 등 위 차의 구조가 승객의 탈출 등 대피에 부적당한 상태였음이 위 화재발생의 간접적 원인이 되었다 할 것인데 그러한 요인들은 위에서 본 장치 일체의 그 용법에 따른 사용에서 비롯되었다고 할 것이다.39)

다만 이 설은 고유장치만을 대상으로 한 것이지 자동차에 존재하는 모든 장치를 고려하는 것은 아니라는 점을 유의해야 한다. 예컨대 피보험차량에 적재된 콤바인을 살피다가 동 차량이 한쪽으로 기울어진 것을 발견하고 콤바인의 위치 교정을 위해 동 차량에 적재된 콤바인을 조작하다가 피보험자가 콤바인과 함께 마당으로 추락하여 부상을 당한 사고에서 적재함 내에서 적재물인 콤바인을 옮기는 행위가 차량의 고유장치를 그 사용목적에 따라 사용한 것에 해당하는지의 여부가 문제된 분쟁조정사건이 있다. 피보험자동차의 사고에 대하여 대법원은 피보험자동차를 당해장치의 용법에 따라 사용 중 그 자동차에 기인하여 피보험자가 상해를 입거나 사망한 사고를 말하며 여기에서 당해장치란 "운전자나 동승자 및 화물과는 구별되는 당해 자동차에 계속적으로 고정되어 있는 장치로서 자동차의 구조상 설비외어 있는 당해 자동차 고유의 장치를 말하는 것이며 이와 같은 각종 장치의 전부 또는 일부를 각각의 사용목적에 따라 사용하는 경우에는 운행 중에 있다"고 판시한 바가 있다.40) 이를 바탕으로 하여 금융분쟁조정위원회는 본 사건에서 피보험차량에 적재되어 있는 콤바인의 경우 당해장치에 포함되지 않으며 이 사고는 피보험자동차를 당해장치의 용법에 따라 사용 중 발생한 사고가 아니라 피보험자가 피보험차량에 적재된 콤바인을 조작하던 중 조작 부주의로 인하여 발생한 사고라고 해석하였다.

---

38) 대법원 2004. 7. 9, 선고 2004다20340, 20357 판결
39) 대법원 1980. 8. 12, 선고 80다904 판결
40) 대법원 1993. 4. 27, 선고 92다8101 판결; 대법원 1997. 1. 21, 선고 96다42314 판결

(4) 차고출입설

피해자 보호의 문제가 중대한 사회적 과제로 떠오르자 운행개념에 대한 지속적인 확대가 요구되었으며 이에 대한 해결책으로서 '고유장치설'에서 한 단계 더 나아가 자동차가 차고에서 나와 차고로 다시 돌아갈 때까지 도로에 있는 동안을 주행·주차·정차·적하물 적재 및 하차를 불문하고 모두 운행으로 보는 견해가 등장하게 되었다. 이 견해는 자동차의 장소적 이동이나 당해 장치의 조작에 한하지 않고 주·정차중이라도 자동차가 차고를 출발하여 다시 차고에 들어갈 때까지의 일련의 운전행위라고 보는 견해이다. 즉 야간의 주·정차중에 이미 엔진을 끄고 차등을 모두 끄고 있어서 다음날 아침에 운전에 대비하여 특히 소정의 차고장을 옮기지 아니하고 도로상에 주차시키고 있는 경우에는 위 주차가 전날부터 다음날 이른 새벽에 걸친 장시간일지라도 위 도로상의 주차를 자동차를 구성하는 장치의 용법에 따라 사용하는 것에 해당하는 것이라 본다.[41] 오늘날 일본의 유력설로 인정받고 있다.[42] 그리고 차고 내와 운행 중 사고로 구분하여 주장하는 견해도 있다.[43]

(5) 위험성설

운행이란 자동차를 통상의 주행의 경우에 필적하는 위험성을 갖는 상태에 두는 행위를 말한다는 주장이다. 운행의 개념을 추상적이긴 하지만 가장 넓게 해석하는 견해라 할 수 있다. 이 설은 자동차의 운송수단으로서의 본질이나 위험과 관련하여 사용되었을 때는 운행의 범위에 포함되지만, 운송 수단의 본질이나 위험과 전혀 무관하게 사용되었을 경우는 운행으로 보지 않는다. 그리하여 대법원은 추운 겨울날 밤 심야에 엘피지 승용차를 운전하여 목적지로 향하여 운행하던 중 눈이 내려 도로가 결빙되어 있어 도로 상태가 좋아질 때 까지 휴식을 취할 목적으로 도로변에 승용차를 주차 한 후 시동을 켠 채 승용차 안에서 잠을 자다가 차내에 누출 된 엘피지 가스의 폭발로 화재가 발생하여 운전자가 소사한 경우 자동차의 운행 중의 사고에 해당된다고 하였다.[44]

---

41) 양승규, "자동차보험의 이론과 실제", 서울대학교 법학 특별호 2호, 1972, 175면 ; 이은영, 채권각론, 박영사, 2005, 896면; 이보환, 전게서, 90면.
42) 木宮高彦, 前揭論文, 40頁.; 中村行雄, 前揭論文, 105頁.
43) 高崎尙志, 自動車事故の責任と賠償, 第一法規, 1985, 53頁.

그러나 휴식을 취하려고 식당으로 출입하는 폭 6미터의 도로에 승용차를 주차시킨 뒤 날이 추운 관계로 승용차의 창문을 모두 닫고 시동과 히터를 켜놓은 상태에서 망인은 조수석에 등을 기대고 가슴에 침낭을 덮고 자고, 자녀들은 뒷좌석에 누워 침낭을 덮은 채로 자다가 산소결핍으로 인하여 깨어나지 못하고 질식사 한 사안에 대하여 운행 중 사고라고 볼 수 없다고 판시하였다.45) 이 두 판례는 운행이란 사실의 존부로 판단할 것이 아니라 그 행위가 사회적으로 어떠한 위험을 야기하고 있는가 또는 사회속에서 어떠한 평가가 가능할 것인가의 기준을 제시한 판례로 이해 되어 진다.

3. 판례의 경향

대법원은 최근까지 고유장치설에 입각한 판례의 경향을 보이고 있다. 즉 당해장치란 운전자나 동승자 및 화물과는 구별되는 당해 자동차에 계속적으로 고정되어 있는 장치로서 자동차의 구조상 설비되어 있는 당해 자동차의 고유의 장치를 말하는 것이다. 이와 같은 각종 장치의 전부 또는 일부를 각각의 사용목적에 따라 사용하는 경우에는 운행 중에 있다고 한다. 그리고 더 나아가 당해 장치를 원동기 뿐만 아니라 창문과 차체와 차단된 공간으로서의 자동차의 내부를 포함한 장치 일체를 포함한다고 보아, 고유장치설에 따른 운행자책임을 인정하고 있다. 한편 주·정차중의 사고도 운행 중 사고로 인정한 판례도 적지 않다. 이처럼 주·정차중의 사고까지도 운행중의 사고로 보는 판례는 고유장치설 보다는 지금까지의 학설에 의한다면 차고출입설로 이해되어야 할 것이다.46) 결국 우리나라 법원의 주류적 판례는 고유장치설에 입각하였다고 볼 수 있고, 보충적으로 차고출입설에 따라 해석을 하였다고 볼 수 있다. 그러나 최근 들어 위험성설에 입각한 판례가 새롭게 대두되고 있다.

4. 소결

1999년 2월 5일 개정 자배법 제2조 제2호에서 운행이라 함은 당해 장치

---

44) 대법원 2000. 9. 8, 선고 2000다89 판결
45) 대법원 2000. 1. 21, 선고 99다41824 판결
46) 김정렬·이득주, 자동차손해배상제도 해설, 청화출판사, 2001, 56면.

의 용법에 따라 사용하는 것이라 하지 않고 자동차를 용법에 따라 사용 또
는 관리 하는 것이라고 개정된 점을 볼 때 관리의 개념에 의하여 차고출입
설보다 더 폭넓은 개념을 적용하게 되었다. 이것은 상법 제726조의 2에 보
면 "자동차보험계약의 보험자는 피보험자가 자동차를 소유, 사용, 관리하는
동안에 발생한 사고로 인하여 생긴 손해를 보상할 책임이 있다"라고 규정되
어 있었고 특별법이라 할 수 있는 자배법에서는 사용이라는 개념에서 사용,
관리라는 개념으로 폭넓게 개정함으로써 자배법이 상법보다 협소했던 문제
를 일거에 해결하게 되었다.   이러한 변화를 검토해 보건대 관리 중 사고를
운행의 범위에 포함시킨 것은 위험성설에 가까운 것으로 이해가 된다. 운행
의 기준을 사실의 존부로 판단 할 것이 아니라 사회적으로 어떠한 위험을
야기하고 있는가 또는 사회적으로 어떠한 평가가 가능할 것인가를 판단하여
야 한다.

　따라서 이제는 운행의 개념을 관리책임설의 입장에서 사람 또는 물건의
운송여부에 관계없이 전체로서의 자동차는 물론 자동차의 어떤 장치의 일부
라도 그 용법에 따라 사용 또는 관리와 직접적으로 관련된 제반 행위 내지
상태라고 이해해야 하고 위험성설에 따른 사회적 평가도 아울러 판단해야
할 것이다.

Ⅲ 운행자

1. 의의

　자배법상 자동차사고로 인한 손해에 대하여 손해배상책임의 주체는 '자기
를 위하여 자동차를 운행하는 자' 즉 운행자를 말한다. 운행자는 기본적으로
보유자와 구별해야 하고 운행자의 개념요소를 이해해야 한다. 운행자의 개념
에 접근하기 이전에 비교개념이라 할 수 있는 보유자의 의의를 정립하는 것
은 의미가 있는 일인바, 보유자란 자배법 제3조 2항에서 보는 바와 같이 자
동차의 소유자 또는 자동차를 사용할 권리가 있는 자로서 자기를 위하여 자
동차를 운행하는 자를 말한다. 따라서 자동차를 사용할 권리가 있느냐의 여
부와 관계없이 "자기를 위하여 자동차를 운행하는 자"인가의 여부에 의하여
결정되는 운행자 보다는 좁은 개념이라 할 수 있다. 운행자와 보유자는 일치
하는 경우가 대부분이겠지만 반드시 일치하지는 않는다. 여기서 보유자와 운

행자를 구별하는 실익은 이들 모두가 자배법상 자동차사고로 인한 손해배상
책임의 주체이지만, 배상책임보험의 피보험자는 보유자에 한한다는 점이다.
자배법상 손해배상책임의 주체는 운행자이며, 보유자는 자배법상 배상책임보
험의 피보험자라는 의미만을 가지게 된다. 피보험자란 피보험이익의 주체로
서 보험사고 발생시 보험금을 청구할 수 있는 자를 말한다. 그리고 피보험이
익은 그것이 적법한 이익이어야 하므로 보험으로 불법한 이익을 보호한다면
보험이 불법행위를 조장하는 결과가 될 것이다.47) 따라서 자동차손해배상책
임보험의 경우 피보험자가 될 수 있는 자는 운행자 중에서도 보유자에 한하
고 종합보험의 경우에도 역시 피보험자는 보유자이나 기명피보험자, 친족피
보험자, 허락피보험자, 사용피보험자, 운전피보험자로 구체적인 보유자의 형
태를 유형화하여 열거하고 있다. 결국 자배법상 자동차사고로 인한 손해배상
책임은 널리 운행자가 부담하지만 이들 중에서 자동차에 대한 사용승낙을
받지 않은 무단운전자나 절취운전자에 대하여는 보험으로 보호할 필요가 없
다는 점에서 보유자와 운행자의 구별은 의미 있는 일이라 할 것이다.48)

　한편 운전자는 타인을 위하여 자동차를 운전 또는 그 보조에 종사하는 자
를 말한다. 운전자는 피해자와의 관계에 있어서 민법 제750조의 불법행위의
직접 가해자로서 민법상의 책임을 부담할 뿐이며, 자배법 상의 책임은 지지
않는다. 여기에서 운전자와 운행자의 구별실익이 있는 것이다. 그러나 운전
자는 민법 제750조에 의한 책임을 부담하는 자이고 그의 법률상 손해배상책
임을 보험으로 담보하지 않을 경우 경제적 지위가 열악한 운전자에게 가혹
한 결과를 초래하게 되어 자동차보험은 운전자를 피보험자로 규정하고 있다.

　가장 폭넓게 이해되는 운행자의 개념을 이해하는 것이 가장 중요하다 할
수 있다. 전통적으로 외형이론이 있었으나 운행자의 개념요소는 운행이익과
운행지배가 있다고 하는 것이 지배적인 학설이고 두 가지를 모두 요구하는
이원설과 운행지배만이 필요하다는 일원설의 대립이 첨예하다 할 수 있다.

---

47) 현실적으로 교통사고는 불법행위이고 불법행위의 결과로 발생하는 민사책임을 피보험자가 누
　　리고 있는 것을 생각해 보면 불법행위를 조장하는 측면도 있지만 불법행위 결과 발생하는 민사
　　상 손해를 신속히 복구하는 양면을 가지고 있다. 교통사고처리특례법 3조의 11개 사항(신호위
　　반, 중앙선침범, 제한속도 위반, 앞지르기 위반, 건널목사고, 횡단보도 사고, 무면허, 음주운전,
　　인도사고, 개문발차 사고, 어린이 보호구역 사고)을 위반해도 피보험자의 지위는 여전히 보유하
　　게 된다.
48) 그러나 1998년 개정약관은 자배책 보험의 피보험자를 보유자라 하지 않고 친족피보험자, 허락
　　피보험자, 사용피보험자로 구분하였다. 이는 피보험자군의 용어에 있어서 자동차종합보험과 통
　　일성을 기하기 위한 것으로 보인다.

2. 운행자의 개념요소

자기를 위하여 자동차를 운행하는 자를 운행자로 규정하고 있는 자배법에서 '자기를 위하여'라 함은 자동차의 운행에 대한 지배와 그로 인한 이익이 귀속하고 있다는 것을 의미한다. 이것은 이른바 운행지배와 운행이익으로서 지금까지 운행자개념의 해석에 있어서 기초가 되고 있다.49) 운행지배와 운행이익은 완전히 독립적인 2대 요소이고 상호 보완적인 작용을 한다.50) 자배법에는 운행자에 대한 정의규정은 없다. 그리하여 자배법 제정 초기에는 우리나라나 일본의 판례 모두가 그 정의에 관하여 언급이 없었다.51) 따라서 초기에는 운행자 개념을 민법의 사용자배상책임의 법리의 연장선상에서 이해하여 왔다. 즉 민법 제756조의 사용자의 책임에 있어서 외형이론은 거래행위에서 더 나아가 자동차사고와 같은 사실행위에까지 적용되게 되었다.

3. 학설간의 대립

(1) 외형표준설

초기의 판례는 구체적인 사안에서, 운행자성의 여부가 문제로 되는 경우 대체로 사용자책임에 있어서의 외형표준설을 운행자성의 판단기준으로 사용하였다. 1959년 일본의 동경지방법원판결은 피용자인 운전수가 사용으로 자동차를 운행하던 중 사고를 야기한 사건에서 사용자에게 자배법 제3조를 적용하여 운행자책임을 인정하였다.52) 그 후 위와 같이 위험책임 및 보상책임

---

49) 운행자에 대하여 자배법의 입법에 관여한 자들은 독일법의 HALTER(보유자)의 영향을 받았다고 한다.
50) 椎木綠司, 自動車事故損害賠償の 理論と實際, 有斐閣, 1979, 67頁.
51) 宮川博史, 運行供用者責任, 新現代損害賠償講座 5卷, 判例タイムズ社, 1999, 14頁.
52) 자배법 제3조는 이른바 위험책임 및 보상책임의 사상에 기초하여, 민법의 불법행위책임의 요건을 현저하게 완화하고, 자동차사고로 인한 피해자의 보호를 꾀하는 것이므로, 그의 해석에 있어서도 위 법률의 사상적 기초 내지 목적에 비추어 합리적으로 해석되어야 할 것이고, 이러한 견지에서 볼 때 피고는 자기를 위하여 운전수를 시켜서 본건 승용차를 운행시킨 것이므로, 우연히 운전수가 본건 승용차로 권한 밖의 운행을 하여 본건 가해행위에 이른 것이라 할 것이고, 적어도 동인을 신뢰하여 본건 승용차의 운전을 맡긴 이상 그 운행으로 발생한 사고로 인한 손해배상책임은 법정의 면책요건이 충족되지 않는 한 피고가 이것을 부담하지 않을 수 없다. 東京地判 昭和 34. 9. 30, 判例時報 204号 27頁.

의 관점에서 운행자책임을 인정하는 판례가 다수 나타나게 되었다. 그런데 책임의 인정방법은 사용자책임과 매우 근접한 것이라 할 수 있고 운행자에 대한 개념정의는 내리지 않고 있었다.

그러던 중 1964년 일본의 최고재판소는 최초로 무단운전사고에 있어서 무단운전자의 사용자에게 운행자책임을 인정하면서 외형표준설을 취하였다.53) 이러한 판례가 있은 이후 우리나라에서도 "자동차손해배상보장법의 입법취지와 민법 제756조 사용자배상책임에 관한 판례법의 취지를 아울러 고찰하면 설사 사고를 발생하게 한 당해 운전행위가 구체적으로는 제3자의 무단운전에 의한 경우라 하더라도 자동차의 소유자와 제3자 사이에 고용관계 등 밀접한 관계가 있고 또 일상의 자동차의 운전 및 관리상황 등으로 보아서 객관적, 외형적으로 자동차 소유자를 위하여 한 운행이라고 인정되는 경우 그 자동차의 소유자는 자기를 위하여 자동차를 운행하는 자라 할 것이고, 자동차손해배상보장법 제3조의 손해배상책임을 면할 수 없다"라고 판시하였다.54) 위 두 판례는 일응 타당하다고 할 수 있지만 사용자책임법리 중 거래적 불법행위에서 형성된 외형표준설을 사실적 불법행위인 운행자책임에 바로 채용한 점에서는 문제가 있어 보인다. 민법 제756조에 있어서의 외형이론은 가해자측의 사정을 신뢰하여 거래한 피해자가 불측의 손해를 입었을 경우에 이를 구제하고자 하는 이론이다.55) 그러나 민법상의 사용자 책임과 같은 거래적 불법행위와는 달리 자동차사고는 순간적으로 발생하는 사실적 불법행위이므로 외형표준설을 곧바로 적용하는 데는 이론적인 난점이 있다. 즉 민법상의 사용자책임에 있어서는 고용관계 등의 구체적 사실의 입증책임을 피해자측이 부담하는 것이어서 순간적, 우발적으로 발생하는 자동차사고의 경우 입증책임을 피해자가 지는 것은 현실적으로 어려움이 있다. 사용자책임의 경우는 거래의 상대방인 피해자가 가해자측의 사정을 인식하는 것이 어느 정도 가능하나 교통사고는 가해자측의 내부적 사정을 알 수 없는 것이

---

53) 日本最高判 昭和 39. 2. 11, 判例時報 363号 22頁. 즉 판결문에 농업협동조합의 운전수가 사용으로 조합소유의 자동차를 무단으로 운행하던 중 사고를 야기한 사안에서 자동차의 소유자와 무단운전자 사이에 고용관계 등 밀접한 관계가 존재하고, 일상의 자동차운전 및 관리상황으로 보아 객관적, 외형적으로 소유자 등을 위한 운행으로 인정될 때 위 자동차소유자는 운행자책임을 면하지 못한다고 하여 위 조합은 자동차손해배상보장법 제3조에서 말하는 '자기를 위하여 자동차를 운행 하는 자'에 해당한다고 하였다.
54) 대법원 1978. 2. 28, 선고 77다2271 판결
55) 이 이론은 이른바 우리나라 및 대륙법계에서 말하는 외관주의 이론이 발전한 형태로서 민법상의 표현대리, 상법상의 명의대여자 책임 등과 그 맥을 같이 한다.

고 더욱이 그러한 사정을 입증한다는 것은 거의 불가능하다고 할 수 있
다.[56]

(2) 이원설

그 후 자배법의 입법취지 및 문언에 합치하는 독자적 체계 하에서 운행자
개념을 정립하고자 하는 노력은 일본의 판례를 통해서 나타났다. 1968년 일
본의 최고재판소 판례는 "운행자란 자동차에 대한 운행을 지배하고 또한 그
운행에 의한 이익이 자기에게 귀속하는 자를 말한다"라고 하여 운행자에 대
한 새로운 판단기준을 제시하였다.[57] 이 판례는 보상책임원리에서 운행이익
의 개념을 도출하고 위험책임의 원리에서 운행지배의 개념을 도출하여 이
두 가지 개념을 기준으로 운행자를 정의한다. 이 판례는 현재까지 대단히 큰
영향력을 행사하고 있다. 즉 이원설의 입장은 자배법상의 손해배상주체로서
자기를 위하여 자동차를 운행하는 자란 운행지배와 운행이익이 모두 필요하
다는 학설인바 근래의 통설적인 지위를 차지하게 되었다.[58] 여기에서 운행
지배란 자동차의 운행과 관련하여 현실적으로 자동차를 소유, 사용, 관리할
수 있는 것을 말하며 최근에는 그 범위를 넓게 보는 견해이다. 즉 운행지배
란 직접적인 운행지배 뿐만 아니라 지배가능성만 있어도 운행지배가 있다고
본다. 또한 운행지배는 현실적으로 보유자와 운전자와의 사실상의 지배관계
뿐만 아니라 간접적인 그리고 관념상의 지배관계가 존재하는 경우까지 포함
한다고 한다.[59] 운행이익이란 직접적으로는 운행으로부터 발생하는 이익이
지만 반드시 직접적, 경제적 이익에 한정되지 아니한다. 즉 간접적, 정신적
이익도 이익으로 볼 수 있다.[60] 이러한 운행지배나 운행이익의 의미내용은
초기와는 달리 크게 변화하였다. 그리하여 운행지배에 대하여 현실지배설,
간접지배설, 효과적지배설, 지배가능성설 등으로 변천하고 있다. 또한 운행이
익에 대하여도 자동차의 운행 그 자체로부터 발생하는 직접적인 이익에 한
정된다는 입장에서부터 나아가 자동차의 임대수입 등의 간접이익도 포함된
다고 한다. 뿐만 아니라 무형적, 정신적 이익, 정신적 만족감도 운행이익이

---

56) 宮川博史, 前揭論文, 8頁.
57) 日本最高判 昭和 43. 9. 24, 判例時報 539호 40頁.
58) 宮川博史, 前揭論文 9頁.
59) 대법원 1995. 10. 13, 선고 94다17253 판결 ; 대법원 1995. 1. 12, 선고 94다38212 판결
60) 대법원 1987. 1. 20, 선고 86다카1807 판결

된다는 등 그 입장이 다양하다. 요컨대 운행이익이란 운행에 의한 경제적 이익과 같은 좁은 의미의 이익만을 의미하는 것이 아니고 사회생활상의 이익도 포함하는 넓은 의미의 이익을 말하는 것이라 할 수 있다.61) 우리나라 대법원은 이에 관하여 자기를 위하여 자동차를 운행하는 자라 함은 '일반적, 추상적으로 자동차의 운행을 지배하여 그 이익을 향수하는 지위에 있는 자'라고 말하고 자동차보유자는 운행지배와 운행이익이 완전히 상실되었다고 볼 특별한 사정이 없는 한 자동차 운행자로서의 책임을 면하지 못한다62)라고 하여 이원설의 입장을 취하는 것으로 보여진다. 또한 자동차손해배상보장법 제3조는 위험책임과 보상책임원리를 바탕으로 하여 자동차에 대하여 운행지배와 운행이익을 가지는 자에게 그 운행으로 인한 손해를 부담하게 하고자 함에 있으므로 여기에서 말하는 '자기를 위하여 자동차를 운행하는 자는 자동차에 대한 운행을 지배하여 그 이익을 향수하는 책임주체로서의 지위에 있는 자를 말한다'고 판시한다.63) 1980년대에 들어 우리나라 대법원의 주류적인 판례는 책임주체를 사회통념상 자동차에 대한 운행을 지배하여 그 이익을 향수하는 자라 하여 이원설의 입장에 서 있다.64)

(3) 일원설

반면에 일원설은 운행지배 및 운행이익 중 운행지배만 있으면 자배법상 손해배상 책임을 지는 운행자로 보고자 하는 학설이다. 즉 운행이익은 운행지배의 하나의 징표에 불과할 뿐 운행자성을 결정할 수 있는 사항이 될 수 없다고 주장한다. 여기에서 운행지배는 현실적으로 보유자와 운전자 사이에 사실상의 지배관계가 존재하는 경우뿐만 아니라 간접적이거나 제3자의 관리를 통한 관념상의 지배관계가 존재하는 경우 즉 현실적인 지배에 한하지 아니하고 사회통념상 간접지배 내지는 지배가능성이 있다고 볼 수 있는 경우

---

61) 日本最高判 昭和 45. 7. 16. 판결에서는 "자동차소유자의 가족이 공동으로 주유소를 경영하고 있고 그 가족을 위해서 가해차를 사용하였던 경우에 위 자동차의 소유자인 아들은 물론, 일가의 책임자로서 영업을 총괄하였던 것이라 볼 수 있는 아버지도 위 자동차의 운행에 대하여 지시, 제어할 지위에 있고 또한 그 운행으로 이익을 향수하였던 것이라 할 것이므로 동시에 위 자동차를 자기를 위하여 운행하는 자"라고 판시하였다.

62) 대법원 1981. 7. 7, 선고 80다2813 판결 ; 대법원 1988. 3. 22, 선고 87다카1011 판결

63) 대법원 1987. 7. 21, 선고 87다카51 판결 ; 김성태, "자동차사고로 인한 인적손해보상제도 연구", 서울대학교 대학원, 1986, 72면 ; 椎木綠司, 前揭書, 677頁.

64) 대법원 1981. 12. 22, 선고 81다331 판결 ; 대법원 1986. 12. 23, 선고 86다카556 판결

도 포함된다. 이 견해는 운행이익은 없다 하여도 운행지배관계가 가능한 경우라면 운행자가 될 수 있다는 학설로서 점차 유력한 학설이 되고 있다. 즉 자배법 제3조의 기본이념을 오로지 위험책임사상에서 구하여, 운행자에 대한 엄격한 책임은 자동차라는 위험물을 사용하는 그 물건의 위험성에 있다고 파악한다. 그리하여 이 학설은 민법상의 위험물의 점유자, 소유자 책임에 유사한 것으로 이해한다. 일본의 최고재판소 판례 중에서 운행이익에 대하여 아무런 언급이 없이 운행지배의 존재여부만을 살핀 후 운행자책임을 긍정한 것이 있는데 이는 일원설을 채택한 것으로 판단된다.65) 그리고 운행자책임의 본질은 위험책임과 보상책임에 있다고 본다면 사고를 억제해야 할 입장에 있는 자로서의 운행자는 운행지배와의 관련을 갖는 자일 것이 보통이므로 운행이익은 보완적인 것으로 될 것이라는 입장66)도 일원설에 선 것으로 보인다.

(4) 최근의 학설

학자들은 이원설, 및 일원설의 운행지배, 운행이익의 개념에 대하여 그 명확한 한계가 불분명하다고 하면서 새로운 견해를 제시하고 있다. 즉 관리자책임설,67) 위험성관련설,68) 보유자관리지위설,69) 인적물적관리책임설,70) 결

---

65) 日本最高判 昭和 49. 7. 16, 判例時報 754号 50頁.
66) 靑野博之, 註釋交通事故損害賠償法 第1卷, 靑林書院, 1987, 41頁.
67) 宮田量司, 自動車事故の損害賠償責任, 文眞堂, 1980, 9頁.
68) 운행공용자책임의 재구성이란 논문에서 石田穰 교수가 주장하였다. 石田穰 교수는 종래의 운행지배, 운행이익으로 운행자 개념을 결정하려는 입장은 운행자에게 위험책임적인 손해배상책임을 부담시키려 하는 자배법의 입법취지가 충분히 표현되지 못하였다고 하면서 운행지배, 운행이익의 개념은 자동차사고의 심각화 등에 대응하기 위하여 차제에 추상화되어야 할 것인데 오히려 의미 내용이 애매한 것으로 되어, 판단기준으로서의 기능을 상실하고 있다고 비판한다. 그리하여 운행자란 자동차사고로 인하여 발생한 손해와의 관계에서 자동차가 갖는 위험의 실현에 가담하였다고 평가되는 자를 말한다고 한다. 宮川博史, 前揭論文, 16頁.
69) 伊藤高義 교수가 주장한 학설이다. 운행지배, 운행이익의 개념은 자동차의 사용권원이라 하는 법적 지위로서 파악할 수 있으며, 운행지배란 자동차에 대한 사용권원이라는 법적지위로서 파악할 수 있으며, 운행이익이란 관리권의 내용을 이루는 운행계획, 보관비용부담 등을 말하는 것이므로, 운행지배와 운행이익은 표리의 관계에 있다고 한다. 宮川博史, 前揭論文, 16頁.
70) 運行供用者について라는 논문에서 前田達明 교수가 주장하였다. 그에 의하면 운행자란 자동차를 둘러싼 인적, 물적 관리책임을 부담하는 것이지만, 그러한 관리를 부담하게 되는 근거는 당해 자동차가 그 자를 위한 것이라고 법적으로 인정되는 사정이 있기 때문이다. 그러므로 운행자는 자동차의 운행이 그 자를 위한 것이라고 법적으로 인정되는 인적 범위를 나타태는 것이라 한다. 宮川博史, 前揭論文, 16頁.

정가능성설,71) 개별적평가설72) 위험의 구체적 제어설73) 등으로 변화하고 있다. 위의 학설들은 나름대로 가치가 있는 부분이 있다. 그렇지만 이상의 학설은 모두 운행이익의 개념을 취하지 않고 있으며 따라서 일원설에 가까운 설을 취하고 있는 것으로 생각된다.

4. 판례의 경향

대법원은 자기를 위하여 자동차를 운행하는 자라 함은 일반적 추상적으로 자동차의 운행을 지배하여 그 이익을 향수하는 지위에 있는 자를 말하고 자동차보유자는 운행지배와 운행이익이 완전히 상실되었다고 볼 특별한 사정이 없는 한 자동차 운행자로서의 책임을 면하지 못한다고 판시하여 주류적 판례는 이원설의 입장에 서 있다.74) 오늘날 운행자는 단순한 사실개념이 아닌 규범적 개념으로 보는 것에 이설이 없다. 그리고 자동차의 운행에 대하여 지배를 미칠 수 있는 입장에 있는 자는 통상 운행이익을 얻고 있는 자이므로, 사고를 억제할 수 있고, 따라서 자배법상의 운행자가 된다.

71) 高崎尙志 변호사가 주장하였다. 이 설은 무엇을 위하여 운행자 개념을 정하는 것인가라는 기본적인 관점부터 명확하게 해야 한다고 전제한 다음, 자배법의 입법이유 등을 볼 때 그 기본적인 관점은 사고방지, 피해자의 구제, 가해자 및 보험회사 등과의 조화에 있다고 한다. 그리고 그러한 관점에서 볼 때, 운행자란 사회통념상 완전한 자동차사고의 방지를 결정한 가능성이 있는 지위에 있는 자를 말한다고 한다. 宮川博使, 前揭論文, 16頁.
72) 田中優 재판관은 운행자를 '보유자인 운행자'와 '보유자 이외의 운행자'로 구별한 다음, 보유자로서의 운행차책임이 추궁될 때에는 자동차에 대한 구체적인 운행지배와 운행이익을 갖는 보유자로서의 지위를 상실하였는가 아닌가의 문제로 되고, 보유자 이외의 운행자책임이 추궁될 경우에는 보유자 이외의 자가 보유자 및 자동차와 어떠한 관계에 있을 경우에 운행자책임이 긍정되는가의 문제이다. 결국 그들이 구체적인 운행에 대하여 어디까지 책임을 부담하여야 하는가의 문제에 있어서, 전자와 후자는 각각 다른 관점에서 평가를 하여야 할 것이라 한다. 그러므로 보유자와 보유자 이외의 자가 구체적인 운행에 있어서 운행자책임을 부담하는 범위는 반드시 일치하는 것은 아니라고 한다. 宮川博史, 前揭論文, 16頁.
73) 伊等文夫 교수는 운행자책임을 판단함에 있어서 운행지배와 운행이익이라는 개념을 포기해야 한다고 하고, '운행자란 자동차의 운행으로 인한 위험의 구체화를 제어하여야 할 입장에 있고, 또한 위험의 구체화를 제어할 가능성이 있다고 평가되는 자'라고 한다. 宮川博史, 前揭論文, 16頁.
74) 대법원 1981. 7. 7, 선고 80다2813 판결 ; 대법원 1988. 3. 22, 선고 87다카1011; 대법원 1992. 6. 23, 선고 91다28177 판결 ; 대법원 1993. 6. 8. 선고 92다27782 판결

5. 소결

생각컨대 이원설의 입장은 운행자를 인정함에 있어 운행지배와 운행이익 두 가지 요소를 모두 요구함으로써 운행자가 될 수 있는 요건이 엄격하다고 할 수 있다는 점에서 타당하다고 할 수 없다. 주류적 판례가 운행지배와 운행이익을 모두 요구한 것은 운행지배를 가진자가 운행이익이 있는 자로 생각하고 마치 수레의 양 바퀴처럼 함께 움직이는 것으로 본 듯 하다. 그러나 현대는 운행지배가 있는 곳에 운행이익이 없는 경우도 발생할 뿐 아니라 운행이익의 정도까지 구분해야 할 시기가 오고 있다. 운행자가 될 수 있는 요건이 엄격함으로써 자동차사고로 인한 피해자는 자배법의 적용을 받을 가능성이 일원설보다 좁다고 할 수 있다. 이는 자배법 본래의 피해자 보호 및 운송수단의 원활한 확보라는 취지에 부합하지 않는다. 따라서 운행자성을 판단하는 기준은 원칙적으로 운행지배에서 찾아야 하는 일원설이 타당하다고 할 수 있다. 그리고 현재의 자배법과 자배책 보험 실무상 일원설에 의하여 책임의 유무가 판단되고 있다고 생각된다.

그렇다고 운행이익이 개념이 의미 없는 것이라고 볼 수는 없다. 운행이익의 이면에는 운행에 따른 위험이 따르는바 운행이익이 많을수록 위험이 높고 운행이익이 적을수록 위험이 낮다. 위험을 인수하는 보험회사는 운행 빈도에 따라 차등적인 위험으로 분류하여 보험료를 책정하고 위험을 인수할 것인가를 결정하므로 운행이익의 개념을 계량화 하는 것은 또 다른 측면에서 의미 있는 일이라고 할 수 있다.

IV. 운행자성에 대한 입증책임

1. 서언

운행자성에 대한 입증책임에 문제가 민법과의 근본적인 차이라 할 수 있는 바 민법의 규정에 의하면 민법 제750조의 규정에 의하여 고의 또는 과실로 인한 불법행위로 타인에게 손해를 가한 자는 손해배상책임이 있다고 규정하고 있고 이는 입증책임이 피해자에게 있는 것으로 오래도록 이해되어져 왔다. 즉 가해자의 고의 또는 과실을 피해자가 입증해야 하고, 손해의 발생을 입증해야 하고, 손해와 사고와의 인과관계를 입증해야 하였다. 이로 인해

피해자는 입증을 하지 못하는 경우 손해를 배상 받을 수 없는 위치에 서게
되었다. 한편 자배법은 제3조에서 "자기를 위하여 자동차를 운행하는 자는
그 운행으로 말미암아 다른 사람을 사망하게 하거나 부상하게 한 때에는 그
손해를 배상할 책임이 있다"라고 규정하고 있을 뿐 입증책임의 소재 및 범위
를 불분명하게 규정하고 있다. 여기에서 우리는 입증책임이 어디까지 피해자
에게 있는지 검토해 볼 필요가 있다. 이에 관한 학설로는 구체설과 추상설이
있다.

2. 학설간의 대립

(1) 구체설

구체설은 청구원인설이라고도 하고 소송법적 관념으로 요건사실설이라고
도 한다. 이 학설에 의하면 원고 즉 피해자가 당해 사고의 원인이 된 구체적
운행 당시에 가해자의 객관적, 외형적, 구체적인 운행이익 및 운행지배를 입
증해야 한다는 학설이다.[75] 이 학설은 외관설, 영업감독설, 영업관여설, 지휘
감독설, 협동설로 세분되는 바 다음과 같은 이론적 문제점이 있다. 즉 피해
자측에서 가해자측의 사정을 입증하게 한다는 것인데, 교통사고와 같은 우발
적인 사건에 있어서 피해자측이 가해자측의 내부적인 사정을 입증한다는 것
은 결코 용이하지 않다. 그 때문에 사실심인 하급심에 있어서는 구체설에 의
할 경우, 심리가 지연될 소지가 있음을 쉽게 예견할 수 있다.[76] 이 학설은
피해자보호에 미흡하여, 자배법의 입법취지에 역행한다는 비판의 십자포화를
맞고 있다.

(2) 추상설

---

75) 이 설은 자배법 시행 초기의 외형표준설과 초기 이원설을 취한 판례의 입장이다. 예를 들어
 1964년 일본의 최고재판소판례(卽和 39. 2. 11)에서 첫째, 자동차의 소유자로서 제3자와의 사
 이에 고용관계 등 밀접한 관계가 있고, 둘째, 일상적으로 자동차를 운전하였으며, 셋째, 그 관리
 상황 등으로 보아 객관적, 외형적으로 자동차 소유자를 위하여 한 운행으로 인정될 경우에는
 당해 자동차의 소유자는 운행자로 봄이 타당하다고 하였다. 그러나 이 설은 피해자가 상기한
 세 가지 요건에 대한 구체적 사실 즉 보유자와 무단운전자 사이의 인적관계 내지 고용관계 등
 과 같은 내부적인 사정을 입증하여야 한다.
76) 宮川博史, 前揭論文, 11頁.

추상설은 항변설이라고도 하며 운행자는 추상적, 일반적으로 정해져 있는 것이므로 운행자는 경험칙상 상당한 개연성을 가지고 있으므로 피해자는 가해자가 당해 자동차를 소유할 권리가 있는 자라는 것을 입증하면 가해자는 운행자라는 사실상의 추정이 이루어져 피해자는 그 입증책임을 다하는 것이 된다. 따라서 가해자가 책임을 면하기 위해서는 구체적으로 운행 당시 가해자 자신이 운행자로서의 지위를 상실하였다는 특별한 사정을 입증해야 한다는 학설이다. 이 설에 의하면 피해자 측으로서는 가해자측의 내부적 사정을 입증할 필요가 없으므로, 입증의 곤란이 크게 완화되었다. 그런 의미에서 이 견해는 소송실무에 정착되어 현재의 실무는 모두 이 방식에 따르고 있다.[77] 이 설은 운행자의 개념을 권리개념으로 이해하여 구체적인 운행여부를 불문하고 자동차의 소유권, 임차권 등의 권리를 갖는 자는 일반적, 추상적으로 운행자성이 인정된다. 그러나 위 추상설은 자동차의 소유자나 그 자동차를 사용할 권리가 명확한 경우에 한하고 그렇지 않은 경우, 즉 수급인 소유의 차량에 대한 도급인, 피용자의 자가용 차에 대한 고용주 등과 같이 피고가 당해 자동차에 대하여 소유권 기타의 물권적 권리를 갖지 않는 경우는 위의 학설에 따른 사실상의 추정효과를 얻을 수 없으므로 원고로서의 피해자가 그 구체적 운행에 대하여 운행지배 및 운행이익의 귀속자라는 것을 주장, 입증하여야 한다.[78]

(3) 간접반증설

간접반증설은 운행자를 사실개념으로 파악하고 자동차의 소유자는 운행자라는 사실상의 추정이 행하여져 일응 추정으로서 효력이 있다. 이 때 소유자는 사고 당시 운행자가 아니었다는 특단의 사정을 들어 반증하면 그 추정은 뒤집어지므로 운행자에 해당하지 아니한다는 견해이다. 여기서 특단의 사정은, 예컨대 자동차의 주차를 위하여 자동차취급업자에게 위탁한 사실 또는 정비를 위하여 자동차취급업자에게 위탁한 사실 등을 들 수 있다.[79] 간접반증설에 의하면 운행자로 판정되는 것을 방어하기 위하여는 스스로가 평가의 장해되는 사실을 주장, 입증하여야 한다는 것인데, 소유자가 당해 자

---

77) 宮川博史, 前揭論文, 12頁.
78) 남원식 외 6인 공저, 자동차보험약관, 한올출판사, 1995, 44면.
79) 靑野博之, 前揭書, 42頁.

동차의 주차 및 수리를 위탁한 사실 등을 주장, 입증하는 것은 결국 항변이 된다. 그리하여 간접반증설의 설명은 항변설을 따른 것에 불과하다는 항변설로부터의 비판을 받는다.[80]

3. 판례의 동향

대법원은 추상설의 입장에서 입증책임을 가해자에게 전환한다는 취지에서 "자동차 보유자는 일반적, 추상적으로 손해배상책임의 주체가 되는 자로서 자동차의 운행에 대한 지배 및 운행이익을 상실하였다는 특별한 사유를 증명하지 못하는 한 자동차 운행자로서 추인된다"라고 하여 입증책임의 상당부분을 가해자에게 전환하였고 자배법에 관한 한 일관된 판례를 유지하였다.[81] 그리하여 피용자에 의한 운전중의 사고, 무상대여중의 사고, 대리운전 중의 사고, 정해진 운행경로를 이탈한 운행 중의 사고, 열쇠를 세차장에 맡겨 놓고 세차장 종업원의 무단 운전중 사고 기타 제3자에 의한 무단운전 중 사고의 대부분에서 자동차보유자에게 운행자책임을 인정하고 있다. 자동차의 소유자 또는 보유자는 통상 위와 같은 지위에 있는 것으로 추인된다 할 것이므로 사고를 일으킨 구체적 운행이 보유자의 의사에 기인하지 아니한 경우에도 그 운행에 있어 보유자의 운행지배와 운행이익이 완전히 상실되었다고 볼 특별한 사정이 없는 한 보유자는 당해 사고에 대하여 위 법조에 정한 운행자로서 책임을 부담하게 된다고 판시하고 있다.[82]

4. 소결

구체설은 피해자 보호하는 자배법의 제정취지에 역행할 뿐 아니라 순간적이고 우발적인 교통사고에 대하여 피해자측이 가해자의 운행자성에 대하여 입증하는 것은 쉽지 않다. 따라서 추상설의 입장에서 피해자는 가해자가 당해 자동차를 소유할 권리가 있는 자라는 것을 입증하는 것으로 족하고 가해자가 책임을 면하기 위해 구체적으로 운행 당시 자신이 운행자로서의 지위

---

80) 靑野博之, 前揭書, 43頁.
81) 대법원 1999. 4. 23, 선고 98다61395 판결 ; 대법원 1998. 10. 27, 선고 98다36382 판결 ; 대법원 1998. 7. 10, 선고 98다1072 판결 ; 대법원 1998. 6. 23, 선고 98다10380 판결 ; 대법원 1997. 11. 14, 선고 95다37391 판결
82) 대법원 1992. 6. 23, 선고 91다28177판결

를 상실했다는 특별한 사정을 입증하는 것이 타당하다. 그러나 수급인 소유 차량에 대한 도급인, 피용자 자가용차에 대한 고용주 등과 같은 피고가 당해 자동차에 대하여 소유권 기타 물권적 권리를 갖지 않는 경우는 추상설에 따른 사실상의 추정효과를 얻을 수 없으므로 원고로서 피해자가 구체적 운행에 대하여 운행지배 및 운행이익의 귀속자라는 것을 입증해야 한다.

V. 결 어

이제 자배법 3조에서 말하는 운행의 대한 개념을 새롭게 정리해야 하고, 운행자에 대한 개념을 새롭게 정리하여야 한다. 통설과 판례는 운행이라 함은 고유장치설에 입각하고 있으며, 운행자에 대하여는 운행지배와 운행이익이 있어야 운행자로 인정하고자 하는 이원설에 입각하고 있다. 그러나 운행에 대하여 운송수단의 본질에 따른 위험을 운행으로 보는 위험성설이 대두되고 있고, 운행자에 대하여 일원설이 대두되는 것은 근본적으로 손해배상책임의 주체를 확대 하여 피해자를 보호하고자 함이다. 사회변화에 따른 타당한 변화라고 판단된다.

입증책임과 관련하여 자배법이 탄생된 배경과 취지를 살펴보건대 민법과는 입증책임의 문제가 다르다고 할 수 있다. 즉 민법은 제750조의 규정에 의하여 고의 또는 과실로 인한 불법행위로 타인에게 손해를 가한 자는 손해배상책임이 있다고 규정하고 있다. 그러나 자배법은 입증책임의 소재를 불분명하게 규정하고 있다. 이에 대법원은 추상설의 입장에게 입증책임을 가해자에게 전환하고 있다. 즉 자동차보유자는 손해배상책임의 주체이고 자동차의 운행에 대한 지배 및 운행이익을 상실하였다는 특별한 사유를 증명하지 못하는 한 자동차 운행자로서 추인된다고 하여 입증책임의 상당부분을 전환시키고 있다.

제 4 절 운행자성에 대한 유형별 분석

I. 서언

자동차손해배상보장법 제3조에는 손해배상책임의 주체를 자기를 위하여 자동차를 운행하는 자로 한정하고 있다. 즉 운행자라고 하는 개념을 도입하여 민법상의 손해배상의 주체보다 넓은 개념을 도입하였다. 그렇다면 운행자가 되고 되지 않음에 따라 자동차손해배상보장법상의 손해배상책임의 주체가 되는가 되지 않는가의 문제로 귀결된다. 전술하였듯이 운행이라 함은 운행이익과 운행지배의 개념을 도입하고 있고 통설과 판례의 입장인 운행지배설에 따르면 운행지배가 있는가 없는가에 운행자가 되는가 되지 않는가가 결정된다고 할 수 있다. 본 절에서는 본 졸저의 핵심이라고 할 수 있는 운행자의 여러 형태를 유형별로 분석하여 각 유형에 따른 운행지배 여부의 판단기준을 살펴보고 정립해 보고자 한다.

Ⅱ. 유형별 분석

1. 무단운전

(1) 무단운전의 개념 및 문제의 소재

1) 무단운전의 개념

무단운전이라 함은 일반적으로 자동차 보유자의 의사에 기하지 아니하고 자동차를 임의대로 운전하는 경우[83]로서 무단운전자 본인이 자기를 위하여 자동차를 운행하는 자에 해당하는 것에는 이설이 없다. 무단운전과 유사한 개념으로 절취운전이 있다. 무단운전과 절취운전은 자동차 보유자의 승낙의 의사에 기하지 않은 운행이라는 점에서 같으나 무단운전은 그 운전자가 보유자와 어떤 인적 관계에 있거나 그러한 관계를 매개로 하여 운행이 이루어지는데 반해 절취운전은 자동차 보유자와는 전혀 관계없는 예상할 수 없는 제3자에 의해 운전이 이루어진다는 면에서 근본적으로 차이가 있다.

2) 문제의 소재

문제는 무단운전에 의한 사고에 의한 자동차보유자의 책임유무이다. 즉 무단으로 자동차를 운행한 자는 경제적으로 변제능력이 없을 때 자동차 보유자에게 손해배상책임을 물을 수 있는 지가 쟁점이 되는 것이다. 또한 자동차

---

83) 오행남, 전게논문, 19면.

보유자에게 손해배상책임을 묻는다면 그 성질이 민법상의 불법행위책임인가 아니면 자동차손해배상보장법상의 운행자책임인가가 문제된다. 실제로 무단운전으로 인한 사고에 있어서 보유자나 그의 보험사업자는 면책을 주장하고 있고 책임의 인정 여부가 모호한 경우가 많아 가해자, 피해자간의 다툼은 치열하다[84]고 할 수 있다.

(2) 무단운전에 대한 주요 유형 및 보유자 책임

1) 무단운전의 주요 유형

① 피용자의 무단운전

일상 운전업무에 종사하면서 어느 정도 자동차의 사용관리가 맡겨져 있는 운전자의 무단운전에 대하여는 보유자의 운행자책임이 긍정될 가능성이 높다. 피용자가 보유자를 위하여 자동차를 사용한 경우에는 승낙을 얻지 아니하고 자동차를 사용한다고 하더라도 보유자에게 운행이익이 있어 보유자는 운행자책임을 지는 경우를 말한다.

② 친족의 무단운전

친족일 경우 무단운전 한 경우라 할지라도 보유자에게 운행자책임을 묻기에 한층 더 용이할 것이다. 한국사회에서는 가족이나 친족의 관계는 피용자와 사용자와의 관계보다 좀 더 밀접한 관계임이 보통이어서 사회통념상 자동차의 운전에 관하여 승낙이 있는 것으로 추단될 뿐만 아니라 승낙이 없더라도 사후의 묵시적인 승낙 가능성이 높기 때문이다.

2) 무단운전에 있어서 보유자 책임

무단운전자는 자기를 위하여 자동차를 운행자는 자임에는 틀림이 없다. 따라서 운행자책임을 지는 데는 이설이 없으나 문제는 보유자의 책임여부이다. 결론적으로 보유자는 특단의 사정이 없는 한 보유자로서 운행자책임이 있다.

---

84) 藤村和哎·山嘢咖眼, 前揭書, 57頁.

종래 대법원은 민법 제756조의 사용자배상책임 규정의 해석과 같이 소위 "외형이론"에 따라 자기를 위한 운행을 객관적·외형적으로 인정하려는 "구체적 운행설"에 입각하고 있었다.[85] 그러나 최근에는 보유자는 자동차의 운행에 의하여 생긴 사고에 관하여 책임을 져야 하나 그 책임을 면하려면 운행자의 지위에 없었다는 것을 입증하여야 하는 "추상설"[86]의 입장에 서 있고 현재의 실무상의 대체적인 경향이다.[87]

(3) 무단운전의 판단기준

사실상 무단운전의 여부에 대하여 일률적인 판단은 무리가 있고 보유자의 운행자성 여부가 판단의 기준이라 할 수 있는 바 운행자성의 판단기준은 구체적, 개별적으로 판단해야 하고 사회통념에 따라 이를 판단해야 할 것이다. 만약 무단 운전에 의하여 사고 발생시 자동차 보유자에게도 운행자성이 인정된다면 그 무단운전과 자동차보유자는 피해자에 대하여 부진정연대채무[88]의 입장에서 손해배상책임을 진다는 점에서는 이설이 없다. 무단운전자는 자동차보험약관상 친족피보험자의 범주에 해당하지 아니하는 한 보험자는 보험금을 지급한 때에는 제3자에 대한 보험자 대위에 따라 무단운전자에게 구상할 수 있다.

무단운전은 보유자의 승낙의사에 기하기 않는 점에서 일단 문제가 된다. 그러나 보유자의 책임이 인정되는 승낙의사는 명시적일 필요가 없고 객관적, 묵시적이라도 좋다. 따라서 신분관계가 가까울수록 그리고 차량 열쇠의 관리가 허술할수록 객관적으로 운행자책임의 용인이 인정될 것이다. 사후 승낙의 개연성[89] 내지 묵시적 의사를 타진함에 있어 위 요소 중 무엇보다도 보유자

---

85) 대법원 1979. 7. 24, 선고 79다817 판결
86) 대법원 1991. 4. 23, 선고 90다12205 판결 ; 대법원 1992. 6. 23, 선고 91다28177 판결
87) 남원식 외 6인 공저, 전게서, 78면.
88) 하나의 동일한 급부에 관하여 수인의 채무자가 각자 독립하여 전부의 급부를 하여야 할 채무를 부담하고, 그 중 1인이 전부의 급부를 하면 모든 채무자의 채무가 소멸하는 다수당사자의 채권관계로서 연대채무에 속하지 않는 것을 부진정 연대채무라 한다. 통설, 판례에 의하면 부진정연대채무는 법적 목적 공동체의 의미에서의 다수 채무의 내적인 관련을 결하고 있는 점에서 연대채무와 구별된다. 독일에서는 연대채무와 부진정 연대채무를 구별할 필요가 없으며, 명확히 구별할 수도 없다고 하는 견해가 유력하다.
89) 운전자 갑의 생일날 기명피보험자 아들인 을과 동료들이 술을 마시고 갑이 을에게 광양에 살고 있는 병을 데리고 올라고 하자 을은 을의 아버지인 기명피보험자의 차키를 빼내어 갑에게 건네주고 갑이 광양으로 내려가 병을 태우고 순천으로 오던 중 발생한 단독사고에서 무단운전

와 운전자의 신분관계, 차량과 차량열쇠의 관리상태가 가장 중요하다고 할 수 있다. 피용자의 무단운전일 경우 일상 운전 업무에 어느 정도 자동차의 사용 관리가 맡겨져 있는 운전자의 무단운전에 대하여는 보유자의 운행자책임이 긍정될 가능성이 높다 피용자가 보유자를 위하여 자동차를 사용한 경우에는 승낙을 얻지 아니하고 자동차를 사용한다고 하더라도 보유자에게 운행이익이 있어 보유자는 운행자책임을 지게 된다.

대체로 무단운전에 의하여 보유자가 운행지배 및 운행이익을 상실하였는지 여부는 평소의 차량 및 시동열쇠 관리상태, 보유자의 의사와 관계없이 운행이 가능하게 된 경위, 운행목적, 시간, 장소, 거리, 운행기간의 장단, 보유자와 운전자의 관계, 운전자의 차량 반환의사 유무, 무단운전 후의 보유자의 승낙가능성, 무단운전에 대한 피해자의 주관적인 인식유무, 무단운전자의 운행에 적극 가담여부, 동승목적, 운행비용 분담, 교대운전 여부 등 객관적이고도 외형적인 여러 사정을 사회통념에 따라 종합적으로 평가하여 운행지배 및 운행이익의 상실 여부를 판단하여야 한다.

(4) 판례의 입장

판례는 무단 운전시에 보유자가 당해 자동차의 운행지배 및 운행이익을 완전히 상실하였다고 볼 만한 특별한 사정이 없는 한 당해 사고에 대하여 운행자로서의 책임을 져야한다고 전제하고 자동차 소유자 등이 그 차량에 대한 운행지배와 운행이익을 상실하였는지 여부의 판단기준으로서, 평소의 차량 및 시동열쇠 관리상태, 보유자의 의사와 관계없이 무단운전이 가능하게 된 경위, 소유자 등과 운전자와의 관계, 운행목적, 시간, 장소, 거리, 운행기간의 장단, 운전자의 차량반환의사의 유무, 무단운전 후의 소유자의 승낙가능성, 무단운전에 대한 피해자의 주관적인 인식유무, 무단운전자의 운행에 적극 가담 여부, 동승목적, 운행비용, 분담 및 교대운전 여부 등 객관적이고 외형적인 여러 사정을 사회통념에 따라 종합적으로 평가하여야 하며, 피해자가 운전자의 무단 운행한다는 점을 알았는지 여부 또한 운행자의 운행지배 내지 운행이익의 상실여부를 판단하는 중요한 요소가 된다고 판시하고

에 대한 사후 승낙가능성 여부에 대하여 피해자들이 무단운전의 정을 알고 있었던 만큼, 기명 피보험자는 운행자성을 상실했다고 보아야 할 것이며, 사후 승낙의 가능성이 있다고 볼 수 없다고 판시하고 있다. 광주지법 순천지원 2002 가단 16105.

있다.90)

기명피보험자 및 허락피보험자의 승낙을 받지 아니하고 무단운전 중 발생한 사고에 대하여 대법원은 기명피보험자 및 허락피보험자의 승낙을 받지 아니하고 제3자가 무단운전 중 발생한 사고에 대하여는 무단운전자에 대하여 피보험자들은 운행지배와 운행이익을 상실하였다 할 것이므로 보험자는 손해배상책임이 없다고 판시하고 있다. 한편 보유자와 운전자간의 인적관계와 관련하여 운전업무에 종사하는 피용자의 경우 일상 운전업무에 종사하면서 어느 정도 자동차의 관리사용이 용인되어 민법 125조의 대리권 수여 표시에 의한 표현대리 법리91)가 적용되어 보유자책임이 긍정될 가능성이 매우 높다 할 것이다.

판례는 호의동승자인 경우 운행자가 무단운전의 정을 알았는지 그리고 보유자의 운행지배, 운행이익의 상실 여부가 판단의 중요한 요소가 된다고 하고 있고, 무단운전의 정을 알고도 동승한 동승자라면 보유자의 운행자성 상실로 인한 운행자성의 판단기준 보다는 피해자의 타인성에 위배되어 배상책임을 인정하지 않는 것이 타당할 것이라고 판시하고 있다.

피해자인 동승자가 무단운전의 정을 알았다 하더라도 무단운행이 사회통념상 있을 수 있는 일이라고 선해할 만한 사정이 있다면 소유자가 운행이익과 운행지배를 완전히 상실하였다고 볼 수 없다고 하면서 미성년자인 아들이 아버지가 출타한 틈을 타서 호주머니의 열쇠를 꺼내 무단운전을 하였고 동승자가 이를 알았더라면 아버지의 자동차운행자로서 책임은 인정하였다.92) 그리고 기명피보험자의 아들이 승낙 없이 무면허 상태로 피보험차량

---

90) 대법원 1999. 4. 23, 선고 98다61395 판결
91) 민법 제125조에서는 "제3자에 대하여 타인에게 대리권을 수여함을 표시한 자는 그 대리권이 범위 내에서 행한 그 타인과 그 제3자간의 법률행위에 대하여 책임이 있다. 그러나 제3자가 대리권 없음을 알았거나 알 수 있었을 때에는 그러하지 아니하다"라고 규정하여 일정한 경우 본인에게 책임을 지우고 있는 것을 표현대리라고 하고 민법에서는 표현대리의 유형을 세 가지로 유형화하여 규정하고 있다.
92) 대법원 1998. 7. 10, 선고 98다1072 판결 ; 대법원 1997. 7. 8, 선고 97다15685 판결 ; 대법원 2002. 9. 6, 선고 2002다32547 판결. 무면허 운전자내지 연령특약약관을 위배하여 운전한 자가 가족에 해당하는 경우에는 상법 제682조 소정의 보험자대위권 행사의 대상인 제3자에 해당되지 않는다. 특히 보험처리 관련하여 자녀가 무면허운전 내지 연령특약위하여 운전한 경우 기명피보험자인 부 또는 모가 몰랐으면(즉 무면허 운전 관련하여 명시적, 묵시적 승인이 없었다거나, 연령특약 위배 관련하여 운전한 것에 대하여 무단운전이라고 평가 받을 수 있다면) 대인 Ⅰ,Ⅱ가 부책이고 구상도 불가하나, 알았거나 알 수 있었으면(무면허 운전에 대하여 명시적, 묵시적 승인이 있었거나, 연령특약 위배하여 운전한 것에 대하여 무단운전으로 평가 받을 수 없다면) 대인 Ⅱ는 면책된다. 따라서 이 부분은 사고 초기에 사실관계 확인서 작성서 보험사

을 운전 중 사고를 야기한 때 그 아들은 친족피보험자로서 무면허면책조항을 적용할 수 있으나 무면허 면책조항의 적용사유가 없는 기명피보험자와의 관계에서 면책조항을 적용할 수 없다. 다만 기명피보험자의 명시적 또는 묵시적 승인 하에 그 무면허 운전이 이루어 졌다면 약관 규정상 무면허 면책조항의 적용사유가 있다 할 것이다. 따라서 이러한 경우 보험자로서는 그 아들의 보험금 청구에 대하여 면책을 주장할 수 있을 것이나, 기명피보험자의 보험금 청구 또는 피해자의 직접청구권 행사에 대하여는 이 면책조항을 적용할 수 없다.93)

피용자의 무단운전과 관련하여 "조수 겸 운전사가 차주 몰래 친구들과 놀러 다니다가 피해자의 제의에 의하여 한밤중에 취하여 드라이브 하던 중 사고라면 객관적, 외형적으로 소유자를 위한 것이라고 할 수 없으므로 소유자는 자배법상의 책임이 없다"94)라고 판시한 예가 있고 "차주가 경영하는 업소에 고용된 운전사가 사무에 무단으로 사용하였고 피해자들 역시 그 사정을 알면서 동승 중 사고를 당했으며, 피해자들이 동인과 함께 술을 마신 후 그 권유에 따라 동승하였다 하여도, 평소 그 사고차량의 보관이 전적으로 위 운전자에게 일임되어 있어 손쉽게 사무에 이용할 수 있는 점 등에 비추어 볼 때 차주는 운행지배 및 운행이익을 상실한 것이 아니다"95)라고 판시한 예도 있다. 또한 "업무관계로 늦게까지 회사에 남은 직원을 데려다 주려고 동료직원이 회사차량을 운전하였고, 평소 출퇴근시간 이외에도 다른 직원들이 동 차량을 종종 이용하였다면 사고차량의 무단운행에 관하여 회사가 운행지배와 운행이익을 완전히 상실하였다고 볼 수 없다"96) 라고 판시한 사례도 있고 "피용자가 사고차에 대해 업무수행을 위한 운행허락을 받아 차를 운행하여 업무를 마친 후 일시 운행경로를 이탈하여 술을 마시고 숙소로 들어오던 중에 사고가 발생한 경우 자동차 소유자가 여전히 그에 대한 운행지배와 운행이익을 가진다"97)라고 판시한 사례가 있다. 또한 회사소속 택시기사가 회사의 허락 없이 가족을 태우고 지정된 구역을 벗어나서 개인적인 용무를 보다가 사고로 처가 사망한 사안에서 회사의 운행자 책임을 인정하였

나 기명피보험자는 반드시 유념할 대목이라고 할 수 있다.
93) 대법원 1997. 6. 27, 선고 97다10512 판결
94) 대법원 1984. 11. 27, 선고 84다카858 판결
95) 대법원 1991. 2. 22, 선고 90다17705 판결
96) 대법원 1992. 5. 12, 선고 91다47079 판결
97) 대법원 1997. 11. 14, 선고 95다37391 판결

다.98) 전반적으로 객관적, 추상적으로 특별한 사정이 없는 한 당해 운전을 보유자를 위한 것으로 보는 판례가 다수를 이룬다.99)

제3자의 무단운전과 관련하여 "자동차수리업자의 피용자가 수리의뢰 받은 차량을 업무종료 후 업무와는 전혀 무관하게 그 사촌동생을 태워 줄 목적으로 그 요청에 의하여 자동차를 무단으로 사용 중 발생한 사고로서 위 피용자는 운전면허가 없음에도 책상서랍을 강제로 열고 열쇠를 무단으로 절취하여 운전을 하게 되었으며, 피해자도 위 피용자에게 먼저 차를 태워달라고 제의하여 차량이 위와 같이 비정상적인 방법으로 운행된다는 사정을 알면서도 동승한 점을 고려하면, 위 피해자 및 만17세인 피용자의 나이 및 신분관계, 피용자의 무단운전 후의 차량반환의사와 운행의 임시성 등을 고려하더라도 적어도 사고 당시에는 피해자에 대한 관계에 있어서 위 차량의 운행은 자동차수리업자의 운행지배와 운행이익의 범위를 완전히 벗어난 상태에 있었다고 봄이 상당하다"100)고 판시하고 있다. 그러나 "렌트카 회사의 자동차임대약관상 제3자 운전금지 조항에 위배하여 운전 중 발생한 사고에 대하여 렌트카 회사는 승용차의 보유자로서 차량임차인에 대한 인적관리와 임대차량에 대한 물적관리를 통하여 임대차량에 대한 운행이익과 운행지배를 가지고 있는 바, 사고당시의 운전자가 임차인이 아닌 제3자이고 운전면허가 없는 자였다는 사실만으로 그 운행지배가 단절되었다고 할 수 없고, 오히려 사고운전자를 통하여 위 차량의 운행을 간접적, 잠재적으로 계속 지배함으로써 운행지배와 운행이익을 가지고 있다"101)고 판시하고 있다. 제3자의 무단운전과 관련하여도 객관적, 추상적, 외형적으로 관찰하여 특별한 사정이 없는 한 당해 운전을 보유자를 위한 것으로 보는 것이 일반적인 판례의 경향이다.102)

---

98) 대법원 1997. 1. 21, 선고 96다40844 판결
99) 대법원 1988. 1. 19, 선고 87다카2202 판결 ; 대법원 1981. 12. 22, 선고 81다331 판결
100) 대법원 1995. 2. 17, 선고 94다21856 판결
101) 대법원 1993. 8. 13, 선고 93다10675 판결
102) 대법원 1978. 2. 28, 선고 77다2271 판결 ; 대법원 1993. 7. 13, 선고 92다41733 판결 ; 대법원 1974. 5. 28, 선고 74다80 판결 ; 대법원 1988. 3. 22, 선고 87다카1011 판결 ; 대법원 1989. 5. 9, 선고 88다카19286 판결 ; 대법원 1992. 5. 12, 선고 92다10579 판결 ; 대법원 1988. 6. 14, 선고 87다카2276 판결 ; 대법원 1992. 5. 12, 선고 92다6365 판결

　(5) 결

　무단운전은 대체로 친족관계에 있는 자가 보유자의 승낙 없이 무단 운전
한 경우, 피용자가 업무 외에 무단으로 운전한 경우 등으로 통설과 판례는
이를 구체적, 개별적으로 운전자의 주관에 의하여 판단하지 않고 객관적, 추
상적, 외형적으로 관찰하여 특별한 사정이 없는 한 당해 운전을 보유자를 위
한 것으로 보아 보유자책임을 인정하는 것이 보통이다. 피해자에 대하여는
무단운전자와 보유자는 부진정연대책임을 지는 관계이다. 그리고 무단운전자
는 자동차보험약관상 친족피보험자의 범주에 해당하지 아니하는 한 보험금
을 지급한 때에는 제3자에 대한 보험자대위에 따라 무단운전자에 구상할 수
있다. 보험회사의 담보별 보상책임은 대인배상ⅠⅡ 및 대물배상, 자기신체사
고, 자동차상해는 부책이다. 결론적으로 판례는 위험책임의 원리 및 보상책
임의 원리에서 '자기를 위하여' 라는 요건을 대폭 완화하여 사용자의 보유자
책임을 긍정함으로써 피해자 보호를 두텁게 하려는 경향이 강하다고 할 수
있다.

　2. 절취운전

　(1) 개념 및 문제의 소재

　　1) 개념

　절취운전이라 함은 강도나 절도범이 타인의 자동차를 강취 또는 절취하여
운전하는 것을 말하며 무단운전 중 가장 극단적인 경우로서 전혀 예상할 수
없었던 제3자가 자동차를 운전하는 것[103]을 말한다. 절취운전은 보유자가
전혀 예상할 수 없었던 제3자가 운전한 경우로서, 고용관계나 친족관계 등
일정한 신분관계에 있는 자의 무단운전과 구별된다. 절취운전의 경우 절취운
전자가 자배법 제3조의 '자기를 위하여 자동차를 운행하는 자'에 해당하는
것에 대하여는 의문의 여지가 없다.

---

103) 김상용, 불법행위법, 법문사, 1997, 239면.

2) 문제의 소재

여기에서 문제는 정당한 권한 없이 자동차를 사용한 절취운전자는 자신을 위하여 자동차를 운행하는 자에 해당하는 것은 분명하나 자동차 보유자도 책임을 지는지 여부와 어떤 책임을 지는가가 문제된다. 실제로 절취운전에 있어서 보유자의 책임이 있는지에 관하여 보유자와 피해자와는 무단운전의 경우와 마찬가지로 치열한 대립이 있다고 할 수 있다.

(2) 절취운전에 대한 보유자책임

1) 자배법의 적용여부

절취운전의 경우 자동차보유자는 원칙적으로 차량 및 열쇠관리상의 과실로 말미암아 절취운전이 가능하게 되었기 때문에 배상책임을 부담할 가능성이 있는데, 이 경우 자동차보유자가 민법 제750조 일반불법행위책임 외에 자배법 제3조 운행자책임도 부담하게 되는지가 문제이다.

절취운전의 경우 당해 자동차에 대한 운행지배가 보유자로부터 이탈된 것으로 보아 그 절취를 당한 것에 대하여 보유자의 귀책사유가 없을 때에는 보유자책임이 부인된다. 그렇지만 자동차의 열쇠를 잘 수거하고 문을 잠그는 등 자동차의 관리에 대하여 필요한 조치를 다하지 않은 보유자는 주의의무 해태의 책임을 면할 수 없는 것이 일반적이다.

2) 차량관리상의 과실이 있는 보유자의 책임

절취운전의 경우에도 보유자가 차량관리상의 과실이 있는 경우에는 민법상의 불법행위책임을 지게 된다. 그런데 이 때 나아가서 자배법상의 운행자책임을 부담한다고 할 수 있는가에 대하여는 긍정설과 부정설의 대립이 있다.

① 자배법적용 부정설

종래의 다수설과 판례는 절취운전의 경우 민법상의 불법행위책임을 묻는 외에 자배법 제3조를 적용하는 것은 곤란하다고 한다. 독일의 도로교통법 제7조 제3항에 의하면 "타인에 의한 자동차의 이용이 보유자의 고의 또는 과실에 의하여 가능하게 된 경우 보유자는 배상의무를 면하지 못한다"라고 규정하고 있는데 우리나라의 자배법에는 그와 같은 조문이 없다. 또한 사고 당시의 구체적 운행은 보유자의 지배영역 밖에 있기 때문에 절취운전은 보유자가 운행지배를 상실하는 전형적인 경우로서 운행자책임은 발생하지 않는다고 해석한다. 따라서 보유자에게 차량관리상의 과실이 있고, 그러한 과실과 상당인과관계에 있는 사고가 발생한 경우에 한하여 민법 제750조의 일반 불법행위책임을 부담하는 것이다.[104]

② 자배법적용 긍정설

보유자책임을 민법의 일반원칙으로 돌리는 것은 자배법의 입법취지에 반하는 후향적 자세로서 타당하지 않다고 비판하며, 일정 요건 하에서 보유자에게 운행지배의 귀속을 긍정하여 자배법 제3조의 적용을 인정하자는 견해로 객관적 용인설과 관리책임설 등이 등장하였다.

먼저 객관적 용인설에 의하면 자동차의 열쇠관리는 자동차의 지배를 단적으로 표현하는 것으로, 자동차의 문을 잠그지 아니한 채 노상에 방치하는 것은 제3자에 의한 절취운전을 객관적으로 용인한 것이라는 평가가 가능하며, 이때 보유자는 운행지배를 잃지 않는 것이라고 한다. 즉 보유자가 제3자에게 절취운전을 허용하지는 않았지만 제3자의 운전을 허용하였느냐의 여부는 보유자의 의사를 표준으로 하지 않고, 일반인의 입장에서 객관적으로 평가한다는 것이다. 따라서 차량의 열쇠관리 등에 과실이 있는 경우에는 객관적으로 제3자에게 차량의 운전을 용인하였다고 볼 수 있는 사정이 있다고 할 수 있고, 보유자는 운행자책임을 져야 한다는 것이다.

관리책임설에 의하면 우리가 운행자책임의 이념을 위험책임에서 구하는 이상, 위험물인 자동차를 관리, 억제하는 것은 운행지배에 포함되는 것이라고 한다. 즉 보유자에게 차량관리상의 과실이 있어서 절취운전이 가능하게 된 경우에는 자배법상의 운행자책임을 져야 한다고 보는 것이다. 또한 항변설의 입장에서도, 절취운전이라 하여 당연히 보유자의 운행지배가 상실되었다고 할 수는 없다고 한다.[105][106]

---

104) 이은영, 채권각론, 전게서, 892면.

(3) 절취운전의 경우 자동차보유자의 운행자성 판단기준

절취운전의 경우 자동차 보유자의 운행자성 판단기준은 첫째, 보유자와 절취
운전자와의 관계, 둘째, 도난 당시 차량관리 상황, 즉 자동차는 운전기술이
없거나 미숙한 사람이 운전할 경우에는 타인에게 위해를 입힐 위험성이 많
으므로 운전자가 운전석을 떠날 때에는 운동기의 발동을 끄고 제동장치를
철저하게 하는 등 자동차의 정지상태를 안전하게 유지하고 시동열쇠를 풀어
자신이 휴대하고 차문을 채워두는 등 다른 사람이 함부로 운전할 수 없도록
할 주의의무의 이행여부,107) 셋째, 도난 시각, 장소 및 도난 경위,108) 넷째,
도난 장소와 사고 장소와의 거리 및 도난 시각과 사고발생 시각과의 간
격,109) 다섯째, 피해자가 절취차량의 탑승자인 경우 절취운전자와 피해자의
관계 및 피해자의 절취차량 인식 여부,110) 등을 고려하여 자동차보유자의
운행자성 여부를 판단하여야 할 것이다.

(4) 판례의 경향

과거 우리나라 대법원 판례는 차량관리상의 과실이 인정되는 경우 자동차
보유자에게 일반불법행위 책임을 인정하였으나, 하급심에서는 자배법상의 운
행자책임을 인정하여 온 것이 대세였다. 즉 일정한 인적관계가 있는 사람이
자동차를 사용한 후 이를 자동차 보유자에게 되돌려줄 생각으로 운행한 경
우에 비교적 보유자책임을 넓게 인정하고 있다.

그러나 최근 대법원은 "승낙을 받지 않고 무단으로 운전을 하는 협의의 무
단운전의 경우와 달리 자동차 보유자와 아무런 인적관계도 없는 사람이 자
동차를 보유자에게 되돌려 줄 생각 없이 자동차를 절취하여 운전하는 이른
바 절취운전의 경우에는 자동차 보유자는 원칙적으로 자동차를 절취 당하였

---

105) 靑野博之, 前揭書, 60頁.
106) 이은영 교수는 피해자보호의 필요가 있다면 구태여 보유자의 운행자책임을 부정하고 일반불
    법행위책임을 인정하는 우회적 방법을 취하지 말고 바로 운행자책임을 인정할 것이라 한다. 이
    은영, "자동차운행자의 민사책임", 경제법 · 상사법논집, 1989, 799면.
107) 대법원 1975. 6. 10, 선고 74다407 판결
108) 대법원 1981. 6. 23, 선고 81다329 판결
109) 대법원 1988. 3. 22, 선고 86다카2747 판결
110) 절취차량임을 알고서 탑승하였다면 보유자는 피해자에 대한 배상책임이 없다고 할 것이다.

을 때에 운행지배와 운행이익을 잃어버렸다고 보아야 할 것이고, 다만 예외
적으로 자동차 보유자의 차량이나 시동열쇠 관리상의 과실이 중대하여 객관
적으로 볼 때에 보유자가 절취운전을 용인하였다고 평가할 수 있을 정도가
되고, 절취운전 중 사고가 일어난 시간과 장소 등에 비추어 볼 때에 보유자
의 운행지배와 운행이익이 잔존하고 있다고 평가할 수 있는 경우에 한하여
자동차를 절취 당한 보유자에게 운행자성을 인정할 수 있다"고 판시하여 보
유자책임성의 기준을 제시하고 있다.111) 이와 관련된 법률로는 도로교통법
제48조 제1항 6호에서 "운전자는 운전석으로부터 떠나는 때에는 원동기의
발동을 끄고 제동장치를 철저하게 하는 등 그 차의 정지상태를 안전하게 유
지하고 다른 사람이 함부로 운전하지 못하도록 필요한 조치를 하여야 한다"
라고 규정하고 있다. 즉 절취운전의 경우 자동차보유자의 운행자성 여부는
보유자와 절취운전자의 관계 및 도난당시 차량관리상황,112) 도난시각, 장소
및 도난경위, 도난 장소와 사고 장소와의 거리 및 도난 시각과 사고발생 시
각과의 간격, 피해자가 절취차량의 탑승자인 경우 절취운전자와 피해자의 관
계 및 피해자의 절취차량 인식 여부 등을 고려하여 자동차보유자의 운행자
성 여부를 판단해야 한다. 판례의 태도를 검토하면 "집 앞 노상에 승용차를
주차시키면서 승용차 좌측 뒷문을 잠그지 아니하고 승용차의 시동열쇠를 차
안 다시 방안에 넣어 둬 절취운전자가 쉽게 시동열쇠를 찾을 수 있게 한 차
량이긴 하나 이 경우 시동열쇠의 관리상의 과실이 중대하여 객관적으로 볼
때에 자동차 보유자가 절취운전을 용인하였다거나 운행지배와 운행이익이
잔존하고 있다고 평가할 수는 없다"113) 고 판시하고 있고 "아파트 앞 도로변
주차장에 차량의 시동을 끄고 차량 열쇠를 빼낸 다음 출입문을 잠근 채 주
차시켰다면 운전자가 운전석을 떠날 때 요구되는 차량 보관상의 주의의무를

---

111) 대법원 1998. 6. 23, 선고 98다10380 판결. 이 판례는 객관적 용인설을 취하고 있다고 할
    수 있고 객관적 용인설이라 함은 소유자와 운전자의 관계, 차량의 관리상황, 운전자의 운전목
    적, 시간과 반환예정의 유무 등 제반사정을 종합적으로 판단하여 객관적으로 보유자가 절취운
    전을 용인하였다고 인정되는 경우에는 보유자의 운행자책임을 물을 수 있다는 설이다.
112) 자동차는 운전기술이 없거나 미숙한 사람이 운전할 경우에는 타인에게 위해를 입힐 위험성이
    많으므로 운전자가 운전석으로부터 떠나는 때에는 원동기의 발동을 끄고 제동장치를 철저하게
    하는 등 차의 정지상태를 안전하게 유지하고 시동열쇠를 풀어 자신이 휴대하고 차문을 채워두
    는 등 다른 사람이 함부로 운전할 수 없도록 할 주의의무가 있다. 이에 대한 관계 법령으로 도
    로교통법 제48조 1항 6호에서 '운전자가 운전석으로 떠나는 때에는 원동기의 발동을 끄고 제동
    장치를 철저하게 하는 등 그 차의 정지상태를 안전하게 유지하고 다른 사람이 함부로 운전하지
    못하도록 필요한 조치를 하여야 한다' 고 규정하고 있다.
113) 수원지법 1998. 11. 26, 98가합16220.

다하였다고 할 것이고, 외부에서 보이지 않는 운전석 옆 동전함 내부에 있던 예비열쇠를 수거하지 아니한 점을 들어 차량보관상의 과실이 있다고 할 수는 없다. 설령 예비열쇠를 수거하지 아니한 점이 차량보관상의 주의의무를 위반한 것이라고 하더라도 이러한 과실로부터 절취자에 의한 차량의 절취 및 사고로 인한 손해가 보통인, 평균인의 입장에서 예측가능한 통상의 경로에 속한 결과하고 평가하기 어려우므로 차량보관상의 과실과 손해 사이에 상당인과관계가 있다고 볼 수 없다고 판시하고 있다.114) 또한 "보유자가 상고 당일 02:00경 차량을 운전하여 귀가하였는데 주거지인 강남구 논현동 앞 노상에 차량을 세워 시동을 끄고 자동차열쇠를 빼내 차문을 잠근 후 열쇠를 소지하고 집으로 들어갔는데, 제3자가 같은 날 06:00경 그 이전에 이미 훔쳐 소지하고 있던 사고차량의 다른 열쇠를 이용하여 절취하여 운전하고 가다가 08:00 분경 남양주시 수석동 앞 도로상을 진행하다가 야기한 사고"에 대해, 운행지배와 운행이익이 완전히 상실된 상태에서 사고가 발생한 것이라 하여 1심 판결을 취소하고 원고청구를 기각한 판례115)가 있다. 그리고 "소유자가 06:30 분경 승용차에 시동을 걸어놓고 출입문을 잠그지 아니한 채 잊은 물건을 찾아 잠시 집안에 들어갔다 오는 사이에 절취자가 위 승용차를 발견하고 이를 끌고 가 절취한 다음 여자친구를 승용차에 태우고 가다가 중앙선을 침범한 사고로 탑승한 여자친구가 사망한 사안에서 탑승자가 위 승용차에 탑승할 당시 도난차량이라는 사실을 알고 탑승하였다면 소유자는 운행지배를 상실하여 자배법 소정의 운행자에 해당하지 아니하고 도난차량이라는 사실을 알고서도 도난차량에 탑승한 자는 도난차량의 소유자에게 자배법이나 민법상의 불법행위책임을 물을 수 없다고 보는 것이 상당하다"116)고 판시하고 있고 "절취당한 자동차가 사고를 일으켜 동승중인 절취자의 친구가 사망한 경우에 그 차 보유자의 운행지배가 간접적, 잠재적, 추상적인데 대하여 위 절취자 및 피해자는 공동 운행자이며 더구나 두 사람에 의한 운행지배는 훨씬 직접적, 현재적, 구체적이므로 피해자는 그 차의 보유자에 대하여 타인임을 주장할 수 없다고 한 원심의 판단이 정당하다"117) 고 판시한 일본 판례가 있다. "절취운전자는 피해자의 학교선배로 사고 무렵 가출하여 친구들과 어울려 다니면 생활하고 있었고 15세로 아직 운전면허를 취득하지 못

---

114) 수원지법 1998. 4. 9, 97가합25630.
115) 서울지법 1998. 4. 22, 97나36636.
116) 서울지법 97. 8. 27, 96가단300353.
117) 日最高裁 昭和 57. 4. 2.

한 사실, 피해자는 절취운전자 등이 절취할 당시에 범죄 현장에는 같이 있지 않았으나, 절취범의 일행 중 1명에게 호출하여 서로 만나기로 하여 차량에 타게 되었고, 피해자는 절취운전자가 가출한 사실을 알고 있었던 사실에 비추어 승용차에 탈 당시 위 차량이 절취된 차량임을 알고 있었던 것으로 추인된다"[118] 고 판시한 바 있으며, "차량관리상의 잘못과 절취운행 중에 발생한 사고 사이에 상당인과관계가 인정된다 하더라도 절취차량의 정을 알고 동승한 자에 대하여 보유자는 민법상 손해배상책임을 면한다"고 판시한 사례[119]도 있다. 그리고 "자동차보유자의 필요한 조치의 정도는 다른 사람이 함부로 자동차를 조작할 수 없게끔 하는 정도로 족하다"고 하고 있다.[120] 그러나 "잠시 볼일이 있어 열쇠를 꽂아 둔 채 볼일을 보는 경우에 제3자가 임의로 운전하여 사고를 야기한 경우에는 자동차소유자에게 자동차관리법상 주의의무 해태의 책임을 면할 수 없으므로 위 사고의 피해자에게 민법상 손해배상책임이 있다"고 판시하고 있다.[121]

(5) 결

오늘날 차량도난사고의 발생이 적지 않다. 특히 자동차열쇠의 보관이 차지하는 중요성을 감안한다면, 도로 기타 제3자의 출입이 자유로운 장소에 자동차의 열쇠를 꽂아 둔 채 자동차를 주차시켜 놓았다면 제3자에 의한 자동차의 절취운전에 대한 객관적 용인이 있다고 평가하는 것이 타당할 것이다.

또한 민법적용설에 의하면 절취운전사고에 있어서 보유자에게 운행자책임을 인정하지 않지만 피해자는 보유자의 차량관리상의 과실을 이유로 민법상의 일반불법행위책임을 물을 수 있다. 하지만 이 경우 피해자는 보유자에게 차량관리상의 과실이 있다는 사실과 사고발생 사이에 상당인과관계가 있음을 입증하여야 한다는 것이어서 다소 무리가 있다. 특히 절취운전사고의 경

---

118) 수원지법 1998. 11. 26, 98가합16220.
119) 서울지법 1999. 8. 18, 99나38216.
120) 대법원 1975. 6. 10, 선고 74다407 판결
121) 대법원 1981. 6. 23, 선고 81다329 판결 ; 대법원 1988. 3. 22, 선고 86다카2747 판결. 일본에서는 이와 같은 사례에서 "엔진 키를 꽂아두고 도어를 시정하지 않았다 하여도 주위가 블록 담으로 둘러진 택시회사의 영업소 안에 자동차가 절취된 때에는 소유자의 그 차에 대한 지배가 배제되어 절도 운전중의 사고에 관하여 소유자는 운행자로서의 책任을 지지 않는다"고 판시하여(日本 昭和 46. 11. 18, 大阪高判, 昭和 54. 12. 27, 東京高民) 우리 대법원의 판례와 다르다.

우 절취운전자가 도주하여 검거되지 않는 경우, 소재가 분명하지 않아 보유자의 보관상의 과실을 입증하는 것이 사실상 불가능하게 되어 피해자보호에 문제가 있다. 따라서 긍정설이 타당해 보이고 특히 관리책임설이 설득력이 있다고 생각한다.

3. 형식상의 명의등록

(1) 개념 및 문제의 소재

1) 개념

자동차등록원부상 자동차소유자로 등재되어 있으나, 차량의 운행 및 점유는 실질적으로 타인에게 있어 그 소유관계가 형식적인 것이 불과한 경우에 그 등록명의인도 자기를 위하여 자동차를 운행하는 자로서의 책임을 갖게 되는지가 문제된다.[122]

2) 문제의 소재

이러한 형식적인 등록명의가 문제되는 경우는 명의대여, 명의잔존, 소유권유보 할부매매, 채권담보 확보를 위한 소유권이전 등이다. 이 같은 경우 등록 명의인에게 자동차에 대한 운행지배 내지 운행이익을 인정할 수 있는지 여부가 쟁점이 된다.

(2) 명의대여(지입회사)

1) 의의

자동차와 건설기계는 자동차등록원부 또는 건설기계등록원부에 등록을 하여야 하고 이륜차는 이륜자동차대장에 신고, 등재해야 한다. 따라서 등록원부상 소유자로서 등록명의만을 타인에게 유상 또는 무상으로 대여할 경우 사실상의 소유자와 등록원부상의 소유자가 다르게 될 수가 있다.

---

122) 藤村和夫・山野嘉朗, 前揭書, 57頁.

2) 명의대여시 보유자책임

이 같은 경우 등록원부상 소유권명의만 가지고 있다고 하여 곧바로 그에게 운행자책임을 인정하기 곤란하고, 명의대여의 실질관계를 따져서 개별적으로 해결해야 할 것이다. 즉 그 실질관계의 판단을 하여 등록명의인에게 운행지배 내지 운행이익이 있는지 여부에 관한 판단해야 할 것이다. 실질관계에 있어서 운행지배 내지 운행이익이 있다면 보유자책임이 있다 할 것이고, 없다면 보유자책임이 없다고 할 것이다.

3) 판단기준

판단기준은 종속관계의 여부, 자동차나 건설기계의 보관상황 및 사용관계, 명의료, 관리료 징수 유무, 유류대 및 수리대의 부담관계, 명의대여의 동기나 목적 등에 의하여 이루어진다.[123]

4) 판례

통설 및 판례가 취하고 있는 추상설에 따르면, 등록원부 상 소유자로 등재된 자는 자동차의 소유자, 즉 보유자로 추정되고 이에 따라 운행자라는 사실상의 추정이 이루어지므로 명의대여자가 책임을 면하려면 구체적 운행 당시 아무런 실질관계, 즉 운행지배나 운행이익이 없었다는 특별한 사정을 주장, 입증해야 한다. 보통 아무런 이익 없이 단순히 명의만을 대여하는 경우는 실질적으로 매우 드물다고 할 수 있고 일단 명의가 대여되었다면 일정한 이익관계를 추정할 수 있기 때문이다.

명의대여의 대표적인 형태는 이른바 지입의 경우이다. 지입이란 운수회사나 건설기계 대여회사가 실질적인 차주로서 차량의 위·수탁계약인 지입계약을 맺고 그 차량의 소유자로서 회사명의를 대여해주고 실질적 차주의 운수사업에 관한 행정업무(세금관리, 검사관리)를 처리해 주며, 그 대가로 지입차주로부터 일정한 금액을 받는 형태를 말한다.[124] 지입회사는 대외적으

---

123) 여기서 말하는 명의는 자동차보험계약상의 기명피보험자 명의대여를 포함한다.
124) 김상용, 전게서, 240면.

로는 지입차량의 소유자이고 지입차주를 통하여 지입차량을 지배하고 있으므로 운행자에 해당하고 또한 지입회사는 지입차량의 운전자를 직접 고용하여 지휘, 감독을 한 바 없었더라도 객관적으로 지입차량의 운전자를 지휘, 감독할 관계에 있어 사용자의 지위에 있다고 할 것이다. 이 같은 경우에 명의대여자도 보유자책임을 면하기 어렵다는 것이 지배적 견해이다. 이와 관련하여 판례는 "피고가 영업 감찰이 없는 소외인으로 하여금 피고명의로 자가용 화물차의 등록을 하고 피고명의로 운행할 것을 허용하였다면 피고는 특별한 사정이 없는 한 그 운행에 관하여 사실상의 이해관계가 없다 하더라도 위 소외인과 함께 자배법 제3조 소정의 자기를 위하여 자동차를 운행하는 자에 해당한다"라고 판시하고 있다.125) 그러나 "소규모 화물운송업자 갑이 노선화물차운송회사 을과의 전속적인 화물취급소 위탁경영계약에 따라 업무를 처리하던 중 갑이 그 약정내용에 위반하여 타인으로부터 화물의 직송을 의뢰받아 그 고용운전사로 하여금 운행하게 한 경우 이는 전혀 을의 의사에 반하여 이루어진 것으로서 을은 위 고용운전수의 운행행위에 관하여 실질적인 지휘감독권을 가질 수 없는 결과 그 차량에 대한 운행지배를 상실한 것으로 본다"고 판시한 판례도 있다.126) 그리고 "매수대금을 대여 해준데 대한 채권담보의 목적으로 자동차등록원부상 자동차의 소유자로 등록된 자는 자동차의 운전수의 선임, 지휘, 감독이나 기타의 운행에 관한 지배 및 운행이익에 전연 관여한 바 없었다면 특별한 사정이 없는 한 자배법상 운행자라고 볼 수 없다"127)라는 판례가 있고, "갑이 을회사에 지입시켜 운행할 목적으로 화물차를 을회사 명의로 할부로 매수하여 지입에 필요한 일부 서류와 함께 인도 받음과 동시에 그 차에 대한 임시운행허가를 받아 운전사를 고용하여 운행하다가 미쳐 을회사에 지입등록도 하기 전에 사고가 발생한 경우, 그 화물차는 을회사에 지입되지 아니하였으므로 을회사는 화물차의 운행에 관한 명의대여자라 할 수 없으므로 손해배상책임이 없다"128)라는 판례도 있다. 한편 지입차주의 무면허 운전과 관련하여 지입회사만이 기명피보험자이고 지입차주는 승낙피보험자일 경우에는 지입차주의 승낙 아래 무면허로 중기 운전을 하다가 사고를 낸 경우에는 무면허면책조항은 적용되지 않는다.129) 전

---

125) 대법원 1982. 10. 12, 선고 81다583 판결
126) 대법원 1991. 12. 27, 선고 91다33940 판결
127) 대법원 1980. 4. 8, 선고 79다302 판결
128) 대법원 1990. 11. 13, 선고 90다카25413 판결
129) 대법원 1995. 9. 15, 선고 94다17888 판결

반적으로 명의대여자에게 단순히 명의만을 대여하는 경우는 드물기 때문에 특별한 사정이 없는 한 실질적인 명의대여자 책임을 인정하는 경향이 짙다.[130)

(3) 명의잔존(소유권이전 미필 양도인)

1) 의의

차량을 매도, 증여, 대물변제 등을 위하여 차량을 타인에게 이전하였으나 등록명의는 여전히 매도인, 증여자, 채무자 등 전 소유자명의로 남아 있을 때 자동차의 점유를 이전받아 이를 운행하던 양수인이 보유자책임을 지는 것은 이견의 소지가 없다. 문제는 실질적인 소유권을 양도하였으나 등록명의 이전절차가 종료되지 아니함으로써 등록원부상 아직도 소유자로 남아 있는 경우 전 소유자의 배상책임이 있는가가 문제이다.

2) 명의잔존시 보유자책임

이와 같은 경우 명의대여자와 마찬가지로 등록명의는 실질관계의 존재를 추인하는 징표가 되므로 면책을 주장하는 양도인이 스스로 그 양도사실, 운행에 관한 실질관계의 소멸 등을 입증해야 한다.

3) 명의잔존시 보유자책임 판단기준

대금완제와 이전등록서류의 교부 여부가 운행지배 여부를 구별하는 중요 요소로 보아서 자동차를 매도하고 점유를 이전하였다 하여도 대금이 완전 결재되지 아니하고 이전등록서류도 교부된 바 없다면, 매도인은 아직 보유자 성을 보유한다. 즉 계약금만을 받고 차량을 넘겨주었을 경우 매도인은 매수인에게 명의 이전시 까지 매도인 명의로 운행할 것을 허용한 것으로 볼 수 있으므로 비록 그 운행에 사실상 이해관계가 없다고 하여도 매도인은 운행

---

130) 대법원 1987. 12. 8, 선고 87다카459 판결 ; 대법원 1980. 8. 19, 선고 80다708 판결 ; 대법원 1991. 8. 23, 선고 91다15409 판결 ; 대법원 1995. 6. 29, 선고 95다13289 판결 ; 대법원 1998. 5. 15, 선고 97다58538 판결 ; 대법원 1998. 6. 12, 선고 97다30455 판결

자책임을 진다고 하겠다. 그러나 매도인이 대금을 완제받고 이전등록에 필요한 서류를 교부하였으나 매수인이 이전등록을 하지 아니한 채 운행한 경우 다른 특별한 사정이 없다면 매도인은 운행자 책임을 지지 아니한다.

매매계약 후 매매대금을 지급하고 실제 차량 인도한 경우 종전에는 자동차 이전에 필요한 서류 교부 여부가 면부책 판단의 기준이었기 때문에 이전등록 서류 교부 여부가 면책의 근거였으나 현재의 판례는 이와 관계없이 사실상의 운행지배관계를 기준으로 하여 면책여부를 결정하고 있다.

4) 판례의 태도

판례는 "자동차 보유자의 운행지배는 현실적으로 보유자와 운전자 사이에 사실상의 지배관계가 존재하는 경우만이 아니라 간접적이거나 제3자의 관리를 통한 관념상의 지배관계가 존재하는 경우도 포함하는 것이므로, 자동차를 매도하고도 자동차 등록명의를 그대로 남겨둔 경우에 매도인의 운행지배 유무는 매도인과 매수인 사이의 실질적 관계를 살펴서 사회통념상 매도인이 매수인의 차량운행에 간섭을 하거나 지배관리할 책무가 있는 것으로 평가할 수 있는지의 여부를 가려 결정하여야 한다"고 판시하고 있다.[131] 이 판례는 명의잔손시 보유자책임의 판단 기준을 제시한 판례로 이해되고 있다.

"매도인이 자동차를 매도하여 인도하고 잔대금까지 완제하였다 하더라도 매수인이 그 자동차를 타인에게 전매할 때까지 자동차등록원부상의 소유명의를 매도인이 그대로 보유하기로 특약하였을 뿐 아니라 그 자동차에 대한 할부계약상 채무자의 명의도 매도인이 그대로 보유하며, 자동차보험까지도 매도인의 명의로 가입하도록 한 채 매수인으로 하여금 자동차를 사용하도록 하여 왔다면 매도인은 매수인이 그 자동차를 전매하여 명의변경등록을 마치기까지 매도인의 명의로 자동차를 운행할 것을 허용한 것으로서 위 자동차의 운행에 대한 책무를 벗어났다고 보기는 어려우므로 자배법 제3조의 소정의 운행자에 타당하다고 봄이 상당하다"[132]고 판시하고 있다. 그리고 피보험자는 A중기로 보험계약 후 등록증 상 명의가 A중기에서 소유자인 B로 변경하였으나 보험사의 배서승인이 없는 상태에서 사고 발생된 사례에서 구 차량의 등록명의를 위와 같이 바꾼 것은 중기관리법이 건설기계관리법으로 입

---

131) 대법원 1992. 4. 14, 선고 91다4102 판결
132) 대법원 1995. 1. 12, 선고 94다38212 판결

법 대체 되어 실질적으로 지입제를 철폐하고 중기의 실 소유자를 실명화하여 중기대여업을 운용토록 한바에 따른 것이며, 보험약관상의 양도란 피보험자동차의 운행지배 및 운행이익의 변경을 초래하여 피보험이익이 타인에게 이전되는 경우에 해당된다 할 것이므로, 위 사고의 경우 공부상 등록명의 변경만 있었을 뿐 차량의 실질적 소유 및 관리뿐만 아니라 운행에 따른 이익 등 모두 개인에게 귀속되어 있으므로 위험의 변경이나 운행 지배권 등이 이전된 것이라고 인정할 수 없다. 따라서 피보험이익도 변경되었다고 할 수 없다고 결정하였다.[133] 또한 명의를 변경하였으나 운행지배 및 운행이익의 변동이 없는 경우에 대하여 금감원 분쟁조정위원회는 차량 양도 및 명의변경 배서신청을 하지 아니한 상태에서 보험사고가 발생한 경우에 보험 회사가 이를 이유로 면책하기 위해서는 동 양도가 피보험차량의 운행지배 및 운행이익의 이전을 수반하는 양도에 해당한다는 사실을 입증하여야 하나 차량의 등록명의를 담임목사 개인에서 해당교회로 변경하여 종전과 동일한 목적으로 운행하고 있다면 자동차의 양도로 인한 운행지배 및 운행이익의 변동이 있다고 볼 수 없으므로 보험회사는 보상책임이 있다고 결정하였다.[134]

자동차보유자의 운행지배는 현실적으로 보유자와 운전자 사이에 사실상의 지배관계가 존재하는 경우뿐만 아니라, 간접적이거나 제3자의 권리를 통한 관념상의 지배관계가 존재하는 경우도 포함하는 것이므로, 자동차를 매도하고도 자동차 등록명의를 그대로 남겨둔 경우에 매도인의 운행지배 유무는 매도인과 매수인 사이의 실질적 관계를 살펴서 사회통념상 매도인이 매수인의 차량운행에 간섭을 하거나 지배관리 할 책무가 있는 것으로 평가할 수 있는지의 여부를 가려 결정해야 할 것이다. 따라서 양도하기로 구두합의하고 대금완납이 되지 않은 상태에서 차량의 명의 이전에 필요한 서류도 인도되지 않은 상태이므로 양수인이 운행 중 사고를 일으킨 경우 면책은 어렵다.[135] 그리고 잔대금을 지급받지 않았으나 차량과 자동차등록원부까지 인도한 경우에도 동 차량을 명의이전하지 않은 채 운행하던 중 사고를 야기한 경우, 이는 특별한 사정이 없는 한 매도인 명의로 운행할 것을 허용한 것이라고 볼 수 있으므로, 매도인이 매수인의 운행에 관하여 사실상의 지배관계가 없더라도 실제로 운행하는 매수인과 더불어 그 차를 지배하고 있다 할

---

133) 금융감독원 분쟁조정위원회, 94-35, 제3집 207면.
134) 금융감독원 분쟁조정위원회, 95-28, 제3집 201면.
135) 대법원 1992. 4. 14, 선고 91다4102 판결

것이므로, 매도인도 운행자책임을 진다고 판시한다.136)

그러나 "매도인과 매수인은 서로 모르는 사이인데, 매도인이 대금을 완불받고 인도(자동차검사증 교부)하였으나 소유명의이전등록절차는 매수인이 관계서류를 작성하여 가지고 오면 매도인이 거기에 날인하고 인감증명을 교부키로 하였는데 매수인이 동 서류를 가지고 오지 아니하여서 매도인은 세금관계도 있고 해서 여러 차례 독촉하였으나 이를 지연하고 있던 중 사고가 발생한 경우, 소유명의가 매도인에게 있다고 하더라도 매도인은 매수인의 운행에 관해서 어떤 이익을 받는 것도 아니고 그를 지배할 수 있거나 또는 지배하여야 할 위치에 있는 것도 아니고 그를 지배할 수 있거나 또는 지배하여야 할 위치에 있는 것도 아니라고 봄이 상당(등록원부상 소유명의자가 매도인인 까닭에 그 명의로 있는 동안은 자동차에 대한 세금의 납부와 차량검사는 의당 매도인이 이를 맡아 하여야 할 책임이 있다고 할 것이므로 매매계약시 세금 및 차량검사에 관한 책임을 매도인이 지기로 약정을 하였다고 하더라도 지배하여야 할 위치에 있다고 할 수 있는 사유가 될 수 없음)하므로 매도인은 자배법 소정의 운행자책임이 없다"137)고 판시하였다. 그리고 기업의 합병이나 사업권의 양도로 인하여 차량의 소유권이 이전되는 경우에는 소유권의 이전 뿐 아니라 위험의 증감 및 보험요율의 변동을 가져오는 등의 사유가 있는 경우에 한하여 양도 양수로 면책될 수 있다는 것이 판례의 일반적인 입장이다. 또한 동업관계 청산으로 차량에 대한 권리를 양도한 후 양수인의 사정으로 명의 변경이 지연된 상태에서 자차 중앙선을 침범하여 타차 탑승인이 부상한 사건에서, 양도인의 운행지배가 없다고 보아 면책된다고 판결하였다.138)

양도인이 이전등록서류를 교부 후 보험계약해지를 신청하였는데 잔금지급기일 전날에 사고 발생한 경우 양도인은 운행지배나 운행이익을 상실하였으므로 양수인은 자동차종합보험약관에서 정한 허락피보험자로 볼 수 없다고 판시한다.139) 그리고 새 차량을 인수하면서 구차량을 명의이전서류와 함께 영업소 직원에게 인도하고 영업소 직원이 다시 자동차매매업체에게 재매도한 이후 자동차 매매업체 직원이 사고차량을 운행하다 사고를 낸 경우 피보험자는 운행이익과 운행지배를 갖고 있지 않으므로 면책되었다.140) 또한 차

---

136) 대법원 1980. 4. 22, 선고 79다1942 판결
137) 대법원 1980. 6. 10, 선고 80다591 판결
138) 서울지법 남부지원 94가단47616.
139) 대법원 1993. 1. 26, 선고 92다50690 판결

량을 매수한 후 명의 변경할 것을 보험회사에 설명하고 매도인 명의로 2회 분납 보험료를 납부한 경우 대법원은 보험계약의 승계절차에 관하여 보험사의 자동차종합보험약관 제42조에 보험계약자가 서면에 의하여 양도를 통지하고 이에 대하여 보험회사가 보험증권에 승인의 배서를 하도록 규정되어 있다 하더라도 보험회사가 그와 같은 약관내용에 관해 보험계약을 승계하고자 하는 자에게 구체적으로 명시하여 상세하게 설명하지 않은 때에는 이를 보험계약의 내용으로 주장할 수 없다고 할 것이므로 실질적인 보험계약자겸 피보험자는 매수인으로 변경되었다 할 것이다.[141]

한편 할부매매를 하고 할부채권의 확보를 위하여 소유권을 유보하는 경우 대금이 완납되는 때 소유권이전등록서류를 교부하기로 약정하여 일반적인 경우와 달리 대금완납 및 이전등록서류라는 두 가지 요소를 모두 결하게 되는 경우 판례는 매도인의 책임을 긍정한 것이 있으나 일반적으로 부정하고 있는 것으로 보인다. 할부매매의 특성상 매도당시 대금의 완납이 불가능하고 오직 할부채무의 이행을 위하여 자동차소유명의를 보유하고 있는 경우 매도인은 실질적으로 매수인의 차량운행에 대하여 아무런 관여도 할 수 없고 운행이익을 보는 것도 없다고 보는 것이 사회통념상 타당하다고 생각된다. "자동차 회사가 화물차를 할부로 판매하여 매수인으로 하여금 운행케 하고도 다만 그 할부대금채권의 확보를 위하여 그 소유명의만을 유보한 경우 자동차회사로서는 그 자동차의 운행에 대하여 지배권을 갖는 다거나 운행으로 인한 이익이 귀속된다 할 수 없으므로 손해배상책임이 없다"[142]라고 판시한 판례가 주류를 이룬다고 할 수 있다. 그리고 할부 판매 시 매도인이 자동차의 보관 장소를 지정하거나 수시 점검 또는 특별한 사용상의 지시 등을 할 수 있다는 특약이 있다 하더라도 그것은 할부금의 지급을 확보하기 위한 수단으로 심리적 강제를 하거나 미지급 할부금의 담보로서의 자동차의 경제적 가치를 유지하기 위한 것이지 이로서 운행지배를 하는 것은 아니다. 그러나 매도인이 일반인인 경우 즉 매도인과 매수인 사이에 차량의 공동사용관계, 고용관계, 명의 대여관계 등 밀접한 관계가 있어서 매도인이 매도 후에도 동

---

140) 서울지법 동부지원 93가단33228.

141) 대법원 1994. 10. 14, 선고 94다17970 판결

142) 대법원 1990. 11. 13, 선고 90다카25413 판결 ; 대법원 1990. 12. 11, 선고 90다7203 판결. 이와 유사한 경우로 채권담보의 목적으로 자동차소유자로 등록된 자는 자동차의 운전자의 선임, 지휘, 감독이나 기타 운행에 관한 지배 및 운행이익에 전연 관여한 바 없었다면 특별한 사정이 없는 한 자기를 위하여 자동차를 운행한 자라고 볼 수 없다. 대법원 1980. 4. 8, 선고 79다302 판결

차량의 운행으로 인하여 상당한 이익을 향수하고 있다고 보여지면 매도인의 운행자책임을 인정하여야 할 경우가 있다.

(4) 결

명의대여시 보유자책임은 등록원부 상 소유권명의만 가지고 있다고 하여 곧바로 그에게 운행자책임을 인정하기 곤란하다. 즉 명의대여의 실질관계를 따져서 개별적으로 해결해야 할 것이다. 또한 실질관계의 판단을 하여 등록명의인에게 운행지배 내지 운행이익이 있는지 여부에 관한 판단해야 할 것이다. 판단기준은 종속관계의 여부, 보관상황 및 사용관계, 명의료, 관리료 징수 유무, 유류대 및 수리대의 부담관계, 명의대여의 목적 등에 의하여 이루어진다.

명의잔존시 보유자책임은 명의대여자와 마찬가지로 등록명의는 실질관계의 존재를 추인하는 징표가 되므로 면책을 주장하는 양도인이 스스로 그 양도사실, 운행에 관한 실질관계의 소멸 등을 입증해야 한다. 대금완제와 이전등록서류의 교부 여부를 운행지배 여부를 구별하는 중요 요소로 보아서 자동차를 매도하고 점유를 이전하였다 하여도 대금이 완전 결재되지 아니하고 이전등록서류도 교부된 바 없다면, 매도인은 아직 보유자성을 보유한다. 매매계약 후 매매대금을 지급하고 실제 차량 인도한 경우 종전에는 자동차 이전에 필요한 서류 교부 여부가 면부책 판단의 기준이었기 때문에 이전등록서류 교부 여부가 면책의 근거였으나 현재의 판례는 이와 관계없이 사실상의 운행지배관계를 기준으로 하여 면책여부를 결정하고 있다.

4. 사용대차, 임대차

(1) 개념 및 문제의 소재

1) 개념

사용대차라 함은 당사자 일방이 상대방에게 무상으로 사용·수익하게 하기 위하여 목적물을 인도할 것을 약정하고, 상대방은 이를 사용·수익한 후 그 물건을 반환할 것을 약정함으로써 성립하는 계약을 말한다. 차주는 계약 또는 목적물의 성질에 의하여 정한 용법에 따라서 사용·수익을 하지 않으면 안 되고, 또한 대주의 승낙 없이 제3자에게 차용물을 사용·수익케 할 수 없으며, 차주가 이에 반하는 행위를 하면 대주는 즉시 이 계약을 해제할 수 있다. 한편 임대차란 당사자 일방이 상대방에게 목적물을 사용·수익하게 할 것을 약정하고, 상대방이 이에 대하여 차임을 지급할 것을 약정함으로써 성립하는 계약을 말한다. 임차인은 임차물을 반환할 때까지 선량한 관리자의 주의로 그 목적물을 보존하고, 계약 또는 임차물의 성질에 의하여 정한 용법에 따라서 사용·수익하여야 한다. 또한 사용대차와 마찬가지로 임차인이 임대인의 승낙 없이 임차인으로서의 권리, 즉 임차권을 양도하거나 임차물을 전대하는 것을 금하고, 만약에 임차인이 이에 반하여 무단으로 제3자에게 임차물을 사용·수익하게 하면 임대차를 해지할 수 있다고 정하고 있다.

2) 문제의 소재

사용대차와 임대차의 차주는 자배법 제2조 3호 소정의 자동차를 사용할 권리가 있는 자로서 "자기를 위하여 자동차를 운행하는 자"에 해당하므로 특별한 경우가 아닌 한 보유자책임을 면할 수 없음은 재론의 여지가 없다. 그러나 여기서 문제되는 것은 대주의 보유자책임 여부이다.

(2) 보유자책임

1) 사용대차

통상적으로 자동차를 사용· 수익하게 하는 사용대차의 경우에는 일반적으로 대주와 차주 간에 친족, 친지 등 인적관계 있는 것이 통례이고 사용목적도 한정되며 대주는 운행지배권을 가진다고 있다고 볼 수 있다. 운행이익은 반드시 경제적 이익에 한하지 않고 사회생활상의 이익도 포함되는 것이기 때문에 운행이익 역시 향유하고 있다고 보아야 할 것이므로 대주는 특별한 사정이 없는 한 보유자책임을 면치 못하고, 운행지배 내지 이익이 배타적으로 차주에게만 귀속한다는 사실을 대주가 주장, 입증한 경우에만 면책이 가능하다고 본다.[143]

---

143) 이은영, 채권각론, 전게서, 892면.

2) 임대차

유상으로 차주에게 일정한 대가를 지급하는 임대차의 경우에 있어서도 임료는 자동차대여로 인한 수익이고 운행으로 인한 수익으로 볼 수 없다는 견해도 있으나, 임료 중에는 수리비 등을 고려하여 정하므로 운행이익이라고 보는 견해가 일반적[144]이다. 자동차의 임대차는 대표적으로 렌트카 영업을 들 수 있는 데 고객이 반환기간을 넘겨 무단 사용하는 것과 같이 차량 임대업자에게 운행지배를 상실시키는 특별한 사유가 없는 한 렌트카 업주에게 운행자책임이 인정된다. 임차인이 임차계약에 위반하여 자동차를 사용하다가 사고를 야기한 경우에도 그 계약위반이 사회적으로 통상 예상할 수 있는 것이라면 업주는 책임을 면치 못한다. 이 경우 임대인과 임차인은 운행지배 및 운행이익을 공유하는 공동운행자 관계에 선다고 할 것이다.

(3) 판단기준

사용대차와 임대차의 경우를 구분해서 보아야 할 것이다. 사용대차의 경우에도 대주에게 운행지배권이 있고 운행이익도 사회생활상의 이익도 포함하기 때문에 배타적으로 차주가 운행이익 및 운행지배를 가지는 경우라는 것을 대주가 입증하지 못하는 한 책임을 진다고 할 수 있다. 따라서 대주의 보유자책임 여부는 운행지배 및 운행이익의 유무라고 할 것이다. 구체적인 경우에 있어서는 정상적으로 사용대차관계에 있는지 여부가 관건이라고 할 것이고 정상적인 사용대차 관계가 아니라면 무단운전이나 절취운전에 관한 법리가 적용된다 할 것이다.

임대차의 경우는 운행지배 및 운행이익을 공유하는 공동운행자 관계에 있으므로 사용대차의 경우 보다 엄격한 보유자책임을 지게 된다. 차임을 지급했다고 하는 사실은 대주의 보유자책임을 추정케 하고 임대차 계약 위반시 발생한 사고라 할지라도 통상적인 예상 가능한 범위라고 한다면 보유자책임을 면할 수 없다는 면에서 특히 그러하다. 따라서 임대차의 경우도 마찬가지로 운행지배 및 운행이익의 유무가 보유자책임의 판단기준이 된다고 볼 수 있고, 그 기준은 정상적인 계약에 의한 차임 지급 여부라 할 수 있다.

---

144) 藤村和夫·山野嘉朗, 前揭書, 58頁 ; 이은영, 채권각론, 전게서, 892면.

(4) 판례

사용대차의 경우 판례는 "친구, 가족 등 밀접한 인적관계에 있는 자에게 자동차를 무상으로 대여한 경우에도 특별한 사정이 없는 한 그 차량에 대한 운행지배나 운행이익을 상실하는 것은 아니고 차량의 운행자가 아무 대가를 받음이 없이 동승자의 편의와 이익을 위해서 동승을 제공하고 동승자로서도 그 자신의 편의와 이익을 위해서 이를 제공받은 경우라 하더라도 동승자에게 바로 위 법률 제3조에서 말하는 자동차의 보유자성을 인정하기 어렵다 할 것이며, 동승자가 운행자와 친척이라거나 운행도중 일시 교대로 운전을 하였다 하여 그 사실만으로 사정이 달라진다 할 수 없다"고 판시한다.[145]

임대차의 경우에도 판례는 이 같은 견지에서 "임차인이 제3자인 무면허운전자에게 운전시켜 제3자에게 운전시킬 수 없다는 약정을 위반하였다 하여도 그 사람에 대한 임차인의 사용대차 때문에 자동차보유자인 대여업자와 임차인간에 존재하는 운행차량에 대한 대여업자의 직접적이고 현재적인 운행지배관계가 단절된다고는 볼 수 없고 다만 대여업자는 제3자를 통하여 자동차의 운행에 대하여 간접적이고 잠재적으로 그 지배 작용을 미치고 있다고 보는 것이 옳다"고 판시하고 있다.[146] 임대인의 운행 공동자 책임을 부인한 사례는 "갑이 결혼 축의금 대신 자기가 보유하는 자동차를 혼주에게 내어 주면서 대구에서 서울에 있는 예식장까지 혼주와 그의 가족 및 하례객을 운송하도록 운전자까지 딸려 주어서 그 운전자가 운전 중 일어난 사고에 대하여 갑만이 운행자이고 혼주는 운행자가 아니다"[147]라고 판시한다.

이와 관련하여 자동차운전학원에서 연습중인 피교습자에게 학원 소유의 교습용 자동차를 이용하여 운전연습을 하게 하는 경우 대법원은 다음과 같이 판시한다. "학원과 피교습자 사이에는 교습용 자동차에 관하여 임대차 또는 사용대차의 관계가 성립된다고 할 것이고, 이와 같이 임대차 또는 사용대차의 관계에 의하여 자동차를 빌린 차주는 자동차를 사용할 권리가 있는 자로서 자기를 위하여 자동차를 운행하는 자에 해당하므로, 피교습자가 교습용 자동차를 이용하여 운전연습을 하던 중 제3자에게 손해를 가한 경우에는 제

---

145) 대법원 1898. 9. 13, 선고 88다카80 판결
146) 대법원 1991. 4. 12, 선고 91다3932 판결 ; 대법원 1991. 7. 12, 선고 91다8418 판결
147) 대법원 1987. 1. 20, 선고 86다카1807 판결

3자에 대한 관계에서 자동차손해배상보장법 제3조 소정의 운행자책임을 면할 수 없다"고 하여 자배법상의 운행자책임을 인정하고 있다.[148]

(5) 결

사용대차와 임대차의 경우에 대주에게 보유자책임이 존재하는가가 문제인바 사용대차의 경우에는 가족, 친지 등 인적관계가 있는 경우가 통례이고, 운행범위도 한정되어 있는 경우가 대부분이므로 차주에게 배타적으로 운행지배 및 운행이익이 귀속됨을 대주가 입증하지 못하는 한 보유자책임을 진다고 할 수 있다. 한편 임대차의 경우도 차임을 지급한 이상 대주도 공동운행자의 지위에 있으므로 보유자책임을 지게 되고, 설사 통상적인 임대차 계약의 범주를 넘는 경우에 까지 보유자책임을 진다고 할 수 있다.

5. 세탁, 수선, 보관, 매매업 등의 경우

(1) 문제의 소재

자동차를 정비업자, 급유업자, 주차장업자, 호텔이나 유흥업소, 매매업소 등에 차량을 위탁하면서 일정한 용역을 의뢰한 상태에서 그 의뢰받은 사업자나 사업자의 종업원이 차량을 운행하던 중 사고를 낸 경우 그 사업자는 당연히 자동차를 그 용역업무의 처리를 위하여 업무 범위 내에서 사용할 권리가 있으므로 자동차보유자로서 운행자책임을 지는 것은 당연하다. 위와 같은 경우 용역을 의뢰한 자동차소유자도 보유자책임을 지는가의 여부가 문제된다.[149]

(2) 자동차소유자의 운행자책임 판단기준

위탁업무 계약을 한 경우에도 운행지배권의 유무에 따라 결정된다고 할 수 있다. 다만 운행지배권이 누구에게 있는지는 일률적으로 단정지울 수 없고 구체적인 경우에 따라 당해 의뢰계약의 내용, 특히 의뢰자가 자동차의 운

---

148) 대법원 2001. 1. 19, 선고 2000다12532 판결
149) 김상용, 전게서, 242면.

반까지도 의뢰하였는지 여부, 의뢰자와 의뢰받은 업주와의 종래부터의 거래
관계 및 관행 등을 종합하여 결정된다. 대체적으로 전문영업자에게 위탁한
경우라면 특별한 사정이 없는 한 그 위탁을 한 때로부터 자동차소유자는 그
자동차에 대한 운행지배를 잃고 위탁을 받은 사업자에게 운행지배가 넘어
간다고 볼 수 있다. 그러나 당해 자동차를 소유자로부터 받아 사업소로 가져
가거나 용역 종료 후 반환을 위하여 운행하던 중에 사고가 난 경우에는 의
뢰인에게도 운행지배권이 있다고 본다. 또한 전문영업자가 아닌 자에게 위탁
한 경우에는 제3자의 무단운전을 어느 정도 예상하거나 용인한 관계로 보아
차주의 책임을 인정하는 것이 상당하다.

(3) 판례의 입장

대법원은 "상법 제638조의3 제1항 및 약관의규제에관한법률 제3조의 규정
에 의하여 보험자 및 보험계약의 체결 또는 모집에 종사하는 자는 보험계약
의 체결에 있어서 보험계약자 또는 피보험자에게 보험약관에 기재되어 있는
보험 상품의 내용, 보험료율의 체계, 보험 청약서상 기재 사항의 변동 및 보
험자의 면책사유 등 보험계약의 중요한 내용에 대하여 구체적이고 상세한
명시·설명의무를 지고 있다고 할 것이어서, 만일 보험자가 이러한 보험약관
의 명시·설명의무에 위반하여 보험계약을 체결한 때에는 그 약관의 내용을
보험계약의 내용으로 주장할 수 없다고 할 것이다"라고 판시하면서 다른 자
동차 운전담보 특별약관 중 보상하지 아니하는 손해인 "피보험자가 자동차정
비업, 주차장업, 급유업, 세차업, 자동차판매업 등 자동차 취급업무상 수탁
받은 자동차를 운전 중 생긴 사고로 인한 손해 조항이 보험계약의 중요한
내용에 대한 것으로서 설명의무의 대상이 된다"고 판단한다.150) 또한 대법원
은 이러한 업무위탁계약을 한 경우 사고차량의 운행지배권이 누구에게 있는
지에 관하여 일률적으로 단정할 수 없고 구체적인 경우에 따라 의뢰계약의
내용, 특히 의뢰자가 자동차의 운반까지도 의뢰하였는지 여부, 의뢰자와 의
뢰받은 업주와의 종래부터의 거래관계 및 관행 등을 종합하여 결정하여야
한다고 하고 있고, 대체로 자동차 소유자는 그 자동차에 대한 운행지배를 잃
고 그 위탁을 한 때로부터 운행지배권은 넘어간다고 본다.151) 그러나 당해

---

150) 대법원 2001. 9. 18, 선고 2001다14917 판결
160) 대법원 1988. 6. 14, 선고 87다카1585 판결 ; 대법원 1990. 4. 13, 선고 89다카29136 판

자동차를 소유자로부터 받아 사업소로 가져가거나 용역종료 후 반환을 위하여 운행하던 중 사고가 난 경우에는 의뢰인에게도 운행지배권이 있다고 본다.

이와 관련하여 세차를 의뢰하는 법률관계는 세차작업의 완료를 목적으로 하는 도급계약이므로 세차작업 중 차량의 지배권은 세차업자에게 있다 할 것이니 특단의 사정이 없는 한 세차작업 중 차량으로 인하여 야기된 사고에 대한 책임은 세차업자에게 있다고 판시한다.152)

자동차를 수리하는 동안의 법률관계에 있어서 운행지배권은 수리업자에게만 있는 것이므로, 그 피용인이 운전자가 지켜보는 앞에서 수리를 위해 맡겨진 차량을 운행하다가 일으킨 사고에 대하여 의뢰자는 배상책임이 없다. 자동차의 수리를 하는 시간, 비용, 수리기간동안 운전자가 대기하고 있었는가 여부, 시원전의 필요가 있었는가 여부는 상기와 같이 해석하는데 아무런 영향이 없다고 판시하였다.153) 엔진오일 교환을 위하여 의뢰한 경우 엔진오일 교환 작업 중인 차량의 지배권은 특단의 사정이 없는 한 엔진오일 교환업자에게 만 있다고 할 것이고, 교환업자의 종업원이 그 차량을 작업대까지 이동시키기 위해 후진하던 중 아이를 충격하였다면 의뢰자의 운행자책임은 없다고 판시한다.154)

그러나 자동차 수리업자에게 단순히 수리만을 위하여 자동차를 인도한 것이 아니라 수리업자로부터 그 자동차를 매수하겠다는 의사표시를 받자 그 매매대금 결정을 위하여 자동차를 운행하여 볼 것을 승낙하여 운전하다가 사고를 낸 경우 수리업자와 공동으로 그 자동차의 운행지배 내지 운행이익을 가지고 있었다고 볼 수 있다.155) 그리고 소유자가 수리 작업을 보조, 간섭한 경우에는 소유자에게도 책임이 있다.156) 또한 자동차정비업체의 직원이 자동차보유자로부터 차를 인도받아 직접 운전하여 가져가 수리를 마친 다음 이를 반환하기 위하여 운반하는 도중에 일어난 사고에 대하여 자동차보유자에게 운행지배권이 있다고 보아 운행공용자로서의 책임을 인정한다.157)

결 ; 대법원 1992. 9. 8, 선고 92다21487 판결
152) 대법원 1979. 9. 11, 선고 79다1279 판결
153) 대법원 1987. 6. 11, 선고 87다카1585 판결. 단 대인배상 I은 부책이다.
154) 대법원 1987. 7. 7, 선고 87다카449 판결
155) 대법원 1996. 6. 28, 선고 96다12887 판결
156) 대법원 2000. 4. 11, 선고 98다56645 판결
157) 대법원 1993. 2. 9, 선고 92다40167 판결

자동차 보관시의 법률관계에 있어서 판례는 "갑이 병 소유의 승용차를 운전하고 호텔 나이트 클럽에 와서 들어가면서 위 업소의 주차안내를 맡고 있던 을에게 위 자동차와 시동열쇠를 맡기고 나이트클럽에 들어가 있는 사이에 을이 갑의 승낙 없이 위 자동차를 운전하여 인명사고를 일으킨 경우라면 그 차량은 위 호텔나이트클럽이 보관한 것으로 보아야 하며 갑이 갑의 위 차량에 대한 운행지배는 떠난 것으로 보아야 하고 따라서 을의 위 차량운전은 병을 위하여 운행한 것이라고 볼 수 없다"고 판시하고 있다.158) 그리고 호텔 주차안내원에게 차량키를 맡겼는데 안내원이 다른 손님을 태워주고 오다가 사고 발생한 경우라면 위 차량에 대한 자동차 소유자의 운행지배는 이탈된 것으로 보아야 한다고 판시한다.159)

그러나 여관투숙객이 승용차 전용주차장에 주차하였다가 도난당한 경우 상법 제152조 제2항 소정의 객이 공중접객업자의 시설 내에 휴대한 물건이라 함은 공중접객업자에게 보관하지 아니하고 그 시설 내에서 직접 점유하는 물건을 의미하는 것으로 반드시 객이 물건을 직접 소지하는 것이 아니므로, 객이 여관에 투숙하면서 그의 승용차를 그 전용주차장에 주차하였다면 이는 공중접객업자의 시설 내에 이를 휴대한 것으로 볼 것이고, 또한 상법 제153조 소정의 고가물이라 함은 그 용적이나 중량에 비하여 그 성질 또는 가공 정도 때문에 고가인 물건을 뜻하는 것이고 승용차는 이에 해당하지 아니하므로 객이 그 종류와 수량을 명시하여 임치한 바가 없더라도 그의 승용차를 도난당한 경우에는 공중접객업자는 상법 제152조 제2항에 따른 책임을 부담한다고 판시하였다.160) 그리고 식당 종업원 앞에서 차의 열쇠 꽂아 놓고 내려 차량을 도난당한 사안에서 재판부는 "박씨는 피고가 운영하는 식당 앞 도로에서 종업원이 운전석 앞까지 오자 차량열쇠를 꽂아 놓은 채 하차해 차량이 본인의 것임을 확인시킨 후 식당으로 들어갔다"며 "종업원은 자신이 차량을 주차시키지 못할 상황이면 주차관리원을 불러 차량을 완전한 장소에 주차시키도록 하는 등의 조치를 취하지 않은 과실이 있으므로 피고는 식당 종업원의 사용자로서 차량 도난으로 인한 손해를 배상할 책임이 있다. 다만 박씨도 그 자리에서 차량을 안전한 장소로 옮기는지 여부 등을 확인하지 않았고 차량열쇠를 직접 챙기지도 않아 차량도난사고에 기여했으므로 피고의

---

158) 대법원 1998. 10. 25, 선고 86다카2516 판결
159) 대법원 1987. 7. 7, 선고 87다카449 판결
160) 광주고법 1898. 2. 15, 88나3986.

책임을 75%로 제한 한다"고 판시 하였다.161)

(4) 결

세차, 수리, 보관, 매도 등의 위탁관계에서 자동차의 운행지배는 원칙적으로 자동차소유자를 떠난다고 할 수 있다. 특히 의뢰를 받은 자가 전문영업자라면 특별한 사정이 없는 한 그 위탁을 한 때로부터 자동차소유자는 운행지배를 잃고 위탁을 받은 사업자에게 운행지배권이 넘어간다. 다만 예외적으로 의뢰자에게 운행지배를 추단할 사유가 있다면 의뢰인에게도 운행지배권이 있다고 할 수 있다. 따라서 구체적인 사례에서 소유자의 운행지배여부를 따져 봐야 할 것이다.

6. 도급, 하도급

(1) 문제의 소재

도급이라 함은 당사자 일방이 어느 일을 완성할 것을 약정하고, 상대방이 그 일의 결과에 대하여 보수를 지급할 것을 약정함으로써 성립하는 계약을 말한다. 수급인이 일을 완성시켜야 할 의무는 없으므로 하도급을 시키는 것도 가능하다. 다만 건설공사의 경우 일괄하여 다른 건설업자에게 하도급 하는 것은 원칙적으로 금지되어 있다. 도급인이 수급인에게 계약내용에 따른 채무의 이행정도에 따라 하자보수 청구권, 계약의 해제권 등 각종의 권리가 발생할 수 도 있다. 그런데 수급인이 도급인과의 계약내용에 따른 일을 완성하는 과정에서 수급인에게 운행자책임이 발생할 경우 도급인에게도 운행자책임이 발생하는가가 문제된다.

(2) 도급인의 운행자책임 판단기준

도급인에 대한 운행자 책임은 위의 위임, 위탁관계가 있는 경우와 본질적으로 동일하다고 할 수 있다. 위임이라 함은 당사자 일방이 상대방에 대하여 사무의 처리를 위탁하고 상대방이 이를 승낙함으로써 성립하는 계약을 말한

---

161) 서울중앙지법 2004나31684.

다. 수임인은 위임인의 본지에 따라 선량한 관리자의 주의로서 위임사무를 처리해야 할 의무가 있다. 수임인은 이러한 기본적 의무 때문에 많은 부수적 의무를 부담한다. 위임인의 청구에 의하여 위임사무처리의 상황 및 위임 종료한 때의 전말을 보고해야 하는 의무, 위임사무의 처리로 인하여 받은 금전 기타의 물건 및 수취한 과실을 인도하는 의무, 위임인을 위하여 자기의 명의로 취득한 권리를 이전해야 할 의무, 위임인에게 인도할 금전 또는 위임인의 이익을 위하여 사용할 금전을 자기를 위하여 소비한 경우의 이자지급 및 손해배상의무 등이 그것이다. 이처럼 수임인에게 많은 의무를 부과시키는 것은 위임인에게 보수지급의무를 부과되고 있기 때문이다. 마찬가지로 도급 및 하도급에서 보수지급의무가 부과되어 있고 일정한 일을 완성할 것을 목적으로 하므로 수급인에게 수임인에 준하는 많은 의무가 부과된다. 자동차운행에 있어서 도급인의 운행자책임 판단기준은 도급인이 수급인의 운행에 관하여 실질적인 지휘, 감독권을 행사할 수 있는지의 여부이다. 다시 말하면 도급인이 자동차운행에 있어서 실질적인 지휘, 감독권을 갖지 않는다면 도급인에게는 운행자책임이 없다.[162]

한편 수급인의 피용자의 운행에 대하여 수급인의 지휘, 감독권이 미치는 한 수급인이 운행자책임을 지는 것은 물론인데 그 피용자가 수급인의 지휘, 감독범위를 벗어난 상태에서 사고를 낸 경우 수급인이 면책될 수 있으며, 이 경우 도급인에게 운행자책임을 물을 수 있을지 여부가 문제된다. 수급인의 피용자의 운전에 대하여는 특별한 사유가 없는 한 도급인의 지배, 영향이 미칠 수 없는 것이 보통이라고 보아야 할 것이므로 도급인은 운행자책임을 지지 않는 것이 타당하다. 특히 도급인은 수급인을 매개로 수급인의 운전자의 운전에 대하여 간접적인 지배관계를 가질 수 밖에 없으므로 수급인의 지배를 벗어난 수급인의 피용자의 운행 중 사고에 대하여는 도급인의 책임이 없다고 봄이 타당하다.

  (3) 판례의 입장

판례는 "소규모 운송업자가 노선화물자동차운송회사와의 화물취급소 위탁경영계약에 따라 위 회사의 전체적인 화물운송계획에 따른 지시 아래 위 회사의 영업소라는 상호로 서울 시내 일정구역의 화물연계수송 및 지배와 업

---

162) 오행남, 전게논문, 40면.

무를 전속적으로 위탁받아 처리하던 중 그 약정내용에 위반하여 타인으로부터 개별적으로 화물의 직송을 의뢰받아 고용운전수로 하여금 그 화물의 운송 업무를 수행하게 하다가 사고를 일으키게 된 경우, 위 사고차량의 운행은 전혀 위 운송사업면허업자의 의사에 반하여 이루어진 것으로서 미칠 수 없게 되는 결과 그 차량에 대한 운행지배를 상실한 것으로 볼 것이다"라고 판시하고 있다.163) 그리고 자동차 견인업자에게 견인 의뢰한 후 견인 작업 중 다른 차량이 추돌한 사고에서 견인업자는 세차 또는 수리를 위하여 의뢰한 경우와 마찬가지로 그 법률관계가 도급계약 관계라 할 것이므로, 견인업자에게 고장 난 자동차를 인도한 때로부터 견인이 완료될 때 까지 운행지배권은 특단의 사정이 없는 한 그 소유자에게 있는 것이 아니라 견인업자에게 있다 할 것이므로 피보험자는 운행자의 지위에 있다고 할 수 없다.164)

그러나 도급인과 수급인과의 관계는 사실상 사용자, 피용자의 관계 또는 임대인과 임차인의 관계와 유사한 경우가 많아 도급인에게도 운행지배와 운행이익이 있는 경우가 많아 도급인 또는 수급인이 공동운행자 책임을 지는 경우가 많다는 점을 유의하여야 한다. 화물차 운전자가 제품 운송 용역계약에 따라 제품 운송 중 사고를 일으킨 경우 화물차가 운송의뢰인의 용도에 맞게 개조되었고, 적재함 외부에 운송의뢰인의 명칭이 도색되어 있으며 운송의뢰인의 배차 지시에 따라 전적으로 운송의뢰인의 제품만을 운반하고 있었다고 보이는 점 및 사고 당시 화물차를 운전한 운전자는 운송의뢰인의 배차지시에 따라 운송의뢰인의 공장으로 오던 중이었던 점 등을 종합해 보면 운송의뢰인은 사고 당시 화물차의 운행을 지배하는 책임주체로서의 지위에 있었으므로 운송의뢰인과 운송인은 공동으로 그 화물차에 대한 운행지배 및 운행이익을 누리고 있다고 판단하였다.165) 그리고 회사의 현장 소장이 자동차 소유자와의 사이에 자동차 임대차 및 운전용역계약을 체결하고, 자동차 소유자를 자신의 공사현장에 배치하여 사고시까지 1년 이상 자신의 지시·감독 하에 자동차를 이용하여 자재 및 잔토 운반 등의 업무에 종사하게 하고 일과 후에는 공사현장에서 사용하는 작업 장비와 연료를 자동차에 실어 보관하게 하였고, 자동차 소유자는 자동차를 회사의 공사현장에만 전속적으로 사용하면서 회사로부터 연료비, 엔진오일, 소모품비 등 관리비를 지급받아

---

163) 대법원 1991. 12. 27, 선고 91다33940 판결
164) 경주지원 95가단11378, 소송사례집 8집 473면.
165) 대법원 1997. 5. 16, 선고 97다7431 판결

왔으며, 당해 사고 당시에도 그 자동차 에 회사의 발전기 등의 화물이 적재되어 있었다면, 회사는 당해 사고 당시에도 자동차의 운행이익을 향수하고 그 운행을 지배하는 자에 있었다고 하였다.166)

한편 수급인의 지휘, 감독을 벗어난 경우 도급인이 지배 및 영향이 미칠 수 없는 것이 보통이고 이 경우 도급인에게 운행자책임의 여부에 대하여 우리나라와 일본의 판례는 상반되는 입장에 있다. 즉 우리나라는 피고인 건설업자가 차량 소유자와의 차량용역계약에 의하여 트럭을 도로공사 작업장에서 사용하였다면 피고로서는 운전수가 작업반장과 다투고 작업장을 이탈하는 것을 막을 권능이 없으며 운전수가 작업장 이탈만으로 차량용역계약이 당장 소멸하는 것은 아니지만 운전수가 피고의 의사에 반하여 트럭을 피고의 작업장 밖으로 가지고 간다면 그 차량에 대한 피고의 운행지배권은 소멸한다고 할 것이므로 그 후에 일으킨 사고에 대하여는 자동차소유자가 책임을 질 뿐 피고에게는 책임이 없다고 판시한다.167) 그러나 일본에서는 하수급인의 친구가 그 피용자의 사적사용을 위하여 그의 부탁과 양해 아래 사무소 안에 있던 키를 가지고 나와 그 사무소의 부지 안에 있던 자동차에 그 피용자를 태우고 운전 중 사고를 일으킨 경우에 사고당시 하수급인이 위 자동차에 대한 운행지배를 상실하고 있었다고 볼 수 없고 또 자동차는 원수급인의 소유이며 공사시행을 위하여 하수급인에게 대여한 것이므로 하수급인이 운행지배를 상실하고 있지 않는 이상 원수급인도 아직 운행지배를 잃고 있었다고 할 수 없으므로 위 사고에 대하여는 원수급인, 하수급인 모두 운행자책임을 져야 한다고 판시한다.168)

　(4) 결

도급인이 운행자책임을 지기 위해서는 수급인에 대한 지휘, 감독권이 있는가의 여부에 따라 결정된다고 할 수 있다. 즉 수급인에 대한 지휘, 감독권이 있다면 도급인은 운행자책임을 져야 한다. 통상적으로 도급인과 수급인은 사용자와 피용자, 또는 임대인과 임차인이 관계에 해당하는 경우가 많으므로 특히 유의해야 한다. 그리고 도급인의 지휘, 감독의 범위를 벗어난 상태에서

---

166) 대법원 1997. 11. 28, 선고 95다29390 판결
167) 대법원 1990. 8. 24, 선고 90다카11803 판결
168) 日本 昭和 1944. 3. 28, 佐價地判.

사고가 발생한 경우 우리나라에서는 도급인에게 특별한 사유가 없는 한 지
배 및 영향이 없는 것이 보통이므로 도급인은 운행자책임을 벗는 것이 타당
하다 할 것이다.

7. 피용자와 사용자

(1) 문제의 소재

사용자와 피용자의 관계에서 운행자책임 문제는 크게 세 가지로 문제의
소재를 검토해 볼 필요가 있다. 첫 번째 문제는 피용자가 업무와 관련하여
사용자 소유의 자동차를 운행한 경우에는 당연히 사용자는 민법 제756조의
사용자책임은 물론, 자배법상 운행자책임을 면할 수 없다. 그러나 이 때 피
용자는 단순히 운전자로서 민법상의 불법행위 책임을 지는 것은 당연하나
예외적으로 운행자책임을 지는가가 문제된다. 운행자 책임을 지게 된다면 그
기준은 무엇인가가 검토 대상이라 할 수 있다. 두 번째 문제는 사용자의 업
무와 관련하지 않은 피용자의 운행 중 사고일 때 사용자가 운행자책임을 지
는가도 문제된다. 특히 피용자의 출·퇴근 중 사고일 경우에는 특히 문제된
다. 세번째 문제는 피용자가 사용자 소유가 아니고 자신 소유의 자동차를 운
행 중 사고가 발생한 경우에는 사용자의 운행자책임이 문제된다.

(2) 피용자의 운행자책임 판단기준

첫째, 피용자의 운행자책임 발생에 대하여 피용자가 단순히 운전을 한 경
우라면 우선 민법상의 불법행위책임을 질 수 있다. 그러나 피용자가 자배법
상 운행자책임을 지기 위한 기준으로 사용자의 구체적인 지시에 응하여 운
전한 경우가 아닐 것을 요한다. 즉 사용자의 구체적인 지시에 응할 경우가
아니어서 피용자 개인의 운행지배 및 운행이익이 있는 경우에는 피용자도
공동운행자책임을 진다고 할 수 있다.169) 피용자가 민법상의 불법행위책임
을 지건 자배법상의 운행자책임을 지건 사용자와 피용자는 피해자에 대하여
부진정연대채무170)의 입장에서 책임을 진다.

---

169) 오행남, 전게논문, 41면.
170) 채무자 사이에 주관적 관련성이 없고, 채무자 사이에 부담부분이 없으며, 이것을 전제로 하는

둘째, 업무와 관련하지 않은 피용자의 운행 중 사고발생시 사용자의 운행자책임 발생여부이다. 피용자가 사용자의 자동차를 완전히 사적인 용도로 운행하다가 사고를 낸 경우라면 사용자는 운행자책임을 지지 않는 것은 당연하다. 그러나 사용자가 자동차의 사용을 묵시적으로 승인하고 있거나 외견상 사용자의 업무에 관하여 이를 운행하고 있는 것으로 객관적으로 추단될 경우에는 피용자가 무단으로 자동차를 사용한 경우로서 보유자성을 완전히 상실한 경우가 아니라면 운행자책임을 지게 된다. 즉 보유자성 상실여부가 피용자의 사적용도 사용시 사용자의 운행자책임 발생기준이 된다.

그리고 실제 사적인 사용이라 하여도 피용자의 업무에 전후에 관련하여 운행하던 중 일어난 사고인 경우에는 사용자에게 운행자책임을 인정할 여지가 있고, 이러한 대표적인 예는 출, 퇴근 중의 사고이다. 이 경우 논란의 여지는 충분히 있으나 대법원은 사용자의 보유자책임을 인정하는 추세에 있다고 할 수 있다.

셋째, 피용자가 사용자 소유가 아니고 자신 소유의 자동차를 운행 중 사고를 낸 경우에는 사용자의 운행자책임은 민법상 사용자책임과 유사한 법리가 적용된다 할 수 있으나 공무원의 직무상 불법행위를 해석함에 있어서 사용자책임보다 엄격하게 적용한다고 할 수 있다.

(3) 판례의 입장

판례의 입장을 분석해보면 특별한 사유가 없는 한 사용자의 운행자책임에 대한 면책을 인정하는 경우가 없다. 업무와 관련하지 않은 피용자의 운행에 관하여 대법원은 외견상 사용자의 업무에 관하여 운행하는 것으로 객관적으로 추단되는 기준을 다음과 같은 판례로 기준을 제시한다. "비번인 회사택시 운전사가 동거녀의 언니를 집에 데려다 주기 위하여 회사로부터 비번인 택시를 가사사유로 출고 받아 운전하여 가던 중 사고로 언니를 사망케 한 경우에 있어 택시회사의 평소 비번차량 관리상태, 사고택시의 출고 및 운행경위, 피해자로서는 비번차량인 점을 알기 어려웠던 점 등에 비추어 피고회사는 사고당시 그 구체적 운행지배나 운행이익을 완전히 상실한 상태에 있었다고 볼 수 없다"고 판시한다.171)

구상권도 특별한 규정이 없는 한 발생하지 않는다.

171) 대법원 1992. 6. 23, 선고 91다28177 판결

실제로 사적사용이라 하여도 업무의 전후에 관련하여 운행하던 중인 출퇴근 중 사고에 관하여 "자기 소유의 승용차를 소외 회사의 공사장에 임대하면서 그가 고용하고 있는 운전사로 하여금 그 곳 직원들의 출퇴근 등을 위하여 위 승용차를 운행하게 하던 중 위 공사장의 당직자였던 피해자가 위 차를 타고 동생 집에 가서 1시간 쯤 머문 후에 야간당직을 하고 돌아오다가 교통사고가 발생하였다면 그 운행이 위 승용차를 임대한 범위에 어긋나지 않는 것으로 용인될 수 있는 것이어서 위 임대인도 이를 충분히 예상할 수 있었던 것이므로 위 임대인은 자배법상의 손해배상책임을 진다. 위의 경우 위 승용차의 운전에 관하여 피해자가 운전사를 지휘할 지위에 있었다고 볼 수 없으므로 위 피해자가 사고 장소가 위험한 장소인 줄을 알고 있었으면서도 운전사에게 주의를 환기시키지 아니하였다 하여 위 피해자에게 어떤 과실이 있었다고는 할 수 없다"고 판시한다.172) 또한 "회사 소유 차량 운전사가 퇴근길에 동료 직원인 피해자와 함께 술을 마시고 자기 집으로 태우고 가던 중 일으킨 사고에 있어서 피고 회사는 위 차량에 대한 운행지배 내지 운행이익으로부터 완전히 벗어났다고 인정하기는 곤란하므로 손해배상책임이 있다. 한편 운전사가 술에 취한 사실을 알고 정원초과 차량에 동승한 피해자에게 40%의 과실상계를 인정한 원심의 조치는 타당하다"고 판시한다.173) 그리고 "군부대의 차량이 부족하여 군수장교인 대위가 평소 출퇴근 및 군무수행을 위해서 그의 소유인 오토바이 뒤에 부대표시의 번호판을 부착하고 운행에 소요되는 기름을 부대로부터 공급받으며 기름사용의 용도는 업무일지에 기재하여 대대장의 결재까지 받아 위 오토바이를 운행하던 중 군수업무를 마치고 위 오토바이를 타고 퇴근하다가 사고를 일으켰다면 비록 오토바이의 운행을 지배 관리할 수 있는 지위에 있었다고 볼 수 있으므로 국가는 일어난 사고에 대하여 자배법상의 보유자로서 배상책임을 면할 수 없다"고 판시한다.174)

피용자가 사용자의 소유가 아니고 자신소유의 자동차를 운행 중 사고를 낸 경우의 대표적 판례는 "한미행정협정에 의하여 적용되는 국가 배상법 제2조 소정의 '공무원이 직무를 집행함에 당하여 라고 함은 직무의 범위 내이거나 직무와 밀접한 관련이 있는 것이라고 객관적으로 보여지는 행위를 함

---

172) 대법원 1987. 6. 9, 선고 86다카1549 판결
173) 대법원 1991. 4. 23, 선고 90다12205 판결
174) 대법원 1987. 6. 23, 선고 84다카2237 판결

에 당하여 라고 해석하여야 할 것인바 미군부대 소속 선임하사관이 소속부
대장의 명에 따라 공무 차 예하 부대로 출장을 감에 있어 부대에 공용차량
이 없었던 까닭에 개인소유의 차량을 빌려 직적 운전하여 예하 부대에 가서
공무를 보고 나자 퇴근시간이 되어서 위 차량을 운전하여 집으로 운행하던
중 교통사고가 발생하였다면 위 선임하사관의 위 차량의 운행은 실질적, 객
관적으로 그가 명령받은 위 출장명령을 수행하기 위한 직무와 밀접한 관련
이 있는 것으로 보아야 한다"고 판시하여 사용자도 책임을 부과하고 있
다.175) 그러나 이 경우 자동차보험 약관상 기명피보험자가 개인으로 종합보
험 가입시 보험사는 보상을 하고 사용자에게 구상을 하지 않는 것이 현실이
다. 구상을 하지 않는 이유는 이 같은 손해배상책임의 법적성질이 부진정연
대채무의 성질을 가지고 있기 때문인 것으로 이해된다.

(4) 결

피용자와 사용자의 관계에서 피용자가 사용자의 업무와 관련하여 사용자
소유의 자동차를 운행한 경우에는 당연히 사용자는 민법상 사용자책임은 물
론 자배법상 운행자책임을 면할 수 없다. 이때 피용자가 운행자책임을 지기
위해서는 사용자의 구체적인 지시에 응하여 운전한 경우가 아니라면 피용자
도 공동운행자책임을 진다고 볼 것이다. 한편 피용자의 단순한 사적인 용도
로 자동차를 운행하다가 사고를 낸 경우는 사용자는 운행자책임을 지지 않
는 것이 당연하나 적어도 사용자가 자동차의 사용을 묵시적으로 승인하고
있거나 외견상 사용자의 업무에 관하여 이를 운행하고 있는 것으로 객관적
으로 추단될 경우에는 사용자의 보유자성을 완전히 상실하지 않은 것이 되
어 운행자책임을 지게 된다. 그리고 피용자가 자신의 소유로 자동차를 운행
중 사고가 발생한 경우 사용자의 운행자 책임은 민법상 사용자책임과 유사
한 법리가 적용된다고 할 수 있지만 공무원의 직무상 불법행위를 해석함에
있어서 사용자책임보다 엄격하게 적용한다고 할 수 있다.

8. 공무원과 국가 등의 책임

(1) 문제의 소재

---

175) 대법원 1988. 3. 22. 선고 87다카1163 판결

공무원과 국가 등의 책임과 관련하여서는 세 가지로 분류하여 문제를 검토한다. 첫째, 공무원이 자기소유의 차량을 운행하다가 자신의 과실로 교통사고를 일으킨 경우 손해배상책임의 문제이고 둘째, 공무원이 직무집행 중 국가 또는 지방자치단체의 소유의 공용차를 운행하는 경우의 문제이고 셋째, 공무원이 공용차량을 무단으로 운행한 경우의 문제이다.

(2) 운행자책임의 판단 기준

첫째, 공무원이 자신 소유의 차량을 운행하다가 자신의 과실로 교통사고를 야기 시킨 경우는 사적인 용도에 사용 중, 출·퇴근에 사용 중, 공무상 사용 중으로 구분하여 이해할 필요가 있다. 사적인 용도에 사용 중일 경우에는 논의의 여지가 없고, 출·퇴근 중 사고의 경우는 국가배상법 제2조 1항 소정의 공무원이 "직무를 집행함에 당하여" 타인에게 불법행위를 한 것이 아니므로 그 공무원이 소속된 국가가 지방공공단체가 국가배상법상의 손해배상책임을 부담하지 않는다. 그러나 공무원이 자신의 차로 공무수행 중 불법행위를 한 경우 공무원의 경과실, 중과실, 고의를 불문하고 국가는 배상책임을 질 뿐만 아니라 공무원이 자배법 제3조의 "자기를 위하여 자동차를 운행하는 자"에 해당하는 한 공무원도 손해배상책임을 부담한다. 다만, 국가 또는 지방자치단체가 손해배상을 한 경우에 공무원의 고의, 중과실로 인한 사고일 때에는 구상의 문제는 남아 있다.

둘째, 공무원이 국가나 지방자치단체의 공용차량을 운행하는 경우에 있어서 자배법상 그 자동차의 운행자는 공무원 개인이 아닌 국가나 지방자치단체이며 이 경우 공무원 개인은 자배법상 손해배상책임이 없다.

셋째, 공무원이 공용차량을 무단 운행한 경우 완전히 사적으로 사용하였다는 등의 특단의 사유가 없는 한 국가 또는 지방자치단체는 보유자책임을 면하기 어렵다.

(3) 판례의 입장

자기 차의 운행 중 사고와 관련하여 대법원은 "공무원이 통상적으로 근무하는 근무지로 출근하기 위하여 자기 소유의 자동차를 운행하다가 자신의 과실로 교통사고를 일으킨 경우에는 특별한 사정이 없는 한 국가배상법 제2조 제1항 소정의 공무원이 '직무를 집행함에 당하여' 타인에게 불법행위를 한 것이라고 할 수 없으므로 그 공무원이 소속된 국가나 지방공공단체가 국가배상법상의 손해배상책임을 부담하지 않는다. 헌법 제29조 제1항과 국가배상법 제2조의 해석상 일반적으로 공무원이 공무수행 중 불법행위를 한 경우에, 고의·중과실에 의한 경우에는 공무원 개인이 손해배상책임을 부담하고 경과실의 경우에는 개인책임은 면책되며, 공무원이 자기 소유의 자동차로 공무수행 중 사고를 일으킨 경우에는 그 손해배상책임은 자동차손해배상보장법이 정한 바에 의하게 되어, 그 사고가 자동차를 운전한 공무원의 경과실에 의한 것인지 중과실 또는 고의에 의한 것인지를 가리지 않고 그 공무원이 자동차손해배상보장법 제3조 소정의 자기를 위하여 자동차를 운행하는 자에 해당하는 한 손해배상책임을 부담한다"라고 판시하고 있다.176)

한편 국가나 지방자치단체의 공용차량을 운행하는 경우에 있어서 대법원은 "자동차손해배상보장법 제3조 소정의 '자기를 위하여 자동차를 운행하는 자'라고 함은 자동차에 대한 운행을 지배하여 그 이익을 향수하는 책임주체로서의 지위에 있는 자를 뜻하는 것인바, 공무원이 그 직무를 집행하기 위하여 국가 또는 지방자치단체 소유의 공용차를 운행하는 경우, 그 자동차에 대한 운행지배나 운행이익은 그 공무원이 소속한 국가 또는 지방자치단체에 귀속된다고 할 것이고 그 공무원 자신이 개인적으로 그 자동차에 대한 운행지배나 운행이익을 가지는 것이라고는 볼 수 없으므로, 그 공무원이 자기를 위하여 공용차를 운행하는 자로서 같은 법조 소정의 손해배상책임의 주체가 될 수는 없다"고 판시한다.177)

공무원이 공용차량을 무단 운행한 경우에는 순전히 사적으로 사용하는 것이라는 등의 특단의 사유가 없는 한 국가 또는 지방자치단체는 보유자책임을 면하기 어렵다. 이와 관련된 판례로서 "국가소속 공무원이 관리권자의 허락을 받지 아니한 채 국가소유의 오토바이를 무단으로 사용하다가 교통사고가 발생한 경우에 있어 국가가 그 오토바이와 시동열쇠를 무단운전이 가능한 상태로 잘못 보관하였고 위 공무원으로서도 국가와의 고용관계에 비추어 위 오토바이를 잠시 운전하다가 본래의 위치에 갖다 놓았을 것이 예상되는 한편 피해자들로 위 무단운전의 점을 알지 못하고 또한 알 수도 없었던

---

176) 대법원 1996. 5. 31, 선고 94다15271 판결
177) 대법원 1994. 12. 27, 선고 94다31860 판결 ; 대법원 1992. 2. 25, 선고 91다12356 판결

일반 제3자인 점에 비추어 보면 국가가 위 공무원의 무단운전에도 불구하고 위 오토바이에 대한 객관적, 외형적인 운행지배 및 운행이익을 계속 가지고 있었다고 봄이 상당하다"178)고 판시한다. 또한 "자동차손해배상보장법의 입법취지에 비추어 볼 때 같은 법 제3조는 자동차의 운행이 사적인 용무를 위한 것이건 국가 등의 공무를 위한 것이건 구별하지 아니하고 민법이나 국가배상법에 우선하여 적용된다고 보아야 한다. 따라서 일반적으로 공무원의 공무집행상의 위법행위로 인한 공무원 개인 책임의 내용과 범위는 민법과 국가배상법의 규정과 해석에 따라 정해질 것이지만, 자동차의 운행으로 말미암아 다른 사람을 사망하게 하거나 부상하게 함으로써 발생한 손해에 대한 공무원의 손해배상책임의 내용과 범위는 이와는 달리 자동차손해배상보장법이 정하는 바에 의할 것이므로 공무원이 직무상 자동차를 운전하다가 사고를 일으켜 다른 사람에게 손해를 입힌 경우에는 그 사고가 자동차를 운전한 공무원의 경과실에 의한 것인지 중과실 또는 고의에 의한 것인지를 가리지 않고, 그 공무원이 자동차손해배상보장법 제3조 소정의 '자기를 위하여 자동차를 운행하는 자'에 해당하는 한 자동차손해배상보장법상의 손해배상책임을 부담한다"고 판시한다.179)

그러나 "예비군 면대장으로 재직 중인 군무사무관이 소속 사단본부에서 실시하는 예비군 실무자회의에 참석하기 위하여 자신의 소유인 오토바이의 뒷좌석에 역시 같은 사단 소속의 예비군 연대장을 태우고 운전하여 가다가 사고가 발생하였는데, 그 오토바이는 위 군무사무관이 종전부터 자신의 개인적인 일로 사용하여 오고 있던 것으로서 위 소속 군부대가 그 사용 또는 관리 등에 관하여 특별히 관여하거나 지시 등을 행하지 아니한 경우라면, 위의 오토바이 운전행위를 직무의 범위 내에 속하는 것으로 볼 수 없고, 또 이를 외형상 객관적으로 그 직무와 밀접한 관련이 있는 행위라고도 볼 수 없다"180)라고 판시한 판례가 있다.

(4) 결

공무원이 개인 소유의 자동차를 운행하던 중 사고에 대하여 출·퇴근시

---

178) 대법원 1988. 1. 19, 선고 87다카2202 판결
179) 대법원 1996. 3. 8, 선고 94다23876 판결
180) 대법원 1990. 11. 13, 선고 90다카10752 판결 ; 대법원 1994. 5. 27, 선고 94다6741 판결

사고일 경우 국가는 책임을 지지 않는다. 그러나 공무원이 직무를 집행하는 중에 발생한 사고에 관하여는 국가배상법에 의하여 국가 및 지방자치단체는 손해배상책임을 진다. 이로 인하여 공무원 자신도 공동운행자책임을 진다. 그리고 공무원이 국가 또는 지방자치단체의 공용차량을 운행하는 경우에 있어서는 자배법상 그 자동차의 운행자는 공무원이 아닌 국가나 지방자치단체이며, 이 경우 공무원 개인은 자배법상 손해배상책임이 없다. 한편 공무원이 공용차량을 무단으로 운행한 경우 완전히 사적으로 사용하던 것이라는 특단의 사유가 없는 한 국가 또는 지방자치단체는 보유자책임을 면하기 어렵다.

9. 대리운전

(1) 문제의 소재

자동차보유자가 술을 마시고 대리운전을 시킨 경우 그 대리운전자의 과실로 인하여 사고가 발생한 경우 대리운전자에게 민법상, 자배법상 손해배상책임의 발생은 당연하나 자동차보유자에게 손해배상책임발생 여부가 문제된다. 특히 자동차운행자의 법률상 손해배상책임을 담보하는 자동차종합보험에서 실무상 대인 II에 대하여 면책처리하고 있어 더욱 더 문제된다. 따라서 자동차 보유자의 자동차종합보험 보상처리여부에 대한 인식, 자동차보유자에 대한 운행지배와 운행이익을 인정 여부에 대한 대법원의 판단, 현실적인 자동차종합보험의 보상 여부를 아울러 검토해야 할 것이다.

(2) 자동차보유자의 운행자책임 판단기준

자동차 소유자 또는 보유자가 음주, 기타 운전 장해 등의 사유로 인하여 일시적으로 타인에게 자동차 열쇠를 맡겨 대리운전을 시킨 경우, 위 대리운전자의 과실로 인하여 발생한 자동차 사고에 대하여 자동차 소유자, 또는 보유자가 객관적, 외형적으로 위 자동차의 운행지배와 운행이익을 가지고 있다고 보는 것이 상당하다면 운행자책임을 진다. 따라서 소유자, 또는 보유자의 손해배상책임 유무는 객관적, 외형적인 운행지배와 운행이익이 있는가가 기준이라 할 수 있다. 그러나 영업장에 업무상 방문하여 맡긴 손님의 자동차를 그 주차 안내자가 그 손님의 승낙 없이 운전하다가 사고를 일으킨 경우와 같이 차주가 대리운전을 시킨 것이 아닌 경우에는 무단운전의 법리에 따라 소유자 또는 보유자의 책임여부를 논해야 하며, 특별한 사정이 없다면 업주 측에 손해배상책임이 있고 소유자 또는 보유자는 면책된다. 이것은 객관적, 외형적으로 운행지배는 업주 측에 있다고 판단할 수 있기 때문이다. 만약 차주가 동승하지도 아니하고, 타인에게 자기의 차량을 운행하여 집으로 가져오도록 대리운전을 시킨 경우에 차주는 자동차의 운행지배와 운행이익을 여전히 보유한다고 보아 할 것이므로 손해배상책임을 면치 못하고 과실 있는 운전자와 연대배상책임을 져야 함은 당연하다고 할 것이며, 직접 동승한 경우보다는 귀책정도는 약하다 할 것이다.

(3) 판례의 입장

이에 관하여 대법원은 "자동차 소유자 또는 보유자는 주점에서의 음주 기타 운전 장애 사유 등으로 인하여 일시적으로 타인에게 자동차의 열쇠를 맡겨 대리운전을 시킨 경우, 위 대리운전자의 과실로 인하여 발생한 차량사고의 피해자에 대한 관계에서는 자동차의 소유자 또는 보유자가 객관적, 외형적으로 위 자동차의 운행지배와 운행이익을 가지고 있다고 보는 것이 상당하고, 대리운전자가 그 주점의 지배인 기타 종업원이라 하여도 달리 볼 것은 아니다"라고 판시하고 있다.[181] 한편 호텔 나이트 클럽에 맡긴 손님의 자동차를 주차 안내자가 그 손님의 승낙 없이 운전하다가 사고를 일으킨 경우에도 무단운전의 법리가 적용되며 특별한 사정이 없다면 보유자는 면책된다.[182] 최근의 주목할 만한 대법원 판례는 "원고와 자동차 대리운전회사 사이의 대리운전 약정에 따라 위 회사직원이 이 사건 차량을 운전하다가 사고를 야기하여 원고에게 상해를 입게 하였다면 대리운전회사가 유상계약인 대리운전계약에 따라 그 직원을 통해 위 차량을 운행한 것이라고 봄이 상당하므로 원고가 위 차량에 대한 운행지배와 운행이익을 공유하고 있다고 할 수 없고 단순한 동승자에 불과하다"[183]고 판시하여 자동차보유자에게 운행지배와 운행이익이 있다는 기존의 판결을 번복하였다.

---

181) 대법원 1994. 4. 15, 선고 94다5502 판결
182) 대법원 1988. 10. 25, 선고 86다카2516 판결
183) 대법원 2005. 9. 29, 선고 2005다25755 판결

(4) 결

대리운전 시 대법원은 자동차 보유자에게 운행지배와 운행이익이 있으므
로 운행자책임을 지우고 있던 주류적 판례가 변화하였다. 최근에 대리운전
시 보유자는 운행지배와 운행이익이 없는 것으로 본 판결 때문이다. 보험 실
무상 책임보험은 의뢰인의 보험으로, 임의보험은 대리운전 보험으로 처리하
는 것으로 정착되어 가고 있다. 이 처리 방식을 해석해 보면 여전히 보유자
에게 운행지배와 운행이익이 있다는 기존 판례를 적용함과 동시에 대리운전
업자에게 경제적 대가를 지불하고 위탁하였으므로 운행지배와 운행이익이
떠났다는 최근 판례를 동시에 적용한 것으로 해석되어 진다. 세탁, 수리, 보
관, 매매 등과 같은 위탁관계에서는 원칙적으로 운행지배와 운행이익이 떠났
다고 보면서 대리운전에 관하여는 이중적인 법리를 적용하는 것은 그만큼
법리적용의 어려움을 말하고 있다고 볼 수 있다.

일반적인의 법 감정상 의뢰인의 보험으로 책임보험을 처리하면 의뢰인 측
에서 볼 때 납득하기 어려운 측면이 있고, 필자가 보기에도 일반적은 취급업
자로서 위탁관계로 보아 운행지배와 운행이익을 떠났다고 보는 것이 타당해
보인다. 따라서 대리운전 보험에서 대인 Ⅰ, Ⅱ를 처리하는 것으로 제도 개
선 하는 것이 타당해 보이고, 대리운전 보험을 판매하는 보험사에서도 대인
Ⅰ, Ⅱ를 함께 판매하는 것이 법이론적 측면이나, 보험 실무적 측면에서 합
리적으로 보인다. 현재 대리운전시 발생한 교통사고와 관련하여 분쟁이 많이
발생하고 있고 분쟁 해결을 위하여 조속한 대리운전법이 제정되어 자동차보
유자의 인식과 대리운전업자 및 피해자의 손해배상문제 해결을 위한 노력이
필요하다 할 것이다.184)

10. 차량탁송

(1) 문제의 소재

대리운전과는 달리 차량 탁송업자에게 신조차를 탁송 의뢰한 경우 탁송수

---

184) 대리운전 관련하여 의뢰인 쪽 차량의 보험으로 처리해야 하는가, 대리운전 쪽 보험으로 처리
해야 하는가에 대한 논의 및 문제가 상당히 많이 발생하여 2011년 9월 금감원 지시사항으로
책임보험은 의뢰인 차량 보험, 임의보험은 대리운전 보험으로 처리하되 의뢰인 차량으로 책임
보험 처리를 하여도 할증이 없도록 제도 개선을 하여 분쟁을 대폭 줄였다.

수료를 받고 차량을 운행하던 중 사고에 있어서는 탁송업자에게는 손해배상
책임이 당연히 발생하겠지만 탁송의뢰인의 손해배상책임발생여부가 문제된
다. 탁송의뢰인이 개인일 경우와 차량회사와 같이 업으로 할 경우를 구분해
서 이해할 필요가 있다.

(2) 탁송의뢰인의 운행자책임 판단기준

손해배상책임에 특별한 사정이 없는 한 탁송업자가 유상으로 수임사무의
처리를 전문업으로 하는 만큼, 탁송업자에게 운행지배가 있다고 할 것이다.
그러나 탁송의뢰인 또한 개인이 아니고 차량회사라면 그 또한 탁송에 관하
여 전문성을 가지고 차량의 도달지까지 운행지배와 운행이익이 적지 아니하
다고 봄이 타당하다 할 것이므로 획일적으로 단정하기는 어렵다. 만약 개인
이 업으로 탁송을 의뢰하지 않고 탁송업자에게 탁송을 의뢰한 경우라면, 정
비업자에게 차량의 수리를 의뢰중인 동안에는 차주로부터 운행지배가 떠난
다고 본 판례에 비추어 볼 때 그 탁송의뢰인은 손해배상책임이 없다고 보는
것이 타당할 것이다.

(3) 판례의 입장

이에 관한 판례로는 "신조차 탁송업자가 운전자 을에게 지시하여 자동차를
현대자동차주식회사의 울산공장에서 인수하여 광주영업소까지 운송하도록
지시하였는데 을은 운전자 갑과 함께 운전함에 있어 도중에 갑이 운전하여
오던 중 교통사고를 일으켜 조수석에 타고 있던 을을 사망케 하였다면 탁송
업자는 사고자동차의 운행을 지배하면서 그 운행이익을 얻고 있는 자라고
볼 것이므로 위 자동차사고에 관하여 자동차손해배상보장법 제3조 소정의
자기를 위하여 자동차를 운행하는 자에 해당한다"라고 판시하고 있다.185)

(4) 결

차량 탁송시 탁송업자는 당연히 운행자책임을 지지만 탁송의뢰인의 경우
는 원칙적으로 운행자책임이 없다. 다만 탁송의뢰인이 개인이 아니고 차량

---

185) 대법원 1993. 9. 14. 선고 93다15946 판결

회사라면 그 또한 탁송에 관하여 전문성을 가지고 차량의 도달지까지 운행 지배와 운행이익이 있다고 보는 것이 상당하므로 이 같은 경우는 예외적으로 운행자책임 여부를 구체적으로 다시 검토하여야 한다.

11. 미성년자와 부모

(1) 문제의 소재

자동차보유자로서 운행자책임을 넓게 인정하려는 경향과 관련하여 문제가 되는 분야 중 친권자의 배상책임에 관해서이다. 즉 사고를 일으킨 미성년자는 경제적 자력이 없을 뿐만 아니라 자동차보험에도 가입하지 않은 경우가 많아 배상능력이 없어서 변제 자력이 있는 친권자에게 민법 제755조의 규정에 의하여 그의 자녀에 대한 감독자책임을 최대한 확대 적용하거나, 이보다 한 걸음 나아가 친권자가 자식의 운행에 대하여 감시, 감독을 소홀히 한 경우 자동차운행자 책임의 주체로서 직접적인 배상책임의 주체로 보려는 경향이 있다. 그러나 친권자에 대한 부양 감독관계나 차량에 대한 관여 행태도 다양하며 차량의 사용관리 형태도 다양하기 때문에 획일적으로 친권자에게 운행공용자 책임을 인정하기는 곤란하다. 특히 미성년자인 자녀가 무면허운전이나 자동차종합보험계약상 운전자한정특약이 위배되었을 때가 문제된다. 이하에서 미성년자인 자녀가 자동차사고로 인한 손해배상책임을 질 경우에 친권자의 책임에 관하여 검토한다.

(2) 보유자책임

법률상 손해배상책임을 짐에 있어서 미성년자 본인은 자기를 위하여 운행 중이었으므로 자배법상 운행자책임을 질 뿐만 아니라 민법 제750조의 일반 불법행위자로서의 책임도 지는 것은 당연하다. 여기에서 친권자의 보유자책임 발생여부가 주요 쟁점사항이다. 친권자의 보유자책임여부를 검토함에 있어서 미성년자의 운행을 유형적으로 분류하여 이해할 필요가 있다. 이것은 친권자가 보유자책임을 면하는 경우는 발생하기 어려우나 이를 보상하는 보험사의 책임이 발생하는가에 따른 구분이다.

1) 미성년자의 운전을 친권자가 안 경우

미성년자라 할지라도 운전을 할 수 있는 것은 당연하다. 또한 교통사고 발생시 미성년자 본인은 자배법상 민법상 손해배상책임을 지는 것도 당연하다 할 것이다. 그런데 문제가 되는 것은 미성년자는 손해배상책임능력이 부족한 것이 일반적이고 이에 친권자가 손해배상책임을 지는가가 문제된다. 민법 제753조 및 제755조를 분석하면 미성년자가 타인에게 손해를 가한 경우에 행위의 책임을 변식할 지능이 없는 경우에 배상책임이 없고, 이를 감독할 법정 의무 있는 자가 손해를 배상할 책임이 있으나 감독의무를 해태하지 아니한 때에는 법정 의무 있는 자도 배상책임이 없는 것으로 규정하고 있다. 반대 해석상 자동차를 운전하는 자는 통상적으로 교통사고 발생시 행위의 책임을 변식할 지능이 있다 할 것이고 법정 의무 있는 자에게는 손해배상책임이 없다고 할 것이다. 최근에 법정 의무 있는 자에게 손해배상책임을 넓혀가는 추세로 해석하고 있는 것은 바람직하나 민법상의 규정으로는 피해자구제에 미흡한 것이 사실이다. 그러나 자동차손해배상보장법은 자동차보유자에게도 손해상책임을 지게 하여 피해자를 구제하고자 한다.

한편 친권자인 자동차보유자의 책임은 종합보험에 가입되어 있는 경우 자녀도 친족피보험자가 되어 보상처리가 되므로 문제가 없으나 문제는 친권자가 자녀의 무면허운전 내지 운전자 한정특약 위반을 알고 운전을 허락한 경우이다. 이 경우 운전자나 친권자가 법률상 손해배상책임을 지는 것은 당연하나 자동차종합보험 약관상 보상처리가 되지 않음을 유의해야 한다.

2) 미성년자의 운전을 친권자가 모르는 경우

미성년자의 운전을 친권자가 모르는 경우 민법상 손해배상책임은 상기와 유사하나 자배법상의 책임에 있어서 통상적으로 보유자는 열쇠의 보관 및 관리에 있어서 과실이 있는 경우가 일반적이며, 소유자와 운전자가 부자관계이므로 운전자의 차량반환의사가 거의 확실하다는 등 객관적이고 외형적인 사정이 있는 경우 보유자책임을 진다.

한편 보유자의 손해배상책임은 결국 자동차종합보험에 가입한 보험회사가 책임을 지게 되는 바 미성년자가 무면허운전을 하였을 뿐만 아니라 운전자 한정특약을 위배했을 경우에 보유자책임을 대신할 보험사의 책임여부가 문제된다. 무면허운전일 경우에는 자동차종합보험 약관상 면책이고 또한 운전자 한정특약을 위해해도 자동차종합보험약관상 면책이기 때문이다. 미성년자인 자녀의 무면허 운전을 명시적 또는 묵시적으로 승인한 것이 아니므로 무면허운전면책약관은 친권자에게 적용되지 아니한다. 그리고 연령운전 한정특약 위배이므로 면책사유에 해당한다고 할 수 있으나 특별약관 면책사유의 단서조항에서의 '도난당하였을 때' 사고로 인한 것이므로 면책되지 아니한다.[186]

그런데 예외적으로 보험자책임이 인정되는 약관상 도난의 의미를 어떻게 해석할 것인가가 문제된다. 이에 대하여 대법원 판례는 도난의 범위를 무단운전까지도 포함한다는 입장을 취하고 있다.[187] 이러한 견해에 따를 경우 차주와 일정한 신분관계에 있는 자가 가족한정이나 연령한정에 위반하여 사고를 야기한 경우에, 차주가 자신의 의사에 반하는 운행이라고 주장하기만 하면 언제나 특약의 예외사유가 되고 보험자는 보상책임을 면할 수 없게 된다. 그러나 무단운전은 소유자와 일정한 신분관계가 있는 자로서, 그러한 신분관계가 전혀 없는 절취운전과는 구별되는 개념이다. 본 특약은 기명피보험자로서는 통제할 수 없었던 전혀 신분관계 없는 자의 사고에 대하여 법률상 책임을 지는 경우에 조차 보험 보호를 거절한다는 것이 타당하지 않기 때문에 둔 예외규정이다. 그러한 극히 예외적인 자의 운전이 아니고, 소유자와 신분관계에 있는 자의 무단운전에 까지 도난의 의미를 넓혀서 해석하는 태도는 위 한정특약을 둔 취지에 반하므로 부당하다. 특약에 가입하고 낮은 보험료의 적용을 받았던 기명피보험자로서는 이러한 자들의 운전을 방지하기 위한 보다 세심한 주의를 기울여야 한다. 또한 그러한 것을 전제로 특약을 체결한 것이라 이해함이 옳다는 견해도 있다.[188]

(3) 판단기준

민법상의 책임은 별개로 하고 친권자에게 자동차손해배상보장법상 운행자책임을 인정하는 근거로는 운행공동자로서의 책임과 자동차보유자로서 소유, 사용, 관리상이 과실이 있는 경우 보유자로서의 책임을 들 수 있다. 운행공

---

186) 김광국, 자동차보험 대인손해사정론, 보험연수원, 2003, 599면.
187) 대법원 2006. 6. 23, 선고 2000다9116 판결
188) 김학선, 전게서, 348면 ; 김광국, 자동차보험론, 전게서, 357면.

동자로서의 책임은 대체로 자녀와의 동거 및 부양 유무, 직업, 차량 구입대
금, 유지비용의 부담관계, 사용목적, 등록명의, 보관상황, 보험가입 명의 등
을 종합적으로 고려하여 판단하여야 할 것이다. 친권자가 동거하는 자식에게
자동차를 구입하여 그가 전용하고 있으나 친권자가 유지비용 등을 부담하는
때에는 친권자에게 운행 공동자 책임을 인정할 여지가 크다. 한편 보유자로
서 과실이 있는 경우에 지는 보유자책임은 열쇠의 보관 및 관리에 과실이
있거나 운전자의 차량 반환의사가 확실하다는 등의 객관적이고 외형적인 여
러 사정을 사회통념에 따라 종합적으로 평가했을 때 운행지배권이 상실되지
않았다면 친권자에게 운행자책임이 따른다.

(4) 판례의 입장

이와 관련된 판례로는 "부와 생계 및 주거를 같이 하면서 그 보호, 감독을
받아 왔으며 경제적으로 전적으로 부에게 의존하는 관계에 있었던 미성년인
자가 부가 통학용으로 사준 오토바이를 운전하다가 사고를 낸 경우, 사회통
념상 부가 그 오토바이의 운행에 대하여 지배력을 행사할 수 있는 지위에
있고 또한 지배, 관리할 책무가 있는 것으로 평가하기에 충분하므로, 부도
자와 함께 자동차손해배상보장법 제3조 소정의 자기를 위하여 그 사고 오토
바이를 운행하는 자에 해당 된다"라고 한 판례가 있다.189) 이 판례는 친권자
에게 운행공용자로서 책임을 지는 경우의 기준을 제시했다고 볼 수 있다. 또
한 "아버지와 동거하면서 농업에 종사하고 있는 20세의 아들이 자기소유(자
기의 수입으로 차를 구입하고 관리비용도 스스로 부담함)의 자동차로 야기
한 사고에 있어서 아버지에 대하여 그 운행이 사회에 해악을 주지 않도록
감시, 감독하여야 할 입장에 있다"고 하여 운행공용자 책임을 인정하였
다.190) 마찬가지로 일본에서도 친권자의 운행공용자책임을 인정하기 위한
근거를 제시한다.
한편 우리나라 대법원 판례는 자배법상의 운행공용자책임까지 인정하려는
경향과 아울러 민법상 감독자책임을 확대하는 민법상의 불법행위책임을 묻
고자 하는 판례도 등장한다. "미성년자가 책임능력이 있어 그 스스로 불법행
위책임을 지는 경우에도 그 손해가 당해 미성년자의 감독의무자의 의무위반

189) 대법원 1997. 6. 10, 선고 96다48558 판결
190) 日最判 昭和 50. 11. 28.

과 상당인과관계가 있으면 감독의무자는 일반불법행위자로서 손해배상책임
이 있고 이 경우에 그러한 감독의무위반사실 및 손해발생과의 상당인과관계
의 존재는 이를 주장하는 자가 입증하여야 한다"고 판시한다.191) 또한 "책임
능력 있는 미성년자의 불법행위로 인하여 손해가 발생한 경우 그 손해가 미
성년자의 감독의무자의 의무위반과 상당인과관계가 있는 경우 감독의무자는
일반불법행위자로서 손해배상의무가 있다. 사고 당시 18세 남짓한 미성년자
가 운전면허가 없음에도 가끔 숙부 소유의 화물차를 운전한 경우, 부모로서
는 미성년의 아들이 무면허 운전을 하지 못하도록 보호·감독하여야 할 주
의의무가 있음에도 이를 게을리 하여 화물차를 운전하도록 방치한 과실이
있고, 부모의 보호감독상의 과실이 사고 발생의 원인이 되었으므로, 부모들
이 피해자가 입은 손해를 배상할 책임이 있다"고 판시한다. 이처럼 대법원은
민법상의 책임을 물어 피해자보호에 기여 하고자 함을 알 수 있다. 구상문제
와 관련하여 피보험자의 동거친족에 대하여 피보험자가 배상청구권을 취득
한 경우 통상은 피보험자는 그 청구권을 포기하거나 용서의 의사로 권리를
행사하지 않은 상태로 방치할 것으로 예상되는 바 이러한 경우 피보험자에
의하여 행사되지 않는 권리를 보험자가 대위 취득하여 행사한다면 사실상
피보험자는 보험금을 지급받지 못한 것과 동일한 결과가 초래되어 보험제도
의 효용이 현저히 해하여 진다 할 것이고, 운전자 연령 한적운전 특별약관은
보험약관에 있어서의 담보위험을 축소하고 보험료의 할인을 가능하게 하는
데 그 취지가 있는 것이므로 보험계약자의 의사는 보험료를 할인받는 대신
특약 위반시 보험혜택을 포기하는 것이라고 할 것이나, 그 경우에도 피보험
자의 명시적이거나 묵시적인 의사에 기하지 아니한 채 연령 미달자가 피보
험자동차를 운전한 경우에는 면책조항의 예외로서 보험자가 책임을 지는 점
에 미루어 연령 미달의 임의 운전자가 동거가족인 경우라도 보험자 대위권
행사의 대상으로 해석한다면, 임의운전자가 가족이라는 우연한 사정에 의하
여 특약에 위배되지 않은 보험계약자에게 사실상 보험혜택을 포기시키는 것
이어서 균형이 맞지 않는 점 등에 비추어 운전자 연령 한정운전 특별약관부
보험계약에서 연령 미달의 동거가족의 경우 특별한 사정이 없는 한 상법 제
682조 소정의 제3자의 범위에 포함되지 않는다고 봄이 상당하다고 판시하여
구상권을 제한하고 있다.192)

191) 대법원 1994. 2. 8, 선고 93다13605 판결
192) 대법원 2000. 6. 23, 선고 2000다9116 판결

(5) 결

미성년자가 자동차를 운전하다가 사고를 일으킨 경우 친권자의 배상책임을 논함에 있어서 법률상 손해배상책임을 이해해야 하며 아울러 이러한 법률상 손해배상책임을 보험사가 책임을 질것인가를 판단해야 한다. 미성년자 본인이 민법상, 자배법상 책임을 지는 것은 두말할 나위가 없으므로 논외로 하고 친권자가 우선 민법상 배상책임을 지기 위해서는 미성년자의 감독의무자로서 의무위반과 상당인과관계가 있으면 친권자는 감독의무자로서 일반불법행위자로서 손해배상책임이 있고, 이 경우 감독의무 위반사실 및 손해발생과의 상당인과관계의 존재는 주장하는 자가 입증해야 할 것이다. 한편 자배법상의 책임은 친권자가 보유자로서 소유, 사용, 관리를 함께 하는 운행공동자일 경우에는 논의의 여지가 없이 당연히 책임이 있다 할 것이고 운행공동자가 아닐 경우라도 사용, 관리상의 과실이 있거나 적어도 외형적으로 운행지배권을 상실했다고 보기 어려운 경우라면 책임이 있다고 할 것이다.

한편, 친권자가 민법상, 또는 자배법상 손해배상책임이 있다고 할 때 보험사는 법률상 손해배상책임을 담보하므로 보상처리를 하고 있으나 문제는 자녀의 무면허 운전 또는 운전자 한정운전특약 위배시 친권자가 이를 알고 있거나 알 수 있었을 때는 보상처리가 되지 않음을 유의해야 하고, 모르고 있을 때 도난으로 보아서 보상처리 될 뿐 아니라 구상도 불가함을 유념해야 할 것이다.

12. 모회사의 책임

(1) 문제의 소재

자회사의 피용자가 자동차 사고를 일으킨 경우에 모회사에게 운행자책임이 있는지가 문제될 수 있다. 자회사가 모회사의 실질상의 일부분을 담당하고 있어 법률적으로는 독립된 회사이지만 경제적, 실질적으로는 모회사의 기업활동의 일부가 되어 있는 데 불과한 경우 또는 모회사가 자회사의 출자회사이고 대표성도 겸하고 있는 경우 등 양자가 밀접한 관계가 있을 경우에 특히 손해배상책임의 소재가 문제가 된다.

(2) 보유자 책임

자회사의 피용자가 그 회사의 업무와 관련하여 사고를 낸 경우 모회사는 운행자책임이 있다193)고 본다. 역시 이 경우에도 모회사가 무조건 책임을 지는 것은 아니고 일반적으로 자회사와 모회사와의 관계를 검토하여 모회사에게 적어도 밀접한 관계가 있어 운행지배의 가능성이 있는 경우 모회사에게 보유자로서 운행자책임이 이다고 할 것이다. 물론 자회사에게도 연대책임이 있어야 한다고 보아야 할 것이다.

(3) 운행자책임 판단기준

법률적으로 독립된 관계라 할지라도 경제적, 실질적 모회사의 기업 활동의 일부가 되어 있는 경우, 또는 모회사가 자회사의 출자회사이고 대표자도 겸하고 있는 경우 등 밀접한 관련이 있는 경우이고, 그 회사의 업무와 관련하여 사고를 낸 경우가 판단 기준이라 할 수 있다. 이 같은 경우 모회사가 운행자책임을 면하기는 어렵다 할 것이다.

(4) 판례의 입장

대법원은 국내회사가 합작투자 형태로 외국에 설립한 현지 법인 소속 직원이 그 소속의 자동차를 운행하다가 야기한 사고에 대하여 국내회사에게 전적으로 자동차 운행자로서 손해배상책임을 인정한 원심판결을 법인의 손해배상책임에 관한 법리를 오해한 위법이 있다고 판시하였다. 이와 관련된 일본 판례로는 "갑회사의 자회사로 갑회사에서 생산하는 생콘크리트의 판매 운반을 업으로 하는 을회사의 피용자가 믹서차의 운전 중 사고를 일으킨 경우 갑회사는 을회사와 함께 운행자로서 위 사고로 말미암아 생긴 손해를 배상할 의무가 있다"고 판시하고 있다194). 그리고 "자회사의 종업원이 모회사에 자재를 운반하는 도중 교통사고를 일으킨 경우에 모회사도 자회사와 함께 사고차의 운행자로서 위 사고로 말미암은 손해를 배상할 책임을 진다"고

193) 오행남, 전게논문, 43면.
194) 日本 東京地民 昭和 42. 5. 24.

판시한다.195)

(5) 결

자회사와 모회사와의 관계가 법률적으로는 독립된 회사이지만 경제적, 실질적으로는 모회사의 기업 활동의 일부가 되어 있는데 불과한 경우 또는 모회사가 자회사의 출자회사이고 대표자도 겸하고 있는 경우 등 밀접한 관계가 있는 경우에는 회사의 업무와 관련하여 사고를 낼 때 모회사는 운행자책임이 있다고 볼 수 있다. 다만 자회사와 모회사는 도급인, 수급인간의 관계에 있을 수 있으므로 앞에서 도급, 하도급 부분의 설명된 법리가 적용된다 할 것이다. 자회사와 모회사간의 실질관계를 판단함에 있어서 계열사간의 상호지급보증관계 등 최근 공정거래법령에 의한 기업관계의 변화 등을 충분히 감안할 것이 요구된다. 즉 모자회사관계라 할지라도 도급, 하도급 관계도 없고 상호간에 실질적으로 엄격히 분리 경영이 이루어지는 경우라면 모회사라 하여도 그 책임이 부인되어야 할 것이다.

13. 공동운행자

(1) 문제의 소재

사고차량에 대하여 자동차운행자가 2인 이상이 있는 경우 2인 모두 자동차운행자로서 책임을 져야 하는 것은 당연하다. 공동운행자는 자기를 위하여 자동차를 운행한 자, 즉 가해 자동차에 관하여 운행지배와 운행이익을 향수하는 자가 수인인 경우에 그들 공히 운행자가 되는 것을 말한다.196) 이 경우 공동운행자 상호간의 손해배상책임관계가 문제된다.

(2) 운행자책임 판단기준

공동운행의 관계는 이미 유형별로 살펴본 바와 같이 개개의 사고에 관하여 운행자로 인정될 수 있는 자를 판단하여 운행자로 인정되는 자가 2인 이

---

195) 東京地民 昭和 46. 18.
196) 이보환, 전게서, 87면.

상이면 상호간의 공동운행의 관계라 할 수 있다. 넓은 의미로는 공동운행자도 공동불법행위자의 범주에 포함된다 할 것이고 공동운행의 관계는 차량을 공동소유하거나, 공동목적을 위하여 차량을 운행하거나, 가족관계에 있는 사람들이 평소같이 쓰는 가정용 차량의 경우와 같이 동시에 직접적으로 이루어 질 수도 있고, 차량임대업자와 임차인, 차량보유자와 무단운전자 등의 경우와 같이 각각 달리 또는 간접적으로 이루어 질 수도 있다. 손해배상책임관계에 있어 공동불법행위에 관한 민법 제760조의 규정을 유추적용하여 부진정연대채무의 입장에서 배상책임을 하여야 한다는 것이 통설이다.

(3) 판례의 입장

대법원은 공동운행자 상호간은 공동불법행위에 관한 민법 제760조의 규정을 유추적용하여 부진정연대책임의 관계에 있다고 본다.[197] 이는 손해배상채무자 상호간에 주관적인 공동성이 없고 우연히 손해배상채무가 발생하였기 때문이다. 그러므로 부진정채무에서는 채무자 사이에 부담부분이 없고, 이것을 전제로 하는 구상권도 특별한 규정이 없는 한 당연히 발생하지 않는다.

(4) 결

공동운행자는 가해 자동차에 대하여 운행지배와 운행이익을 향수하는 자가 수인인 경우에 그들 모두 운행자가 되는 경우를 말하는바 차량을 공동소유하거나, 공동목적을 위하여 차량을 운행하는 경우 등을 말한다. 이 경우 통설과 판례는 손해배상책임에 있어서 부진정연대채무의 입장에서 손해배상책임을 지우도록 하고 있다.

Ⅲ. 결어

자동차 사고로 인하여 자동차손해배상보장법상 손해배상책임을 지기 위해서는 운행자의 지위에 있어야 한다. 운행자가 책임을 지는 이유는 운행지배와 운행이익이 있기 때문이다. 수많은 자동차 운행에 있어서 운행자성의 유

---

197) 대법원 1984. 6. 26, 선고 84다카88, 84다카89 판결

형별 분석을 통해 운행자책임이 발생하는 기준 및 근거에 대하여 검토하였
다. 무단운전에 있어서는 운행자성을 판단하는 기준으로 무단운전을 하게 된
경위, 보유자와 무단운전자와의 관계, 차량 반환가능성, 사후 승낙가능성, 주
관적인 인식유무, 시기, 장소 등이 복합적으로 적용되어 보유자의 운행자성
을 파악하게 된다. 절취운전의 경우에는 보유자의 귀책사유가 있는가의 여부
에 의하여 운행자성을 파악하게 된다. 형식상의 등록명의자일 경우에는 실질
적 이익관계의 여부에 의하여 운행자성을 파악한다. 사용대차와 임대차의 경
우에는 특별한 사정이 없는 한 대주는 보유자책임을 면하지 못하고, 운행지
배 내지 운행이익이 배타적으로 차주에게만 귀속한다는 사실을 대주가 주장
·입증한 경우에만 면책된다. 취급업자의 경우에는 원칙적으로 보유자에게
운행자책임이 없다. 다만 예외적으로 무단운전을 어느 정도 예상하거나 용인
한 관계로 볼 수 있을 때에는 가능할 수 있다. 도급, 하도급의 경우에는 도
급인이 수급인의 운행에 관하여 실질적인 지휘, 감독권을 행사할 수 없는 경
우에는 도급인에게 운행자책임이 없다. 사용자와 피용자의 관계에서는 사용
자와 피용자는 원칙적으로 부진정연대채무를 진다. 다만 피용자가 순전히 사
적으로 사용하다가 사고를 낸 경우에는 사용자는 운행자책임을 부담하지 않
는다. 공무원과 국가 등의 책임에 있어서 공동운행자책임을 지는 것이 원칙
이나 다만 공무원이 직무를 집행함에 있어서 고의 또는 중대한 과실 없이
사고를 낸 경우에는 공무원 개인은 손해배상책임을 지지 않는다. 대리운전시
자동차보유자는 운행지배와 운행이익이 있다. 다만 승낙 없이 사용한 경우에
는 특별한 사정이 없는 한 차주는 면책된다. 차량탁송과 관련하여서는 획일
적으로 판단하기에는 어려우나 의뢰인에게 운행지배가 떠나는 것이 되므로
면책되는 것이 원칙이다. 미성년자와 부모의 관계에 있어서도 자녀의 관리감
독자책임을 최대한 적용하여 직접적인 배상책임의 주체로 본다. 모회사의 책
임관계에서 실질적, 경제적 관계가 있을 경우 모회사는 연대책임이 있다고
보아야 한다. 공동운행자일 경우 부진정연대책임의 관계에서 손해배상책임이
있다.

제 4 장 自動車의 運行으로 인하여

제 1 절 서 설

자동차사고로 인하여 손해배상책임을 지기 위해서는 자동차의 운행과 손해와 인과관계가 있어야 한다. 이것은 불법행위의 가해자의 위법한 해와 손해와 인과관계가 있어야 하는 것과 동일한 법리라고 할 수 있다. 본 장에서는 자동차의 운행이 무엇인지에 대하여 어떠한 개념으로 정립이 되어 있는지에 대하여 알아보고, 인과관계에 대한 학설을 다시 한번 살펴봄으로서 자동차 사고와 손해와의 인과관계를 명확히 하고자 한다. 학설과 판례의 태도를 기준으로 인과관계의 상당성을 검토하도록 하겠다.

제 2 절 自動車의 운행

I. 서언

자동차의 운행에 대하여 접근하기 위하여는 자동차가 무엇인지의 개념을 유의할 필요가 있다. 또한 운행의 개념에 대하여 규정의 변화와 변화된 이유를 생각하며 접근할 필요가 있다. 본 절에서는 자동차의 운행이 무엇인지를 살펴보도록 한다.

II. 자동차

자기를 위하여 자동차를 운행하는 자는 그 운행으로 인하여 다른 사람을 사상하게 한 때 그 손해배상책임을 지는데, 여기서 자동차의 개념은 자배법 2조 1호에서 규정하고 있다. 즉 자동차관리법의 적용을 받는 자동차와 건설기계관리법의 적용을 받는 건설기계 중 대통령령이 정하는 것을 말한다고 규정하고 있다. 자동차관리법에서의 자동차란 원동기에 의하여 육상에서 이동할 목적으로 제작한 용구 또는 이에 견인되어 육상으로 이동할 목적으로 제작한 용구를 말하고 다만 대통령령이 정한 것198)은 제외된다.

---

198) 건설기계관리법에 따른 건설기계, 농업기계화촉진법에 따른 농업기계, 군수관리법에 따른 차

Ⅲ. 운행

운행이란 사람 또는 물건의 운송여부에 관계없이 자동차를 그 용법에 따라 사용 또는 관리하는 것을 말한다. 그리고 자동차의 어떤 장치의 일부를 용법에 따라 사용 또는 관리하는 행위를 말하여 사용, 관리를 위하여 직접적으로 이루어지는 행위도 포함된다고 할 수 있다.[199] 따라서 주, 정차 행위나 차량의 정비행위 등이 문제되는데 이 같은 경우도 특별한 사정이 없는 한 운행에 포함된다고 할 수 있다. 이것은 종래의 "운행이라 함은 사람 또는 물건의 운송 여부에 관계없이 자동차를 당해 장치의 용법에 따라 사용하는 것을 말한다"라는 규정이 1999년 2월 5일 개정되어 "사용 또는 관리하는 것을 말한다"라고 명시적으로 개정되어 1999년 12월 28일부터 시행되었기 때문이다. 그러나 자동차의 사용 또는 관리하는 행위나 그 상태 자체에 관하여는 일정한 지배적 의사는 있어야 한다. 이와 관련하여 종래 좁게 해석하려는 경향이 있었으나 최근에는 넓게 해석하려는 경향으로 발전해 오고 있다.

Ⅳ. 결어

자동차의 운행이란 자동차관리법의 적용을 받는 자동차와 건설기계관리법의 적용을 받는 건설기계 중 대통령령으로 정한 건설기계가 사람 또는 물건의 운송여부에 관계없이 전체로서의 자동차 또는 자동차의 어떤 장치의 일부를 용법에 따라 사용 또는 관리하는 행위를 말하며 사용·관리를 위하여 직접적으로 이루어지는 행위도 포함된다고 할 수 있다.

제 3 절   運行으로 인하여

Ⅰ. 서언

인과관계는 본질적으로 법학에만 문제되는 것이 아니고 철학이나 자연과학에서도 문제가 되고 있는 부분이다. 자동차사고와 손해배상책임과의 인과

량, 궤도 또는 공중선에 의해 운행되는 차량, 의료기기법에 따른 의료기기는 제외된다.
[199] 藤村和夫·山野嘉朗, 前揭書, 42頁.

관계문제에 있어서도 철학이나 자연과학의 인과관계개념과 공통으로 보아야 할 것인가 아니면 자배법상의 특수한 인과관계 개념을 인정할 수 있느냐가 검토되어야 한다. 인과관계의 문제가 법적, 규범적 문제를 함께 고려할 때는 자연과학적 인과관계와는 그 성질을 달리한다. 이른바 상당인과관계이다.200) 자동차운행자에게 손해배상책임이 발생하기 위해서는 운행과 피해간에 인과관계가 있어야 한다. 여기에서 운행은 단순히 자동차의 운행이 아니라 자기를 위한 자동차의 운행이라고 해석하는 것이 타당하고 자기를 위한 운행과 타인의 사상 사이에 상당인과관계의 존재를 필요로 한다.201) 구 자배법에는 "운행으로 말미암아"라는 표현을 사용하였는데 개정 자배법에서는 "운행으로 인하여" 라고 표현을 바꾸었다. 이렇게 개정한 이유는 운행의 결과로 인한 사망 또는 부상간의 인과관계를 명확히 하고자 함이다. 즉 "말미암아"라는 표현은 "의하여", "즈음하여", 혹은 "당하여" 등의 의미로 해석하여 조건설적 상당인과관계의 존재만으로 족한 것으로 보았다. 그러나 우리나라의 대부분의 판례는 운행과 사망 또는 부상과의 관계에 상당인과관계가 존재하면 인정하여 개정 자배법에서는 상당인과관계설에 충실하게 운행으로 인하여로 개정한 것이다. 따라서 이와 관련한 학설로서 조건설과 상당인과관계설이 대립하고 상당인과관계설은 다시 주관설, 객관설, 절충설로 나누어진다. 이러한 학설간의 대립은 민법 제393조의 해석의 문제로 귀착된다고 할 수 있다.

Ⅱ. 학설간의 대립

1. 조건설

조건설은 일정한 행위와 결과 사이에 적어도 인과의 관계가 있으면 책임을 발생시키는데 충분하고, 그러한 원인 조건이 없었으면 그러한 결과가 발생하지 않았으리라 하는 관계가 있으면 인과관계를 인정하려는 학설이다. 즉 조건설은 동등설이라고도 하는데 자연과학적 의미에서의 인과관계를 의미한다.202) 이설에 의하면 택시기사의 과실로 승객이 비행기를 놓쳐서 1억원의 계약을 체결하지 못한 경우에 승객의 이득 상실은 택시기사의 계약위반에

---

200) 이재상, 형법총론, 박영사, 2006, 136면.
201) 김일수·서보학, 형법총론, 박영사, 2005, 163면 ; 이재상, 전게서, 140면.
202) 곽윤직, 민법주해Ⅸ, 박영사, 2004, 492면 ; 이호정·지원림, 채권법요해, 제일법규, 1996, 120.

의하여 야기된 손해로 본다. 결과발생에 기여한 모든 조건들을 동등하게 인정하므로 이 설에 의하면 사회현실에서 필연적 인과관계가 아닌 원인에까지 인과관계가 확대되거나 사회적으로 의미가 있다고 보기 어려운 행위까지 인과관계를 인정하게 되는 불합리한 경우가 발생할 수 있다. 이와 같이 가해자가 조건설적 의미에서 자신에 의하여 야기된 모든 손해를 배상해야 한다면, 그의 손해배상의무는 한없이 뻗어 나가게 됨으로써 손해배상의 범위를 지나치게 확대시키게 되어 손해분담의 공평이라는 견지에서 배상의 범위를 적당한 범위로 한정하려는 법률의 목적에 어긋나게 된다. 그러므로 손해배상의 요건으로서의 손해와 그 효과로서 배상되어야 할 손해를 구획할 필요가 있다.203) 오늘날 우리나라에는 조건설을 취하는 학자는 없다.204)

2. 상당인과관계설

이 학설은 조건설의 불합리성을 파악하여 새로이 등장한 학설로 채무불이행과 상당인과관계에 있는 손해만을 배상하게 하려는 입장이다.205) 즉 어떤 사실을 발생시킨 조건 들 중에서 우연한 사정 내지 당해 채무불이행에 따르는 특수한 사정은 제외하고 일반적인 것만을 그 원인으로 한다. 다시 말하면 손해를 야기시킨 자에 의하여 주어진 조건들이 일반적으로 결과야기에 적합한 것이고, 특히 개연성이 매우 낮고 사태의 통상적 경과에 비추어 무시되어야 하는 특수한 사정 하에서만 결과발생에 적합한 것이 아닌 경우에 그러한 조건에 의하여 발생한 손해가 행위자에게 귀책된다고 하는 학설이다.206) 따

---

203) 이점과 관련하여 완전배상주의를 취하는 독일의 통설은 인과관계를 책임의 성립과 책임의 범위라는 양 측면에서 파악하여 책임발생적 인과관계와 책임충족적 인과관계를 구별하여 파악한다. 이것을 우리 민법에 적용한다면 민법 390조 또는 750조의 법률요건과 법익침해간의 인과관계가 책임발생적 인과관계이고 책임발생적 인과관계에서는 조건설이 결과하는 책임의 무한정한 확대를 막으려고 노력할 필요는 없다고 한다. 한편 390조 또는 750조의 법률효과로서 손해배상의 범위가 책임충족적 인과관계의 문제이다. 여기에서는 책임발생적 인과관계에서와 달리 손해배상의 범위가 적절히 한정될 필요가 있다. 지원림, 전게서 121-122면.
204) 곽윤직, 민법주해IX, 전게서, 493면.
205) 손해배상의 문제와 관련하여 공평한 손해분담을 이상으로 하기 때문에 우리나라의 대부분의 학자들은 상당인과관계설을 취하고 있고, 판례도 이 학설에 따르고 있다. 구체적으로는 절충적 상당인과관계설을 따르는 바 이 설은 배상책임 성립, 배상범위결정, 배상액 산정시에 있어서 인과관계의 인정을 가해 당시에 보통인이 알 수 있었던 사정과 특히 채무자가 알 수 있었던 사정을 함께 그 고찰의 대상으로 삼는다. 곽윤직, 채권총론, 박영사, 2006년, 112면.
206) "단순 후미추돌사고로 인하여 망인이 늑골골절상을 입었고, 그 상해를 치료하던 도중 위 상해로 인한 치료기간의 연장 및 후유증으로 전신상태의 악화를 초래하여 다발성골수종을 유발

라서 이 이론에 따르면 모든 조건들이 원인적인 것은 아니고 오직 결과와
적정한 관련을 가지고 있는 조건들만이 원인적인 것으로 인정된다. 즉 단순
히 개개의 경우에 관하여 구체적으로 원인과 결과의 관계를 고찰하는 데에
그치지 않고서 다시 이를 일반적으로 고찰하여 동일한 조건이 존재하면 동
일한 결과를 발생케 하는 것이 보통이라는 경우에만 인과관계를 인정하려는
견해로서, 이설에 의하면 우연한 사정 내지 당해 채무불이행에 특수한 사정
은 행위의 결과에서 제외되는 것이 된다.207) 즉 책임충족적 인과관계의 테
두리 안에서 행위와 상당인과관계를 가지고 있지 아니한 손해결과는 손해배
상책임의 범위에서 제외되게 된다. 왜냐하면 이러한 손해결과는 행위자에게
귀책될 수 없기 때문이다. 이에 반해서 완전히 개연성이 없다고 여겨지지 아
니하는 모든 손해는 상당인과관계 하에서 야기된 것으로 인정된다.208) 상당
인과관계설에서 문제 삼는 것은 인과관계이론이 아니고 가치 판단적 평가에
기한 손해결과의 귀책과 개연성의 관계이다. 즉 사실판단이 아니고 가치판단
이다. 따라서 실제 적용에 있어서는 경제 동향, 거래관행 등의 인식을 필요
로 할 뿐만 아니라 신의, 공평의 이념이 반영되어야 한다.209) 상당인과관계
설은 다음의 세 가지로 다시 세분된다.

(1) 주관적 상당인과관계설

이 견해는 채무자의 주관에 의하여 결정해야 한다는 견해이다. 채무자가

또는 악화시켜 사망하였는지의 여부에 대하여 이를 인정할 근거가 없다는 이유로 사상과 교통
사고와 상당인과관계가 있다고 할 수 없다"고 판시하고 있다. 청주지법 2002 가단 4429.
207) 곽윤직, 채권총론, 전게서, 112면.
208) 곽윤직, 민법 주해IX, 전게서, 496면.
209) 인과관계는 손해배상의 범위와도 밀접한 관련이 있는 바 주택가 골목길 주행하다 진행방향
좌측에 주차된 차량을 충격하여 피보험차량의 운전자가 피상한 사고에서 운전자가 뇌출혈 증상
을 보이는 바 '뇌내출혈의 발생원인 등에 비추어 원고가 근무하던 회사가 건강검진에서 뇌출혈
의 원인이 될만한 고혈압 등의 이상원인이 나타난 적이 없고, 98년 3월 이후부터 고혈압 등의
치료를 받은 적이 없는 사실만으로 이건 사고로 위 장해와 손해를 입었다고 추인하기 어렵고,
신체감정결과 원고는 15년간 정기검진을 받지 않았고, 회사퇴직 이후 시작한 사업의 어려움으
로 계속적으로 스트레스를 받은 사실, 사고 이후 두부 표면에는 별다른 외상이 없는 사실, 외상
에 의한 뇌내출혈은 문헌을 찾아보기가 어려울 정도로 드문 사실, 원고의 뇌출혈 부위가 고혈
압성 뇌출혈이 빈번한 부위이며 고혈압이 있더라도 진단이 되지 않고 뇌출혈로 처음 진단되는
경우도 있으며, 고혈압이 없는 경우에도 사고뿐만 아니라 스트레스에 의해서도 순간적인 혈압
상승이 발생할 수 있는 사실 등이 인정되고, 이 사건 사고 장소가 주택가로 저속으로 운전할
수 밖에 없으며, 피해차량의 수리비가 금 214,500원에 불과한 점 등에 비추어 이건 사고와 원
고의 장해 사이에 상당이과관계가 없다'고 판시한다. 서울지법 남부지원 2001가합2700.

채무불이행 당시에 인식한 사정만을 가지고, 그러한 사정 아래에서 보통 일
반적으로 발생한 결과만이 행위의 결과라는 것이다. 따라서 행위자가 예기하
지 않았던 조건에 기인한 결과는 객관적으로 행위와 결과 사이에 상당인과
관계가 있다고 하더라도 그 결과의 원인으로 되지 않는다. 결국 이 설은 고
려하게 되는 사정의 범위가 너무 좁고, 고의의 책임만을 추구하는 결과가 되
어 타당하지 않다.210)

(2) 객관적 상당인과관계설

이 견해는 사후의 심사에 의하여 제3자가 객관적으로 결정하여야 한다는
것이다. 즉 당사자의 알고 모르고를 묻지 않고 제3자가 일반적 지식에 따라
서 알 수 있는 모든 사정을 기초로 하여 고찰하여야 한다고 한다. 이 견해는
고찰해야 할 사정의 범위가 너무 넓게 되어 채무자에게 있어서는 전혀 우연
한 사정에 지나지 않는 것까지도 고려하게 되므로, 상당인과관계의 본지에
어긋난다는 비판을 받는다.211)

(3) 절충설

이 견해는 채무불이행 당시 평균인이 알 수 있었던 사정과 채무자가 특히
알고 있었던 사정을 함께 고찰대상으로 해야 한다는 견해이다. 채무자가 알
고 있었던 사정과 과실로 알지 못한 사정을 기초로 하기 때문에 채무자의
책임을 묻는 손해배상으로서는 가장 타당한 견해이고 현재의 통설이다.212)
원인이 일반적으로 결과발생에 적합한 것이었느냐 아니냐의 판단은 주관적
예측을 기준으로 행하여 져서는 안 된다. 주관적 예측 여부는 과책을 판단하
는 기준일 뿐이기 때문이다. 따라서 상당인과관계 존부의 판단기준은 객관적
예측 가능성이다.

---

210) 곽윤직, 민법주해IX, 전게서, 502면 ; 곽윤직, 채권총론, 전게서, 113면.
211) 곽윤직, 민법주해IX, 전게서, 502면 ; 곽윤직, 채권총론, 전게서, 113면.
212) 곽윤직, 민법주해IX, 전게서, 502면 ; 곽윤직, 채권총론, 전게서, 113면.

3. 규범목적설

상당인과관계가 존재한다 하더라도 일정한 경우들에 있어서는 그로 인한
손해를 행위자에게 귀책시키는 것이 타당하지 않을 수 있는 경우가 있다. 상
당인과관계설은 무한 연쇄의 자연적, 철학적 인과관계를 법률상 합리적이라
고 생각되는 곳에서 절단하여 인과관계를 제한하는 이론으로서의 기능을 하
게 되었다. 그러나 실제의 운영에 있어서 현실적으로는 손해배상의 범위를
한정하는 기능을 제대로 하지 못하였다.213) 그래서 독일에서는 학설과 판례
에 의하여 손해배상책임을 발생시키는 규범의 보호범위안에 포함되는 손해
만을 행위자에게 귀책시켜야 한다는 이론이 일반적으로 받아들여지고 있다.
이른바 규범목적설이다.

이 이론에 의하면 규범의 보호목적이 어떤 손해가 배상되어야 할 것이냐
를 결정한다. 즉 계약법의 영역에서는 계약의 목적과 인과관계가 있는 모든
손해가 배상되어야 하는 것으로 새긴다. 따라서 원인을 상당성 있는 것에 제
한하는 상당인과관계설은 독일민법이 요구하는 모든 손해를 배상케 하는 것
에 제한다는 독일 민법 249조에 위반하는 부당한 것이라고 한다. 그러나 이
러한 해석이 배상의무자의 책임을 부당하게 확대하는 것은 아니라고 한다.
배상의무자는 독일민법 249조에 의하여 그의 위반행위로 발생한 모든 손해
에 대하여 책임이 있기 때문이다. 그러나 배상의무자의 책임한계는 배상책임
의 근거가 되는 규범의 보호목적과 보호범위에서 찾을 수 있다. 그리하여 계
약에서 생긴 손해배상책임에 있어서는 채무자는 그의 계약위반행위로 생기
는 모든 결과에 대하여 책임이 있는 것이 아니라, 그 계약에 의하여 보호되
는 채권자의 이익을 침해한 손해에 대하여 책임이 있는 것이다.214)

이 이론의 근본사상은 모든 의무와 모든 규범은 일정한 이익범위를 포함
하고 있으며 행위자는 이러한 보호범위의 침해에 대하여만 책임을 져야 한
다는 것이라고 볼 수 있다. 따라서 손해배상책임의 전제조건은 항상 손해가
보호되는 이익의 범위 안에 포함된다고 하는 사실이다.215) 즉 규범목적설은
새로운 배상책임의 기초로서 구체적인 손해배상청구권의 근거가 된 규범의
보호목적을 고려하자고 제안하였다. 규범은 원래 그의 침해로 인하여 발생가

---

213) 곽윤직, 민법주해IX, 상게서, 504면.
214) 곽윤직, 민법주해IX, 상게서, 505면.
215) 이호정 전게서, 83면.

능한 모든 손해에 대해 보호할 것을 목적으로 만들어지지 않는다고 한다. 규범목적설은 그와 반대로 '규범은 특정한 이익을 고려하여 그 보호법익의 침해에 대비하여 만들어 진다는 규범의 상대적 보호이론에서 출발한다. 따라서 계약 당사자들이 가지는 계약상의 의무나 법률상의 책임규범 및 배후에 있는 주의의무는 특정한 법익의 보호에 기여하고 있다고 한다. 그러므로 손해배상법에서는 이렇게 규범 설정 당시에 고려된 손해만을 배상대상으로 해야 한다고 주장한다.216) 규범목적설에서는 손해배상의무가 도출된 규범이 어떤 종류의 위험방지를 목적으로 제정되었는가가 우선적으로 검토되어야 한다. 그리고 행위결과가 그 규범의 보호권 안에 속하는가가 배상범위를 결정하는 요소가 된다. 즉 행위자가 위법한 법규범의 의의와 그 규범이 목적하는 보호의 사정거리가 배상범위의 결정시에 구명되어야 한다고 주장한다. 그러므로 계약관계나 불법행위 관례에서 손해가 발생하여 손해배상 책임을 이행 할 때 우선적으로 고려되어져야 할 중요한 것은 책임규범 내지 보호법규를 목적론적으로 해석하는 일과 채무불이행책임에서는 계약을 그의 보호목적을 존중하여 해석하는 일이라고 한다.217) 독일에서 오래도록 통설과 판례로 정착되었다.218)

4. 보호목적설

일본민법 제416조가 상당인과관계를 규정한 것으로 보는 통설적 견해를 비판하는 견해가 있는데 그것은 예견가능성을 기준으로 인과관계를 보는 입장으로 제한배상주의를 취하고 있다고 한다. 즉 일본민법의 손해배상구조는 완전배상주의에 의하고 있는 독일의 내용과 다르고 완전배상주의는 독일민법 특유의 구조와 결부되어 있는 책임원인 여하를 묻지 않고 인과관계를 요건으로 통일적이고 추상적으로 전 손해를 배상시키기 위한 개념이라는 것이다. 그러나 일본민법은 예견가능성이라는 개념을 사용하여 인과관계의 존재를 전제로 하면서 책임원인을 고려하고 구체적이고도 개별적인 사정에 따라

---

216) 주차금지규정(도로교통법 27조) 위반에 의한 불법행위를 예로 든다 시야를 방해하는 불법주차로 인하여 어린아이가 부상당한 때에 그것이 소화전 앞에서의 주차금지규정에 위반하였을 경우와 똑같이 평가되지만 규범목적설에 의하면 다르게 판단되어야 한다. 김형배, 채권총론, 박영사, 1992년, 280면.
217) 이은영, 채권총론, 전게서, 235면.
218) 곽윤직, 민법주해IX, 전게서, 506면.

법관이 정하는 형태로 제한된다고 한다. 그렇기 때문에 일본민법 제416를 상당인과관계라는 말로 설명하는 것은 무의미하다는 것이다. 이러한 관점에서 규범목적설을 바탕으로 하여 보호목적설을 주장한다. 즉 배상되어야 할 손해는 사실적 인과관계, 보호범위, 손해의 금전적 평가 등 3가지 분석도구 개념으로 구분되어야 할 것이며, 일본민법 416조는 그 중 보호범위를 정한 규정이라고 한다. 그래서 배상되어야 할 손해범위의 문제와 손해의 금전적 평가는 명확히 구분되고 가해자의 행위와 배상이 요구되고 있는 손해사이에 사실적 인과관계가 존재하는가, 그리고 손해를 피고에게 배상시키는 것이 타당한가의 문제로 구분된다고 한다. 첫째 요소인 사실적 인과관계는 법적 가치판단을 포함하지 않는 사실관계의 과학적 탐구에 의하여 밝혀져야 하며, 사실의 문제이므로 정책적 가치판단과 대립하며, 이 관계는 자연적 인과관계라는 용어에 해당한다는 것이다. 즉 선행사실이 없었다면 후속사실이 없었을 것이다 라고 하는 관계인 것이다.

둘째 요소인 보호범위란 사실적 인과관계에 있는 손해 중에서 어디까지를 배상시키는 것이 타당한가는 법관의 정책적 가치판단에 의하여 비로소 결정된다. 이 판단에 의하여 고려되는 배상의 범위를 보호범위라고 한다. 지금까지 인과관계라는 개념을 사용한 것은 사실적 인과관계와 보호범위의 문제를 구별하지 못한 탓으로 혼란을 가져왔으며, 보호범위는 정책적 가치판단의 문제이므로 이를 결정하는 일의적인 기준은 존재할 수 없다. 그러나 채무불이행에 의한 손해배상에 관해서 보호범위를 결정하는 기준은 일본민법 416조에서 추상적 명제로서 제시되고 있다. 그리고 손해배상의 범위를 정함에 있어서는 손해를 예견할 수 있느냐를 알기 위하여 어떤 태양으로 그 손해가 발생했는가, 즉 책임원인의 탐구가 있어야 한다. 예견가능성의 판단은 계약불이행에 있어서는 계약의 목적, 계약당사자의 직업, 목적물의 종류, 계약당사자에게 어느 정도의 범위에 대하여 손해배상의무를 지우는 것이 타당한가 라는 정책적 가치판단에 입각해서 하는 계약의 해석이기 때문에, 계약의 유형마다 보호범위의 구체적 기준을 판례법에서 귀납적으로 추출할 필요가 있다. 그리고 예견의 주체는 계약당사자이어야 하며, 예견가능성의 존부는 계약체결의 시점에서 판단되어야 한다. 셋째 요소인 손해의 금전적 평가에 있어 법관이 손해배상사건을 해결할 때에 손해의 사실에 관한 판단과 손해를 금전적으로 평가하는 것은 상이한 절차에 의한다. 따라서 손해의 금전적 평가는 보호범위 안에 있다고 판단되는 손해를 어떻게 금전으로 평가하느냐의 문제이다. 이는 당사자의 주장, 입증에 구애됨이 없이 이익취득의 개연성에 의하여 궁극적으로는 법관의 자유재량에 기초하여 판단되어야 한다. 즉 소송법적 문제이며 실체적 구속의 영역의 문제는 아니라고 한다.[219]

5. 위험성관련설

일본민법은 제한배상주의를 취하고 있지 않고 완전배상주의에 가까운 것을 채용하였다고 하면서 발생한 손해를 1차 손해와 후속손해로 구분하는 것을 전제로 하여, 일본민법 제416조는 채무불이행으로부터의 1차 손해에 관하여 정한 것이 아니라 후속손해에 관하여 정한 것이라고 한다. 즉 어떤 후속손해가 배상대상이 되느냐가 배상범위의 문제이며, 이를 다루고 있는 것이 일본민법 제416조라고 한다. 그리고 손해배상의 대상이 되는 후속손해는 채무불이행과 조건관계에 있어야 하고, 채무불이행과 조건관계에 서는 후속손해는 다시 1차 손해와 위험성관련이 있다고 인정되는 경우에 배상되어야 한다고 한다. 그리고 일본민법 제416조는 완전배상주의에 가까운 사상을 표현한 것으로서, 동조 1항의 통상손해는 어떤 사정에 관한 채무자의 인식가능성을 문제로 하지 않고 위험성관련이 인정되어 배상청구를 할 수 있음을 정하고 동조 2항의 특별손해는 어떤 사정에 관한 채무자의 인식가능성을 문제로 함으로써 원칙적으로 완전배상이 관철되고 특별한 예외적인 경우에만 배상이 부정된다고 한다.[220]

Ⅲ. 판례의 태도

기본적으로 자동차를 운행하는 자는 운행 중에 일어난 모든 사고에 대하여 책임을 지는 것이 아니라 운행으로 말미암아 일어난 사고, 즉 운행과 사상과 상당인과관계가 인정되는 경우에 한하여 책임을 부담한다.[221] 통설과 판례가 취하는 입장으로서 객관적, 일반적인 견지에서 인과관계의 상당성을 판단하려는 객관적 상당인과관계설, 행위자가 주관적으로 인식하였거나 충분히 인식할 수 있었던 상황을 모두 고려하여 그 행위자의 견지에서 인과관계

---

219) 곽윤직, 민법주해Ⅸ, 전게서, 511면.
220) 石田穰, 損害賠償法の 再構成, 유비각, 1997, 137頁.
221) 대법원 1994. 8. 23, 선고 93다59595 판결

를 판단하여야 한다는 주관적 상당인과관계설, 객관적 인과관계설에 의하되 행위자가 주관적으로 알았거나 알 수 있었던 상황도 함께 고려하여 객관적, 일반적인 견지에서 판단하여야 한다는 절충적 상당인과관계설이 대립하고 있다. 통설, 판례는 절충적 상당인과관계설의 입장이라고 할 수 있다. 민법 제393조 제1항은 손해배상의 한도를 통상의 손해를 한도로 한다고 규정하여 객관적 상당인과관계설을 취함과 동시에 동조 2항은 객관적 상당인과관계설의 문제를 보완하기 위하여 다시 불법행위 당시 행위자가 특별히 알았거나 알 수 있었던 손해도 배상범위에 포함시킴으로써 주관적 상당인과관계설의 입장을 고려함으로써 절충적 상당인과관계설의 입장을 취한다.222) 구체적인 사안에서 대법원은 "민사분쟁에 있어서의 인과관계는 의학적·자연과학적 인과관계가 아니라 사회적·법적 인과관계이고, 그 인과관계는 반드시 의학적·자연과학적으로 명백히 입증되어야 하는 것은 아닌바, 보험약관상의 상해의 직접 결과로 사망하였을 때의 의미도 이와 같은 견지에서 이해되어야 한다"고 판시하고 있다.223) 인과관계의 입증문제에 있어서 대법원은 가해자측이 피해자 주장의 후유장해가 기왕증에 의한 것이라고 다투는 경우 가해자측의 그 주장은 소송법상의 인과관계의 부인이고 따라서 피해자가 적극적으로 그 인과관계의 존재 즉 당해 사고와 상해 사이에 인과관계가 있다거나 소극적으로 기왕증에 의한 후유장해가 없었음을 입증하여야 한다고 판시하고 있다.224) 또한 선행차량에 이어 피고인 운전차량이 피해자를 연속하여 역과하는 과정에서 피해자가 사망한 경우 피고인 운전차량의 역과와 피해자의 사망사이의 인과관계를 인정한 사례가 있다. 재판부는 앞차를 뒤따라 진행하는 차량의 운전사로서 앞차에 의하여 전방의 시야가 가리는 관계상 앞차의 어떠한 돌발적인 운전 또는 사고에 의하여서라도 자기 차량에 연쇄적인 사고가 일어나지 않도록 앞차와의 충분한 안전거리를 유지하고 진로의 전방, 좌우를 잘 살펴 안전을 확인하면서 진행할 주의의무가 있다. 1차 사고시에 얼굴에 피를 흘리며 신체나 의류에 외형적인 손상이 없이 도로에 누워 있었고, 2차로 피고인 차량이 피해자를 역과하는 과정에서 두개골의 일부가 떨어져 나가는 등 신체 전반에 광범한 손상을 입었는데 피해자 사망의 원인

222) 곽윤직, 채권총론, 전게서, 113면 ; 상당인과관계설에 대하여 논할 때 통설은 손해배상의 범위에 관하여 언급되어지나 김형배 교수는 손해배상책임의 귀속이라는 관점에서 재검토 되어야 한다고 하고 타당하다고 생각한다 . 김형배, 전게서, 283면.
223) 대법원 2002. 10. 11, 선고 2002다564 판결
224) 대법원 2002. 9. 4, 선고 2001다80778 판결

은 두개골 손상 및 심장파열, 경추와 두부의 분리 등인 것으로 밝혀진 사실, 피해자의 시신을 부검한 결과 2차사고 이전까지 생존한 사실을 알 수 있는 바 사실관계가 이러하다면 2차 사고로 인하여 사망하게 되었다고 판단함이 상당하다고 할 것이다225) 라고 판시하여 상당인과관계설의 입장에 선 것으로 보여진다. 또한 불법주차와 손해와 상당인과관계가 있는 경우에 불법주차 차량에 손해배상책임을 인정하였다. 대법원은 "원고회사의 자동차보험에 가입한 배모씨가 차선을 급하게 변경하는 바람에 뒤따라오던 정모씨의 오토바이를 충격하고, 그 충격으로 인해 조종능력을 상실한 오토바이가 7미터를 튕겨나가 2차로에 주차되어 있던 피고회사의 자동차종합보험에 가입한 김모씨 소유의 이스타나 차량을 다시 충격해 전치 8주의 상해를 입은 사실이 인정된다"며 사고의 경위나 사고 지점의 주변상황 등을 살펴보면 피해자는 이스타나 차량이 불법 주차되어 있지 않았다면 현재의 상태보다는 가벼운 상해를 입었을 것으로 보여 지므로 불법주차와 이 사건 사고로 인한 손해의 확대 사이에는 상당인과관계가 있다"고 밝혔다.226) 그리고 야간에 소형화물차를 운전하던 자가 편도 1차로 상의 도로상에 불법 주차된 덤프트럭 뒤에서 갑자기 뛰어나온 피해자를 충격하여 상해를 입힌 사안에서 위 덤프트럭 운전자의 불법주차와 위 교통사고에 사이에 상당인과관계가 있다227)고 하여 상당인과관계설이 일반적인 판례의 태도임을 분명히 하였다.

IV. 결어

생각건대 손해배상의 범위에 관하여 현실적 손해배상의 문제에 직면하여 볼 때 결과적으로 큰 차이는 없고, 동조가 인과관계를 직접 규정한 것은 아니라 하여도 손해배상의 범위를 사회적으로 상당한 범위로 제한하고 거기에 행위자의 주관적 인식상황을 아울러 고려함으로써 손해의 공평한 부담을 추구하고자 한 규정의 취지를 볼 때 인과관계의 인정에 있어서 절충적 상당인과관계설의 입장을 취함이 타당하다고 생각된다.

결론적으로 자동차의 운행으로 인하여 사상하였을 때에 손해배상책임이 성립되고, 그 운행으로 인하여 사망 또는 부상이 발생하였는지 여부는 객관

---

225) 대법원 2001. 12. 11, 선고 2001도5005 판결
226) 대법원 2004. 11. 26, 선고 2004다46281 판결
227) 대법원 2005. 2. 25, 선고 2004다66766 판결

적, 일반적으로 행하고 또한 일반인의 입장에서 객관적으로 그 사고 상황이나 피해발생을 인식하거나 예견할 수 없었다 하여도 운행자가 주관적으로 그 운행당시 그 사고 상황이나 피해자의 상황을 특별히 알았거나 충분히 알 수 있었던 사정 하에서 일반적으로 그러한 운행으로 사망 또는 부상이 발생되는 것으로 판단할 수 있는 경우 그 운행과 사상간에 인과관계를 인정할 수 있다고 하겠다.[228] 즉 운행당시 객관적인 상황과 운행자가 특별히 알았거나 알 수 있었던 주관적 사정을 모두 고려하여 상황에서 그러한 자동차의 사용이나 관리행위가 있었음으로써 사망 또는 부상이 발생하게 되었는지 여부를 객관적, 일반적인 견지에서 판단하여 그 결과발생이 긍정되는 경우에는 상당인과관계를 인정하는 것이다. 구체적인 사건에 있어서 상당인과관계의 인정여부는 용이하지 않으므로 면밀한 검토를 요한다고 할 수 있다.

예컨대 교통사고로 인하여 입은 상해가 두부 외상인 경우 피해자가 입원 중 잘못하여 침상으로 낙상하여 척추손상이 간 경우 인과관계가 부인된다. 따라서 척추손상에 대하여는 손해배상의 범위에서 제외됨은 당연하다. 판례가 인과관계를 부인한 경우는 "자동차에 타고 있다가 사망하였다 하더라도 그 사고가 자동차의 운송수단으로서의 본질이나 위험과는 전혀 무관하게 사용되었을 경우까지 자동차의 운행 중의 사고라고는 보기 어렵다. 승용차를 운행하기 위하여 시동과 히터를 켜 놓고 대기하고 있었던 것이 아니라 잠을 자기 위한 공간으로 이용하면서 다만 방한 목적으로 시동과 히터를 켜놓은 상태에서 잠을 자다 질식사한 경우 자동차의 운행 중의 사고에 해당하지 않는다"[229]라고 판시한 것을 볼 때 상당인관관계성을 부인하였다. 유사한 판례로 "불도저 운반을 위하여 불도저의 무게를 줄이기 위해 앞의 삽 부분과 뒤의 니퍼 부분을 제거한 상태에서 통상적인 방법대로 트레일러에 상차작업을 하던 중 무게 불균형으로 불도저가 전복되어 불도저 운전자가 사망한 경우 그 사고는 트레일러의 고정 장치인 적재함으로 상차작업에 즈음하여 발생한 사고라고는 할 수 있어도 트레일러의 운행으로 말미암아 일어난 것이라고는 볼 수 없다"고 판시한다.[230] 또한 구급차의 문을 열고 뛰어 내리는 과정에서 부상을 입은 사고는 자동차 운행으로 인한 사고이기는 하나 자동차 운행으로 말미암은 사고로는 볼 수 없으므로 손해배상책임을 부인하였다. 결국 자

---

228) 椎木綠司, 前揭書, 92-93면.
229) 대법원 2000. 1. 21, 선고 99다41824 판결
230) 대법원 1997. 1. 21, 선고 96다42314 판결

동차의 운행 중에 일어난 모든 사고에 대하여 인과관계를 인정하는 것이 아
니라 운행으로 말미암아 일어난 사고에 대하여 책임을 지도록 하는 것으로
이해하면 될 것이다.

그러나 최근 상당인과관계를 폭넓게 긍정하고자 하는 쪽으로 무게가 실리
고 있음을 알 수 있다. 예컨대 정차 후 내리려고 차문을 여는 순간 마침 옆
을 지나던 통행인이 그 문에 부딪혀 사상한 경우나 화물차의 적재함의 후문
이나 측문을 여는 순간 적재한 화물이 붕괴되어 행인이 사상한 경우, 크레인
차의 크레인이나 덤프차의 덤프를 조작 중 발생한 사고로 인한 통행인 등이
사상한 경우, 진행 중인 자동차의 바퀴에 의하여 튕겨진 돌에 맞아 통행인이
사상한 경우, 진행 중 급정차로 승객이 엎어져 사상한 경우, 화물트럭이 주
행 중 그 트럭의 밧줄이 길에 늘어져 후행 중이던 이륜차가 그 밧줄에 걸려
넘어짐으로써 발생한 이륜차운전자 등이 사상한 경우 등에는 인과관계를 인
정하고 있다. 한편 비접촉 사고, 즉 자동차를 피하다가 넘어져서 상해를 입
은 경우 자동차와 피해자 사이에 물리적인 접촉이 없었다 하더라도 자동차
운전자가 통상 요구되는 주의의무를 다하지 아니하는 등 운전자에게 과실이
있을 때 운행과 사고 사이에 상당인과관계를 인정할 수 있다.

제 5 장 다른 사람의 死亡 또는 負傷

제 1 절   문제의 제기

자동차손해배상보장법은 복잡다기한 자동차사고로 인한 피해자의 민사상 손해배상을 국가적 차원에서 구제하고자 민법의 특별법으로 제정된 법률이다. 동 법 제3조는 "자기를 위하여 자동차를 운행하는 자는 그 운행으로 인하여 다른 사람을 사망 또는 부상하게 한 때에는 그 손해를 배상할 책임을 진다"라고 규정하고 있다.

그리고 면책조항으로 "승객이 아닌 자가 사망하거나 부상한 경우에 있어서 자기와 운전자가 자동차의 운행에 관하여 주의를 게을리 하지 아니하고, 피해자 또는 자기 및 운전자 외의 제3자에게 고의 또는 과실이 있으며, 자동차의 구조상의 결함 또는 기능에 장해가 없었다는 것을 증명한 때, 승객이 사망하거나 부상한 경우에 있어서 그 사상 또는 부상이 그 승객의 고의나 자살행위로 인한 것인 때"에는 그러하지 아니하다" 라고 규정하고 있다. 이 규정은 자기를 위하여 자동차를 운행하는 자가 그 운행으로 인하여 다른 사람을 사상케 했을 때는 엄격한 면책조건을 입증하지 못하는 한 다른 사람에게 운행자의 손해배상책임을 인정하여 다른 사람을 보호하고 있다.

여기에서 손해배상책임의 주체는 자기를 위하여 자동차를 운행하는 자 즉 운행자이고 객체는 다른 사람 즉 타인임을 규정하고 있는 바 손해배상책임의 주체와 객체가 구분되는 자동차사고가 대부분이다. 하지만 명확히 구분되지 않은 경우가 종종 발생하고 이 경우 동 법의 적용 여부 및 적용의 한계가 문제된다. 동 법의 보호대상이 되는 자는 자동차 운행자를 제외한 그 이외의 자로서 운행자에 대하여 손해배상을 청구할 수 있는 사람을 말한다. 여기에서 첫째 운행자란 개념은 왜 도입되었으며 무엇을 기준으로 운행자이고 타인을 구분하는가가 문제되며, 둘째 구체적인 사건에 있어서 논란이 있는 운전자, 운전보조자, 공동운행자, 가족인 피해자, 호의동승자 등이 피해자가 된 경우에 타인성이 인정되어 동법의 보호대상이 되는가가 문제이다.

제 2 절   다른 사람

I 서 언

1. 타인의 의의

자배법 제3조는 자기를 위하여 자동차를 운행하는 자가 그 운행으로 인하여 다른 사람을 사상케 한 경우에 엄격한 면책요건을 입증하지 못하는 한 그 운행자에게 손해배상책임을 인정하여 다른 사람을 보호하고 있다. 여기에서 다른 사람은 자기를 위하여 자동차를 운행하는 자와 상대되는 개념이다. 다른 사람이란 결국 그 사상으로 인하여 손해배상청구권을 갖는 자이고 운행자는 손해배상책임을 지는 자이고 운행자 이 외의 자가 될 것이다. 또한 '다른 사람을 사상케 한 때'라 하였으므로 보호의 객체는 자연인에 한하며 법인은 본 조항의 보호 대상이 아니다. 그리고 동물의 경우에도 본 조항의 대상이 아님은 당연하다. 대부분의 경우는 운행자와 피해자가 명확히 구분되지만 구체적인 사건에 있어서 문제가 되는 것은 운전자, 운전보조자, 공동운전자, 가족인 피해자, 무상동승자, 피용자 및 동료 등의 경우이다.231)

2. 민법과 자배법상 타인

민법상 불법행위에서 사용되는 타인과 제3자의 개념은 자동차손해배상보장법 제3조에서의 타인과 보통은 같은 개념으로 사용된다.232) 그러나 자배법상 타인으로 보호받지 못하는 피해자도 민법상 타인 또는 제3자로서 손해배상청구를 할 수 있는 경우가 있다. 예컨대 사용자가 피용 운전자에게 운전을 시키고, 뒷좌석에 동승한 경우 사용자는 자배법상의 운행자로서 타인에 해당되지 않는다. 그러나 운전자에게 과실이 있는 경우 사용자는 민법 제

---

231) 타인성에 대한 입증책임에 관하여는 원고부담설과 피고부담성의 두가지 학설이 있다. 피고부담설은 피해자는 자신이 피고인 운행자와 별개의 인격체라는 사실만을 주장하면 족하고, 운행자측에서 피해자가 자배법상의 타인성을 흠결하고 있다는 사실을 권리장해 사실로서 입증해야 한다는 견해이다. 피해자구제의 측면에서 입증책임을 운행자측에 전환한 자배법의 입법취지에 비추어 피고부담설이 타당하고 다수설이다. 이주흥, 실무손해배상책임법, 1996. 71면.

232) 민법상 불법행위의 객체인 피해자는 법조문상 타인으로 표현되어 있는 경우도 있고, 제3자로 표현되어 있는 경우도 있다. 즉 민법 제750조, 751조, 752조, 753조, 754조, 758조, 759조, 760조에서는 타인으로, 민법 제756조, 757조에서는 제3자로 표현되어 있다.

750조의 타인으로서 손해배상의 청구가 가능하다.

이와 같이 타인의 범위에 차이가 생기는 것은 각 법률의 제정 취지가 근본적으로 다르기 때문이다. 즉 자배법은 자동차가 갖는 위험성에 착안하여 운행자에게 모든 책임을 집중하고 있기 때문이다. 즉 자동차의 운행하여 위험을 지배하는 자에게 책임을 부담시키고, 피해자에게 일정한 구제를 하고자 하는 것이다. 그러나 민법은 과실이 있는 불법행위자에게 부주의에 대한 비난가능성을 검토하여, 그 비난에 기하여 불법행위자에게 책임을 부담시키는 것이다.[233]

3. 타인성 판단의 기준

일본의 최고재판소는 타인성의 판단에 있어서, 판단기준을 제시한 바 있는데 그 내용은 자동차의 구체적인 운행에 있어서 "직접적·현재적·구체적"인 운행지배 또는 운행이익을 향수하는 자는 "간접적·잠재적·추상적인" 운행지배 또는 운행이익을 향수하는 자에 대하여 자배법 제3조의 타인인 것을 주장하여 손해배상을 청구하는 것이 허용되지 않는다는 것이 판시의 취지이다.[234]

(1) 직접적, 간접적의 의미

위의 판례는 당해 운행이 어떤 형태로든 소유자의 업무에 관련할 가능성이 있다고 하여도 그 정도의 목적은 간접적이고 불확정적인 것에 불과하고 이러한 의미로 당해 운행의 목적이 사고 당시에 누구에게 귀속하는가가 타인인가를 판단하는 하나의 판단기준으로 할 것이라고 하였다. 즉 간접적인 운행지배 및 운행이익을 향수하는 자에게 타인성을 배제할 수 없다 할 것이나, 직접적인 운행지배 및 이익을 향수하는 자는 간접적인 운행지배 및 이익을 향수하는 자에게 타인임을 주장할 수 없다 할 것이다.[235]

---

233) 일본의 판례는 "자동차의 소유자가 본래 운전을 하였어야 하는데, 운전이 미숙하고 또한 그곳 지리에 어두운 미성년자에게 운전을 허락하고, 자신은 조수석에 동승 중, 운전자의 졸음운전으로 중앙선을 넘어 대향차와 정면충돌하여, 양인이 모두 사망한 사고에 대하여, 위 소유자는 민법 제709조(우리 민법 제750조)의 타인에 해당하지 않는다"하여 미성년자인 운전자에게 민법상의 과실이 없는 것으로 판단하였다. 富山地判 昭和 47. 10. 30.
234) 日本 最高判 昭和 50. 11. 4.
235) 김학선, 전게서, 82면.

(2) 현재적, 잠재적의 의미

현재라는 의미는 운행지배가 확실히 드러나서 존재하는 것을 말하는 것이므로, 운행의 지시를 명확하게 부여하고 있는 사실, 즉 운행지시의 명시성을 의미하는 것은 아니다. 예컨대 자동차의 뒷좌석에 피해자가 술에 취하여 자고 있을 때 종업원이 제멋대로 운전한 경우 등은 운행지배의 지시가 명확하게 있었다고 말 할 수 없다. 상사로서는 잠재적인 운행지배를 할 수 있는 입장에 있었다 하여, 그것을 가지고 곧바로 책임을 부정하는 결론에 도달하는 것은 아니다. 그러나 현재적인 운행지배가 있다면 책임을 부정하는 결론에 도달하기 용이할 것이다.236)

(3) 구체적, 추상적의 의미

자배법 제3조는 자동차가 갖는 일반적인 위험성에 주목하여, 그 책임주체성을 인정하고 있다. 이러한 의미에서 보유자의 구체적인 운행지배가 당해 운행에 없었다고 하여도 추상적인 위험성을 생각할 수 있다. 그러므로 보유자의 배상책임을 인정하고 있는 것이다. 따라서 우리는 이것을 추상적인 운행자라고 말하는 것이며, 그의 타인성을 배제하면, 본래 피해자 보호를 위하여 확장 해석되고 있는 운행자 개념이 역으로 피해자 구제를 제한하는 방향으로 작용하게 된다.

이 때문에 구체적으로 운행을 지배하는 입장은 추상적으로 운행을 지배하고 있는 데에 불과한 입장보다, 자동차의 운행에 동반하는 구체적인 위험성을 회피하는 것이 보다 가능하다고 할 것이다. 그러므로 구체적인 운행지배자는 가해자성이 강하다 할 수 있어, 타인성이 배제되는 것이라고 해석하는 것이다. 이러한 맥락에서 최근의 학설과 판례는 운행자 개념을 넓게 인정하고 있는 반면, 타인성에 대하여는 손해의 공평분담이라는 불법행위제도의 취지에 맞추어 비율적으로나마 제한을 가하고 있는 경향이 있다.237)

결국 운행지배의 구체적, 추상적이란 위험성의 회피가 구체적으로 또는 사실상 가능하였는가, 아니면 단순히 추상적으로 또는 법적으로 가능하였던 것에

---

236) 김학선, 전게서, 83면.
237) 이주홍, 전게서, 72면.

불과하였는가를 그 판단의 기준으로 하여야 한다.

그러나 많은 판례들은 '직접적, 현재적, 구체적' 또는 '간접적, 잠재적, 추상적'이라는 문구를 한조로 묶어서 사용하고 있다. 그러나 판결문에서 무엇이 어디에 해당하는 것인가가 반드시 명확하지는 않다. 그런 면에서 이것이 갖는 기준으로서의 불명확성을 부정할 수 는 없다.[238] 우리나라의 판례도 일본의 판례이론을 받아들여 이를 타인성 판단의 기준으로 채용하고 있다.

Ⅱ 타인성의 유형별 검토

1. 운전자의 타인성

자배법상 운전자는 다른 사람을 위하여 자동차의 운전 또는 운전의 보조에 종사하는 자를 말한다. 여기에서 '타인을 위하여'라고 하는 것은 보유자를 위하여 운전하는 것을 말한다. 운전자는 타인을 위하여 자동차를 운행하는 자이므로 자기를 위하여 손수 운전하는 자는 자배법상 운전자가 아닌 운행자에 해당한다. 타인을 위하여 자동차를 운행한 이른바 운전자의 경우 통설, 판례는 본인은 아니지만 운전자는 자배법상의 다른 사람으로 보호되지 아니한다. 이 경우 운전자는 추상적인 경우가 아니고 사고시에 구체적으로 운행에 종사하고 있었는가의 여부를 기준으로 판단하여야 한다. 즉 사고시에 구체적, 현실적으로 운전을 담당하였거나 분담하지 아니한 운전자는 보호할 가치가 있으므로 이 경우 다른 사람으로 보호된다.

2. 공동운행자의 타인성

(1) 공동운행자의 의의

운행지배와 운행이익은 여러 사람에게 중첩적으로 귀속될 수 있는데 이러한 경우 여러 사람의 운행자를 공동운행자라 한다. 이 때 그 복수의 운행자 가운데 1인이 사상한 경우에 그는 다른 사람으로 인정될 수 있을까가 문제된다. 운행자가 복수인 경우 그들 사이에는 사고당시 구체적인 운행지배의 정도, 태양에 있어 차이가 존재하는 점에 유의하여야 한다. 공동운행자 사이

---

238) 佐久木一彦, 他人性・好意同乘, 新・現代損害賠償法講座 第5卷, 61~63頁.

에 피해자가 운행자라 하여 바로 타인성을 부정하는 것이 아니라, 구체적인 운행에 대한 지배의 정도, 태양 등을 비교하여 피해자인 공동운행자는 다른 공동운행자 보다 그것이 간접적, 잠재적, 추상적일 때에만 직접적, 구체적인 동운행자에 대하여 타인성을 주장할 수 있다. 판례도 운행자와 다른 사람이라는 개념은 상호 배척되는 것이 아니라고 이해하여 운행자성의 경·중 및 직·간접성 등 당시의 구체적 상황에 따라서 운행자인 피해자도 다른 운행자에 대하여 다른 사람이 될 수 있다고 본다.

(2) 공동운행자의 형태

1) 전부적 공동운행자

수인이 단일의 공동목적을 위하여 자동차를 운행하고 경비도 공동으로 부담하는 공동운행자이다. 예컨대 공동경영의 동업자, 동일목적지로 장거리 여행을 휘하여 자동차를 빌려서 교대 운전하는 공동임차인이 이에 해당한다.

2) 부분적 공동운행자

수인이 자동차를 공유하고 경비도 분담하지만, 그 구체적인 운행에 있어서는 언제나 어느 1인이 전속적으로 사용하는 경우이다. 예컨대 공동운행자 사이에서 자동차를 격일제로 사용하는 것이 이에 해당한다.

3) 절충적 공동운행자

수인 중의 1인이 자동차를 소유하고 그 경비도 혼자서 부담하지만, 공동운행자는 소유자와의 신분상, 계약상의 관계로 수시로 그 자동차를 이용하는 경우이다. 예컨대 부소유의 차를 처나 자가 수시로 사용하는 경우와 같은 경우가 이에 해당한다. 이는 결국 친족의 타인성 문제이기도 하다.

4) 중첩적 공동운행자

수인의 운행지배가 수직적으로 중복되는 경우가 중첩적 공동운행자이다.

예컨대 렌트카 사업자와 임차인, 단기의 임대차 또는 사용대차의 경우가 이에 해당한다.

(3) 공동운행자 사이의 타인성인정의 기준

1) 타인성 인정기준

학설의 대체적인 경향은 공동운행자들 사이에 있어서 운행지배와 운행이익의 정도를 고려하여 피해 공동운행자의 그것이 동등 이상이라고 판단되는 경우에는 타인성이 조각되고, 그렇지 않은 경우에는 운행자성의 정도에 따라 타인성이 상대적·비율적으로 감소되어 그 만큼 운행자책임이 감하여진다고 해석하고 있다. 즉 누구의 운행지배가 보다 직접적, 현재적, 구체적인가 또는 간접적, 잠재적, 추상적인가를 판단하여, 운행지배가 간접적, 잠재적, 추상적인 공동운행자는 운행지배가 보다 직접적, 현재적, 구체적인 공동운행자에게 타인성을 주장하는 것을 허용하여 배상청구를 인정하고 있다. 따라서 위의 네 가지 유형 중 전부적 공동운행자의 경우는 운행지배와 운행이익을 완전히 공유하는 경우이므로 상호간의 타인성을 인정할 수 없다. 그러나 그 외의 경우에는 공동운행자 1인이 자동차사고에 의하여 피해를 입은 경우에 있어서는 전부적 공동운행자와는 그 사정이 다르다고 할 수 있다. 이 경우에 공동운행자 모두가 대외적으로 차외인인 일반보행자에 대한 관계에서는 운행자책임을 지게 될 것이지만 공동운행자 내부적인 부분에 관해서는 구체적인 사정에 따라서 타인으로 보호될 여지가 있다. 따라서 공동운행자를 운행자라는 이유만으로 형식적으로 파악하여 타인성을 부정하는 것은 곤란하다. 결국 여기서 논하는 공동운행자의 타인성은 피해공동운행자와 가해공동운행자 사이의 내부관계에 관한 문제인 것이다.[239]

2) 학설의 입장

공동운행자가 어떤 경우에 다른 공동운행자와의 관계에서 타인으로 보호를 받을 수 있느냐에 관하여는 뒤에서 볼 무상동승에 관한 이론에서와 같이 타인성조각설, 운행자성조각설, 비율적책임설, 수정책임상대설 등으로 학설이

---

239) 이주홍, 전게서, 72면.

나뉘어 진다. 공동운행자는 자배법상 타인성이 완전히 배제되는 전형적인 단독운행자와 완전한 타인으로서 보호의 대상이 되는 유상동승자, 즉 승객의 양자 사이에 존재하는 중간적인 유형이라고 할 수 있다. 대체로 배상의무자인 공동운행자의 운행자성을 비율적으로 파악한 후 그것을 책임론이 아닌 손해론의 단계로 수평 이동시켜, 과실상계의 유추적용에 의하여 상대적 책임의 양적 처리를 시도하는 수정책임상대설이 다수설이다.

3) 판례의 태도

우리나라의 대법원 판례도 운행자가 복수인 경우 그들 사이에는 사고당시 구체적 운행지배의 정도, 태양에 있어서 차이가 존재하는 점에 유의하여 공동운행자 사이에 피해자가 운행자라 하여 바로 타인성을 부정하는 것은 아니다. 다만 구체적 운행에 대한 지배의 정도, 태양 등을 비교, 교량하여 피해 공동운행자의 그것이 다른 공동운행자의 그것보다 간접적, 잠재적, 추상적일 때에 보다 직접적, 구체적인 공동운행자에 대하여 타인성을 주장할 수 있다고 한다. 즉 앞의 일본 최고재판소가 제시한 판단기준을 따르고 있다. 이러한 문제는 중첩적 공동운행자, 즉 차량의 사용대차, 임대차의 경우에 주로 발생한다.

결국 어느 공동운행자가 구체적인 운행에 대한 지배의 정도나 태양이 다른 사람의 그것보다 '직접적, 현재적, 구체적'이라고 할 것인가가 문제인바, 판례는 누가 사고시의 운행에 대하여 구체적으로 강력한 지배를 가지고 운전자를 지시, 감독할 지위에 있었는가, 누가 사고위험방지에 관하여 중심적인 책임을 지는 자인가를 고려하여 결정할 것이라 한다. 즉 각각의 구체적 운행에 있어서 각각의 운행자가 처한 상황 내지 입장의 차이를 고려하여 결정하자는 것이다. 특히 차량 소유자는 사고방지의 책임을 지고 있는 자이므로, 사고를 일으킨 공동운행자가 소유자인 피해 공동운행자의 운행지배에 따르지 않고 그의 지시를 지키지 않았다는 특단의 사정을 증명하지 못하는 한 차주에 대하여 타인성을 주장할 수 없다. 이러한 측면에서 대법원도 진정공동운행자에 대하여는 "갑과 을이 공동으로 경영하는 개고기 등의 도매업에 사용하고자 공동으로 투자하여 트럭을 구입하였다면 갑은 이른바 '진정한 공동운행자'에 해당되고, 한편 위 사업을 수행할 목적으로 을이 운전하는 위 트럭에 갑이 동승하여 가다가 을의 과실로 사망하였다면 위 사고는 갑의 운행지배가 미치고 있는 동안 발생하였다고 보아야 하며, 또한 갑이 가지는 운행지배와 운행이익의 정도가 을과 동등하다면, 갑은 자동차손해배상보장법 제3조에 규정된 '다른 사람'에 해당하지 않는다"240) 고 판시하고 있다.

한편 "동일한 자동차 사고로 인하여 손해배상책임을 지는 피보험자가 복수로 존재하고 그 중 1인이 그 자동차사고로 스스로 피해를 입어 다른 피보험자를 상대로 손해배상을 청구하는 경우, 사고를 당한 피보험자의 운행지배 및 운행이익에 비하여 상대방 피보험자의 그것이 보다 주도적이거나 직접적이고 구체적으로 나타나 있어 상대방 피보험자가 용이하게 사고의 발생을 방지할 수 있었다고 보여 진다면 사고를 당한 피보험자는 상대방 피보험자에 대하여 자동차손해배상보장법 제3조 소정의 타인임을 주장할 수 있는 바, 그와 같은 경우에 상대방 피보험자가 보험자를 상대로, 사고를 당한 피보험자에 대하여 손해배상책임을 짐으로서 입은 손해의 보상을 구함에 있어서는 사고를 당한 피보험자가 자동차종합보험 보통약관 제9조 제1항 제1호 소정의 타인임을 주장할 수 있다"241)고 판시하고 있다.

일본의 1979년 동경지판은 중·고교 동창들이 성인식을 축하하기 위하여 약 10여명이 모여서 음주를 하고 놀다가, 갑의 친구 을이 갑의 차를 운전하고 싶어 하므로 친구 을에게 자기소유 자동차의 운전을 맡기고 갑은 그 차의 뒷좌석에 동승 중 친구 을의 운전 잘못으로 갑이 사망한 사안에서, 사고차의 보유자인 갑의 타인성을 긍정하였다.242) 이 결론은 동경고판에서도 지지되었으나243) 일본이 최고재판소는 원심을 파기하였다. 즉 원심이 을은 갑의 차를 직접적, 현재적, 구체적으로 운행지배를 하고 이익을 향수하고 있는데 대하여, 갑은 본건 운행에 대하여 간접적, 잠재적, 추상적인 운행지배 또는 운행이익을 향수할 수 있을 뿐이라고 한 것과는 달리 갑은 여전히 직접적, 현재적, 구체적으로 운행지배와 이익을 향수하고 있다고 해석하여 타인성을 부정하였다.244)

결국 공동운행자의 타인성을 인정하는 경우라도 그 운행지배의 정도와 태양에 따라 다른 공동운행자의 책임범위는 양적으로 제한하여 배상액을 감액하여야 할 경우 책임제한의 기준과 배상액 감경의 비율은 공동운행자 상호

---

240) 대법원 1992. 6. 12, 선고 92다930 판결
241) 대법원 1997. 7. 25, 선고 96다46613 판결 ; 대법원 1994. 12. 27, 선고 94다31860 판결
242) 東京地判 昭和 54. 1. 12.
243) 東京高判 昭和 55. 9. 4.
244) 日本 最高判 昭和 57. 11. 26.

관계에 따라 정해야 할 것이므로 일률적으로 말할 수 없으나 공동운행자가
된 동기·배경 등을 종합적으로 참작하여야 할 것이다.

(4) 유형별 분석

1) 차량의 사용대차

우리나라 대법원은 사용대차의 차주가 사고를 당하여 대주를 상대로 타인
성을 주장한 것에 대하여 대체로 차주의 운행지배가 대주의 그것보다 '직접
적, 현재적, 구체적'이라 하여 타인성을 부정한다. 대법원에서도 "타인으로부
터 자동차를 무상으로 빌려 다른 사람으로 하여금 운전하게 하고 자동차에
동승하였다가 사고를 당한 경우 그는 사고 당시 위 자동차의 운행을 구체적
으로 지배하고 그 운행이익을 향유하고 있었다고 할 수 있고, 이 경우 차량
소유자 역시 여전히 운행자의 지위를 가진다 하더라도 사고에 있어서 빌린
사람의 구체적 운행에 대한 지배의 정도, 태양이 소유자보다 직접적·구체적
으로 나타나 있어 용이하게 사고발생을 방지할 수 있었다고 보여지므로 그
는 소유자에 대하여 자배법상의 타인임을 주장할 수 없다"245)고 판시하고
있다. 그리고 "갑이 계원들의 주말여행을 위하여 평소 거래관계로 친숙한 차
주 을로부터 자동차 등록원부상 피고명의로 등록된 사고차량을 무상으로 빌
려서, 운행에 따른 제반비용은 계원들의 공동부담으로 하고 운전은 계원 중
의 한 사람인 병에게 맡겨 병의 운전부주의로 갑과 계원 정이 사망한 사안
에 대하여 위 갑은 사고 당시 위 차량의 운행지배와 운행이익을 가지고 있
는 운행자의 지위에 있었다고 할 것이고, 자동차보유자인 피고에 비하여 그
운행지배와 운행이익이 보다 구체적이고도 직접적으로 나타나 있어 용이하
게 사고의 발생을 방지할 수 있었다고 보여진다"고 하였다.246) 또한 "자동차
일반종합보험계약의 기명피보험자와 동거중인 형이 다른 사람과 함께 기명
피보험자로부터 자동차를 빌려 여행목적에 사용하다가 사망하였다면 사고
자동차에 대하여 직접적이고도 구체적인 운행지배를 하고 있었다 할 것이므
로 소유자인 기명피보험자에 대하여 타인성이 결여된다"고 하였다.247)

---

245) 대법원 1989. 6. 27, 선고 88다카12599 판결
246) 대법원 1991. 7. 9, 선고 91다5358 판결
247) 대법원 1992. 3. 13, 선고 91다33285 판결

2) 차량의 임대차

차량의 임대차에 있어서는 차량소유자인 임대업자의 운행지배를 보다 구체적인 것으로 본다. 즉 "손수 운전 자동차 대여약정에 임차인이 자동차 운전면허증을 소지한 자라야 하고, 사용기간 등을 밝혀서 임료를 선불시키고 임대인은 자동차를 대여하기 전에 정비를 하여 인도해야 하고, 임차인은 계약기간을 준수해야 하며 제3자에게 운전을 시킬 수 없도록 되어 있고, 특히 그 사용기간이 1일밖에 되지 않는다면 대여업자는 임차인에 대한 인적 관리와 대여차량에 대한 물적 관리를 하여 있음을 부정할 수 없어 대여업자와 임차인 사이에는 그 차량에 대하여 대여업자의 운행지배가 직접적이고 현재적으로 존재 한다"고 하였다.248)

또한 "위 손수 운전 자동차 대여약정이 있는 경우 임차인이 제3자인 무면허운전자에게 운전시켜, 제3자에게 운전시킬 수 없다는 약정을 위반하였다 하여도 그 사람에 대한 임차인의 사용대차 때문에 자동차보유자인 대여업자와 임차인간에 존재하는 운행차량에 대한 대여업자의 직접적이고 현재적인 운행지배가 단절된다고는 볼 수 없다"고 하였다.249)

(5) 공동운행자책임의 감경

문제는 피해자인 공동운행자의 타인성을 인정하는 경우라도 그 운행지배의 정도, 태양에 따라 다른 공동운행자의 책임을 양적으로 제한하여 배상액을 감경하여야 할 경우가 생기는 점에 있다. 이 점은 뒤에서 보는 무상동승의 경우와 공통된 문제로서 실무상으로는 신의칙 내지 공평의 원칙에 의하여 그 해결을 도모하고 있다. 이러한 원리는 앞서 본 차량의 임대차에서 뿐만 아니라 사용대차에서도 적용되어야 할 것이다.

대법원은 지입차주로부터 운전사가 딸린 차량을 임차하여 자신은 조수석에 동승하여 운행 중 위 운전사의 과실로 교통사고를 당하여 상해를 입게된 사안에서 사고차량의 보유자는 임차인과 내부관계에 있어서는 비록 임차인이 자동차에 대한 현실적 지배를 하고 있었다 하더라도, 사고차량의 운행

248) 대법원 1991. 7. 12, 선고 91다8418 판결
249) 대법원 1991. 4. 12, 선고 91다3932 판결

경위, 운행의 목적, 임차인이 지입차주가 고용한 운전수가 딸린 채 위 차량을 임차 사용한 사정, 위 차량의 운행에 피고가 관여한 정도 등 모든 정황을 종합하여 볼 때, 보유자는 지입차주 및 그 고용운전수를 통하여 위 자동차를 직접적으로 지배하고 있다고 판단하였다. 다만 손해액에 관하여 보유자에게 위 사로로 인한 모든 손해의 배상을 부담지우는 것은 손해의 공평부담을 지도원리로 하는 손해배상제도의 근본취지에 어긋나므로, 손해부담의 공평성 및 형평과 신의칙의 견지에서 보유자가 위 임차인에게 부담할 손해액은 이를 40%로 감경함이 상당하다고 하였다.250)

대체로 판례는 사용대차의 경우 대주의 운행지배를 차주의 운행지배에 비하여 간접적인 것으로 보나, 임대차의 경우에는 임대인의 운행지배가 임차인의 운행지배보다 직접적이라고 보고 있다.

3. 공동운전자의 타인성

(1) 의의

자배법상 운전자는 다른 사람을 위하여 자동차의 운전 또는 운전의 보조에 종사하는 자를 말한다. 여기서 '타인을 위하여'라고 하는 것은 보유자를 위하여 운전하는 것을 말한다. 따라서 자기 자신을 위하여 운전하는 자는 자배법상 운행자이지 운전자가 아니다. 보유자와 운전자와의 관계는 반드시 고용관계에 한하는 것은 아니고 위임 기타 계약관계에서도 가능하다. 또한 운전자도 타차에 의하여 피해를 입은 경우 타차의 보유자에 대한 관계에서 타인에 해당한다.

운전자는 그 자신이 사고를 방지해야 할 선량한 관리자의 주의의무를 부담하는 자이므로 자배법상 보호의 객체가 될 수 없지만, 당해 사고에 있어서 구체적, 현실적 운전을 담당하지 아니한 경우에는 타인으로 보호될 수 있다. 공동운전자의 종류는 다음과 같다. 운전보조자, 교대운전자, 운전위탁 및 운전교습의 경우가 문제된다.

(2) 운전보조자

---

250) 대법원 1993. 4. 23, 선고 93다1879 판결

운전의 보조에 종사하는 자란 업무로서 운전자의 운전행위에 참여하여 그 지배 하에서 운전행위를 도와주는 자로서 조수가 이에 해당한다. 운전보조자는 운전자에 속하고, 운전보조자 역시 업무로서 운전의 보조에 참여한 때로부터 그 임무가 끝날 때까지 일련의 과정 중에 사고발생을 미연에 방지하여야 할 책무가 있으므로 비번운전자와는 달리 다른 사람에 해당하지 않는다는 견해가 유력하나, 사고 발생시에 과실 없는 운전보조자는 다른 사람에 해당하는 것으로 본다. 운전보조자가 사고 당시 현실적·구체적으로 원활한 운전을 도모하기 위하여 운전행위의 일부를 분담하는 등 직접 운전자와 동일시되는 상황이 아니었다면 다른 사람에 해당한다.251) 또한 승객이나 통행인 등이 업무종사와 관계없이 운전자 등의 권유에 의하여, 선의로 운전자의 운전행위를 돕는 경우 자배법상 운전보조자라 할 수 없고 타인에 해당한다.

(3) 교대운전자

교대 운전자 중 조수석에서 휴면 중에 있는 자는 운전자에 해당하지 아니한다고 한다.252) 통설과 판례의 입장을 검토해보면 사고 당시 구체적인 운전에 임한 자는 운전자로서의 신분관계에 있었다고 하여도 보호할 가치가 있으므로 다른 사람으로 보아야 한다고 할 수 있다. 즉 운전자로서 자격이 있다고 하여 항상 다른 사람임을 부정하는 것은 타당치 않으며 사고 당시 현실적으로 운전을 하지 않고 또한 운전하여야 할 의무가 없는 자는 사고를 방지해야 할 선관주의의무가 없는 다른 사람으로 보호된다.253)

운전자가 사고자동차에 탑승하였으나 현실적으로 운전을 하지 아니한 경우라도 무면허의 조수나 제3자에게 운전을 맡긴 사이 피해를 당한 경우에는 운전위탁행위 자체가 선관주의의무 위반이므로 운전자에게 사고에 직결되는 과실이 없었다 할지라도 그 이유로서 운행자에게 대항할 수 없다고 보는 것이 정의 관념에 합치되므로 '다른 사람'으로서 보호될 수 없다. 이와 관련하여 대법원은 "사고자동차의 운전자가 복무규정에 규정된 운전대여 금지나 근무교대시간 엄수 등을 제대로 지키지 아니하였다 하여도 같은 회사 사고택시의 운전사이며 운전 숙련자인 자에게 운전을 맡기고 자신은 운전석

251) 대법원 1998. 2. 11, 선고87나2878 판결
252) 대법원 1999. 9. 17, 선고 99다22328 판결 ; 대법원 1997. 11. 28, 선고 97다28971 판결
253) 名古屋 地民 昭和 45. 11. 25.

옆 좌석에 않아 있었던 경우에도 그는 사고 택시의 운전자라고는 볼 수 없어 자배법 제3조 소정의 타인에 해당된다"254)고 판시하고 있다.

(4) 운전위탁

운전수가 사고자동차에 탑승을 하였으나 현실적으로 운전을 하지 아니한 경우라 할지라도 그가 운전하여야 할 지위에 있으면서 직무상 의무에 위반하여 또는 법령에 위반하여 무면허의 조수나 제3자에게 운전을 맡긴 사이 피해를 당한 경우 운전위탁행위 자체가 선관주의의무의 위반이고, 따라서 그 운전수에게 사고에 직결되는 과실이 없었다 할지라도 그 이유로서 운행자에게 대항할 수 없다고 보는 것이 정의 관념에 부합되므로 타인으로 보호될 수 있다고 할 수는 없다.

(5) 운전교습

자동차 운전교습생의 경우 자기 자신을 위하여 운전하는 것이므로 자배법상 운전자가 아니고 보유자에 해당한다고 할 수 있다. 한편 운전 교습생은 운전교사의 수족으로 운전하는 것으로 보아야 하고, 교습생의 운전행위는 교사 자신의 운전행위 내지 운전자와 동일시 될 수 있는 운전보조자로서 보아야 하므로 운전교습생의 운전사고에 대하여 운전교사는 타인임을 주장할 수 없다.255) 운전보조자의 경우 통상 조수가 이에 해당하고 운전자의 운전행위에 참여하여 그 지배 하에서 운전행위를 도와주는 자로서 운전자에 속하고 다른 사람에 해당하지 않다고 하는 견해가 유력하나 사고 발생에 과실 없는 운전보조자는 다른 사람에 해당하는 것으로 보는 것이 판례의 입장이다.256) 공동운행자의 경우 타인으로 인정될 수 있을 지가 의문인바 판례는 긍정한다. "동일한 자동차사고로 인하여 손해배상책임을 지는 피보험자가 복수로 존재하고 그 중 1인이 그 자동차사고로 스스로 피해를 입어 다른 피보험자를 상대로 손해배상을 청구하는 경우, 사고를 당한 피보험자의 운행지배 및 운행이익에 비하여 상대방 피보험자의 그것이 보다 직접적이고 구체적으로

---

254) 대법원 1989. 4. 24, 선고 89다카2070 판결
255) 이주홍, 전게서, 79면.
256) 大阪地民 昭和 40. 8. 6.

나타나 있어 상대방 피보험자가 용이하게 사고의 발생을 방지할 수 있었다고 보여 진다면 사고를 당한 피보험자는 상대방 피보험자에 대하여 자동차손해배상보장법 제3조 소정의 타인임을 주장할 수 있는 바, 그와 같은 경우 상대방 피보험자가 보험자를 상대로 사고를 당한 피보험자에 대하여 손해배상책임을 짐으로써 입은 손해의 보상을 구함에 있어서는 사고를 당한 피보험자가 자동차종합보험 보통약관 제9조 제1항 1호 소정의 타인임을 주장할 수 있다"고 판시한다257). 이는 운전지도원이 운행지배에 지대한 영향력을 행사한 것이라고 볼 수 있기 때문이다.

4. 근친자의 타인성

운행자 내지 보유자의 처 또는 직계 존비속, 형제자매 등 근친자가 동승하여 사망 또는 부상한 경우에 이들이 운행자에 대하여 다른 사람이라고 주장할 수 있는 지가 문제된다. 이에 대하여 우리나라에서는 확립된 학설이나 판례가 없으나, 일본에서는 부정설과 긍정설이 대립되어 있다.

(1) 타인성 부정설

타인성을 부정하는 견해는 보유자의 직계 존비속 또는 배우자는 보유자와 공동운행자 내지 공동보유자로 보아 타인으로 인정하기는 곤란하다고 보고 있다. 그들 상호간에는 생활공동체 내지 운명공동체를 구성하여 경제적 이해를 같이 할 뿐만 아니라 민법상 상호부양의무를 가지는 관계에 있으므로 손해배상을 청구한다는 것은 선량한 풍속 및 사회질서에 부합되지 아니하고, 가족간에는 과실이 반사회성이 없어 위법성이 조각되며, 가족간에는 면책하는 입법례가 적지 아니하고, 친족간에 타인성을 인정하면 위장사고를 배제할 수 없다는 것을 그 논거로 들고 있다.

(2) 타인성 긍정설

타인성을 인정하는 견해는 자배법상 부부간이나 친자간에는 적용하지 않는다는 배제조항이 없고 민법상 상호부양의무는 근친자간의 불법행위에 의

---

257) 대법원 1997. 7. 25, 선고 96다46613 판결 ; 대법원 1994. 12. 27, 선고 94다31860 판결

한 손해배상청구권 까지 부인하는 것은 아니며 자동차보험계약 체결시에 가족이 피해자가 되었을 때 손해배상청구권을 배제한다는 의사를 둔다는 것은 오히려 공서양속에 배치되며, 부부간에도 무조건 위법성이 조각되는 것이 아니고 개인주의적인 근대민법은 부부간의 특유재산제로를 채택하고 있다는 것 등을 논거로 삼고 있다.

(3) 학설 및 판례의 검토

일본에서도 학자들 간에 견해가 대립하고 있으나 최고재판소의 판결은 원칙적으로 보유자의 처 및 근친자를 타인으로 확대하였다. 1972년 일본의 최고 재판소는 '처는 타인'이라는 유명한 판결을 통하여 처의 타인성을 인정하였다. 즉 남편소유 승용차에 동승하여 남편이 운전하면서 드라이브 하던 중 자동차사고로 부상한 처가 자동차보험계약을 체결한 보험회사를 상대로 보험금 지급을 청구한데 대하여 처는 자배법 제3조에서 말하는 타인에 해당한다고 판시하였다.258) 이 판결이 선고 된 후 일본 운수성 자동차국장은 손보사 사장과 공제연합회장에게 통지를 하여 실무취급을 개정하기에 이르렀다. 그 후 학설의 쟁점은 오히려 타인에 해당하지 않는 근친자란 어떠한 자인가를 탐구하는 일이 되었다. 결국 현재 일본에서는 보유자의 근친자가 인신사고를 당한 경우 보유자에 대하여 손해배상청구를 하는 것이 희박하기는 하지만 자배법 제3조의 타인으로서 보호된다는 점에 대하여는 이설을 찾아 볼 수 없다.259) 따라서 자배책 보험 실무상 친족간의 사고의 경우, 다소 제한은 있지만, 원칙적으로 타인성을 긍정하고 우리나라 법원에서도 처는 기본적으로 타인이라는 입장이다.260)   그러나 친족간의 모든 사고에 당연히 타인으로 간주하는 것은 아니다. 즉 사망 또는 부상을 당한 배우자 등의 근친자에게도 운전면허증이 있고, 이들이 상시 그 자동차를 운행하며 운행의 지배

---

258) 日本 最高判 昭和 47. 5. 30. 판결요지는 자동차의 구입, 연료대금, 수리비 등의 지급과 운전을 남편이 하여 왔으므로 이 건 자동차는 남편 특유의 재산으로서 처와의 공유재산으로 인정할 수 없고, 또한 처에게는 사용권도 없으며, 사고당시 운전보조행위를 한 것도 아니므로, 자배법 제3조의 타인에 해당하는 것은 당연하다고 판시하였다.

259) 佐久木一彦, 他人性・好意同乘, 新・現代損害賠償法講座 第5卷, 68頁.

260) 대법원 1997. 1. 21, 선고 96다40844 판결. 자동차보험회사의 보상처리시 처도 사고당시 일정 정도의 운행지배 내지 운행이익을 누리고 있으므로 신의칙 내지 공평의 원칙에 따라 손해액 산출시 과실상계(동승자감액)를 적용하고 산출된 망인 본인의 손해액(상속재산) 중 남편의 상속지분은 혼동 적용한다. 그리고 가족 위자료 중 가해자인 남편 위자료도 제외한다.

와 운행의 이익을 공유함이 명백한 경우에는 당해 자동차의 보유자 내지 운행자로서 보아야 할 것이므로 이 같은 경우 타인성이 배제되는 것으로 본다. 보유자의 허락을 기대하기 곤란할 정도로 만취한 아들이 어머니 소유의 자동차를 가지고 나가서 똑같이 취한 친구에게 운전을 시켜 식사하러 가던 도중 사고를 야기한 사안에서 아들의 타인성을 부정하였다.261) 설사 타인성이 인정되는 경우라 하더라도 일반사고의 경우와는 달리 위자료에 대하여 상당액을 감경하고 있다.262) 그리고 "자동차소유자가 사고 당시 직접 자기의 이익을 위하여 자동차를 사용한 것이 아니라 하더라도 그의 남편으로 하여금 위 자동차를 사용하게 하였다면 그를 통하여 외관상 위 자동차의 운행을 지배하고 운행이익을 향유하는 지위에 있었다고 보아야 한다"263)라는 판례가 있다. 즉 판례의 내용을 검토해 보면 근친자도 원칙적으로 타인에 해당하나 획일적으로 판단해서는 안 된다. 예컨대 자동차의 등록명의는 남편의 명의로 되어 있지만 그 차량의 구입비용. 유지관리, 평소 차량에 대한 공동운행 여부 및 사고 당시 처의 운전에 대하여 관여 정도 등을 종합적으로 판단하여 처도 공동운행자적 지위를 인정할 수 있는 경우라면 남편이 운전하던 중 처가 다친 경우에 있어서 그 처는 다른 사람이라고 볼 수 없을 것이다. 요컨대 친족의 타인성은 구체적인 여러 가지 사정을 고려하여 개별적으로 판단하여야 할 것이다. 이 때 비록 개념이 명확하지 못한 점이 없지 않으나, 당해 운행에 있어서 누구의 운행지배가 보다 더 직접적, 현재적, 구체적인가를 기준으로 판단하는 것이 타당하다고 하겠다.

(4) 자동차보험 약관상의 문제

이와 관련하여 가족에 대한 보상책임을 일반적으로 배제한 보험약관의 효력이 문제된다. 즉 자동차보험약관에 의하면 가족이 사상한 경우 자동차책임보험 범위 내에서는 보상을 하지만 종합보험으로 책임보험 범위 밖의 손해는 보상하지 않는다는 약관이 문제될 수 있다. 그러나 근친자가 원칙적으로 자배법상 타인에 해당하느냐의 문제와 그 타인에 대한 보험자의 담보범위의 제한 여부는 가해자의 손해배상책임 유무를 판단할 기준인데 비하여, 보험자

---

261) 東京地判 昭和 47. 12. 18.
262) 東京地民 昭和 47. 9. 27.
263) 대법원 1988. 6. 14, 선고 87다카2276 판결

가 장래 피보험자의 타인에 해당하는 가족에 대하여 손해배상책임을 지는 경우 그 손해배상책임은 인수하지 않겠다는 내용으로 보험계약을 체결하는 것이 상법 제663조 불이익 변경금지의 규정에 저촉되는 것은 아니라고 할 수 있다. 왜냐하면 보험자가 일방적으로 피보험자에게 불이익을 주는 것은 아니고 그에 따라 보험료의 할인혜택을 받을 수 있기 때문이다. 이와 관련하여 대법원도 유효성을 확인하고 있다.264) 상기 문제로 인하여 2003년 1월 1일부터 대인배상Ⅱ에서의 면책대상이 축소되었다. 즉 허락피보험자 또는 운전자 등의 부모, 배우자, 및 자녀의 사상시에는 대인배상Ⅱ에서는 보상하지 않았으나 개정으로 인하여 허락피보험자 또는 운전자 등의 부모, 배우자, 자녀의 사상시에도 기명피보험자가 배상책임이 인정되는 경우에는 보상하는 것으로 개정되었다. 이것은 허락피보험자 또는 운전자의 부모, 배우자의 경우도 차량소유자와의 타인성이 인정되어 배상책임을 질 경우에는 이를 보상하는 것이 타당하기 때문이고, 현재 법원에서는 허락피보험자 및 운전자의 부모, 배우자, 자녀의 사상에 대하여도 타인성이 인정되어 배상책임을 인정하고 있으므로 이를 보험약관에 반영한 것이다.265)

  5. 동승자의 타인성

   (1) 동승자의 의의 및 분류

    1) 동승자의 의의

  타인성에 관한 논의는 주로 무상동승이 문제를 중심으로 행해지는데, 무상동승이라 함은 대가의 지불없이 타인의 자동차에 동승하는 것을 말한다. 무상동승은 동승경위에 따라 동승자의 강요, 무단동승, 의뢰동승, 유인승낙, 유인 등으로 나눌 수 있고 강요동승이나 잠입동승은 호의동승은 아니나 무상동승에 포함된다.266) 호의동승은 호의에 의하여 무상으로 장소적 이전을 향

---

264) 대법원 1993. 9. 14, 선고 93다10774 판결
265) 대법원 1997. 1. 27, 선고 96다40844 판결. 운전기사가 회사의 허락을 받거나 신고를 하지 않고 무상으로 처와 아들을 태우고 운행 중 사고로 처가 사망한 경우 단순히 운전자의 가족으로서 무상동승 하였다는 사정만으로는 타인이 아니라고 할 수 없다.
266) 양창수, "호의동승자에 대한 자동차보유자의 배상책임", 민법연구 제1권, 박영사 , 1991, 478면.

수하므로 운행자가 갖는 운행이익과 유사한 이익을 가지고 동승에 의해 운행경로의 변경 등 본래의 운행에 일정한 영향을 미치는 점에서 운행자가 갖는 운행지배에 유사한 지배를 가지며, 친족, 친지 등 개인적 관계 등에 의하여 운행권 내에 들어가고 따라서 운행에 관한 내부자성을 갖게 되는 특질을 갖는다.

2) 무상동승의 분류

무상동승은 대체로 운행 목적에 따라 동승자만을 위한 것, 공동 목적, 편승, 운전자만을 위한 것으로 분류할 수 있고, 동승경위에 따라 피해자 강요, 무단동승, 의뢰동승, 유인승낙, 유인 등으로 나눈다. 강요동승이나 잠입동승은 호의동승에 포함되지 않으나 무상동승에 포함된다. 기본적으로 대법원은 무상동승자에 대하여 자동차의 운행자성을 부정하고 타인으로 보호하는 것이 원칙이라는 견해에 서 있다.[267]

3) 동승자 감액

호의동승의 경우 사고차량에 단순히 호의로 동승하였다는 사실만 가지고 바로 운행자성을 긍정할 수 없고 보호하지 않아야 할 이유가 없으므로 타인으로 보호받아야 할 것이다.[268] 다만 술에 취한 사실을 알면서 그 차에 동승하였다는 경우와 같이 동승자가 당연히 운행을 제지하거나 동승을 하지 말아야 할 상황임에도 오히려 사고발생의 위험을 인용하고 무리하게 동승한 경우와 같이 동승자에게도 위험부담을 분배하여 과실상계 함이 타당한 특별한 사유가 없는 한 단순히 호의로 동승하였다는 사실만 가지고 배상액의 감액사유로 삼을 수 있는 것은 아니다. 즉 호의동승자에 대한 부주의가 인정되는 경우에는 객관적 입장에서 파악되는 그 부주의에 상당한 만큼은 과실상계에 의한 배상책의 감경이 인정된다. 이와 관련된 판례로는 "차량의 운행자가 아무런 대가를 받지 아니하고 동승자의 편의와 이익을 위하여 동승을 허락하고 동승자도 그 자신의 편의와 이익을 위하여 그 제공을 받은 경우 그 운행목적, 동승자와 운행자의 인적관계, 그가 차에 동승한 경위, 특히 동승을

---

267) 대법원 1991. 1. 15, 선고 90다13710 판결 ; 대법원 1987. 9. 22, 선고 86다카2580 판결
268) 藤村和夫・山野嘉朗, 前揭書, 87頁.

요구한 목적과 적극성 등 여러 사정에 비추어 가해자에게 일반 교통사고와 동일한 책임을 지우는 것이 신의칙이나 형평의 원칙에 매우 불합리하다고 인정될 때에는 그 배상액을 경감할 수 있으나, 사고차량에 단순히 호의로 동승하였다는 사실만 가지고 바로 이를 배상액 경감사유로 삼을 수 있는 것은 아니다"라고 판시하고 있다.269) 통상적으로 소송 실무상 무상동승의 경우 감액비율은 대략 10%에서 30%까지 감액하기도 한다.

(2) 동승자감액의 이론적 근거

호의동승이란 승객을 태운 것이 대가나 이익을 위한 것이 아니라 호의를 기초로 무상 제공한 경우를 말한다.270) 이러한 호의동승의 경우에 동승자측의 운전자 과실과 상대차량 운전자의 과실이 경합하여 동승자에게 사망 또는 상해의 손해를 입힌 결과, 위 동승자가 상대차량의 운전자에 대해 손해배상청구를 하게 된다면, 동승자측 운전자의 과실을 소위 피해자측의 과실로 고려할 수 있겠는가의 문제가 생긴다.

학설은 무상동승자에 관하여 일률적으로 타인임을 내세워 전부책임을 인정하기 곤란한 경우가 있을 수 있다는 것이 일반적 경향이다. 무상동승의 경우 어떤 근거로 어떻게 그 책임을 제한할 것인가에 대하여 여러 학설이 주장되어 왔다. 즉 위험승인설, 면책특약설, 타인성 조각설, 운행자성 조각설(책임상대설), 비율적책임설, 수정책임상대설, 개별적 해결설 등이 있다.

1) 위험승인설

동승을 의뢰한 자는 사고에 대한 위험을 승인한 자이므로 손해배상청구권을 행사할 수 없다고 보는 설이다. 그러나 모든 동승자가 위험을 승인하여 사고 발생시 가해자에 대한 손해배상청구권을 포기했다고 볼 수는 없다. 다만 강

---

269) 대법원 1999. 2. 9, 선고 98다53141 판결 ; 대법원 1992. 5. 12, 선고 91다40993 ; 대법원 1994. 11. 25, 선고 94다32917 판결 ; 대법원 1996. 3. 22, 선고 95다24302 판결

270) 호의동승은 무상동승의 일유형으로 무상동승의 종류에는 호의동승 외에 잠입동승, 강요동승이 있으나 후2자에 대한 경우는 호의동승과 법리를 달리한다. 호의동승인 경우에는 운행자책임의 면제 또는 배상액의 감경에 대한 논의가 있게 되는데, 우리나라의 경우 운행자책임 자체를 부정하는 견해는 없으나 위험승인설, 면책특약설, 호의적 협정관계설 등에 의해 동승자에 대한 배상액을 감경하자는 것이 지배적이고, 판례에서도 동승자의 운행이익을 인정하여 배상액의 감축을 인정하는 경우도 많이 있다.

요형 동승이나 잠입형동승의 경우에는 동승자의 위험의 전면적 승인이 있다고 보는 것이 타당하므로 이와 같이 운전자의 승낙없이 동승한 경우에 있어서는 위험승인설로 해결 할 수 있다.

2) 면책특약설

이 설은 운전자와 동승자 사이에 묵시의 면책특약이 있다는 입장이다. 그러나 이 설은 의제가 너무 강하다는 비판을 피할 수 없고 무상동승의 이유 하나만으로 피해자의 손해배상청구권을 제한하는 것은 가혹하다고 할 수 있다.

3) 타인성조각설

이 설은 피해자의 배상권리자로서의 적격으로부터 접근하는 것이다. 즉 자배법 제3조의 타인은 배상의무자 이외의 모든 자가 이에 해당하지만 단지 그 피해자가 '당해 사고의 원인으로 된 사고자동차의 운행에 배상의무자보다 일층 더 직접 관여하였다'고 하는 특별한 사정이 있는 경우에는 그의 타인성은 조각된다고 설명한다. 그러나 이설은 타인성 조각의 근거로 제시한 '본래 운행자보다 일층 직접 운행에 관여하였다'는 것이 무엇을 말하는 것인지 그 기준이 모호하다는 비판을 받는다. 특히 이 설이 예시하는 것들은 강요동승이나 무단동승 또는 잠입동승과 같은 것들인데 이는 모두 극단적이고 예외적인 경우에 불과하다. 현실에서 일어나는 사안은 이에까지 이르지 못하는 많은 중간적 사안이 대부분인 것인데, 이를 무비율적으로 전부 아니면 전무라는 식의 해결방식에는 문제가 없다고 아니할 수 없다. 만약 동승자가 운행자성을 취득한다고 인정하면 그 동승자는 통행인 등 차외인에 대하여 자배법 제3조의 운행자책임을 지게 되는 이론적 난점이 있다. 결국 이 설은 동승자가 동승 중에 운행자성을 지니면 타인이 아니라고 보는 것인바 강요동승이나 지배형 동승의 경우는 적용하기에 적합하나 이 외의 경우는 적용하기 어렵다 하겠다.

4) 운행자성조각설(책임상대설)

이 설은 타인성조각설과는 반대로 배상의무자로서의 적격에서부터 접근한다. 즉 운행자의 책임은 통행인과 같은 차외인에 대한 책임은 절대적이지만, 차내인으로서의 동승자에 대한 책임은 상대적인 것으로 이해한다. 즉 운행자는 동승자와의 내부관계에 따라서 그 차에 대한 운행이익과 운행지배를 상실하는 경우가 있는데, 이 경우 운행자는 동승자에 대하여 자배법 제3조의 책임주체로서의 지위에서 이탈되고, 동승자 스스로가 운행자에 대한 관계에서는 운행지배를 취득한다고 본다. 그 근거로는 내부적인 관계에서는 보유자의 운행지배가 무단동승자에게 이전되었다는 점을 들고 있다. 예컨대 무단운전임을 알고 탑승한 경우 보유자의 무단운전 동승자에 대한 책임을 부정하고 있는 판례에서 보유자는 그 동승자와의 관계에서는 운행자성을 상실한다는 것이다. 이설은 운행자가 동승자에 대한 관계에서는 운행자성을 상실하는 것을 책임제한의 근거로 제시하므로, 타인성조각설과 같이 동승자가 통행인 등 차외인에 대하여 자배법 제3조의 운행자책임을 져야 한다는 이론적인 난점을 회피할 수 있다. 그러나 이 설도 책임제한이 무비율적 이어서 전부 아니면 전무라는 식의 해결방식이 되는 문제점을 여전히 갖고 있다.

5) 비율적책임설

이 학설은 타인성조각설을 비율적으로 발전시킨 변형적 학설이다. 타인성조각설이 동승자는 운행자성을 취득하게 되어 타인으로 보호될 수 없다고 하여 전면적으로 배상청구를 부정하는 무비율적 처리를 비판한 다음, 동승자에게 운행자성과 타인성이 동시에 존재할 수 있고 그가 취득한 운행자성의 비율만큼 타인성을 상실하고 배상청구권도 그 비율만큼 소멸된다는 견해이다.

위의 타인성조각설과 운행자성조각설은 운행자의 책임유무만을, 즉 전부책임이냐 책임전무냐 하는 식으로 판단하고 있다. 이런 식으로 판단하게 되면 동승자의 타인성이 조금이라도 인정될 때 운행자는 동승자의 손해를 감액없이 100% 배상하게 된다. 이러한 문제점으로 인해 동승자가 타인으로 인정되는 경우 동승자의 운행자성 취득비율만큼 손해배상청구권이 부정된다는 비율적 책임설이 등장하게 되었다.

이 설은 동승자가 10%라도 운행자성을 취득하게 되면 보행자 등 제3피해자와의 관계에서는 보유자와 함께 공동불법행위책임을 짐으로써 제3피해자의 손해배상청구에 100% 책임을 져야 하는 문제점이 남는다. 즉 호의로 동승하였다고 하여 동승자에게 자배법 제3조의 책임을 지운다는 이론적인 난점이 있다. 이 문제를 해결하기 위하여 등장한 이론이 수정책임상대설이다.

6) 수정책임상대설

이 설은 책임상대설의 발전적 변형이라 할 수 있다. 책임상대설이 운행자의 책임을 무비율적으로 파악한 결과 극단적인 경우에는 문제가 없지만 오히려 현실적인 중간 단계의 경우에는 불합리하여지는 모순적 상황을 균형있게 비율적으로 해결하려는 설이다. 이 설에 의하면 운행자책임은 동승자에 대한 관계에서, 동승자가 그 운행에 의하여 얻는 이익과 그 운행에 대하여 미치는 지배의 정도에 따라, 비율적으로 감소되고 그 감소된 비율만큼 책임도 감소된다고 한다. 한편 대외적으로는 보유자의 보행자 등에 대한 책임을 동승자와의 관계에서 나타나는 운행자성 상실비율과는 별도로 인정하려는 입장이다. 예컨대 호의동승자의 운행자성 취득비율이 30%라면 보유자는 호의동승자와의 관계에서는 70%의 책임을 지게 되고, 대외적인 제3피해자와의 관계에서는 100%책임을 지게 된다. 타인성조각설이나 비율적 책임설은 무상동승자의 타인성을 기초로 하므로 무상동승자가 피고로 되는 경우 손해배상책임을 지게 되는 문제가 발생하게 되나 수정책임상대설에서는 운행자성조각설에서와 같이 운행자의 운행자성을 문제로 삼게 되므로 무상동승자가 운행지배권이 없는 경우 대외적으로 손해배상책임을 지지 않게 되는 법적 근거를 마련하고 있다.

이설은 앞의 타인성 조각설이나 비율적 책임설이 운행자에게 책임이 부정되거나 또는 감소되는 이유를 동승자가 운행자성을 취득하기 때문이라고 하여 부작용이 발생되는 것을 직시하고, 이를 예방하기 위하여 동승자의 운행자성은 언급하지 않고 오직 운행자의 운행자성만을 고려의 대상으로 한다. 결국 이 설은 운행자의 무상동승자에 대한 감액주장을 책임론이 아닌 손해론의 단계로 수평 이동시켜 과실상계의 유추적용에 의하여 상대적 책임의 양적 처리를 시도하므로 책임상대설의 과실상계적 운용설이라고도 한다. 이 설이 비교적 이론적으로 정교하며 다수설이다.[271) 일본의 하급심 판례 중에는 이

설을 채택하나 것으로 보이는 판례가 적지 않다.

7) 개별적 해결설

이 설은 자배법에서는 무상동승에 관한 책임제한 규정이 없으므로, 자배법 제4조에 의하여 적용되는 민법상의 제한규정에 의할 수 밖에 없으며 또한 그것으로 충분하다는 것이다. 무상동승에 관하여 정설이 확립되지 아니한 지금까지도 이와 같은 견해에 서 있는 판례는 무수하다. 예컨대 과실상계유추적용설, 신의칙설, 위자료 참작설 등이 이에 해당한다.

이 설에 대하여는 무상동승자의 배상청구를 제한하는 이유를 자배법 특유의 이론 즉 운행지배나 운행이익으로 설명할 수 있는데도 불구하고, 신의칙 또는 형평의 원칙을 전면에 내세워 자배법 특유의 이론적 탐구를 포기하는 설이라는 비판이 가해진다.

(3) 복수의 가해행위와 무상동승

1) 서

쌍방의 운전상 과실로 인하여 두 대의 차량이 충돌하여, 일방의 차량에 탑승하고 있던 동승자가 부상한 경우, 호의동승자에 대하여 동승차량의 운행자와 상대 차량의 운행자는 공동불법행위자가 된다. 이 때 호의 동승자는 어느 쪽에 대하여도 손해배상의 청구를 할 수 있다. 이 때 문제는 호의동승자가 탑승한 자동차의 운행자인 공동불법행위자가 할 수 있는 호의동승 항변을 상대차량의 운행자도 호의동승 항변을 주장할 수 있는가가 문제된다.

피해동승자와 동승차량의 운행자와의 인적관계는 통상 상대차량의 운행자와는 전혀 관계가 없으므로, 상대차량의 운행자는 호의동승을 주장하여 감을 청구할 수 없는 것이다. 이 경우 상대차량 공동불법행위자는 피해자에 대하여 감액 없이 전액을 지급하고, 동승차량의 운행자에게 그의 과실부분 만큼 구상을 하게 된다. 이 경우 동승차량의 운행자는 인적관계에 기한 감액 상당부분을 주장할 수 있는가가 문제된다.

---

271) 이주홍, 전게서, 82면 ; 이보환 전게서, 124면.

2) 학설간의 대립

아직 까지 본격적인 논의는 없지만 대체로 호의동승관계를 단순한 상대적인 항변사유로 보는 입장이 우세하다. 따라서 호의동승자가 탑승한 차량의 보유자는 동승자에 대하여 감액의 주장을 할 수 있으나 공동불법행위시 상대차량의 보유자는 그 주장을 할 수 없다고 해석하는 것이 일반적이다.

일본에서는 세 가지 견해가 대립되고 있다. 첫째 피해자 부담형이다. 호의동승관계를 단순한 상대적인 항변사유가 아닌, 손해의 불발생 내지 소멸사유로서 절대적 사유라고 생각한다면, 호의동승감액을 대향적 공동불법행위자가 주장하지 않는 경우에는 타방의 불법행위자에 대하여 구상권도 그 부분만큼은 행사할 수 없는 것이 될 것이다. 즉 원칙적으로 피해자가 양 불법행위자에 대하여 감액된다는 의미이고, 이를 피해자 부담형이라고 한다. 둘째, 동승승인자 부담형이 있다. 즉 대향적 공동불법행위자로부터 구상이 청구된 경우에는 동승자를 탑승시킨 운행자는 호의동승감액분을 주장할 수 없다고 해석하는 견해도 있다. 이를 동승 승인자 부담형이라고 한다. 셋째, 대향적 공동불법행위자 부담형이 있다. 대향적 공동불법행위자는 호의동승자에 대하여 주장할 수 없고, 또한 구상에 있어서도 그 때문에 더 지급한 부분도 구상할 수 없다고 해석하는 견해를 대향적 공동불법행위자 부담형이라 한다.

3) 판례의 입장

① 배상액감경을 부정한 판례

종래 대법원의 입장은 피해자인 호의동승자에게 위험에 대한 부주의가 인정되어 과실상계를 하는 것은 별론으로 하고 호의동승만으로는 배상액의 감경사유로 삼을 수 없다고 하였다.[272] 판례가 제시하는 근거는 다섯 가지로 분류할 수 있다. 첫째, 현행 우리 법제는 무상동승자에 대한 책임제한규정을 두고 있지 않다. 둘째, 무상동승자가 운행자와 유사한 운행지배와 이익을 갖

---

[272] 대법원 1987. 4. 14, 선고 84다카2250 판결 ; 대법원 1997. 11. 14, 선고 97다35344 판결 ; 대법원 1987. 9. 22, 선고 86다카2580 판결 ; 대법원1998. 8. 21, 선고 98다23232 판결 ; 대법원 1996. 10. 11, 선고 96다27384 판결 ; 대법원 1996. 11. 12, 선고 96다26183 판결 ; 대법원 1997. 11. 14, 선고 97다35344 판결

는다 하여도 그것은 어디까지나 우발적, 일시적인 것이다. 셋째, 무상동승자
도 목적지까지 안전하게 수송될 것을 희망하고 있을 뿐 아니라 무상동승자
가 있다고 하여 운전자의 안전운전의무를 감경 또는 면제시킬 수는 없다. 넷
째, 무상동승에 의해 얻는 이익은 사고로 입게 될 생명, 신체에 대한 피해보
다는 극소하다. 다섯째, 자동차의 구조상 동승자를 승차시키는 것이 가능한
이상 무상 동승자가 있다거나 동승자를 위해 코스의 변경 등이 있을 것은
당연히 예견된다. 여섯째 운전자와 동승자가 신분상, 생활관계상 일체를 이
루고 있어 운전자의 과실을 동승자에 대한 과실 상계 사유로 삼는 것이 공
평의 원칙에 합치한다는 구체적 사정이 전제가 되어야 한다는 것을 들고 있
다.

② 책임제한을 인정한 판례

그 후 대법원은 무상동승의 일정한 유형에 대하여 매우 제한적이지만 책
임제한을 긍정하게 되었다. 즉 "차량의 운행자로서 아무 대가 없이 오직 동
승자의 편의와 이익을 위해서 동승을 제공하고 동승자로서도 그 자신의 편
의와 이익을 위하여 제공을 받는 경우 그 운행의 목적, 동승자와 운행자와의
인적 관계, 피해자가 차량에 동승한 경위 특히 동승을 요구한 목적과 적극성
등 제반사정에 비추어 가해자에게 일반의 교통사고와 같이 책임을 지우는
것이 신의칙이나 형평의 원칙에 비추어 매우 불합리한 경우 그 배상액을 감
경할 수 있다"고 판시하였다.273) 이 판례는 소위 과실상계의 방법이 아닌 순
수한 호의동승 자체만으로 간명하게 배상액을 감경할 수 있는 길을 터 놓았
다. 위의 판례의 취지는 결국 무상동승자가 그 운행에 의하여 얻는 이익과
그 운행에 미치는 지배의 정도에 따라 본래의 운행자가 동승자에 대한 관계
에서는 비율적으로 운행자성의 조각을 인정하여 그 범위 내에서 감액을 인
정하고자 하는 것으로 책임론의 관점에서 수정책임상대설, 손해론의 관점에
서 형평의 관념이나 신의칙상 과실상계를 하는 개별적 해결설의 입장에 선
것으로 보여진다.
하급심판례로는 1994년 광주고법 판결이 있다. 이 사건의 내용은 약제과장,
산부인과 과장 등이 같은 병원에 재직하면서 휴일이면 4명이 골프를 치러
다녔다. 그런데 그들 중 갑이 술, 담배를 하지 않으므로 운전을 주로 하였다.

---

273) 대법원 1989. 1. 31, 선고 87다카1090 판결 ; 대법원 1997. 9. 5, 선고 97다652 판결

사고 당일 골프를 치고 돌아오다가 사고로 동승자를 다치게 한 사안에서 정면으로 호의동승을 긍정하고 15% 감액을 인정하였다.[274] 최근 서울중앙지법에서 오토바이 동승자가 머리를 심하게 다쳤지만 운전자가 무면허라는 것을 사전에 알았고, 안전모를 착용하지 않았으며, 일반자동차보다 더 위험이 수반되는 오토바이에 동승한 사람은 사고방지를 위하여 운전자에게 적절한 지시를 할 의무가 있는데 이를 게을리 한 점을 참작할 때 이 사고의 40%의 책임이 있다고 판시하였다.[275] 그리고 안전벨트를 매지 않고 조수석에 앉았던 애인이 운전자와 입맞춤하다 교통사고가 났다면 사고에 대하여 40% 책임이 있다는 판결이 나왔다. 재판부는 운전자는 동승자에게 안전벨트를 맬 것을 권유했지만 동승자가 답답하다면 거절 한 점 등을 고려하면 사고에 대한 피해자인 동승자의 책임도 발생한다"며 이같이 판결하였다.[276] 이는 운전자와 피해자인 동승자의 구체적 관계에 따라 결론을 달리한다. 즉 가족관계와 같은 친밀관계에서는 생활상의 일체성을 인정할 수 있으므로 피해자측 과실을 고려하는 것이 일반적이다.[277] 결국 양자의 신분관계, 즉 친밀도, 지위, 연령, 직업 및 평소 교제의 태양, 지시 감독의 유무 등 제반사정을 종합적으로 고려하여 판단해야 할 것이다.

(4) 자동차보험실무

자동차보험 실무에서는 우선보상회사를 결정하는 기준으로 과실이 많은 차량의 보험자가 우선보상회사가 되므로 과실이 적은 차량의 탑승자가 보험금 청구시 과실이 많은 차측의 입장에서는 호의동승자가 아니므로 전액 보상하고 있는 실정이다. 그러나 손해율 감소차원에서 보험자간의 약정으로 과실의 많고 적음을 불문하고 호의동승감액이 가능한 보험자가 우선처리하자는 협정도 있었다. 그러나 보험자간에 서로 인적, 물적 비용을 부담하지 않으려는 이유와 구상금청구의 사무처리를 면하려고 잘 지켜지지 않고 있는 실정이다.
책임의 제한을 인정한다고 할 경우 그 비율이 자의적으로 결정되는 것을 방지하기 위하여 무상동승을 가급적 유형화하여 각 유형에 따른 감경비율 기

---

274) 광주고법 1994. 4. 1, 93나7128.
275) 서울중앙지법 2006. 2. 7, 2005가단71701.
276) 서울중앙지법 2005나1307.
277) 대법원 1987. 2. 10, 선고 86다카1759 판결

준을 설정하여야 한다. 일반적으로 상용형 동승의 경우가 기타 일반의 무상 동승보다 감액비율이 크다. 또한 운행목적이 동승자만을 위한 경우가 공동목적인 경우 내지 단순 편승형보다 그 감액비율이 크게 될 것이다. 또 운행자와의 관계에서 동승에 대한 승낙이 있는 경우보다는 사후 승낙의 개연성이 있는 경우가, 나아가 이 보다는 무단동승의 경우가 그 감액의 정도가 크다. 무단동승의 경우 업무위배성과 그 경로의 지정 정도에 대응하여 감액의 정도가 달라질 것이다. 그리고 노선변경도, 가속도 등을 시키지 않는 단순형 편승에서는 그 감경의 여지가 거의 없겠지만, 노선을 지정하는 강요형 동승에 있어서는 그 감경도가 크다 하겠다.

　구체적으로는 어떠한 경우에 어느 정도의 제한이 인정될 것인가는 개별적인 사안에 따라 구체적인 상황을 고려하여 타당한 해결을 찾아야 하는 사실 문제로서 가장 중요한 기준은 운행목적이 될 것이다. 자동차보험 약관에는 구체적으로 동승에 이르는 과정에 운전자의 승낙의 유무, 운행의 목적 등을 고려하여 감액비율을 유형화하고 있는데 이는 대체로 수정책임상대설의 입장을 취한 것이라고 해석하는 것이 다수설이다. 판례는 감액비율을 대략 10%정도에서 출발하여 운전자가 공동 음주 후 난폭한 운행을 방임하였거나, 운전자가 무면허인 점을 알고 동승한 경우에는 30%까지 배상액을 감경하기도 한다.

Ⅲ. 결어

　운전자의 경우에는 사고 발생시 선관주의의무가 있는가의 여부에 따라 운행지배 여부가 결정되어 운행자여부가 판단된다고 할 수 있다. 운전보조자의 경우에는 사고 당시 현실적·구체적으로 원활한 운전을 도모하기 위하여 운전행위의 일부를 분담하는 등 직접 운전자와 동일시되는 상황이 있는가의 여부에 따라 판단된다고 할 수 있다. 공동운행자의 경우에는 운행자성의 경·중 및 직·간접성 등 당시의 구체적 상황에 따라서 운행자인 피해자도 다른 운행자에 대하여 다른 사람이 될 수 있다고 본다. 근친자의 경우에는 근친자도 원칙적으로 타인에 해당하나 획일적으로 판단해서는 아니 된다. 즉 차량의 구입비용. 유지관리, 평소 차량에 대한 공동운행 여부 및 사고 당시 운전에 대하여 관여 정도 등을 종합적으로 판단하여 타인성을 판단해야 하며 근친자를 타인에서 배제하는 약관도 유효하다고 대법원에서 판시하고 있다. 호의동승에 있어서는 호의동승자에 대한 부주의가 인정되는 경우에는 객관적 입장에서 파악되는 그 부주의에 상당한 만큼은 과실상계에 의한 배상액이 감경된다.

제 3 절 사망 또는 부상

I. 서언

자동차의 운행으로 인하여 다른 사람이 사망 또는 부상한 대인사고의 경우에만 자배법 제3조에 의한 운행자책임이 문제된다. 다른 사람을 사상케한 대인사고가 아닌 가축이나 물적 피해만을 야기한 경우에는 자배법은 전혀 적용되지 아니한다. 대물사고에 대하여는 전적으로 민법의 일반불법행위 책임론이 적용되고 대물사고에 대한 민법상 불법행위책임에 대하여 대물배상 종합보험에 가입하였을 경우 보험자와 보험가입자 및 피해자간의 보험금 지급 등에 관하여는 전적으로 상법 보험편 및 대물배상보험약관에 따라 처리된다.

II. 사망

사망은 사람의 생명을 침해하는 것으로 사람의 종기에 관하여는 호흡정지설, 심장정지설, 뇌사설 등이 있다.[278] 특히 뇌사설은 뇌의 활동이 정지되면 호흡이나 심장박동은 계속되고 있다 하더라도 의학적으로 사망이라는 유력한 주장이 있으나 사회통념상 호흡정지설 내지 맥박정지설이 아직까지 부합된다 할 것이다.[279]

III. 부상

부상은 사람의 신체에 대하여 상해를 입히는 것인데 신체 중에는 의족, 의

---

278) 이에 관한 자세한 내용에 관해서는 이덕환, 의료행위와 법, 문영사, 1998, 288면 이하 참조.
279) 곽윤직, 민법총칙, 80면. 그러나 현대의학의 눈부신 발달을 거듭하면서 사망을 보는 눈을 달리하고 있다. 즉 과거와 같이 사망을 어떤 특정 시점에 일어나는 사건으로 보지 않고, 하나의 과정 내지 절차로 파악한다. 그리하여 혈액순환과 호흡의 멈춤이 사망이라는 과정의 종점은 아니라고 보고 있으며, 그러한 종래의 기준에 갈음하여 뇌사를 기준으로 하는 경향이 있다.

지, 의치, 시력 교정용 안경, 보청기 등과 같이 신체에 밀착하여 신체의 일부
로서의 기능을 하는 것도 포함한다.

V. 결어

  자배법은 자동차의 운행으로 다른 사람의 사상시에 손해배상책임을 지도
록 하고 있다. 다른 사람이 아닌 물적인 피해나 동물에 대한 피해일 경우에
는 동법이 적용되지 아니한다. 사망이라 함은 피해자의 호흡이 정지되었거
나, 맥박이 정지 되었을 때이고, 상해를 입었을 때라 함은 신체의 완전성이
훼손된 때를 말한다.

제 6 장 면책사유의 부존재

제 1 절 서 설

자동차손해배상보장법 제3조 단서에는 운행자의 면책사유에 대하여 규정하고 있다. 특히 자배법은 피해자가 승객인 경우와 승객 이외의 자인 경우로 나누어 그 면책요건을 달리 하고 있다. 그런데 운행자가 이 면책요건을 입증하기란 사실상 대단히 어려워서, 보유자에게 면책요건에 대한 입증책임을 지도록 한 것은 사실상 보유자에 대하여 무과실책임을 인정한 것과 다름이 없다고 하겠다. 이로서 면책요건에 대한 입증을 하지 못하는 한 책임을 지는 구조로 자배법은 되어 있다. 이처럼 입증책임의 전환을 통하여 피해자구제에 효과적이도록 하고 있으나 손해액의 산정에 있어서는 여전히 민법의 적용을 받아 피해자가 손해액을 입증하도록 하고 있어 그 한계성을 드러낸다고 할 수 있다.

제 2 절 승객이 아닌 자가 사상한 경우

I. 서언

자동차손해배상보장법 제3조 단서 1호에는 '승객이 아닌 자가 사망하거나 부상한 경우에 있어서 자기 및 운전자가 자동차의 운행에 관하여 주의를 게을리 하지 아니하고, 피해자 또는 자기 및 운전자 외의 제3자에게 고의 또는 과실이 있으며, 또한 자동차의 구조상의 결함 또는 기능에 장해가 없었다는 것을 증명한 때'에 한하여 그 피해자에 대하여 배상책임을 면하도록 규정하고 있다.280)

II. 자기(운행자) 또는 운전자의 무과실

운전자의 과실이란 운전자가 운전업무에 임하여 다하여야 할 주의의무를

---

280) 이른바 조건부 무과실책임주의라고 하나 3면책 요건을 입증하는 것은 자동차손해배상 실무상 거의 이루어지지 않고 있다.

게을리 한 것을 말한다. 운전자의 과실 여부에 관한 일차적인 기준은 운전자가 도로교통법에 규정된 방법에 따라 운행하였는지 여부이다. 그러나 도로교통법에 위반없이 법규를 준수하여 운전하였다 하더라도 반드시 과실이 없었다고 볼 수는 없다. 여기에서 자동차사고 손해배상책임 기초로서의 과실이란 무엇인지 검토할 것이다. 또한 운전자가 주의의무를 다하였느냐의 여부에 있어서 중요한 기준은 판례상 이른바 신뢰의 원칙이다.281) 즉 운행 중 다른 교통 관여자가 교통법규를 준수하여 행동할 것이라는 신뢰 하에 운행하고 당시의 제반사정상 그러한 신뢰를 함이 상당한 경우에 피해자나 제3자의 돌출행동으로 인하여 사고가 발생하였다면 자동차운전자의 운행자책임이 부정될 수 있는 것이다.282) 과실과 신뢰의 원칙은 손해배상책임의 주관적 요건으로 중요하게 자리매김하고 있다.

Ⅲ. 피해자 또는 제3자의 귀책사유

자동차운행자나 그 운전자에게 고의, 과실이 없었음을 증명하더라도 다시 피해자나 제3자에게 잘못이 있음을 주장, 입증하지 못하면 책임을 면할 수 없다. 이는 입증책임의 전환일 뿐만 아니라 과실 책임 자체를 사실상 무과실 책임을 인정하려는 방향으로 확장, 변경한 것임을 의미한다. 그러나 일반적으로는 자기 또는 운전자의 귀책사유 없음을 입증하는 과정에서 피해자 또는 제3자의 귀책사유가 어느 정도는 드러나게 된다고 볼 수 있다는 점에서 이러한 피차간의 귀책관계는 엄밀히 말하여 불가분적인 것으로서 분리하여 고찰할 것만은 아니라고 볼 것이다.

Ⅳ. 자동차의 흠결

운행자책임을 면하기 위해서는 자동차 구조상의 결함 또는 기능상의 장해

---

281) 신뢰의 원칙이란 연혁적으로 교통사고와 관련한 독일의 형사판례에서 비롯되었는 바, 독일에서는 일반적으로 '특별한 사정이 없는 한 모든 교통관여자는 다른 교통관여자가 교통질서를 지킬 것을 신뢰하여도 좋다'라고 정의되고 있다. 우리나라에서는 개념정의에 다소 차이가 있으나 스스로 교통규칙을 준수한 운전자는 다른 교통관여자가 교통규칙을 신뢰하면 족하며, 교통규칙에 위반하여 비이성적으로 행동할 것까지 예견하고 이에 대한 방어조치를 취할 의무는 없다는 원칙을 말한다 : 이재상, 전게서, 189면.

282) 椎木綠司, 前揭書, 72頁.

에는 일상의 점검에서 발견 불가능한 것도 포함한다는 견해283)와 사회통념
상 상당하다고 사료되는 범위 안에서 인신사고라고 하는 결과를 발생시킨
데 원인이 되었다고 판단되는 구조상의 결함 또는 기능의 장해가 없었다는
것을 증명하면 족하다고 해석하는 것이 타당284)하며 거의 모든 분야에 걸쳐
당해 자동차의 완전 무결성을 입증하는 것이 요구되고 있는 것은 아니라고
해석하는 견해가 있다.285) 생각컨대 일상의 정비점검에서 발견할 수 있는
것 이외의 것을 자동차 운행자가 발견하는 것은 무리라 할 수 있고 사회통
념상 상당하다고 사료되는 구조 또는 기능상의 결함을 증명하면 충분하다고
생각한다.

V. 결어

승객이 아닌 자가 사상한 경우에 자배법 제3조 단서 1호의 3면책요건을 충
족하면 운행자는 손해배상책임을 면한다. 반대로 운행자나 운전자에게 과실
이 없더라도 피해자나 제3자에게 고의 또는 과실이 있음을 주장, 입증하지
못하면 책임을 면할 수 없으므로 자배법은 입증책임의 전환뿐만 아니라 과
실책임 자체를 무과실책임으로 확장, 변경한 것으로 볼 수 있다. 그리고 자
동차의 결함으로 인하여 승객 이외의 자가 부상한 경우에는 운행자나 운전
자의 과실유무는 검토할 필요 없이 책임을 부담하게 된다. 한편 자기 및 운
전자가 자동차의 운행에 관하여 주의를 게을리 하지 아니하고, 피해자 또는
자기 및 운전자 이외의 제3자에게 고의, 또는 과실이 있음을 입증하면 자동
차의 결함은 없는 것으로 추정된다. 따라서 이와 같은 경우에 운행자책임을
묻기 위해서는 피해자가 자동차의 구조상 결함을 입증해야 한다.

제 3 절 乘客이 死傷한 경우

I. 서언

승객이 사망하거나 부상한 경우에 있어서 그것이 그 승객의 고의 또는 자

---

283) 東京高民 昭和 48. 5. 30.
284) 김상용, 전게서, 245면.
285) 東京地民 昭和 42. 9. 27 ; 東京地民 昭和 45. 6. 29.

살행위로 말미암은 것인 때에 운행자책임은 면제된다. 그러므로 운행자는 승객이 사망하거나 부상한 경우에는 운전상의 과실유무를 가릴 것도 없이, 그 승객의 고의 및 자상행위로 사상하였음을 주장, 입증하여야 하므로, 거의 면책이 불가능하다.

II. 승객

승객이란 자동차 안에 탑승한 자로 요금을 내고 탑승하였건 요금을 내지 않고 탑승하였건 불문하며, 강제로 탑승했건 임의로 탑승했건 관계하지 않는다. 즉 운전자와 운전보조자의 보호영역에 들어온 때로부터 보호영역을 이탈한 때까지의 자를 말한다.

III. 탑승

탑승이란 승차하기 위하여 발을 승차 대에 올려놓는 순간부터 자동차로부터 하차하여 양발이 지면에 착지하기까지의 사이에 있는 자이다. 승객의 고의 또는 자살행위로 말미암은 것이라 함은 승객의 자유로운 의사결정에 기하여 의식적으로 행한 행위를 말한다.

IV. 고의 또는 자살행위

보험계약의 보통보험약관에서 "피보험자가 고의로 자신을 해친 경우"를 보험자의 면책사유로 규정하고 있다.[286] 승객의 고의 또는 자살행위는 승객의 자유로운 의사결정에 기하여 의식적으로 행한 행위를 말한다.[287] 승객의 고

---

286) 관련 판례로 '망인은 평소 술에 취하면 자신의 신체에 대해 비판적인 태도를 나타내면서 죽고 싶다는 말을 자주 하였고 사고차량을 타기 전에도 그와 같은 비관적인 말을 하였던 점, 사고차량의 문은 여닫이 문으로써 완전히 닫힌 상태에서 뒷좌석 가운데에 혼자 타고 있던 망인이 고의로 문을 열지 않는 이상 문이 저절로 열리거나 아니면 문에 기대는 등의 무의식적인 행위로 인하여 문이 열리게 하기는 거의 불가능한 것으로 보이는 점 및 망인의 고의적인 행위 이외에 망인으로 하여금 승합차에서 추락하게 할만한 다른 사정이 없는 정황을 종합하여 이 건 사고는 망인의 고의 또는 자살행위로 인하여 발생한 것으로 추인하여, 자배법 제3조 단서 제2호의 승객이 사망하거나 부상한 경우에 있어서 그 사망 또는 부상이 그 승객의 고의나 자살행위로 인한 때에 해당한다'고 판시하고 있다. 대전지법 2001가단48825.
287) 운전자가 그동안 정을 통해오던 여자의 변심을 알고 찾아가 차에 태운 후 강제적인 성행위, 폭행, 감금 등을 하면서 여자의 정차요구에도 계속 이를 거절하자 여자가 달리는 차에서 무작

의 또는 자살행위로 인한 것이라는 사실의 입증책임은 그 책임을 면하려는 자동차운행자에게 있음은 물론이다. 이 경우 보험자가 보험금 지급책임을 면하기 위하여 위 면책사유에 해당하는 사실을 입증할 책임이 있는바, 이 경우 자살의 의사를 밝힌 유서 등 객관적인 물증의 존재나, 일반인의 상식에서 자살이 아닐 가능성에 대한 합리적인 의심이 들지 않을 만큼 명백한 주위 정황사실을 입증하여야 승객의 고의 또는 자살행위로 인한 것이라는 입증책임은 그 책임을 면하려는 자동차운행자에게 있음은 물론이다.288) 본 규정이 자동차의 운행으로 인하여 승객이 사망하거나 부상한 경우에 그것이 그 승객의 고의 또는 자살행위로 인한 것이 아닌 한 자동차의 운행자가 책임을 지도록 하여 절대적 무과실책임을 부과한 본 규정이 헌법상 정당한 이유 없이 자동차운행자의 재산권을 침해하고 평등원칙에 위배하여 위헌이라는 주장이 제기된 바 있으나 대법원과 헌법재판소는 합헌으로 보았다.289)290) 따라서 승객이 사상한 경우에는 승객이 아닌 자가 사상한 경우와는 달리 정당방위, 긴급피난, 불가항력 등에 의한 경우에도 그 손해배상책임을 면치 못한다. 이와 관련하여 대법원은 운행을 마치고 주차된 버스에서 난 사고라도 승객이 아직 내리지 못했다면 운행 중 사고로 본다. 재판부는 '운행'은 사람 또는 물건의 운송여부에 관계없이 자동차를 그 용법에 따라 사용 또는 관리하는 것을 말한다고 규정하고 있으며 자동차를 그 용법에 따라 사용한다는 것은 자동차의 용도에 따라 구조상 설비되어 있는 각종의 장치를 각각의 장치목적에 따라 사용하는 것을 말하는 것으로서 자동차가 반드시 주행상태에 있지 않더라도 주행의 전후 단계로서 주, 정차 상태도 이에 포함되는 것이라며 "버스가 주차되어 있었다고 하더라도 승객이 하차를 하지 않았다면 운행 중이었고 할 것이어서 결국 장씨가 시동이 꺼진지 얼마 되지 않는 버스에서 하차를 하던 중 발생한 이번 사고는 버스 운행으로 인해 발생한 것으로 보는 것이 상당하고, 장씨가 술에 취해 있었고 창문의 크기가 사람이 통과하기에 무리가 있음에도 하차를 시도하다 사망한 사실, 핸드폰이 있으면서 구조요청을 하지 않은 과실을 인정, 피고들의 책임을 30%로 제한 한다"고 판시

정 뛰어내려 사고를 당한 경우, 이는 급박한 범죄적 불법행위를 벗어나기 위한 행위로서 그의 자유로운 의사결정에 따라 의식적으로 행한 자살행위라고 단정하기는 어렵고 오히려 운전자의 범죄행위로 유발된 자동차 사고일 뿐이므로 이를 승객의 고의 또는 자살행위에 해당한다고 볼 수 없다. 대법원 1997. 11. 11, 선고 95다22115 판결
288) 대법원 2002. 3. 29, 선고 2001다49234 판결
289) 헌법재판소 1988. 5. 28, 선고 96헌가4 결정
290) 대법원 1998. 7. 10, 선고 97다52653 판결

하고 있다.291)

V. 결어

승객이 사망하거나 부상한 경우에 있어서 승객의 고의 또는 자살행위로 말미암은 것인 때에 운행자책임은 면제된다. 이 점에서 피해자가 승객인 경우에는 무과실책임을 인정하고 있다. 즉 운전자나 운전보조자의 보호영역 내에 들어 온 자는 보호영역을 이탈할 때 까지 운행자는 무과실책임을 지고 승객의 고의 또는 자살행위라는 것을 입증해야 책임이 면제되므로 현실적으로 면책이 불가능하다.

제 4 절 民法原則에 따른 면책사유

I. 서언

자배법 제3조 단서의 면책사유 이외에 자배법 제4조에 의하여 준용되는 민법의 일반원칙에 의하여도 면책된다. 이는 승객이 사상한 경우에 한하고 승객이 사상한 경우에는 자배법이 무과실책임주의를 취하고 있으므로 설사 민법에 의한 면책요건에 해당된다 하여도 자동차 운행자는 피해자인 승객에 대하여 손해배상책임을 면할 수 없게 된다. 그러나 승객이 아닌 자가 사상한 경우에는 자배법으로 인하여 입증책임이 전환되고 있으며 무과실책임은 아니다. 따라서 동 규정의 해석 취지 상 민법상의 불법행위 성립요건을 조각하는 사유에 해당하는 사유에 해당되는 때에는 면책이 논의될 수 있다. 그 것이 정당방위, 긴급피난, 책임무능력, 불가항력 등이다. 보통 위법성은 있지만, 어떤 특별한 사유가 있기 때문에 위법성이 조각되는 것으로는 정당방위, 긴급피난이 있고, 정당행위, 자구행위, 피해자의 승낙도 위법성이 전부 또는 일부 조각된다. 책임성이 조각되는 경우에는 책임무능력과 불가항력의 경우이다.

---

291) 서울중앙지법 2004가합98850.

Ⅱ. 정당방위

첫째로 정당방위이다. 형법상으로는 자기 또는 타인의 법익에 대한 현재의 부당한 침해를 방위하기 위하여 불법행위자에 대한 방위행위를 말한다.[292] 그 방위행위가 그 정도를 초과한 때에는 정황에 의하여 그 형을 감경 또는 면제할 수 있으며, 과잉방위의 경우에도 야간 기타 불안스러운 상태 하에서 공포, 경악, 흥분, 당황으로 인한 때에는 벌하지 아니한다.

민법상으로는 정당방위는 타인의 불법행위에 대하여 자기 또는 제3자의 이익을 방위하기 위하여 부득이 타인에게 손해를 가하는 행위다. 민법상의 정당방위는 형법상의 정당방위와 거의 같다. 다만 형법상의 정당방위는 가해행위가 방위의 대상인 불법행위자에 대한 방위행위에 한하나 민법상으로는 불법행위자가 아닌 제3자에 대한 가해도 무방하다는 것으로서 형법상의 그것보다 넓다고 할 수 있다. 이 경우 방위행위자는 제3자에 대하여 그로 인하여 생긴 손해를 배상할 의무를 지지 않는다. 그러나 방위행위로 인한 손해를 입은 제3자는 그 방위행위의 원인이 된다고 생각되는 불법행위자에 대하여 손해배상을 청구할 수 있는 것이다.[293] 예컨대 운전 중인 자가 강도에 의하여 현재의 위난을 피하기 위하여 통행인이나 승객에게 손해를 가한 때 운전자는 그 통행인이나 승객에게 손해배상책임을 지지 아니하고, 승객이나 통행인은 강도에 의하여 손해배상청구를 할 수 있다는 것이 된다. 다만 이 경우 자기를 위하여 자동차를 운행하는 자는 피해자인 통행인에 대하여는 손해배상책임의 부인을 주장할 수 있으나 승객에 대하여는 자배법 제3조 단서 제2호의 규정에 의하여 승객이 고의 또는 자살행위를 하지 않은 이상 손해배상책임을 면할 수는 없다. 과잉방위의 경우에는 손해배상책임을 면할 수 없으나, 배상책임은 경각된다 할 것이다.

Ⅲ. 긴급피난

둘째로 긴급피난이다. 긴급피난은 현재의 급박한 위난을 피하기 위하여 부득이 타인에게 손해를 가하는 경우이다.[294] 정당방위는 위법한 침해에 대한

---

292) 이재상, 전게서, 219면 ; 김일수·서보학, 전게서, 290면.
293) 김성태, 전게논문, 88면.
294) 이재상, 전게서, 236면 ; 김일수·서보학, 전게서, 306면.

방위행위이나 긴급피난은 위법하지 않은 침해로부터 피난이라는 점에 그 차이가 있다. 형법에서는 "자기 또는 타인의 법익에 대한 현재의 위난을 피하기 위한 행위는 상당한 이유가 있는 때에는 벌하지 아니 한다"라고 형법 제22조 1항에서 규정하고 있다. 그리고 동조 제2항에서 "위난을 피하지 못할 책임이 있는 자에 대하여는 전항을 적용하지 아니 한다"라고 규정하고 있다. 민법은 급박한 위난을 피하기 위하여 부득이 타인에게 손해를 가한 경우 정당방위에 관한 규정을 준용하고 있고, 형법상의 그것과 거의 같다. 그리고 급박한 위난은 당연히 피난자 즉 가해자의 고의나 과실로 발생한 것이어서는 아니 된다. 긴급피난 행위역시 위법성이 없게 되며, 그로 인하여 생긴 손해를 배상할 책임이 없다. 피난행위는 제3자에 대하여 행하여지는 것이라도 상관없음은 정당방위에 있어서와 같다. 이 경우에 제3자는 그가 받은 손해에 관하여 위난의 원인이 된 사람에게 손해배상을 청구할 수 있다.295)

IV. 불가항력

셋째로 불가항력이다. 불가항력이란 천재지변이나 저항할 수 없는 폭력 등 외래적 사실에 대하여 통상 요구되는 최상의 주의나 예방조치 등을 강구하더라도 손해를 방지할 수 없는 경우로서 보통의 무과실보다 엄격한 관념이라 할 수 있다. 따라서 판례상 불가항력을 이유로 면책항변을 용인한 판례는 거의 없다. 그러나 가해자의 고의나 과실에 의하여 조성된 위난을 피하기 위한 것은 긴급피난이나 불가항력에 포함되지 아니한다.296) 이는 위난을 초래한 과실이 있거나 위난을 피하지 못할 책임이 있는 자이기 때문이다.

V. 책임무능력

1. 책임능력의 의의

자기의 행위의 책임을 인식할 수 있는 능력을 책임능력이라고 한다. 자기의 행위에 의하여 일정한 결과가 발행하는 것을 인식하는 능력이 아니라, 그

---

295) 운전병이 제한속도 25Km 지점에서 시속 25Km의 고속으로 달리던 중 보행인 3명과 충돌을 피하기 위하여 방향을 바꾸다가 점포를 충격하여 화재가 발생하였다면 위 운전병의 행위가 긴급피난에 해당한다고 할 수 없다. 대법원 1968. 10. 22, 선고 68다1643 판결
296) 대법원 1981. 3. 24, 선고 80다1592 판결

결과가 위법한 것으로서 법률상 비난받는 것임을 인식하는 정신능력을 말한다.[297] 민법상으로는 책임능력에 관하여 일반적인 규정은 없으나 민법이 과실책임주의를 취하고 있고, 고의, 과실이 있다고 할 수 있기 위해서는 이론상 일정한 판단능력을 가지고 있는 것을 예정하는 것이고, 또한 민법 제753조와 제754조가 각각 '행위의 책임을 변식할 지능이 없는 때' 또는 '심신상실 중'에 행한 행위에 관하여는 불법행위책임을 지지 않는다는 뜻을 규정하고 있으므로 학설과 판례는 불법행위의 성립요건의 하나로서 책임능력이 있어야 한다고 본다.[298]

2. 책임능력의 정도

민법은 미성년자로서 그 행위의 책임을 변식할 지능이 없는 자와 심신상실자는 책임능력이 없다고 규정하고 있다. 이런 경우에 그의 감독자가 감독의무를 해태하지 않는 경우가 아닌 한 그 감독자에게 책임을 지우고 있다. 그러나 그 이외에 구체적인 책임능력자 기준을 구체적으로 규정하고 있지 않기 때문에 책임능력의 구체적인 정도는 제753조에서 규정하고 있는 '변식할 지능이 없는 자'에 비추어 해석하여 구체적인 판례에 적용되고 있는 실정이다. 한편 형법에서는 14세 미만의 자를 형사미성년자로 규정하고 있으나, 형사미성년자 기준은 민법상 불법행위능력에 관하여 13세 내외의 미성년자에 대하여 원칙적으로는 책임능력을 인정하되, 특별한 사정이 있는 경우에는 책임능력을 부인하고 있는 것으로 보인다.[299]
미성년자의 불법행위시 피해자 입장에서는 그 미성년자에게 책임능력이 없었다고 주장하는 것이 보통이다. 왜냐하면 미성년자의 책임능력이 부정되면, 민법 제755조의 책임무능력자의 감독자의 책임 규정에 의하여 그 친권자 등에게 배상책임이 돌아가게 되는 것이며, 미성년자는 책임능력이 인정되더라도 재산이 없는 경우가 보통이므로 그 친권자 등 감독자의 책임으로 귀속시켜야 피해자 측에서는 실질적으로 배상을 받을 수 있기 때문이다.

---

297) 곽윤직, 채권각론, 전게서, 393면 ; 이은영, 채권각론, 전게서, 808면.
298) 곽윤직, 채권각론, 상게서, 393면 ; 이은영, 채권각론, 상게서, 808면.
299) 대법원 1969. 2. 25, 선고 68다1822 판결 ; 대법원 1978. 7. 11, 선고 78다729 판결

3. 책임능력의 입증책임

책임능력은 일반인에게는 갖추어져 있는 것이 원칙이기 때문에 배상을 청구하는 피해자가 가해자의 책임능력이 있음을 입증할 필요는 없다. 불법행위자 즉 가해자 측에서 책임을 면하려면 책임무능력의 사실을 입증하여야 한다.

VI. 결어

이와 같이 민법상의 면책사유가 정당방위, 긴급피난, 불가항력적인 사유를 알아보았지만 실제로 자동차사고가 발생했을 때 민법뿐만 아니라 상법상의 면책사유 및 보험업법상 면책사유도 있다. 보험업법상 면책사유의 한 예로 보험업법 제158조에서는 "모집을 위탁한 보험사업자에게 배상책임을 지도록 하고 있으나 위탁함에 있어서 상당한 주의를 하였고 또 보험계약자에게 손해의 방지에 노력한 때에는 그러하지 아니하다"라고 규정하고 있다.300) 또한 자동차보험약관상 면책도 간과할 수 없다.

---

300) 화물자동차 소유자가 그 자동차로 인한 교통사고 전력이 있어 보험료의 할증이 예상되자 보험모집인의 권유를 받아들여 무사고 경력의 다른 사람 명의로 보험계약을 체결하였다가 그 피용자가 교통사고를 낸 뒤 고지의무 위반으로 보험계약이 해지된 사안에서 보험모집인이 보험업법 제156조 제1항 제1호에 규정된 금지 행위를 하여 그 결과 화물자동차 소유자가 사실을 모르고 보험계약을 체결함으로써 보험금을 받지 못하게 되는 손해를 입었다고 볼 수 없을 뿐만 아니라, 보험모집인이 모집을 하면서 실제 보험계약자인 화물자동차 소유자에 대한 관계에서 위법한 행위를 하고 그로 인하여 화물자동차 소유자에게 손해를 가하였다고 할 수 없으므로, 보험회사에 대한 보험모집인의 행위로 인한 보험업법 제158조 제1항의 손해배상책임을 부인하였다. 대법원 2002. 4. 26, 선고 2000다11065, 2000다11072 판결

제 7 장 結 論

자동차사고는 자동차의 운행으로 인하여 불가피하게 발생하고 사고의 발생원인은 도로상황, 자동차의 속도, 운행자의 주의상태 등에 의하여 복합적인 원인에 의하여 발생한다. 또한 자동차 사고는 대부분 순간적이고 쌍방의 과실에 의하여 발생하며, 또한 가해자도 부득이한 실수에 의하여 사고를 야기한 경우가 일반적이므로 가해자나 피해자 모두가 피해자라는 것을 가지는 특수한 면이 있다. 이와 같은 자동차 사고는 가해자 및 피해자의 구분을 쉽게 알 수 없을 뿐 아니라, 공평한 부책관계를 정하기가 쉽지 않고, 가해자 피해자 모두 구제해야 할 필요성을 가진다. 따라서 자동차 사고는 일반불법행위와는 근본적으로 달리 접근해야 할 필요성이 있고 가해자의 책임을 부과시키는 문제보다는 피해자에게 공평, 신속, 타당한 배상을 할 것인가가 중요한 과제로 등장하게 되고 가해자 역시 사회적 경제적으로 반드시 구제해야 하는 문제가 발생하게 된다.

이러한 문제 때문에 자동차사고에 있어서 손해배상을 보장하는 제도를 확립함으로써 피해자를 보호하고 자동차 운송의 발전을 촉진하기 위하여 자동차손해배상보장법이 탄생한 것이다. 이 법은 자동차사고에 있어서 지금까지 민법 규정의 미비함을 보충할 뿐만 아니라 우선 적용되는 특별법으로서 그 역할은 적지 않다고 할 수 있다. 또한 이 법에서 피해자란 좁은 의미에서의 피해자만으로 한정할 수도 있으나 실질적으로는 양자 모두 피해자라 할 수 있다는 측면을 볼 때 제정 의의는 더욱 크다고 할 수 있다.

자배법 제3조의 규정의 골격은 자동차의 운행으로 다른 사람을 사망 또는 부상하게 한 경우 그 자동차를 운행한 자는 손해배상책임을 지는 것이고 다만 승객 이외의 피해자에 대하여는 자기에게 고의, 과실이 없고 상대방 또는 제3자에게 고의, 과실이 있으며 자기의 자동차의 구조 및 기능상 결함이나 장해가 없음을 증명한 때 한하여 손해배상책임을 면할 수 있도록 하였고 면책조건에 입증책임을 과함으로써 실질적으로 책임을 면할 수 있는 경우를 극히 제한하였다. 이것은 민법의 일반불법행위의 원칙이라 할 수 있는 과실책임주의를 수정하여 조건부 무과실책임주의를 취하고 한편 승객인 피해자에 대하여는 승객이 고의 또는 자살행위로 인한 사상이 아니면 면책할 수 없도록 규정함으로써 절대적 무과실책임주의에 가까운 책임을 부과하였다. 운행에 관한 학설도 종전의 운행지배와 운행이익의 양자를 필요로 하는 이원설에서 운행지배 내지 지배가능성만 있을 경우에도 운행으로 보고자하는 시각으로 변해가는 것도 이 法의 제정취지를 비추어 볼 때 바람직한 모습이라 할 수 있다.

　엄격책임주의를 취하는 이 법의 제정 이외에도 책임보험의 가입의무화 및 피해자 직접청구제도 등 피해자 구제를 위한 많은 제도가 있음에도 불구하고 보험금 지급기준의 이원화로 인한 소송의 폭주 등 미흡한 면이 없지 않아 개선해야 할 과제가 적지 않다고 할 수 있다.

제 2 편 손해론

제 1 장 서   론

해마다 6천 명에 가까운 사망자와 10조원 상당의 사회적 비용301)을 야기하는 교통사고의 심각성은 단순한 사회문제를 넘어 심각한 수준에 이르렀다. 그럼에도 불구하고 교통사고가 발생해서 사람이 죽거나 부상당한 경우 일반적인 사람들은 어떻게 해야 할지 모르는 경우가 대부분이다. 가해자의 입장에서 얼마의 손해배상금을 지불해야 하는지도 피해자의 경우에 얼마의 손해배상금을 받아야 하는지도 쉽게 알 수 없다. 교통사고가 발생 했을 때부터 민사적 측면에서 손해배상책임이 발생하는데 교통사고로 인한 인적 손해가 발생하였을 경우 과연 피해자가 가해자에게 가지는 법률상 손해배상의 범위는 어디까지 인가가 문제된다.

손해배상의 범위에 대한 법적 근거는 민법 제393조 통상손해, 특별손해에 관한 규정에 의한다.302) 이에 따른 손해의 내용은 재산적 손해와 정신적 손해로 구분되고, 재산적 손해는 치료비 등과 같은 적극적 손해와 일실이익과 같은 소극적 손해로 구성되며 정신적 손해는 위자료라고 칭한다.

자동차사고로 인한 인적 손해에 있어서 손해배상의 범위와 관련하여 치료비와 관련된 적극적 손해와 관련해서는 개호비 정도가 문제된다. 그러나 손해배상액의 대부분을 차지하는 소극적 손해인 일실이익과 관련해서는 산정방식이나 범위를 둘러싸고 그 대립이 심각하다고 할 수 있다. 따라서 소극적 손해인 일실이익의 적정한 산정이 자동차사고로 인한 인적 손해배상이론에 있어서 가장 중요한 과제라 할 수 있다. 소극적 손해인 일실이익은 그 구성

---

301) 도로교통공단, 교통사고 통계분석, 교통사고종합분석센터, 2010. 6면. 2009년 12월 31일 기준으로 차량등록대수는 17,325,210대이고, 2009년 한 해 동안 교통사고발생건수는 231,990건이며, 사망자는 5,838명이고, 부상자는 361,875명이다.

302) 자동차손해배상보장법 4조에서 제3조의 규정에 의한 경우 외에는 민법의 규정에 의한다고 규정되어 있고, 손해배상의 범위와 관련하여 민법 393조 외에도 394조 손해배상의 방법, 396조 과실상계, 399조 손해배상자의 대위 등 채권 총칙편의 규정들이 불법행위로 인한 손해배상에 준용하고 있다.

이 소득, 과실, 장해(노동능력상실률)로 구성되어 있고, 본 편에서는 제2장에서 소득, 장해 제3장에서 과실에 대하여 분석적으로 접근하였다.

　법익침해로 인한 손해배상액을 산정하는 과정은 법이론 보다 구체적 타당성에 기초하여 기술적·정형적으로 이루어진다는 측면에서 판례의 태도를 주의 깊게 살펴보아야 한다. 따라서 교통사고로 인한 인적 손해의 범위를 이해하기 위하여 축적된 판례를 통한 구체적 타당한 기준을 제시하고 대안을 모색하고자 하였다.

제 2 장 손해배상의 범위

제 1 절　　손해의 종류

I. 적극손해

1. 치료비

　치료라 함은 의학 지식, 약품, 시설, 기구 등을 이용하여 손상이나 질병을 원상으로 회복하는 의료행위를 말한다. 증세의 호전이나 완치 뿐 아니라 증세의 악화방지 등을 위한 것도 포함된다.303) 치료비라 함은 응급조치비, 후송비, 진찰료, 입원료, 투약료, 수술비, 처치료, 통원비, 전원비, 퇴원비 및 간호비 등으로 치료상 필요하고도 상당한 비용을 말한다. 이러한 치료비는 사고와 상당인과관계가 있는 치료비만 인정된다.304) 사고와 관련한 한방치료비에 대하여 상해로 훼손된 생리기능을 회복하기 위하여 한약을 복용한 경우라면 청구가 인용될 것이지만305) 이와 상관없이 보약을 복용한 경우에는 상당성을 인정하기 어렵다. 교통사고환자 진료비와 관련하여 건강보험 적용

---

303) 대법원 1988. 4. 27, 선고 87다카74 판결
304) 이와 관련하여 과잉진료의 문제가 있다. 현대의료가 고도의 전문성을 인정받은 자격있는 의사가 한 진료행위는 일응 그 필요성과 합리성이 추정된다고 볼 수 있다. 하지만 교통사고의 구체적 경위, 피해자의 상해 부위나 정도에 비하여 사회통념상 도저히 수긍하기 어려운 과다한 진료비가 나왔다면 손해의 공평 분담의 견지에서 검토되어야 한다. 이보환, 자동차사고손해배상소송, 육법사, 2010, 410면 ; 서울중앙지법 교통·산재 실무연구회, 손해배상소송실무(교통·산재), 한국사법행정학회, 2005, 267면.
305) 대법원 1971. 5. 24, 선고 71다576 판결

가능 여부가 문제된다. 종래에는 의료보험법 제41조에서 자신의 범죄행위에 기인한 사고는 보험급여를 실시하지 아니한다고 규정하였고, 대법원이 동조의 범죄행위에 고의 또는 과실행위에 의한 도로교통법 위반도 포함된다고 판결306)함으로서 교통사고 환자의 진료비를 건강보험에서 제외시켰었다. 그러나 2000년 1월 1일 의료보험법이 폐지되고 국민건강보험법이 시행되면서 고의 또는 중대한 과실로 인한 범죄행위로 인한 사고는 보험급여를 하지 아니하는 것으로 규정하고 있고, 이에 따라 고의 또는 중대한 과실이 아닌 경과실로 인한 교통사고는 건강보험급여의 대상이 된다고 할 것이다.307)

2. 개호비

교통사고 환자가 중상을 입어 치료 중 도움을 받아야 하거나, 치료 후에도 불치의 장해로 평생 동안 다른 사람의 조력을 받아야 하는 경우 필요한 비용을 말한다. 이러한 개호비가 통상의 손해임에는 분명하다.308) 일상생활에 필요한 조력 뿐 아니라 인간다운 삶을 누릴 수 있도록 조력을 받는 것도 포

---

306) 대법원 1994. 9. 27, 선고 94누9214 판결, 오토바이를 타고 가다 안전거리 미확보로 선행차를 추돌하여 오토바이 운전자가 다친 사고에서 범칙금이 부과되는 도로교통법 위반행위도 의료보험법 제41조 소정의 범죄행위에 포함되므로 보험급여를 행하지 아니하는 것으로 판시하였다.
307) 치료비와 관련하여 진료비지급보증제도가 있다. 보험회사는 교통사고 피해자가 청구하거나 그 밖의 원인으로 교통사고환자가 발생한 것을 안 경우에는 지체없이 그 교통사고환자를 진료하는 의료기관에 해당 진료에 따른 자동차보험진료수가의 지급의사 유무와 지급한도를 알려야 한다. 진료비의 지급의사와 지급한도를 통지받은 의료기관은 보험회사에게 국토해양부장관이 고시한 기준에 따라 자동차보험진료수가를 청구할 수 있다. 이에 따라 의사의 진단 기간 내에서 치료에 소요되는 비용으로 하되, 관련법규에서 환자의 진료비로 인정하는 선택진료비를 포함한다. 그리고 응급치료, 호송, 진찰, 전원, 퇴원, 투약, 수술(성형수술 포함), 처치, 의지, 의치, 안경, 보청기 등에 소요되는 필요타당한 실비도 보상내용이 된다. 뿐만 아니라 치아 보철비로 금주조관보철에 소요되는 비용 및 치아보철물이 외상으로 인하여 손상 또는 파괴되어 사용할 수 없게 된 경우에는 원상회복에 소요되는 비용을 포함한다. 다만 입원 병실의 경우 진료비 지급 기준은 대중적인 일반병실(6인 실)을 기준으로 하고 있고, 다만 의사가 치료상 부득이 기준병실 보다 비싼 병실에 입원해야 한다고 판단했을 경우에는 그 병실의 진료비를 지급하도록 하고 있다. 그리고 병실의 사정으로 부득이 상급병실에 입원하였을 때에는 7일의 범위 내에서 그 병실의 입원료를 지급하도록 하고 있다. 병실이 없더라도 7일을 초과하는 상급병실료는 인정하지 않고 있다.
   이에 대한 예외로는 보험회사가 지급의사가 없다는 사실을 알리거나 지급의사를 철회한 경우, 보험회사 등이 보상해야 할 대상이 아닌 비용의 경우, 지불보증 한도를 초과한 진료비의 경우, 피해자 직접청구권 및 가불금에 의한 진료비를 보험사로 청구하는 경우, 그 외 국토 해양부령으로 정하는 사유에 해당하는 경우가 있다.
308) 대법원 1971. 3. 9, 선고 71다222 판결

함되고,309) 식물인간 또는 사지마비 환자에게만 인정되는 것은 아니다.310) 그리고 정신적 신체적 장해로 타인의 도움을 받아야 할 경우도 포함된다.311) 개호의 필요여부는 환자 상태에 따른 전문의의 소견에 의하나 법원이 기속되어야 하는 것은 아니다.312)

개호는 사실심 변론종결일을 기준으로 기왕개호와 향후개호로 구분된다. 기왕개호에 대하여 개호인의 개호가 아닌 부모, 배우자 등 근친자의 개호를 받아도 손해배상청구를 할 수 있다.313) 향후 개호와 관련하여 손해배상 청구금액에서 상당히 큰 몫을 차지하는 데 개호의 정도가 문제된다. 과거 대법원은 성인여자 1인 개호의 원칙을 견지하여 왔다. 그러나 예외적으로 수면시간을 제외한 16시간을 2인이 교대로 개호해야 하는 특별한 사정이 있는 경우로서, 피해자 혼자 힘으로 기동이 불가능하고 대·소변 처리 및 식사를 할 수 없고, 정신적 기능장해가 있어 누군가 옆에서 항상 감시하는 것이 필요한 경우에는 2인을 인정하였다.314)

개호시간에 따른 인정 여부에 관하여 종전의 판례는 비율적 인정을 하지 않는 것이 주류였으나 최근에는 구체적 사안에 따라 장해의 정도, 보조기의 사용 등에 적응 가능성, 개호의 내용 등에 비추어 1.5인의 개호가 필요하다고 하거나315) 일정기간은 1인, 일정기간은 0.5인으로 개호가 필요하다316)고 하는 등 비율적 인정을 다양하게 인정하는 추세이다.

3. 장례비

고의 또는 과실로 타인의 생명을 해한 사람은 장례에 대한 비용을 손해배

---

309) 대법원 1990. 10. 23, 선고 90다카15171 판결
310) 대법원 1991. 2. 26, 선고 90다15419 판결, 그러나 현재 자동차보험 보통약관에서는 개호비에 대하여 식물인간 또는 사지마비 환자에게만 인정하고 있다. 보편적인 법감정과 상당히 거리가 있는 약관규정으로 인해 교통사고 피해자와 가해자를 대리하는 보험사와 분쟁이 상당히 많고, 장차 개호비의 인정범위를 넓히는 것으로 약관 개정될 것이 요망된다.
311) 대법원 1996. 12. 20, 선고 96다41236 판결 ; 대법원 1998. 12. 22, 선고 98다46747 판결 ; 대법원 2001. 9. 14, 선고 99다42797 판결, 그러나 동 판결에서 사고 후 식물인간이 되었으나 4년 경과 후 호전되어 평지 보행이 가능하고 타인의 도움 없이 식사, 대소변 가리기 등이 가능한 상태인 점과 나이 등에 비추어 개호비 청구를 기각하였다.
312) 대법원 1998. 12. 22, 선고 98다46747 판결
313) 대법원 1996. 12. 20, 선고 96다41236 판결
314) 대법원 1989. 10. 10, 선고 88다카20545 판결 ; 대법원 1991. 5. 10, 선고 91다5396 판결
315) 대법원 2004. 6. 25, 선고 2004다6917 판결
316) 대법원 2002. 5. 14, 선고2000다3330 판결

상의 일부로 부담해야 할 것이고[317] 그 범위는 묘비대 등 사회통념상 또는 장례풍속에 비추어 상당하다면 장례비의 일부로서 인정된다.[318]

4. 진단서, 신체감정비, 변호사 비용

진단서의 비용은 민사상 손해배상 청구에 필수적인 것이므로 그 비용은 불법행위로 인한 손해배상의 범위에 포함된다.[319] 그러나 법원의 감정명령에 따른 신체감정비용은 소송비용으로 청구할 수 있으므로 소구할 이익이 없다.[320]

변호사 비용은 사안의 성질 등을 고려하여 어쩔 수 없이 변호사에게 소송을 위임하게 된 특별한 사정이 인정되는 경우는 인정하였으나[321] 변호사 강제주의를 채택하지 않는 우리 법제 하에서 불법행위와 변호사 비용 사이에 인과관계가 없다는 이유로 부인하고 있다.[322] 다만 실질적으로 대립하는 상대방이 소송에서 자기의 권리 신장을 위해 공격, 방어할 수 있는 기회가 보장된 대심적 소송구조에 해당될 때 변호사 보수는 일정한 경우 변호사 보수규칙 3조 2항 본문에 따라 소송비용에 산입하는 경우도 있다.[323]

II. 소극손해

1. 서언

소극손해란 교통사고로 인한 사망 또는 상해로 얻지 못한 소득을 말한다. 다시 말하면 사고가 없었다면 정상적으로 얻을 것으로 예측되는 손해를 말한다. 이것은 피해자의 노동능력이 가지는 재산적 가치를 정당하게 반영할 수 있도록 나타난 구체적 사정을 기초로 객관적이고 합리적인 자료에 의해

---

317) 대법원 1966. 10. 11, 선고 66다1456 판결
318) 대법원 1979. 6. 12, 선고 77다2466 판결 ; 대법원 1984. 12. 11, 선고 84다카1125 판결
319) 대법원 1974. 11. 12, 선고 74다483 판결
320) 대법원 1987. 3. 10, 선고 86다카803 판결 ; 대법원 1987. 6. 9, 선고 다카2200 판결 ; 대법원 1995. 11. 7, 선고 95다35722 판결 ; 대법원 2000. 5. 12, 선고 99다68577 판결
321) 대법원 1972. 2. 29, 선고 71다2622 판결
322) 대법원 1978. 8. 22, 선고 78다672 판결 ; 대법원 2010. 6. 10, 선고 2010다15363, 2010다15370 판결
323) 대법원 2010. 5. 25, 자 2010마181 결정

피해자의 수입금액을 확정하여 이를 기초로 산정해야 한다.324) 일실이익이라고도 하는 바 실제 소송에서 매우 첨예하게 다투어 지는 부분이다. 이것은 불법행위 당시 피해자가 종사했던 직업의 소득을 기준으로 해서 산정할 수도 있고, 피해자의 특별한 기술이나 자격 등을 통한 통계소득을 기준으로 할 수도 있다.325)

2. 소극손해에 관련된 개념

(1) 일실이익의 본질

첫째는 차액설(현실손해설, 소득상실설)이다. 종래의 통설이다.326) 이 견해는 사상 그 자체를 손해로 보지 않고 사상에 의하여 실제 발생한 재산적 상태의 차액, 즉 소득감소액을 손해로 본다.327) 이 견해는 소득감소액이 없는 무직자, 유아일 경우 산정 자체에 어려움이 있다. 또한 일정한 소득이 있다 하더라도 그 소득을 언제까지 유지할 수 있을지 객관화하기 어려운 단점이 있다. 그리고 수상으로 노동능력의 일부를 상실하였으나 실제 수입의 감소가 없다면 손해는 부정된다. 이를 산식으로 한다면 사고가 없었을 경우 장래 예상 소득액에 사고로 현실적인 장래예상 소득액을 공제하고, 생계비 및 중간이자를 공제하면 된다.

둘째는 평가설(사상손해설, 가동능력상실설)이다. 이 견해는 사상 그 자체를 손해로 본다. 즉 상실된 노동능력의 가치를 손해의 본질로 보고 노동능력의 가치를 불법행위 당시의 소득이나 추정소득으로 평가하는 방식이다.328) 이 설은 무직자, 유아의 경우 소득 자체가 없으므로 기초 소득액 책정에 어려움이 있다. 그래서 20세 이상이면 도시 또는 농촌 보통인부 노임으로 산정한다. 이를 산식으로 한다면 사고 당시의 소득에 장래 예측되는 수입 증가액을 합하여 노동능력상실률과 가동기간을 곱해서 생계비 및 중간이자를 공

---

324) 대법원 1997. 10. 24, 선고 96다33037, 33044 판결
325) 대법원 1988. 4. 12, 선고 87다카1129 판결
326) 高崎尙志, 自動車事故の責任と賠償, 第一法規出版株式會社, 1985, 202면 ; 이보환, 전게서, 250면; 대법원 1981. 7. 7, 선고 80다454 판결 ; 대법원 1979. 10. 30, 선고 79다1441 판결 ; 대법원 1976. 10. 12, 선고 76다1313 판결
327) 대법원 1990. 11. 23, 선고 90다카21022 판결
328) 宮田量司, 自動車事故の 損害賠償責任, 文眞堂, 1990, 31頁 ; 대법원 1990. 11. 23, 선고 90다카21022 판결

제하면 된다.

판례는 일실이익의 본질에 관하여 차액설과 평가설을 모두 인정하였고 다만 차액설의 경우 향후 소득의 예측이 합리적이고 객관적일 것을 요하고, 평가설의 경우 단순히 신체적인 기능장해율이 아니라 연령, 교육정도, 직업 숙련도, 장해의 정도, 전업가능성, 사회적·경제적 조건을 모두 참작하여 경험칙에 따라 합리적이고 객관적일 것을 요한다.329) 그러나 불확정한 미래에 대한 예측이므로 합리적이고 객관성이 있으면 족하고, 어느 한 쪽 만이 정당한 방법이라고 할 수는 없다.330) 그리고 어느 방법이나 사망한 때는 생계비는 공제해야 하고, 미래 수익에 대하여 현재가치로 환산하기 위해서는 중간이자는 공제한다. 최근의 실무 동향은 평가설에 따라 사고 당시의 소득에 노동능력상실률을 곱하여 적용하는 것이 주류적인 추세이고,331) 차액설로 보완하는 방식을 취한다.332)

사견으로는 현실적으로 손해배상을 채무를 이행할 때 그 손해액 산정 시 어느 일방적 견해만을 따른다고 할 수 없다. 즉 교통사고로 입원치료를 한 기간 동안 일을 못함으로서 발생한 휴업손해를 산정함으로써 차액설이 반영되고, 추후 일정기간동안 가동능력이 상실됨으로서 현실소득액에 가동기간 동안의 상실된 가동능력을 평가함으로써 평가설이 반영된다. 따라서 두 견해가 모두 반영되어 손해액이 산정되므로 어느 한 학설에 따르기 보다는 구체적 사안에 따라 어떤 입장에서 일실이익을 산정하는 것이 손해배상제도의 이념에 합치될 것인가를 판단하는 것이 중요하다.333) 그러한 측면에서 중복

---

329) 평가설의 입장에 선 최초의 판결은 대법원 1979. 2. 13, 선고 78다1491 전원합의체 판결이다. 그 후에도 판결이 평가설의 입장이다. 대법원 1987. 1. 20, 선고 86다카1106 판결 ; 대법원 1989. 1. 17, 선고 88다카122 판결
330) 대법원 1992. 11. 13, 선고 92다14526 판결 ; 대법원 1994. 9. 27, 선고 94다26134 판결 ; 대법원 1996. 1. 26, 선고 95다35623 판결
331) 대법원 1997. 7. 22, 선고 95다6991 판결 ; 대법원 1992. 12. 22, 선고 92다19088 판결 ; 대법원 1990. 11. 23, 선고 90다카21022 판결 ; 대법원 1987. 3. 10, 선고 86다카331 판결 ; 대법원 1988. 3. 22, 선고 87다카1580 판결
332) 노동능력이 감소되었음에도 수입의 감소가 없는 경우가 문제 될 수 있다. 종래 판례는 차액설의 입장에서 사고 후 수입의 감소가 없는 경우에는 일실수입을 부정했으나(대법원 1981. 9, 22 선고 80다3256 판결 ; 대법원 1971. 12. 28, 선고 71다2254 판결), 현재는 평가설의 입장에서 서 있다. 즉 불법행위로 신체의 일부가 훼손된 피해자가 종전과 같은 직종에 종사하면서 종전과 동일한 수입을 창출했다 하더라도 잔존 가동능력이 정상적 한계에 맞는 것이라는 사정이 나타나지 않는 한 피해자가 신체기능의 훼손에도 아무런 재산상 손해를 입지 않았다고 단정할 수 없다(대법원 2002. 9, 4, 선고 2001다80778 판결 ; 대법원 1996. 1. 26, 선고 95다41291 판결 ; 대법원 1995. 12. 22, 선고, 95다31539 판결 ; 대법원 1995. 1. 20, 선고 94다38731 판결).

적용된다고 보는 것이 타당할 것이다.334)

　(2) 현실소득액

　1) 기준시기

　특별한 사정이 없는 한 불법행위 당시 그 직업으로부터 얻고 있던 수입금
액을 기준으로 해야 한다.335) 그리고 피해자가 실제 일정한 수입을 얻고 있
었던 경우 실제로 수령한 금원을 확정하여 이를 기준으로 삼아야 하고, 신빙
성 있는 실제 수입의 증거가 없을 경우에는 유사직종에 대한 통계소득에 의
하여 일실수입을 산정해야 한다.336)

　2) 월평균현실소득액의 적용

　① 증가가 예상되는 수입

　종래에는 장래에 예상되는 수입증가액에 대하여 특별손해로 보아 사고 당
시 통상 예견될 수 있는 것이 아니라면 배상을 구할 수 없다고 판시하였으
나337) 종래의 입장을 폐기하고 통상의 손해로 보았다.338) 즉, 원칙적으로
사고 당시의 임금수입으로 판단하지만 장래에 수입의 증가가 확실시 되는
객관적 자료가 있을 때는 일실수입의 산정에 포함될 수 있다고 보았다. 이와

---

333) 오지용, 손해배상의 이론과 실무, 동방문화사, 2008. 38면.
334) 즉, 평가설은 가동능력이 상실될 정도의 중상일 경우에 적용되는 것이고, 가동능력이 상실되
　　지 않는 경상환자일 경우는 여전히 차액설의 적용을 받는다. 예를 들어 경미한 사고로 일정기
　　간 치료를 하여 완치된 경우 손해배상의 범위는 치료비, 위자료, 휴업손해로 구성되고, 후유장
　　해가 발생하지 않았으므로 노동능력상실에 대한 평가를 받을 여지가 없다. 따라서 경상일 경우
　　차액설이, 노동능력상실에 대한 평가를 받아야 하는 중상일 경우 차액설과 평가설이 중복 적용
　　된다는 것이 타당할 것이다.
335) 대법원 1991. 1. 11, 선고 90다7500 판결
336) 대법원 1997. 4. 25, 선고 97다5367 판결
337) 대법원 1987. 9. 8, 선고 86다카816 판결 ; 대법원 1981. 4. 14, 선고 80다2322 판결 ; 대
　　법원 1981. 10. 24, 선고 80다1994 판결 ; 대법원 1987. 4. 14, 선고 86다카1905 판결 ; 대
　　법원 1987. 9. 8, 선고 86다카816 판결
338) 대법원 1989. 12. 26, 선고 88다카6761 전원합의체판결 ; 대법원 1992. 11. 13, 선고 92다
　　14526 판결 ; 대법원 1994. 5. 24, 선고 94다2039 판결 ; 대법원 1995. 7. 11, 선고 95다
　　8850 판결 ; 대법원 1984. 2. 14, 선고 83다카2105 판결

관련하여 이른바 호봉승급의 문제가 있다. 사고 이후 호봉의 승급에 따른 수입의 증가가 있는 경우 판례는 통상의 손해로 보았다.[339] 다만, 법령이나 단체계약, 취업규칙 등에 의하여 호봉승급이 정기적, 일률적이어야 하고, 승급에 따른 임금의 증가분이 사전에 결정되어 있어야 할 뿐 아니라 승급 규정에 따른 임금인상이 현실적으로 있어야 인정될 수 있다. 그러나 사고 후 법령의 개정으로 정년이 연장된 경우 증가된 수입은 여전히 특별손해로 보았다.[340]

② 사고 후 폐업이나 도산

사고 후에 피해자가 근무하던 회사가 폐업이나 도산하였을 경우에는 피해자가 정년까지 계속 근무하였을 것을 전제로 일실소득을 산정할 수는 없고, 피해자의 연령, 교육정도, 종전 직업의 성질, 경력, 숙련도, 전업가능성, 그 밖의 경제적 사회적 조건과 경험칙에 비추어 장래 종사가 가능할 것으로 보이는 직업의 소득을 반영하여야 한다.[341]

③ 불법소득

기본적으로 법으로 금지된 행위를 통한 소득은 인정되지 않는다. 허가나 면허를 받고 해야 함에도 무면허, 무허가로 얻은 소득은 일실이익의 기준이 되지 않는다.[342] 다만 이것을 일률적으로 볼 것은 아니고 입법취지와 비난가능성의 정도, 위법성의 정도를 감안하여 구체적, 개별적으로 판단하고 있다.[343] 단순한 신고사항 위반이나 단속규정을 위반한 경우에는 소득액의 산정을 부인하지 않고 있다.[344]

---

339) 대법원 1990. 4. 10, 선고 89다카27093 판결 ; 대법원 1990. 6. 12, 선고 90다카3130 판결
340) 대법원 1991. 5. 24, 선고 90다18036 판결 ; 대법원 1992. 11. 27, 선고 92다24561 판결
341) 대법원 1997. 4. 25, 선고 97다5367 판결
342) 대법원 1995. 6. 29, 선고 95다10471 판결
343) 대법원 1994. 6. 14, 선고 94다9368 판결 ; 대법원 2004. 4. 28, 선고 2001다36733 판결 ; 대법원 1986. 3. 11, 선고 85다카718 판결
344) 대법원 1968. 1. 23, 선고 67다2502 판결 ; 대법원 1976. 1. 27, 선고 75다599 판결 ; 1986. 3. 11, 선고 85다카718 판결 ; 대법원 1988. 6. 28, 선고 86다카2805 판결 ; 대법원 1994. 6. 14, 선고94다9368 판결

④ 미신고 소득

피해자가 근로소득을 세무당국에 원천징수한 경우 사고 당시의 수입금액으로 보는 것이 당연하다.[345] 그러나 신고 소득 이외에 다른 소득이 있었다는 객관적이고 합리적인 자료가 있다면 신고소득액만을 사고 당시 수입으로 산정할 수는 없다.[346] 신고하지 않았다고 위법한 소득이라고 볼 수는 없기 때문이다. 다만 엄격한 증명이 필요하다.[347]

⑤ 외국인의 수입

외국인의 수입액과 관련하여 국내임금기준설과 본국임금기준설이 있으나 국내임금 및 본국임금병용설이 타당하다. 그 이유는 국내에서 취업하고 노동에 의한 일정 수입을 얻는 이상 국내 취업활동으로 얻는 수입을 기초로 산정하는 것과[348] 사고가 없었을 경우 외국에서 거주할 사정이었고, 그 외국에서 얻을 수 있는 수입을 기초로 일실수입을 산정하는 것이 사실에 부합하기 때문에 그러하다.[349]

따라서 일시적 체류 외국인일 경우 국내 체류 기간은 국내 수입을, 그 이후는 출국할 것으로 상정되는 국가에서 얻을 수 있는 수입을 기초로 한다. 그런데 국내임금을 참작하는 기간이 문제되는데 취업가능기간은 입국 목적과 경위, 사고시점의 본인의사, 체류 자격 유무, 체류기간, 기간연장의 실적 내지 개연성, 취업현황 등 사실적 규범적 요소를 고려하여 인정한다.

이러한 법리는 설사 불법체류자라 하더라도 사고 당한 피해자의 취업활동 자체가 공서양속이나 사회질서에 반하지 않는 것으로 사법상 당연 무효가 되지 않는 이상 마찬가지로 적용된다.[350] 그래서 불법체류일 경우 허가된 체류 기간이 경과해도 상당한 기간[351]은 우리나라 통계소득을, 나머지 기간

---

345) 대법원 1997. 4. 25, 선고 97다5367 판결 ; 대법원 1998. 4. 24, 선고 97다58026 판결 ;
    대법원 1999. 5. 25, 선고 98다5661 판결
346) 대법원 1997. 12. 12, 선고 97다36507 판결
347) 이주흥, 실무손해배상책임법, 박영사, 1996, 286면.
348) 윤태식, "외국인의 인신손해배상액 산정에 있어서의 일실이익과 위자료", 법조, 2003. 9.
    104면.
349) 대법원 1995. 5. 12, 선고 93다48373 판결
350) 대법원 1998. 9. 18, 선고 98다25825 판결

은 본국에서의 일실이익을 산정한다.[352]

3) 문제점 및 개선방안

소득적용과 관련한 문제점은 현실적으로 확인되지 않는 미래의 소득, 불법소득, 세무자료를 통한 입증이 되지 않은 미신고 소득, 외국인의 소득 등 객관적으로 입증이 명확하지 않는 소득에 대하여 법원은 가해자와 피해자의 한쪽에 치우치지 않고 중립적 입장에서 나름대로 고뇌의 흔적이 충분이 보인다. 즉 피해자의 입장을 고려하여 비록 법률적 근거에 따른 소득이 입증되지 않았다 하더라도 통계소득의 적용범위를 넓혀 적용하였고, 가해자의 입장을 고려하여 가급적 법률적 근거에 따른 소득을 적용하되 예외적으로 불가피한 경우에 객관적으로 입증된 부분에 한하여 통계소득을 적용하였다. 그러나 이러한 법원의 판단이 최근 권리의식이 팽배해진 법률수요자인 국민의 입장에서 볼 때 피해자 및 가해자의 신뢰를 얻기 보다는 불신을 초래하고 있음도 간과할 수 없다.

따라서 개선방안을 생각한다면 소득적용에 대한 기준을 위의 각각의 경우에 세무자료를 통한 입증이 불가능할 경우 사전에 일정한 기준이나 지침을 설정하여 적용하는 것이 좋을 것이다. 재판을 하는 법원의 입장에서도 첨예한 대립이 있는 소득적용에 있어서 수월할 수 있을 뿐 아니라 가해자 및 피해자의 입장에서도 사고 발생 이전에 미리 정하여진 기준이므로 그 적용에 이의를 제기하기가 그만큼 어려울 것이다. 다시 말하면 법원의 자의적 판단보다 미리 정하여진 지침 및 기준을 적용하게 되면 법률 수요자 누구든지 가해자가 될 수 있고, 피해자가 될 수 있으므로 그만큼 공정해 질 수 있는 것이다.

(3) 노동능력상실

1) 의의

---

351) 대략 2년~3년으로 보고 있다. 2년으로 본 판결(서울지법 1997. 2. 26, 선고 96가단 45083 판결), 3년으로 본 판결(인천지법 1998. 4. 23, 선고 97나6681 판결)
352) 대법원 1988. 9, 18, 선고 98다25825 판결

장해라 함은 신체기능의 영구적인 훼손상태를 말한다. 즉 교통사고로 피해자가 부상을 당하여 치료를 받아서 부상이 치유 되었으나 신체적·정신적 훼손상태가 영구적으로 남아 노동능력의 감소를 말한다. 여기서 영구적이라 함은 원칙적으로 더 이상 호전이 되지 않는 상태를 말한다. 후유장해라고 하기도 한다. 따라서 노동능력상실 여부와 정도는 당연히 치료가 종결되거나 증상이 고정된 상태여야 판단할 수 있다.353)

그러나 정도의 차이는 있다 하더라도 일정 시점에서 회복이 중단되는 것은 아니고, 정신기능, 신경기능 등과 같은 경우는 수년이 지나야 판단할 수 있는 경우도 있다. 따라서 치료중이라도 불가피하게 판정해야 할 때에는 특별한 사정이 없는 한 치료 종결 후의 상태를 예측하여 엄격하게 판단해야 한다. 노동능력상실률을 평가할 때 보조기 등의 착용 여부에 따라 노동능력상실률에 차이가 있을 경우 특별한 사정이 없는 한 보조기를 착용한 상태를 기준으로 평가해야 한다.354)

노동능력상실이 두 곳 이상 중복되었을 때를 중복장해라 하고, 이 경우 단순히 합산하여 평가하지 않고, 큰 장해의 상실률을 기준으로 하고 잔존능력 상실률에 나머지 상실률을 곱하여 합산한다.355) 노동능력상실이 일정 시간이 흐른 다음 호전될 수 있는 경우 이론상 한시장해라 하고 장해기간을 2년 또는 3년 등의 한시적으로 보아 장해기간에 상응하는 기간 동안만 노동능력상실률에 의거 일실이익을 산정한다.

2) 노동능력상실률

노동능력상실률은 의사의 감정과 피해자의 후유증에 대한 객관적·구체적 정도와 정신적·육체적 활동에 미치는 영향 등을 확정하고 성별, 연령, 교육정도, 직업종류 등 사회·경제적 조건 등을 참작하여 합리적이고 객관적인 방법에 의하여 규범적으로 평가 및 판정해야 한다.356) 따라서 자동차손해배

---

353) 대법원 1980. 7. 8, 선고 80다579 판결, 원고의 증세가 좌측 족관절 전면부 압통 및 동통의 자각증으로서 이는 영구불구의 상해라고 볼 수 없고, 노동능력이 감소 내지 상실되었다고 볼 수 없다.
354) 대법원 1998. 4. 28, 선고 96다24712 판결
355) 대법원 1995. 1. 20, 선고 94다38731 판결 ; 대법원 1993. 10. 12, 선고 93다21576 판결 ; 대법원 1991. 6. 25, 선고 91다1547 판결
356) 대법원 2004. 2. 27, 선고 2003다6873 판결 ; 대법원 2003. 10. 10, 선고 2001다70368 판결 ; 대법원 2002. 9. 4, 선고 2001다80778 판결 ; 대법원 1999. 3. 23, 선고 98다61951

상보장법 시행령에서 노동능력상실률이 일률적으로 규정되어 있지 않고 있고, 이것은 당해 피해자의 직업, 연령, 경력 등이 각기 다르기 때문에 법령에서 획일적으로 규정할 수 없기 때문이다.357) 또한 자동차손해배상보장법 시행령에서 후유장해 등급 기준은 책임보험 가입한도로서의 기준을 가질 뿐이라는 측면에서도 노동능력상실률을 규정하는 것이 의미가 없고 구체적인 사안별로 법원의 합리적 판단이 타당할 것이다. 그러나 현실적으로 보았을 때 수 많은 교통사고를 일일이 법원의 판결에 맡길 수 없는 현실과 노동능력상실률이 손해배상의 중요한 요소라는 점, 평가가 쉽지 않다는 점,358) 민법에서 구체적 기준을 제정하고 있지 않는 점, 교통사고는 신속한 피해자 구제가 가장 중요한 가치라는 점 등에서 노동능력상실률을 판정하는 기구를 만드는 것도 의미가 있어 보인다.

3) 기왕증 기여도 공제

인과관계라 함은 선행사실과 후행사실과의 사이에 전자가 없었더라면 후자도 없었으리라는 관계가 있는 경우에 성립하는 것으로 자연과학적 개념이다. 그러나 자동차사고로 인한 손해배상과 관련하여서는 법률적인 인과관계의 개념으로 어떤 선행 사실로부터 후행 사실이 경험칙상 상당성이 있을 때 양자는 상당인과관계에 있다고 본다. 즉 후유장해가 교통사고로 생긴 부상으로 인하여 발생한 것이 명백한 경우에 상당인과관계가 있다고 본다.

이러한 측면에서 볼 때 퇴행성으로 인한 부분이나 기왕증으로 인한 부분은 공제되어야 하고, 기왕증이 현 증상의 전 부분에 기여할 경우 노동능력상실분에 기여도를 공제한 부분이 배상되어야 할 부분이다.359) 즉 일부가 기왕증일 경우 기왕장해와 사고로 인한 장해를 합쳐 노동능력상실률을 산정하

판결 ; 대법원 1998. 4. 24, 선고 97다58941 판결
357) 대법원 1989. 3. 14, 선고 86다카2731 판결, 노동능력상실률은 단순한 의학적 신체기능장해율이 아니라 피해자의 연령, 교육정도, 종전 직업의 성실과 직업경력, 숙련도, 장해 정도 및 전업가능성 등 사회 경제적 모든 조건을 참고하여 경험칙에 따라 정한 수익상실률로서 합리적이고 객관성이 있을 것을 요한다.
358) 椎木綠司, 自動車事故 損害賠償の理論と實際, 有斐閣, 1979, 106頁.
359) 대법원 1992. 5. 22, 선고 91다39320 판결, 교통사고 피해자의 후유증이 그 사고와 피해자의 기왕증이 경합하여 나타난 것이라면 그 사고가 후유증에 대하여 기여한 정도에 따라 그에 상응한 배상액을 부담케 하는 것이 손해의 공평부담의 견지에서 타당하고, 법원은 그 기여도를 정함에 있어서 기왕증의 원인과 정도, 기왕증과 후유증의 상관관계, 피해자의 연령과 직업, 그 건강상태 등 제반사정을 고려하여 합리적으로 판단하여야 할 것이다.

여 기왕 장해로 인한 부분을 감하는 방식으로 한다.[360)

후유장해와 관련한 입증책임과 관련하여[361) 가해자는 후유장해가 기왕증이라고 주장하고, 피해자는 상당인과관계가 있다고 주장하는 경우에 피해자가 적극적으로 사고와 상해와 상당인과관계가 있다고 입증하여야 하거나 기왕증에 의한 후유장해가 없음을 입증하여야 한다.[362)

4) 노동능력상실율의 평가기준

① 의의

노동능력상실률은 민법상 일반적 판단기준이 없고, 구체적 사안에 따라 합리적이고 객관적으로 판단해야 할 것이다. 현실적으로 법관에게 의학적 전문지식이 없으므로 감정의의 장해율을 그래도 반영하는 것이 일반적이다. 다만 이에 기속되지는 않으므로 법원이 감정의의 견해와 달리 평가할 수 있고, 이럴 경우 상당한 이유를 설시해야 한다.[363)

② 노동능력상실률 적용기준

현재 법관과 감정의들이 장해율을 평가할 때에 적용하는 것은 맥브라이드 장해 평가표,[364) 자동차손해배상보장법 시행령 상의 후유장해 등급표, 국가배상법시행령에 규정된 후유장해등급표 및 노동능력상실률 등이다. 법관이 구체적으로 어느 기준을 적용할 지는 논리칙과 경험칙에 반하지 않는 한 재

---

360) 대법원 1996. 8. 23, 선고 94다20730 판결 ; 대법원 1995. 7. 14, 선고 95다16738 판결 ; 대법원 1971. 12. 28, 선고 71다2254 판결
361) 사고와 관련된 입증책임과 관련하여 대인 사고는 자배법의 적용을, 대물 사고는 민법의 적용을 받으므로 대인, 대물 경합사고 발생 시 입증책임이 서로 반대가 될 수 있는 문제가 있다고 주장하는 견해가 있다. 최충신, "자동차사고의 민사책임 법리에 관한 연구", 전주대학교 박사학위 논문, 2001, 171면.
362) 대법원 1990. 4. 13, 선고 89다카982 판결
363) 대법원 1990. 4. 13, 선고 89다카982 판결, 예컨대, 손가락 하나가 절단될 경우 신체장해율은 동일하지만 일반 사무직 종사자와 피아니스트 연주자 사이에는 노동능력상실률이 현저히 차이가 있다. 따라서 의학적 기준을 토대로 법률가가 담당해야 할 문제라 아니할 수 없다.
364) 미국의 정형외가 의사이고 오클라호마 의대 교수였던 Earl D. McBride가 1936년 발간한 책자에 실려 있는 것으로 1963년 제6판이 발간되었다. 현재 국내 모든 자동차보험사에서 이 기준을 따르고 있고, 1986년 9월 8일 개정된 자동차종합보험약관에서부터 맥브라이드식 평가법을 채택하여 사용하고 있다.

량적이다.365)

특정 상해에 대하여 상반된 감정의의 견해가 있을 땐 선택할 수 있고,366) 여러 개의 감정을 종합하여 결과를 판단 할 수도 있고,367) 어떤 의사에게 감정을 문의할 지도 법관이 판단한다. 일반적으로는 맥브라이드식을 기본으로 하고 미흡한 부분을 자배법 시행령이나 국배법 시행령 기준을 적용한다.

적용 방법은 직업란에서 장해의 소속 부위를 찾아 직업계수를 확인한 다음, 신체장해란에서 직업계수에 합치되는 수치를 찾으면 그 수치가 장해율이 된다.

③ 맥브라이드 장해평가표의 특징

가. 노동능력상실률을 백분율로 평가

신체의 장해를 15개의 신체부위368)로 구분한 다음 다수의 소항목으로 분류하고, 또 다시 목, 세목, 세세목으로 분류한 다음 노동능력상실률을 백분율로 아주 상세하게 분류하고 있다.369)

나. 직업 및 연령에 따른 노동능력상실률의 표시

279개의 직종에 따라 신체부위에 따른 직업계수(1급~9급)가 달라지도록 표시하였다. 30세의 일반육체노동자를 기준으로 하고 그 이하로는 취업가능성이 크다고 보고, 그 이상은 취업가능성이 작다고 보아 1세에 0.5%~1%씩

---

365) 대법원 1991. 12. 27, 선고 91다36161 판결, 본 판결은 정형외과적 장해는 맥브라이드식, 치과 장해는 국가배상법시행령에 따랐다. 대법원 1990. 4. 13, 선고 89다카982 판결, 본 판결은 노동능력상실률 평가에 있어 맥브라이드식과 AMA방식을 상호 참작할 수 있어도 상호 혼용할 수 없다고 한다.

366) 대법원 1991. 8. 13, 선고 91다16075 판결

367) 대법원 1987. 10. 13, 선고 87다카1613 판결 ; 대법원 1997. 12. 12, 선고 97다36507 판결

368) 여기에서 말하는 15개의 신체부위란 절단, 관절강직, 골절, 척주손상, 말초신경, 복부, 비뇨생식기계의 손상과 질환, 관절염, 결핵, 흉곽의 손상과 질병, 심장질환-심장혈관계, 두부·뇌·척수, 안면, 귀, 눈의 15가지 이다.

369) 산업재해보상보험법 시행령에는 신체장해를 14등급으로 구분하였고, 근로기준법 시행령에는 신체장해를 14등급으로 구분하여 각 등급별 보상일수가 규정되어 있고, 국가배상법시행령에는 신체장해를 14등급으로 나누어 장해등급별 노동능력상실율이 규정되어 있다.

가감하여 직업 및 연령에 따른 노동능력상실률을 표시하고 있다.370)

다. 복수장해의 종합적인 평가

복수 장해는 높은 상실률과 낮은 상실률이 중복되는 경우 높은 상실률을 기준으로 하고 잔존능력상실률에 나머지 상실률을 곱하여 합산하는 방식을 취한다.371) 예컨대 큰 상실률이 70%, 작은 상실률이 30%일 때 70% + (100−70) × 30% / 100 = 79% 이다.

라. 잘 쓰는 손과 그렇지 않은 손 구분

이 표에 기재되어 있는 것은 잘 쓰는 손에 대한 수치이고, 잘 쓰지 않는 손은 여기에 90%를 한 수치를 적용한다. 즉 10%를 감산한다.

5) 맥브라이드 장해평가표의 문제점과 개선방안

① 맥브라이드 장해평가표의 문제점

맥브라이드 장해평가표의 문제점은 다음과 같다. 첫째, 신체장해의 누락과 편중이 있다. 치과나 추상장해는 없고, 정형외과는 집중되어 세목으로 분류되어 있으나 다른 분야에 대하여는 분류항목이 다소 미흡하다. 둘째 직업이 너무 편재(偏在)되었다. 육체노동자의 직업을 중심으로 하고 있고, 사무직이나 서비스직은 옥내근로자 한가지여서 사무직과 기술직을 비롯한 다양한 직업에 대한 고려가 부족하여 비합리적이다.372) 육체노동자도 당시와 현재는 많은 차이가 있으므로 적용이 어렵다. 손해배상 실무에서 직접 적용 가능한 직종은 그리 많지 않다. 셋째, 일시적 장해, 영구적 장해, 혼합형 등 세 가지 유형의 장해가 혼합되어 있다.373) 이에 반해 미국의사협회에서 발행한 AMA

---

370) 그러나 실무에서 연령에 따른 증감은 고려하지 않는 경향이고, 1993. 6. 11, 선고 92다 53330 판결에서 맥브라이드 방식에 따라 노동능력상실률을 평가한 외에 연령에 의한 수정치를 기재하더라도 반드시 따라야 하는 것은 아니라고 한다.

371) 대법원 1993. 10. 12, 선고 93다21576 판결

372) 오지용, "자동차사고로 인한 손해배상책임", 청주대학교 박사학위 논문, 2010. 196면.

373) 이와 관련하여 임광세 교수는 척추체에 대한 디스크 및 염좌에 대하여 장해로 손해배상을 요구하는 문제에 대한 단기 해결책으로 맥브라이드 방식의 노동능력상실률은 치료가 종결되지 않

방식374)은 영구적인 신체장해의 평가에 관한 지침으로 영구장해만을 표시하고 있다. 넷째, 의학적 기술이 상당히 뒤떨어져 있는 시기에 만들어졌기 때문에 의학이 현저히 발전하고 있는 현대에 적용이 어려울 뿐만 아니라 모순된 것도 있다.375) 다섯째, 등급 판정시 해당조항이 없을 때 유사조항을 기준으로 평가할 수 있는 준용규정이 없고, 한부위의 장해가 중복평가 될 우려가 있다.

② 개선방향

현재 국내에 시행되는 후유장해 평가의 종류와 내용을 살펴보면 국내 여러 개의 각 법령상 규정되어 있는 방식과, AMA식, 맥브라이드식이 있다. 국내 법령상 규정되어 있는 방식은 각 법률의 취지에 맞게 제정되어 있으나 매우 비과학적이고, AMA식과 맥브라이드식도 각각의 장·단점이 있다. 평가방법이 각양각색으로 존치하므로 혼란이 적지 않고, 배상 당사자와 법원 간에도 자의적 판단 및 불균형이 있어 결국 법률 수요자인 국민이 재판의 결과를 예측하기 어렵게 되고, 법원의 판결에 대한 신뢰성에 심대한 의구심을 갖게 하고 있다.

국내법으로 시행되는 후유장해 평가는 첫째, 근로기준법상 근로자가 취업 중 부상 또는 질병에 걸리거나 혹은 사망한 경우에 보상을 하는 내용으로 신체장해등급표를 14개 등급으로 구분하여 평균임금의 지급일수가 표시되어 있고, 둘째, 산업재해보상보험법상 업무상의 이유에 의한 근로자가 부상, 질병, 신체장해 또는 사망에 대한 보상을 내용으로 신체장해등급표를 14개 등

은 상태에서 즉 수술을 시행하지 않은 상태에서 인정할 수 없다는 법원의 유권해석을 내려야 한다고 주장하고 있고, 종합보험 약관을 고쳐 영구장해가 남은 자에 대하여만 노동능력상실률을 맥브라이드 방법으로 평가한다는 부대조건을 붙여야 한다고 주장한다. 그리고 장기대책으로 맥브라이드 방식 대신 A.M.A 영구적 신체장해 평가지침의 시행세칙을 우리 실정에 맞게 만들어 쓰는 것이 좋겠다고 주장한다. 임광세, "3,000만원의 횡재", 한국배상의학회보집, 한국배상의학회(1992년 1월 호), 2002. 5면. 이 견해에 대하여 기본적으로 동의하면서 현실적으로 볼 때, 척추체 환자가 치료를 위한 수술은 하지 않고, 고액의 손해배상은 요구하는 상태에서 사건 해결을 해야 하는 자동차보험사의 입장에서는 지속적으로 장해를 부인할 수도 없고 그렇다고 영구장해를 인정할 수도 없게 되어 결국 한시장해의 개념을 도입하게 되었다.

374) 미국의학협회에서 만든 방식으로 이 방식은 노동능력의 평가가 아니고 일상생활에 지장을 주는 정도에 대한 평가이다. 따라서 직종, 연령 등에 대한 고려가 없어서 손해배상에 관한 노동능력상실 평가에 자료가 될 수 있지만 그 기준을 그대로 사용하기는 어렵다고 할 수 있다.

375) 오지용, 전게논문, 196면.

급으로 구분하였고, 셋째, 국가배상법에서 공무원이 불법적으로 타인에게 손해를 주거나 자동차손해배상보장법의 규정에 의한 손해배상책임이 있을 때 국가 또는 지방자치단체의 손해배상책임과 절차를 규정하여 신체장해를 14개 등급으로 구분하여 노동능력상실률이 표시 되어있고,[376] 넷째, 자동차손해배상보장법에서 자동차의 운행으로 사람이 사망하거나 부상한 경우 손해배상책임을 내용으로 동법 시행령에서 후유장해를 14등급으로 구분하여 보험금액이 표시되어 있고, 그 외에도 여러 가지 법률 규정이 있다.[377] 국내법상 시행되고 있는 신체장해 등급표의 장점은 간단명료하여 행정적으로 편리하다. 그러나 단점은 헤아릴 수 없이 많다. 첫째, 과학적·의학적 타당성이 없이 노동능력상실률이 정해져 있을 뿐 아니라 장해자의 직업이나 연령의 보정이 없고, 둘째, 장해정도의 표현이 '현저한', '경미한' 등 막연하게 표현되어 등급간의 차이가 분명하지 않고, 셋째, 청력 측정시 막연히 소리와 귀까지의 거리로 표현하는 등 의학적 판단 방식이 비객관적이고, 넷째, 복수장해 평가가 불합리하고, 다섯째, 복합적인 장해 판정시 항목에서 빠진 신체 부위가 많아 신체 장해 판정 적용에 어려움이 많고, 여섯째, 등급과 항목이 비과학적이고, 부적합하다.

그리고 AMA 신체장해평가지침은 미국의학협회에서 신체장해등급위원회를 조직하여 1958년부터 1970년까지 72명의 각과 전문의로 하여금 각각 자기 분야의 신체장해에 대한 평가법과 신체장해율을 작성하게 하였고, 1990년 제3 개정판이 나왔다.[378] 이 기준은 일상생활에 지장을 주는 정도를 신체장해율로 백분위 표시하였고, 복합평가 및 세밀한 평가가 가능할 뿐 아니라 등급간의 구별도 명확하다. 의학수준은 과학적이고 최신의학이 반영되었다. 다만 직업 및 연령에 대한 보정이 없는 단점이 있을 뿐 아니라 영구장해에 대한 기준만 있을 뿐 한시장해에 대한 기준이 없다. 따라서 자동차사고와 같이

---

376) 국가배상법 시행령상 신체장해 등급표는 장해등급수가 장해분류가 세밀하지 않고, 등급수가 적고 등급간 경차가 너무 크고, 구체적이지 못할 뿐 아니라 직종별 직업내용에 따른 영향을 전혀 고려하지 않는 문제점이 있다고 지적한다. 임광세, 새로운 신체장해평가법, 진수출판사, 1995. 34면.
377) 신체장해 배상과 관련된 국내법은 국가공무원법, 지방공무원법, 공무원연금법(14등급), 사립학교교원연금법(14등급), 의사상자보호법(9등급), 국민연금법(4등급), 장애인복지법(6등급), 선원법, 어선원 및 어선재해보상보험법(14등급), 소방공무원법, 범죄피해자보호법(14등급), 군인연금법(7등급), 재해구호법에서 규정하고 있다.
378) 임광세, "새로운 신체장해평가방법의 구비조건", 인권과정의, 2002. 12. 13면. 우리나라 실정에 맞는 새로운 평가방법을 만든다면 신체장해등급표방식을 지양하고 신체장해율표방식을 따라야 된다고 하고, 현재 AMA방식이 가장 뛰어나다고 한다.

직업 및 연령이 반영되어 손해배상을 산정하는 경우에는 적용이 어렵고, 현실적으로 한시장해로 일실수익을 평가하는 경우가 상당한 비중을 차지하는 손해배상의 현실상 더더욱 적용이 어렵다고 할 것이다.

마지막으로 맥브라이드 식이 있는데 자동차손해배상 관련한 노동능력상실률 평가와 관련하여 기본적으로 법원과 자동차보험회사에서는 맥브라이드 식을 사용한다. 특징과 문제점은 전기하였다. 개선 방향은 현 제도를 변경하여 적용하는 방법과 새로운 제도를 만드는 방법이 있다. 우선 현 제도를 변경하여 적용하는 방법은 원칙적으로 맥브라이드 식을 채택하되 해당 항목이 없는 경우는 다른 기준을 적용하도록 제도화 하는 것이 필요하다.379) 즉 두 가지 기준을 혼용하여서는 안되나 보충적 적용은 가능하도록 해야 한다. 예컨대 고관절 강직장해와 외모의 추상장해가 남았을 때 고관절 강직장해는 맥브라이드 식을 따르고 추상장해는 맥브라이드식에 없으므로 국가배상법 시행령에 따른 장해항목 및 노동능력상실 정도를 인정하여 중복장해를 산정해야 한다. 이렇듯 각각의 제도가 가지는 분류가 각 제도의 취지에 부합되므로 존치 시키되 미흡한 점이 있을 때는 다른 분류를 따를 수 있는 제도적 근거를 마련할 필요가 있다.

새로운 제도를 만드는 방법은 기존 맥브라이드 방식의 강점과 AMA방식의 강점을 취합하여 새로운 제도를 만드는 방법이다. 즉, 맥브라이드 방식의 가장 큰 강점인 직업계수의 적용 및 한시·영구 장해 도입은 맥브라이드 방식을 적용하고, AMA 방식의 강점인 최신의학이 반영된 세밀한 분류는 AMA 방식을 도입하는 것이다. 이렇게 되면 첨단의학이 반영된 세밀한 의학적 측면이 반영될 뿐 아니라, 손해액의 법률적 판단인 직업에 대한 평가가 반영될 것이며, 영구장해와 한시장해가 복합적으로 반영되어 분쟁이 해결되는 현실적인 측면에서 충분히 도움이 될 것이다.

현재 국내에는 이처럼 수 많은 제도가 난립하므로 분쟁의 소지는 여전히 존재하고, 장기적으로 볼 때 객관성 있고, 통일된 평가기준380)을 마련하고

---

379) 황현호, "현행 신체감정의 실태와 문제점", 인권과정의, 2002. 12. 41면. 꼭 맥브라이드표가 정당하다는 것은 아니므로 특정 장해부분에 AMA표를 사용하여 판정할 수 있다고 한다.
380) 이와 관련하여 공정성과 객관성을 담보할 수 있도록 정부투자기관이나 공법인 형태의 독립된 신체감정기관을 설치하고 모든 신체감정은 그 기관에서 전담하도록 하는 안도 있고(오지용, 전게논문, 198면), 분쟁 발생시 전문적인 심사판단을 할 수 있는 준사법적 심사기구를 설치하자는 안도 있다(김정렬·이득주, 자동차손해배상제도해설, 청화출판사, 2001, 215면). 그리고 장해평가 방법을 어떻게 하든 일원화해야 한다는 의견이 공론되고 있는 실정인바(자동차보험진료수가분쟁심의회, 맥브라이드 장해평가방법 가이드, 2005. 서문) 현재 손보협회에서도 일정 부분

이를 시행할 기관을 만드는 것이 의료계와 법조계 및 관계 국가기관이 반드시 해야 할 과제이다.

(4) 가동기간

1) 의의

피해자가 사고가 없었더라면 노동하여 이익을 창출할 수 있었던 기간을 말한다. 즉 언제까지 경제활동을 할 수 있는가를 말한다.[381] 이는 일실이익을 파악하기 위하여 필요하다. 가동기간을 파악하기 위하여 가동개시기간의 의미를 이해해야 하는바 노동을 개시할 수 있는 기간으로 원칙적으로 성년이 되는 만20세를 기준으로 시작하고, 남자의 경우는 군복무기간은 제외되므로 22세부터 시작한다. 다만 미성년자일 경우라도 교통사고 당시 현실적으로 수입을 얻고 있다면 그 때부터 수입의 상실을 인정한다.[382] 가동종료시기는 경제상황, 고용조건, 정년제한 등 사회적·경제적 여건과 피해자의 건강에 따라 다르다.[383]

2) 가동일수

특별한 기능 없이 농촌일용 노동에 종사하는 사람의 일실이익 산정 기초가 되는 가동일수는 경험칙상 25일로 추정된다.[384] 다만 실제 작업일수, 작업의 성질, 또는 계절적 요인 등에 의하여 25일을 인정하지 않는 경우도 있다.[385]

신체감정업무를 하고 있으나 기속력이 없어 미흡한 상태이고, 상기 기관 또는 기구가 창설되어 제도적으로 공신력을 갖게 할 수 있다면 분쟁의 빈도는 줄어 들 수 있을 것이므로 적극 찬동한다.

381) 이와 대비되는 것으로 기대여명이라는 것이 있다. 교통사고 피해자가 앞으로 몇 년이나 생존할 수 있는가를 계산한 평균생존연수를 일컫는다. 기대여명은 치료비, 개호비 등 적극적 손해 산정에 필요하고 특히 개호환자의 향후 치료비를 산정하는 데에도 필요하다.

382) 대법원 1970. 8. 18, 선고 70다999 판결

383) 대법원 1997. 5. 30, 선고 97다13962 판결, 제5흉추의 골절상을 입고 노동능력이 100% 감퇴된 피해자의 기대여명을 정상인의 평균여명기간으로 계산하여 재산상 손해액을 산정한 원심 판결을 파기하였다.

384) 대법원 1998. 7. 10, 선고 98다4774 판결 ; 대법원 1999. 2. 9, 선고 98다53141 판결

385) 대법원 1996. 2. 23, 선고 95다31782 판결 ; 대법원 1973. 12. 11, 선고 73다1541 판결 ;

3) 가동연한

가동연한은 평균여명 등의 경제적 요건 외에 근로조건, 취업률 등 제반사정을 조사하여 가동연한을 도출한다. 또한 피해자의 연령, 직업, 건강상태 등을 고려하여 가동연한을 인정한다.[386]

종전에는 일용근로자의 가동연한을 55세로 보았으나 대법원은 사회·경제적 구조 변화와 생활여건의 변화로 55세를 넘어도 가동할 수 있다고 보는 것이 타당하다고 보고 종전의 판례[387]를 변경하였다.[388] 이때부터 가동연한을 60세로 보고 있다. 농업 종사자의 경우 가동연한을 65세로 본 판례[389]도 있었으나 일반적인 것은 아니고 63세로 본 경우가 더 자주 발견된다.[390] 특수직업의 종사자와 같은 경우 일반적인 가동연한과 달리 인정한다. 다만 명백하거나 합리적인 이유가 있어야 한다.[391] 외국인의 경우는 사고가 없었다면 외국에서 얻을 수 있는 수입을 기준으로 일실수입을 산정하므로 가동 연한 역시 본국에서의 가동연한을 기준으로 해야 한다.[392]

4) 문제점 및 개선방안

가동연한과 관련된 문제점은 1989년 대법원 전원합의체 판결을 기점으로 가동연한을 60세로 본지 22년이 지난 지금 의학적 관점이나 사회·경제적 관점에서 변경의 시점이 오지 않았나 하는 것이 문제된다. 가동연한의 변경은 교통사고 당사자의 손해배상액에 상당한 영향을 줄 뿐 아니라 사회적 합의의 도출을 법원의 판단에 맡기는 것이므로 그만큼 신중을 기해야 한다. 따라서 어느 일면만 보아서는 안되고 다양한 관점에서 국민적 공감대가 형성

대법원 1970. 4. 28, 선고 70다290 판결, 이와 관련하여 자동차보험회사에서 기준으로 삼고 있는 건설교통부 고시 일용근로자 임금에서 공사일용은 22일, 제조일용은 25일 적용한다.
386) 대법원 1996. 11. 29, 선고 96다37091 판결
387) 대법원 1967. 1. 31, 선고 66다2217 판결 ; 대법원 1968. 7. 16, 선고 68다997 판결
388) 대법원 1989. 12. 26, 선고 88다카16867 전원합의체 판결
389) 대법원 1993. 11. 26, 선고 93다31917 판결, 이와 관련하여 2011년 6월 1일 자동차보험 약관개정으로 농업종사자의 가동연한을 65세로 하였다.
390) 대법원 1997. 3. 25, 선고 96다49360 판결 ; 대법원 1996. 11. 29, 선고 96다37091 판결
391) 대법원 1989. 5. 9, 선고 88다카20859 판결
392) 대법원 1995. 5. 12, 선고 93다48373 판결

될 수 있는 논의를 통해 변경해야 하는바 필자의 견해는 제도적 변경의 취지가 교통사고 가해자 보다는 피해자의 생활 안정에 비교우위를 두어야 한다는 측면과 의학적 발달로 평균 수명이 증가함에 따른 생활비 지출의 기간이 길어진다는 측면 등을 고려할 때 가동연한을 63세나 65세로 변경해야 하는 입장이다.

또한 이와 관련한 보충적인 논리로서 가동연한의 지난 다음의 사망이나 부상에 대하여 그동안의 논의가 미미했다는 문제이다. 기본적으로 법원은 60세 이후의 무직자는 일실수익을 불인했고, 다만 객관적이고 명백한 소득 활동 및 수입의 근거가 있는 전제하에 63세 까지는 가동연한을 2년 이내, 64세 이상은 가동연한을 1년 정도 인정해 왔다. 이러한 판례상의 기준으로 인하여 60세 이후 교통사고 피해자가 겪는 어려움은 적지 않았다. 따라서 이러한 측면에서도 가동연한을 변경해야 하는 당위성은 있다 할 것이다.

(5) 중간이자 공제(현가액 산정)

1) 의의

불법행위에 따른 손해가 장래의 상당한 기간에 걸쳐 계속적이고, 정기적으로 발생하는 경우 일시에 손해배상할 경우 장래에 순차적으로 발생하는 이자수익까지 추가배상하게 되는 결과를 초래한다. 따라서 장래의 일정기간 까지의 손해를 미리 현재에 받는 것은 미래의 손해를 현재에 받음으로써 이자로 인한 수입을 공제해야 과잉배상이 되지 않는다.393) 즉, 미래가치를 현재가치로 환산해야 하는데 이를 중간이익의 공제라고 하고 다른 말로 현가산정이라고 한다.394) 반대로 미래에 발생할 손해액을 시간이 흐른 후 미래의 손해가 확정된 시기에 배상받을 경우에는 현가산정이 필요하지 않다.

일반적으로 일시금으로 청구하고 지급한다. 재산상 손해를 일시금으로 청구하든 정기금으로 청구하든 모두 가능하지만 피해자가 일시금을 요청했는데 법원이 정기금으로 지급하라고 할 수 있는가가 문제되는 경우가 있다. 법

---

393) 대법원 1991. 4. 12, 선고 91다5334 판결, 치료가 장래의 오랜 기간 동안 계속적이고 정기적으로 필요한 경우에 그 치료비를 불법행위 당시를 표준으로 일시에 전액을 청구하려면 중간이자를 공제함이 상당하다.

394) 이윤호·이천성, "일실이익산정에 있어서 합리적인 중간이자공제", 손해사정연구 제2권 제2호, 2009. 8. 108면.

원의 재량에 속할 수도 있으나395) 원칙적으로 일시금 또는 정기금으로 선택해서 선고해야 한다. 다만 식물인간 등의 경우와 같이 후유장해기간이나 잔존여명이 단축된 정도 등을 확정키 곤란하여 일시금 지급이 사회정의와 형평에 현저히 불합리 한 경우에는 비록 손해배상 청구권자가 일시금으로 청구하였다 하더라도 법원이 정기금에 의한 지급을 명할 수 있다.396)

2) 공제대상

공제대상은 장래에 기대되는 일실이익, 개호비용, 여명기간 동안의 계속적으로 지출될 치료비, 의료보조기비용 등이다. 불법행위 당시를 기준으로 산정하나 재판이 진행되면 통상 사실심변론 종결시이다.

한편 중간이자 공제와 지연이자와의 관계를 볼 때 중간이자 공제시점은 불법행위시 이고, 손해배상책임은 불법행위 시부터 이행기가 도래하므로 지연이자가 발생한다.397) 따라서 불법행위시부터 일정 시점까지의 손해액에 대하여 공제이자액과 지연이자액은 같은 금액이 되어 상쇄된다. 그렇기 때문에 불법행위 이후에 일정 시점에서 손해액을 배상할 때 일정 시점 까지는 손해액 전액을 청구하게 되고, 이후부터 장해 손해발생시점 까지는 중간이자를 공제하게 된다.398)

3) 공제방법

중간이자 공제 방식으로 호프만식과 라이프니쯔식이 있다. 호프만식은 단리로 중간이자를 공제하는 방식이고 재판실무에서는 호프만 계수에 의한다.399) 공제하는 이자가 적으므로 피해자에게 유리하다.400) 반면 라이프니쯔식은 복리로 중간이자를 공제하는 방식이고, 자동차보험약관에서 이 방법을 선택한다. 공제하는 이자가 많으므로 피해자에게 불리하다.

대법원은 호프만식에 의하지 아니하고, 라이프니쯔식에 의하여 산정했다

---

395) 대법원 1995. 2. 28, 선고 94다31334 판결; 대법원 1992. 11. 27, 선고 92다26673 판결
396) 대법원 2000. 7. 28, 선고 2000다11317 판결
397) 대법원 1993. 12. 21, 선고 93다34091 판결
398) 대법원 1997. 10. 28, 선고 97다26043 판결
399) 대법원 1986. 9. 9, 선고 86다카565 판결 ; 대법원 1985. 10. 22, 선고 85다카819 판결
400) 국가배상법시행령에도 종전에는 라이프니쯔식으로 규정하였으나 1998. 3. 1.부터 시행된 개정령은 호프만식으로 변경하였다.

하더라도 이를 위법으로 보지 않았다.401) 현가산정의 주장은 당사자의 평가
에 지나치지 않으므로 당자자의 주장에도 불구하고 법원은 자유로이 판단을
할 수 있다.402) 호프만식 계산법에 의한 중간이자는 연 5푼으로 민법 제379
조의 법정이율에 의한다.

그러나 호프만식에 의할 때 가동기간 및 기대여명이 장기간일 경우 환가
된 현재가액이 장래 기대 수익을 넘을 경우에 초과배상하는 경우가 발생할
수 있다. 과잉배상을 받지 않도록 중간이자 공제기간이 414월을 초과하여
월단위수치표상의 단리연금현가율이 240이 넘을 경우 240을 적용한다.403)

(6) 생계비 및 제세액

생계비라고 함은 생활에 필요한 비용을 말하는데 사고가 없었더라면 생활
에 필요한 비용이 드는 것은 당연하므로 손해배상액 산정시 생계비는 공제
해야 한다.404) 그 이유는 생계비는 수익을 올리기 위한 필요경비이기 때문
이다.405) 생계비는 일실수입에서 공제되어야 하므로 가동연한이 지난 다음
은 공제대상이 아니다.406) 그러나 가동연한이 지난 후에도 일정한 급여가
있다면 생계비는 급여에서 충당하는 것이므로 공제하는 것이 타당하다.407)
퇴직연금을 받던 사람이 가동연한이 지난 다음에 사망한 교통사고에서 생계
비를 공제한다.408) 미성년자의 경우 성년에 이르기 까지는 부모의 부양책임
이 있으므로 생계비 공제를 하지 않는다.409)

세금에 대한 공제 여부에 대하여 판례상 대립이 있어 왔으나 불법행위로
인한 가동능력이 상실함으로써 잃는 이익의 액은 잃게 될 가동능력에 대한
총 평가액이므로 제세액을 공제하지 아니한다고 전원합의체에서 판시하여

---

401) 대법원 1981. 9. 22, 선고 81다588 판결
402) 대법원 1966. 11. 29, 선고 66다1871 판결
403) 대법원 1985. 10. 22, 선고 85다카819 판결 ; 대법원 1987. 2. 24, 선고 86다카2366 판결
    ; 대법원 1987. 4. 14, 선고 86다카1009 판결 ; 대법원 1988. 1. 12, 선고 87다카2240 판결
    ; 대법원 1992. 7. 10, 선고 92다15871 판결 ; 대법원 1994. 11. 25, 선고 94다30065 판결 ;
    대법원 1996. 4. 12, 선고 96다5667 판결
404) 이은영, 채권각론, 박영사, 2006, 346면.
405) 박우동, "생명·신체의 침해로 인한 손해배상액의 산정", 사법논집 5권, 1974, 199면.
406) 대법원 1972. 4. 25, 선고 71다1156 판결 ; 대법원 1991. 8. 13, 선고 91다8890 판결
407) 대법원 1991. 8. 13, 선고 91다8890 판결
408) 대법원 1993. 7. 27, 선고 93다17188 판결
409) 대법원 1971. 3. 23, 선고 70다3007 판결

비공제설의 입장을 취했다.410) 그러나 이론상 손해배상은 피해자가 잃은 것 만큼 이어야 하고, 피해자가 받아 온 수입은 세금을 공제한 나머지라는 측면 에서 공제하는 것이 타당해 보인다.411)

(7) 입증책임 및 인과관계

향후의 일실소득에 관하여 입증해야 할 책임은 피해자에게 있고, 입증의 정도는 합리성과 객관성을 잃지 않는 범위 안에서 상당한 개연성이 있는 증 명으로 족하다.412) 또한 법원의 석명권과 입증을 위한 노력에도 불구하고 향후 소득 예측이 불가능할 경우라도 바로 피해자의 손해배상청구를 배척하 여서는 안 된다.413)

인과관계와 관련하여 사고와 상당인과관계가 있는 손해액만이 배상책임의 범위이다. 사고로 상해를 입은 사람이 자살한 경우 사고와 사망과 조건적 인 과관계가 존재하지 않는 한 손해배상은 사망한 때 까지만 산정하고, 평균여 명이 끝날 때까지 산정하여서는 아니 된다.414) 그러나 판례는 기존에 우측 고관절 장해를 가진 자가 다시 사고로 골절상을 입어 두 다리를 못쓰게 된 것을 비관하여 매일 술을 마시고 체력이 떨어져 거동이 불편한 상태에서 목 욕탕에 넘어져 사망한 경우 사고와 사망과 조건적 인과관계가 있고 기대여 명까지 일실이익의 배상책임이 있다고 판시하였다.415)

Ⅲ. 위자료

1. 의의

자동차 사고로 인한 위자료란 이른바 사고로 인한 정신적 손해 내지 정신 적 고통을 배상하는 의미로 사용되고 있다. 위자료는 다음과 같은 세 가지

---

410) 대법원 1979. 2. 13, 선고 78다1491 전원합의체판결 ; 대법원 1989. 1. 17, 선고 88다카 122 판결
411) 이보환, 전게서, 292면.
412) 대법원 1990. 11. 27, 선고 90다카10312 판결
413) 대법원 1986. 3. 25, 선고 85다카538 판결
414) 대법원 1990. 10. 30, 선고 90다카12790 판결
415) 대법원 1998. 9. 18, 선고 97다47507 판결

기능을 한다. 첫째, 사고로 인한 육체적, 정신적 고통이 있고, 피해자는 가해자에게 심리적 보상을 바라게 되는데 이러한 피해감정을 완화하는 기능을 한다. 둘째, 피해자가 사고로 상실한 것에 대한 만족감을 느낄 수 있는 대상을 구입할 수 있다. 셋째, 사고로 인한 숨은 비용에 대한 보상이다.416)

2. 청구의 요건

첫째, 교통사고를 당하여 정신적, 고통과 충격 등이 직접적이거나 직접적인 것에 상당해야 한다. 교통사고로 인한 생명침해의 경우 민법 752조의 직계존속, 비속, 배우자에 한정하자는 한정설과 그 외의 친족도 인정하자는 확대 인정설이 있다. 이에 대하여 법원은 확대 인정설에 동조하고 있다.417) 또한 생명침해가 아닌 상해 및 후유장해의 경우에도 위자료 청구권을 인정하고 있다.418) 그리고 교통사고 당시 태아였다가 출생한 경우에도 부의 부상에 대하여 위자료 청구권이 인정된다.419)

둘째, 사회통념상의 인내 수준을 넘어서야 한다. 셋째, 적법한 이익의 침해여야 한다. 불법조직의 해체 등으로 인한 고통 등은 보호이익이라고 볼 수 없다.

3. 위자료의 산정

위자료의 산정근거를 증거로서 입증할 필요는 없고,420) 법원은 제반 상황을 참작하여 직권으로 결정한다.421) 참작사유는 가·피해자 모두의 상황을 참작하는데 피해자의 경우는 상해의 부위, 정도, 노동능력상실의 정도, 치료기간, 과실, 나이, 성별, 직업, 재산, 교육정도 등을 참작하고, 가해자의 경우는 고의나 과실의 정도, 재산정도, 직업, 친인척관계, 호의 동승 여부 등이 참작사유가 된다.

---

416) 김성태, "자동차사고로 인한 인적손해보상제도 연구", 서울대학교 대학원 박사학위 논문, 1986, 108면.
417) 대법원 1978. 9. 26, 선고 78다1545 판결
418) 대법원 1971. 12. 28, 선고 71다2256 판결
419) 민법 제 762조, 대법원 1993. 4. 27, 선고 93다4663 판결
420) 대법원 1988. 2. 23, 선고 87다카57 판결
421) 대법원 2003. 7. 11, 선고 99다24218 판결 ; 대법원 2002. 11. 26, 선고 2002다43165 판결 ; 대법원 1999. 4. 23, 선고 98다41377 판결 ; 대법원 1988. 2. 23, 선고 87다카57 판결

형사합의금의 경우 원칙적으로 손해배상금의 일부는 아니고 위자료, 위로금 등으로 지급된 것으로 인정되는 경우는 그 형사합의금 지급사실을 위자료 참작사유의 하나로 본다. 따라서 위자료라고 명시하고 합의한 경우에는 위자료 산정에 참작해야 한다.422)

최근 참작사유가 다양하고 법관의 개인적인 판단의 편차가 심하여 정액화할 필요성이 제기 되어 왔는바 정액으로 정해지는 추세에 있다.423) 다만 구체적 타당성을 적용할 수 있는 여지는 늘 상존하고 있다.

제 2 절   구체적인 소극적 손해액의 산정

I. 부상시 상실수익액

1. 휴업손해

교통사고로 인하여 부상을 입고 입원치료를 받는 동안의 일실이익 전액을 인정한다. 즉 월현실소득424)에 입원기간에 해당하는 호프만 계수를 곱하여

---

422) 대법원 1991. 4. 23, 선고 91다5389 판결, 이와 관련하여 자동차보험실무상 가해운전자가 형사합의금 청구권 포기 또는 피해자에게 채권양도한 경우 형사합의금을 미공제 한다.

423) 최근 사망위자료의 기준을 8천만원으로 하고 있다(서울중앙지방법원에서는 2008년 6월 이후 사고에 대하여는 8천만원으로 상향하였고, 지방의 법원에서도 이 기준을 적용하는 경우가 많다). 피해자 과실이 있는 경우는 8천만원에 피해자 과실비율의 60%를 곱하여 산정한다. 영구적인 후유장해시 8천만원에서 노동능력상실률을 곱하여 산정한다. 이에 반하여 자동차보험 약관상 사망위자료는 사망자의 연령이 20세 이상, 60세 미만의 경우 4천5백만원, 그 외의 경우는 4천만원으로 모든 보험사에서 동일하게 제정하여 시행되고 있다. 그리고 후유장해시 노동능력상실률이 50%가 넘는 경우와 넘지 않는 경우를 차등 규정하고 있다. 그러나 아직 국내 자동차보험외사에서는 사망위자료를 6천만원으로 하여 예상판결액을 산출하는 기준으로 삼고 있다.

424) 자동차보험 약관상 월현실 소득액 적용시 급여소득자는 사고발생직전 또는 사망직전 과거 3개월로 하되 계절적 요인 등에 따라 급여의 차등이 있는 경우와 상여금, 체력단련비, 연월차휴가보상금 등 매월 수령하는 금액이 아닌 것은 과거 1년간으로 한다. 급여소득이외의 자는 사고발생직전 과거 1년간으로 하되, 기간이 1년 미만인 경우에는 계절적인 요인 등을 감안하여 타당한 기간으로 한다. 산정방법은 다음과 같다.
가. 현실소득이 입증 가능한자
세법에 따른 관계증빙서에 의하여 소득을 산정할 수 있는 자에 한하여 다음과 같이 산정한 금액으로 한다.
A. 급여소득자는 피해자가 근로의 대가로서 받은 보수액에서 제세액을 공제한 금액, 그러나 피해자가 사망직전에 보수액의 인상이 확정된 경우에는 인상된 금액에서 제세액을 공제한 금액으로 한다.
B. 사업소득자는 세법에 따른 관계증빙서에 의하여 입증된 수입액에서 그 수입을 위하여 필요

적용한다. 월미만 입원일자가 20일 이상인 경우 1개월로 인정하고 나머지는
버린다. 통원기간은 장해율에 따른 일실이익을 인정한다. 무직자는 도시일용
근로자 보통인부임금이나 농촌일용근로자 임금을 인정한다.425)

2. 부상과 후유장해의 구분

자동차사고로 인한 부상을 입었을 때 부상과 후유증(후유장해)에 대한 개
념을 구분해야 한다. 손해배상을 이행하는 시점에서 후유증이 발생하였다면

한 제경비 및 제세액을 공제하고 본인의 기여율을 감안하여 산정한 금액으로 한다. 산식은 〈연
간수입액-주요경비-(연간수입액×기준경비율)-제세공과금〉×노무기여율×투자비율이다.
본인이 없더라도 사업의 계속성이 유지될 수 있는 경우에는 위의 산식에 의하지 아니하고 일용
근로자 임금을 산정한다. 그리고 위의 산식에 따라 산정한 금액이 일용근로자 임금에 미달한
경우에는 일용근로자 임금을 인정한다.
나. 현실소득액 입증이 불가능한 자는 일용근로자 임금으로 하고, 이 경우 기술직 종사자는 통
계법 제3조에 의한 통계작성승인기관(공사부문:대한건설협회, 제조부문:중소기업협동조합중앙회)
이 조사, 공표한 노임에 의한 해당직종 임금이 많은 경우에는 그 금액을 인정한다. 미성년자로
서 현실소득액이 일용근로자 임금에 미달한 자는 20세까지는 현실소득액, 20세 이후에는 일용
근로자 임금을 인정한다. 가사 종사자는 일용근로자 임금을 적용하고, 학생을 포함하는 무직자
에게는 일용근로자 임금을 적용한다. 입증된 소득이 두 가지 이상인자는 합산액을 인정하고, 입
증되지 않는 소득이 두 가지 이상 있을 때는 약관 기준에 의하여 인정되는 소득 중 많은 금액
을 인정한다. 외국인일 경우 입증가능자는 위와 동일하고, 입증 불가능한 경우에는 일용근로자
임금을 적용한다. 외국인 무직자의 경우에는 일용근로자 임금을 적용한다.
취업가능월수는 다음과 같다.
(가) 취업가능년한을 60세로 하여 취업가능월수를 산정한다, 다만 법령, 단체협약 또는 기타
별도의 정년에 관한 규정이 있으면 이에 의하여 취업가능월수를 산정한다.
(나) 56세 이상의 자에 대하여는 표1에서 정한 56세 이상의 취업가능월수표에 의하되, 사망
또는 장해 확정당시부터 정년에 이르기까지는 월현실소득액을, 그 이후 취업가능월수까지는 일
용근로자 임금을 인정한다.
(다) 정년이 60세 미만인 급여소득자의 경우에는 정년 이후 60세에 이르기까지의 현실소득액
은 피해자의 사 망 또는 장해 확정당시의 일용근로자 임금을 인정한다.
(라) 취업시기는 20세로 하되 군복무 해당자는 그 기간을 감안하여 취업가능월수를 산정(군복
무 중인 경우에는 잔여 복무기간을 감안하여 적용함)한다.
425) 약관상 휴업손해는 부상으로 인하여 휴업함으로써 수입의 감소가 있는 경우에 한하여 휴업기
간 중 피해자의 실제 수입감소액의 80% 해당액을 지급한다. 휴업일수는 피해자의 상해정도를
감안하여 치료기간의 범위 내에서 인정한다. 수입감소액의 산정시 유직자는 사망의 경우 현실
소득액 산정 방법에 따라 산정한 금액을 기준으로 수입감소액을 산정하고 실제의 수입감소액이
위 산식의 기준으로 산정한 금액에 미달할 경우에는 실제의 수입감소액으로 한다. 가사종사자
는 일용근로자 임금에 휴업일수를 곱한 액으로 하고, 가사에 종사하지 못하는 기간 동안 타인
으로 하여금 종사케 한 경우에 일용근로자 임금을 수입감소액으로 한다. 무직자는 수입의 감소
가 없는 것으로 한다. 유아, 연소자, 학생, 연금생활자, 기타 금리나 임대료에 의한 생활자는 수
입의 감소가 없는 것으로 한다. 소득이 두 가지 이상의 자는 사망의 경우 현실소득액의 산정방
법과 동일하다. 외국인의 경우는 사망의 경우와 동일하다.

부상과 별도로 손해배상액의 산정을 할 수 있음은 물론이다. 따라서 부상에 대한 손해배상액을 받았다고 하더라도 예견치 못한 후유증이 발생했을 때 추가로 청구할 수 있다. 대 원칙이 상기와 같으면서도 이 원칙에 대한 이해의 부족으로 부상과 후유장해와 관련하여 분쟁이 발생할 수 있는 부분은 크게 두가지가 있다. 그 첫째는 상해의 정도가 후유장해가 발생하지 않을 정도로 부상을 입었을 때 이다. 이때 부상에 대한 손해배상을 이행한 후에 몸이 계속 아프다는 이유로 치료비에 대하여 청구가능한지 여부가 문제되는데 부상에 대한 합의가 이루어 졌으므로 치료비에 대한 청구권은 소멸된다. 둘째, 부상에 대한 손해배상을 이행한 후에 후유장해이 발생했을때 추가적인 청구가 가능한지 여부이다. 대부분의 경우 합의한 이후에는 후유장해에 대한 추가청구가 불가하다고 생각할 수 있으나 부상에 대한 합의시 후유장해에 대한 청구 포기를 조건으로 합의를 하지 않는 한 후유장해에 대한 청구가 가능하다. 다만 현실적으로 골절 등으로 인하여 수술적 치료를 하지 않는 한 후유장해가 발생할 가능성은 희박하다고 할 수 있다.

II. 후유장해시 일실이익

1. 산정밥법

월현실소득액에 노동능력상실율 및 노동능력상실기간에 해당하는 호프만 계수를 곱한다.

2. 월현실소득

이론적 측면에서 월현실소득액은 급여소득자, 사업소득자, 육체노동자, 학생, 주부 및 무직자, 외국인, 기타로 구분하여 판단하고 있다. 그러나 법원의 월현실소득 적용은 입증이 가능한자, 입증이 불가능한자, 통계소득 적용 가능자, 기술직 종사자로 구분되어 적용된다.

(1) 급여소득자

1) 급여소득자의 적용범위

적용대상은 직업이 확실하고 세법에 따른 근로소득입증자료가 있는 피해
자이다. 급여 소득자의 일실이익은 근로소득에 한정하며, 근로의 대상으로
정기적, 계속적, 일률적으로 지급되는 금품이라면 그 명칭이나 그 지급 근거
가 급여규정에 명시되어 있는지 여부에 구애 받지 않고 이에 포함된다. 하지
만 지급의무의 발생이 개별근로자의 특수하고 우연한 사정에 의하여 좌우되
는 것이거나 업무를 수행함에 있어 소요되는 경비를 보전해 주는 실비변상
적인 성격(판공비, 임상연구비)을 가지는 경우, 실제의 근무성적에 따라 지
급 여부 및 지급액이 달라지는 경우 또는 사용자가 지급의무 없이 은혜적으
로 지급하는 경우는 일실이익 산정의 기초가 되는 급여소득에서 제외한
다.426)

2) 급여 소득자의 입증 서류

급여 및 상여대장 사고 전 1년분, 사고이후 급여지급 관계를 확인할 수 있
는 급여대장, 소득자별 근로소득원천징수부, 근로소득 원천징수 영수증, 소득
금액증명원,427) 통장사본 등이 있다.428) 또한 재직 또는 경력증명서, 정년,
급여, 상여, 승진, 승급 및 승호규정, 제수당 및 퇴직금규정, 급여테이블 등
이 있다. 현 직장 이전 경력 증빙서류로도 입증 가능하다.429) 중·소 영세업
자의 급여소득자는 급여대장, 근로소득원천징수영수증 등으로 입증한다. 또
한 국민연금보험 가입 및 납부보험료를 통해 입증할 수도 있다. 피해자가 납
입하는 보험료의 수준은 국민연금관리공단에서 발급하는 가입자 보험료 납

---

426) 대법원 1998. 4. 24, 선고 97다58491 판결
427) 소득금액증명원이라 함은 사고일이 속한 년도의 전년도 소득진위 여부가 확인가능하다. 전년
도 1월부터 12월까지의 근로소득을 다음년도 5월경에 신고하나 세무서에 관련서류 확인 및 심
사를 거치는 기간이 약 5개월 가량 소요되는 관계로 10월경에 발급, 확인이 가능하다.
428) 갑근세 납세필 증명서 기재상 세금납부가 사고 후 일시에 이루어진 경우는 입증이 불가능한
급여소득자로 본다. 즉, 사고 발생당시 이미 납부된 세무자료를 기준으로 인정한다.
429) 이와 관련하여 손해배상금을 지급해야 하는 당사자는 사고 후 재직 중인 기업이 도산하였거
나 도산 예정인지 여부 및 세무입증 소득이 과다한 지 여부를 조사(과거소득, 동료소득, 국민연
금, 국민건강보험료, 연말정산일자, 납부일자 등 확인)하여 피해자의 주장내용의 타당성 여부를
확인할 수 있다. 특히 급여자료의 진위여부가 불투명한 경우 동일기간의 급여대장 및 근로소득
원천징수영수증과 비교하여 확인하여야 한다. 국세청 사이트에 가면 가능하다. 세무대리인(세무
사, 공인회계사)은 본인이 작성한 세무신고 서류를 보관, 비치하여야 하는바 피해자가 소속된
사업체의 동의를 득한 후 그 사업자가 위임, 의뢰한 세무 대리인을 방문하여 소득신고 내용 등
에 대한 관련 자료를 징구하여 확인할 수 있다.

입내역서를 통해 입증할 수 있다.

3) 소득인정원칙

특별한 사정이 없는 한 사고당시의 급여규정에 따라 사고 직전 3개월간 평균 급여로 산정하며, 급여규정이 없는 경우 과거 1년간 수령액의 월평균액으로 한다.

4) 기타 급여 및 수당 인정 기준

상여금은 규정에 따른 정기 상여금은 1년간 수령액을 월 평균하여 소득에 포함한다. 년차 및 월차 수당은 제외함이 원칙이다.[430] 실비변상적 급여, 즉 통근비, 차량유지비, 출장비, 야근식대, 여비 등은 제외된다. 비정기적 수당, 예컨대 주휴수당, 야간근로수당, 연장근로수당의 경우 제외함이 원칙이나 근무성격상(3교대 근무) 향후에 계속적, 고정적으로 가득할 수 있는 개연성이 있는 경우에는 인정한다. 승호(호봉승급)는 매년 정기적인 호봉승급을 하여 왔고 장차 정기적인 호봉승급이 이루어질 개연성이 있는 자료가 있을 경우에 한하여 호봉승급에 따른 소득인상액을 인정할 수 있다. 즉, 승진 및 승호(호봉승급)는 원칙적으로 인정되지 아니하나 사고 직전 이미 승진 및 승호가 확정된 경우에 한하여 인정된다.

5) 입증이 불가능한 급여 소득자

적용대상은 급여소득자나 세법에 따른 소득입증자료가 없는 소규모 영세업의 직원 또는 사업자등록증 미필업체의 직원이 이 경우이다. 소득인정원칙은 일반적으로 도시일용근로자 보통인부임금[431]을 인정하나 실제급여소득이 적용할 통계임금보다 높다고 인정되는 경우에 한하여 업체의 규모, 피해자의

---

430) 연월차 수당의 경우 법원에서 거의 인정하지 아니한다. 다시 말하면 연월차휴가보상금은 개인적인 사정에 따라 임의적으로 연월차 휴가를 사용할 수 있으므로 특별한 사정이 있어 계속 받을 수 있다는 등의 엄격한 요건 하에서만 인정하고 있다. 대법원 1996. 3. 22, 선고 95다 24302 판결. 그러나 이와 관련하여 자동차보험 약관상에는 지급하도록 하는 내용이 있다.

431) 도시일용근로자 보통인부임금이란 대한건설협회에서 조사, 공표한 공사부문의 보통인부 임금을 말한다. 도시일용근로자 보통인부 월소득액은 공사부분 보통인부 1일임금 ✕22일 이다.

직책과 연령 등을 감안하여 임금구조기본통계조사보고서의 7. 직종중(소)분류별 통계소득 중 해당직종의 해당경력자 통계소득을 인정한다.432) 어떠한 경우라도 사문서와 인우보증서만으로 직원과 소득 및 경력을 인정할 수 없다.433)

(2) 사업소득자

1) 입증이 가능한 사업소득자

적용대상은 사업자등록증이 있고 세법에 따른 사업소득금액의 입증자료가 있는 피해자이다. 소득인정원칙은 첫째, 관련 세법에 따라 인정되는 연간수입액(매출액)에서 제반 인적·물적 경비를 공제한 금액에서 투하자본의 기여도(자본수입인 이자, 점포의 임료 상당액 등 영업 외 수익)를 공제한 금액을 입증할 수 있는 관련 자료를 완비한 경우 사업소득을 적용한다. 둘째, 인적 물적 경비는 소득금액증명원, 손익계산서, 대차대조표 등 세법에 따른 관계 증빙서로 하되, 증빙서 입증이 곤란한 경우에는 기준경비율을 이용하여 산정한다. 셋째, 위 기준에 따라 사업소득을 산정함이 원칙이나 입증의 어려움이 있는 경우는 통상 임금구조기본통계조사보고서의 산업중분류별 통계소득을 적용한다. 넷째, 사업체의 규모와 형태, 종업원수, 경영실적 등을 참작하여 피해자와 같은 정도의 학력, 경영능력을 가진자를 대체 고용하는데 소요되는 보수 상당액을 수입으로 인정할 수 있으며, 이러한 대체 고용비는 통상 임금구조기본통계조사보고서의 직종중(소) 분류별 통계소득을 적용한다. 다섯째, 대부분의 개인사업자의 경우는 제반 경비나 자본기여소득의 산출이 불가능하므로 그 정도의 능력을 겸비한 대체고용인의 임금을 해당사업의 현실소득액으로 추정하여 적용한다.434)

---

432) 대한통계협회의 한국표준 직업분류에 따라 임금구조기존통계조사보고서의 직종중(소)분류별 통계소득을 적용한다. 통계자료는 노동부 노동통계 홈페이지에서 검색한다. 주소는 http://laborstat.moel.go.kr/ 이다. 화면 상단에 위치한 고용형태별근로실태조사를 클릭한 후 화면 중간에 통계검색을 클릭하면 화면 중간 박스에 나온다. 노동부 직업분류 검색은 상기 주소에서 우측 표준직업분류로 검색하면 된다.

433) 그러나 자동차보험 실무상 해당직종의 경력년수는 전경력자(전부를 평균으로 산출한 경력) 월 소득액을 한도로 인정하는 경우가 있다.

434) 개인 기업주의 월평균현실소득액 적용시 기본이 되는 학설은 전액설과 노무가치설이다. 전액설은 개인기업일 경우 개인이 그 기업을 통해 올릴 수 있는 수익은 모두 경영자 개인에게 귀속

2) 입증이 불가능한 사업소득자

적용대상은 사업자등록 미필업체의 대표자이고, 타인명의의 사업소득자, 신고소득이 없는 사업소득자이다. 소득인정원칙은 고용인 5인 미만의 영세업체 사업소득자인 경우 특별한 사정이 없는 한 도시일용근로자 보통인부임금을 인정한다. 그러나 특별한 사정이 있는 경우 임금구조기본통계조사보고서의 해당 경력자 통계소득을 적용한다. 다만 해당 직종의 전경력자 소득을 한도로 한다.435)

(3) 육체노동자

1) 농업종사자

자영농, 위탁농, 도시근교농업, 원예작물, 특용작물, 과수재배농, 반농반어종사자, 어업종사자 등 농어업 관련 종사자와 농촌 및 어촌 거주 보통인부에게 적용한다. 소득인정원칙은 농촌조사월보상 농촌일용근로자 임금을 적용하며, 월 가동일수는 월 25일로 한다.436) 다만 상당한 규모의 농경지를 경작하거나 전문적으로 특용작물 또는 시설재배를 하는 경우는 임금구조기본통계조사보고서의 농업숙련근로자 통계소득을 적용하기도 한다. 농촌일용근로자의 통계소득은 남자와 여자로 구분되고, 매월 통계가 작성된다.

2) 기술직종사자

되므로 수입의 전액이 상실수익액의 기초가 된다는 학설이고, 이에 반하여 노무가치설은 개인기업이든 법인기업이든 물적 설비 및 종업원의 지식 등이 통합결집되어 수익이 발생하므로 따라서 기업주 개인의 노무에 의해서만 취득된 것으로 볼 수 없다는 학설인데 일본에서의 통설이다. 이보환, 전게서, 265면~266면.
435) 택시운전기사(개인용, 영업용 포함)는 임금구조기본통계조사보고서의 7. 직종중(소)분류별 통계소득(직종번호 842) 자동차운전종사자 해당경력자 소득을 적용한다. 객관적 경력증명이 있을 경우 해당경력연수의 통계소득을 적용하고 전경력자 소득을 한도로 한다. 개인택시의 경우 월평균 총수입에서 차량유지비, 검사비, 보험료, 부가가치세, 면허세, 자동차세, 조합연합회비, 감가비 등을 공제한 후 월 순수입을 산정한다.
436) 통계자료 검색 주소는 http://www.kosis.kr/ 이다. 주제별 통계, 물가, 농가판매 및 구입가격조사, 농가구입 가격지수(2005 = 100, 분기)표에서 농업노동임금 매 분기별 남녀 농업노동임금을 찾을 수 있다.

적용대상은 건설공사현장 등에서 일당 또는 비교적 단기간의 고용계약에 의하여 급여를 수령하는 육체노동자로서 소득이 불분명 하거나 특정하기 힘든 경우에 적용한다. 단 일용기능공이 아닌 상용기능공을 대상으로 한다. 소득인정원칙은 대한건설협회에서 조사하여 발간하는 건설업 임금실태 조사결과에 따른 직종별 노임을 기초수입으로 인정한다.437) 건설 노동자의 경우 자격증 확인이 필요하다.438) 서면 질의서를 통한 업무 숙련도 파악, 고용주 및 동료로 부터의 소득 확인서 및 피해자가 실제 작업하였던 현장 사진 및 작업도구 촬영, 피해자 이력서, 이전 경력 확인 등으로 기술직 종사자라는 것을 입증 할 수 있다.

(4) 학생(미취학 아동, 대학교 졸업자 포함)

소득인정원칙은 도시일용근로자 보통인부 임금이다. 예외적으로 주소지가 농촌지역이고 그 부모가 농업에 종사중인 경우 농촌일용임금을 인정할 수 있다. 대학원 재학 및 졸업후 미취업상태인자는 도시일용근로자 보통인부임금 적용을 원칙으로 하되, 임금구조기본통계조사보고서 6. 직종대분류별 전 직종 대졸이상 남녀 경력연수, 연령계층별 해당 통계소득을 인정할 수 있으나 전경력 소득을 한도로 한다.

(5) 주무 및 무직자

피해자의 주소지가 농촌지역일 경우 농촌일용근로자 임금을 인정하고, 도시 지역일 경우 도시일용근로자 보통인부임금을 산정한다.

(6) 외국인

불법체류자인 경우 도시일용근로자 보통인부임금을 사고일로부터 2년 정도 인정하고, 그 이후부터는 본국의 일용근로자 임금을 환율 적용하여 인정

---

437) 검색주소는 http://cak.or.kr/ 이다. 대한건설협회 싸이트이고 건설업무, → 건설적산기준,→ 건설임금에서 세부적인 건설임금을 찾을 수 있다.
438) 자격증 진위여부의 확인은 한국산업인력공단에서 확인할 수 있고, 검색주소는 http://www.q-net.or.kr 이다.

한다. 적법체류자인 경우에는 적법체류기간 동안의 소득은 위 소득인정기준에 의하여 소득을 산정하고 체류기간 외에는 본국에서의 소득을 환율 감안하여 인정한다.[439]

3. 노동능력상실율 평가

노동능력상실율을 평가 할 때 맥브라이드 노동능력상실평가표에 따라 산정된 노동능력상실율을 인정한다. 보충적으로 국가배상법시행령 별표상의 기준이나 AMA방식에 따른 노동능력상실율을 인정할 수 있다.

구체적인 평가기준은 옥내·옥외로 구분하여 직업계수를 적용하고, 중복장해 적용시 큰 장해율에 신체를 100으로 보고 큰 장해율을 뺀 상태에서 작은 장해율을 곱한 수치를 더하여 산정한다. 그리고 기왕장해는 공제한다.

Ⅲ. 사망시 상실수익액

1. 산정방법

월현실소득액에 생계비에 해당하는 3분의1을 공제하고 가동기간에 해당하는 호프만계수를 곱한다. 여기에서 가동기간에 해당하는 호프만 계수란 사고일 부터 가동종기 까지의 호프만 계수에서 사고일로부터 인정하지 아니하는 기간동안의 호프만 계수를 뺀 계수를 말한다.[440]

2. 월현실소득

부상의 경우와 기본적으로 동일하다. 다만 사망한 급여소득자의 일실이익은 원칙적으로 사망 당시를 기준으로 할 것이지만, 앞으로 그 수익이 증가될 것이 상당할 정도로 확실하게 예측 할 수 있는 객관적인 자료가 있을 때에

---

439) 외국인 소득 검색은 http://www.kotra.or.kr 에 회원 가입 후 맨위 상단의 고객참여센터, 좌측 Q&A, 좌측 해외현지정보, 검색하고자 하는 지역 클릭, 기존 게시판 자료 활용 또는 질의 하면 된다.

440) 자동차보험약관상 사망본인의 월평균 현실소득액(제세액공제)에서 본인의 생활비(월평균현실소득액에 생활비율을 곱한 금액)를공제한 금액에 취업가능월수에 해당하는 라이프니쯔 계수를 곱하여 산정한다. 산식은 다음과 같다. (월평균현실소득액-생활비)×취업가능월수에 해당하는 라이프니쯔 계수

는 앞으로 증가될 임금수익도 일실수익을 산정함에 고려되어야 할 것이고, 이와 같이 증가될 임금수익을 기준으로 산정된 일실이익 상당의 손해는 통상손해에 해당된다.[441]

3. 중간이자 공제

호프만 계수를 적용한다. 다만 월단위 호프만계수를 240을 한도로 적용한다. 미성년 남자(성년이나 군미필자 포함)의 중간이자 계수는 사고 시점부터 가동연한까지의 호프만 계수에서 사고 시점부터 22세까지의 호프만 계수를 공제한 수치를 적용한다.[442]

4. 가동기간

법령 및 단체협약, 취업규칙 등에 별도로 정년규정이 있는 경우에는 정년까지 산정하나, 정년이 60세 미만인 경우에는 정년이후에 60세 까지는 보통인부 임금을 적용하고, 정년규정이 없는 경우에는 만 60세 까지로 한다.

5. 일실퇴직금

일실퇴직금의 적용대상은 사업체의 급여소득자로 퇴직금 지급규정이 있고 퇴직금을 지급한 사실이 있거나 지급이 확실한 경우이다. 인정기준은 정년시 수령하게 될 퇴직금을 산정하고, 중간이자를 공제하여 사고당시의 현가액을 산정한다. 그리고 입사시부터 사고당시까지의 퇴직금을 산정한 다음 전자에서 후자를 뺀다.

IV. 결   어

자동차사고로 인하여 인적피해를 입었을 때 손배해상의 내용과 관련하여 간단히 요약하고 결론을 맺자면 다음과 같다. 손해배상의 내용은 적극적 손

---

441) 대법원 89. 12. 26, 선고 88다카6761 전원합의체판결 ; 대법원 1992. 11. 13, 선고 92다 14526 판결 ; 대법원 1995. 12. 22, 선고 95다31539 판결
442) 미성년 여자의 중간이자 계수는 사고시점부터 가동연한까지의 호프만 계수에서 사고시점부터 20세 까지의 호프만 계수를 공제한 수치를 적용한다.

해, 소극적 손해, 위자료로 구성된다. 특히 소극적 손해인 일실이익의 적정한 산정에 있어서는 그 대립이 첨예하다. 일실이익을 산정하는 3대 요소는 월평균현실소득액, 노동능력상실률, 과실이다. 각 테마 마다 거대한 논쟁이 있고 본 연구에서는 과실에 대한 부분은 빼고 월평균현실소득과 노동능력상실과 관련하여 주로 검토하였다.

월평균현실소득 관련하여 세무자료를 통해 입증이 되면 문제가 없겠지만, 입증되지 않은 경우라도 통계소득이나 기술직 종사자의 소득을 적용받을 수 있다. 즉 급여소득자이나 세무자료를 통한 입증이 안된다 하더라도 업체의 규모, 피해자의 직책, 연령 등을 감안하여 통계소득을 적용받을 수 있고, 사업소득자이나 세무자료를 통한 입증이 안된다 하더라도 사업자등록증이 있거나 특별한 사정이 있다는 것을 입증하면 통계소득을 적용받을 수 있다. 또한 건설현장 등에서 비교적 단기간의 고용계약에 의하여 급여를 수령한다 하더라도 상용기능공으로서 자격증, 근로계약서, 기술 숙련도 등을 입증하여 기술직 종사자 소득을 적용 받을 수 있다. 다만 가해자와 피해자간의 첨예한 분쟁이 있는 영역이므로 분쟁 해결 차원에서 사전에 기준이나 지침을 마련하는 것도 의미 있는 일일 것이다.

노동능력상실률과 관련하여 법원은 맥브라이드 장해평가기준을 주로 적용하는 데 이 기준의 특징 및 미흡한 점을 살펴 보았고 개선점을 제시하였다. 기존의 제도를 변경하는 방법으로는 맥브라이드 식을 적용하되 기준이 없는 경우는 다른 제도를 보충적으로 적용하는 제도 변경이 필요하다. 그리고 새로운 제도를 만드는 방법은 맥브라이드 식의 강점인 직업계수 의 반영 및 한시·영구장해를 함께 적용하는 것이 필요하고, AMA방식의 강점인 최신 의학기술이 반영된 세밀한 분류를 적용하는 것이다. 노동능력 상실률과 관련된 의학적·법률적 체계는 아직도 갈 길이 멀고 연구가 미흡한 것은 사실이다. 따라서 그 동안 제정된 여러 가지 법규정에 따른 노동능력상실에 관한 기준을 포괄적으로 적용할 수 있는 기준을 제정하고 기관을 만들어 시행한다면 손해배상액 산정에 관한 가해자와 피해자간의 분쟁이 감소할 수 있을 것이다.

이러한 소득적용 및 노동능력 상실의 두가지 측면의 제도적 연구 및 변경은 시급하고, 특히 현대의학의 발달에 따른 배상의학적 연구가 노동능력상실률에 긴밀히 반영되어야 함은 지속적인 과제이다.

제 3 장 손해배상의 제한

제 1 절   과실론

I. 서   설

민사상 채무불이행이나 불법행위에 의해 어떤 손해가 발생하게 되면 그 손해야기행위를 한 책임 있는 자는 그 손해를 배상해야 한다는 것이 민사손해배상제도의 출발점이다. 민사법에 있어서는 손해배상책임의 요건이 되는 고의, 과실이 동등하게 취급되고 있는데, 이는 민사책임이 형사책임과는 달리 고의와 과실간에 엄격한 한계설정이 필요하지 않기 때문이다.[443] 형사책임에 있어서는 그 성립에 있어서 원칙적으로 고의가 필요하고 과실에 대하여는 특별한 규정이 있는 경우 이외에는 형사책임이 발생하지 않는다고 하여, 고의와 과실사이에 확연한 구별이 있게 된다. 이에 반하여 민사책임에 있어서는 과거의 해악의 결과를 제거한다는 데에 주목적이 있기 때문에 발생된 손해의 전보가 중요시되고, 행위자를 책할 만한 점이 있으면 그로 말미암아 발생된 손해를 배상케 할 뿐이어서, 행위자의 고의, 과실의 구별실익이 없다 할 것이다.

손해배상책임의 요건상 주관적 요건이 되는 과실을 어떻게 이해해야 할 것인가와 관련하여서는 일반적인 개념정의로는 부주의로 어떤 사실을 인식하지 못한 것을 의미하지만, 민사법에서는 자신의 행위에 의하여 결과가 발생함을 인식하고 나아가 이를 회피하여야 함에도 불구하고 이를 인식하지 못하거나 인식하였어도 회피하지 못하여 일정한 결과가 발생한 경우를 말한다.[444] 즉 거래상 요구되는 주의를 태만히 한 경우를 뜻하게 되며, 가해자와 관련하여서는 그에게 인식 가능한 행위의무를 그 전제로 하고, 과실유무의 판정은 이러한 의무를 해태함으로서 비롯된 법률상 보호되는 이익의 침해에 대한 예견가능성 및 회피가능성여부에 따르게 된다. 따라서 이 개념과 관련하여서는 주의의무를 위반한 정도 및 범위를 어떻게 이해하느냐에 따라 다른 결론에 이르게 될 것이다.

---

443) 박영식, "교통사고에 있어서의 형사과실과 민사과실", 유기천교수 고희기념논문집, 1989, 655면.
444) 곽윤직, 민법주해IX, 박영사, 1992, 357면.

이러한 주의의무라고 하는 법률적 의무를 해태한 정도가 손해배상의 범위를 실질적으로 좌우하고 있기 때문에 구체적인 교통사고가 발생할 경우 가해자와 피해자와의 과실비율에 대한 의견이 첨예하게 대립하고 있다. 따라서 이 논문에서는 자동차 사고에 대한 과실 적용의 모태가 되는 신뢰의 원칙을 살펴보고, 보행자 및 운전자의 과실의 본질 및 과실 상계제도를 이해함으로써, 구체적인 사안에서 그 적용 비율을 결정하는 기준 및 신속히 분쟁을 해결하는 방법을 제시하고자 한다.

Ⅱ. 과실과 신뢰의 원칙

1. 과실

(1) 과실의 개념

과실이라고 함은 일정한 결과가 발생할 것을 알고 있어야 함에도 불구하고 주의를 게을리 하였기 때문에 그것을 알지 못하고 어떤 행위를 하는 심리상태를 말한다. 과실은 다시 추상적 과실과 구체적 과실로 구분이 되는데 구체적 과실은 개개인의 일상 생활속에서 주의를 게을리 한 것이고 추상적 과실은 보통인, 평균인에게 요구되는 주의를 게을리 한 것이다. 일반적으로 추상적 과실에 있어서 요구되는 정도는 구체적 과실에 있어서의 그것보다 높은 것으로 이해되어 있다. 불법행위에 있어서 문제되는 것은 언제나 추상적 과실 뿐이다.[445] 그리고 자동차사고에서 '평균인'이라고 하는 것은 추상적인 일반일을 말하는 것이 아니라 그때 그때의 구체적인 사례에 있어서의 보통인을 말하는 것이다.[446] 또한 과실은 부주의의 정도에 따라서 경과실과 중과실로 나누어진다. 경과실은 주의가 다소간 모자라는 경우이고, 중과실은 현저하게 주의가 모자란 경우를 말한다.

(2) 과실에 관한 학설

1) 객관적 과실설

---

445) 곽윤직, 채권각론, 박영사, 2005, 389면.
446) 대법원 2001. 1. 19, 선고 2000다12532 판결

객관적 과실설은 통설과 판례가 취하는 태도로서 과실이란 통상적인 사람을 기준으로 하여 마땅히 행하여야 할 의무를 태만히 하였거나 해서는 안 될 의무에 위반하여 행위한 경우를 의미한다.447) 즉 일정한 결과가 발생한다는 것을 알고 있어야 함에도 불구하고 주의를 게을리 하였기 때문에 이를 알지 못하고 행위를 하는 심리상태라는 것이다. 이 설은 과실의 유무와 과실의 경중에 관한 표준을 그 개인의 구체적 사정에 의하여 결정하는 것이 아니고 일반적인 보통인으로서 할 수 있는 주의에서 찾고 있다. 이때 일반적 보통인이라 함은 추상적인 일반인을 말함이 아니고, 그 때 그 때의 구체적 사례에 있어서의 표준인, 보통인을 의미하며, 사고로부터 생기는 위험의 대소 내지 피침해이익의 대소에 의하여 주의의무의 정도가 달라진다.

2) 주관적 과실설

주관적 과실설은 과실이란 행위자에 대한 비난가능성으로 이해하는데, 이는 일정한 지식과 능력을 가진 개인이 일정한 상황 하에서 발생 가능한 결과나 그의 행태의 불법을 알 수 있었음에도 불구하고 알지 못한 것이다.448) 따라서 과실의 유무는 행위자 개인의 지식이나 능력과 개별적 상황에 따른 개인적 인식가능성 및 결정가능성 여하에 좌우된다고 한다. 이 설은 법적으로 요구되는 객관적 주의의무를 행위자가 구체적 상황 하에서 그의 개인적 능력에 의해 인식가능하고 성취가능한 경우에만 필요한 주의를 태만히 한 과실을 물을 수 있다고 함으로써 과실을 유책성의 한 종류라고 보고 있다.

(3) 주의의무

이상에서 살펴본 바와 같이 과실은 행위자에게 부과된 주의의무의 해태라고 할 것인데, 그렇다면 주의의무가 부과되는 법적 근거가 무엇인가에 대한 의문이 제기된다. 주의의무가 부과되는 법적 근거로서는 헌법, 법률, 명령 등의 법규범, 각종, 계약규범, 판례규범, 기타 사회규범 등을 들 수 있는데, 이러한 각종의 규범이 명령 내지 금지하는 내용이 주의의무의 대상이 되며, 그

---

447) 이은영, 채권각론, 박영사, 2005, 742면.
448) 이은영, 채권각론, 전게서, 743면

러한 주의의무에 위반하였다면 과실과 위법성의 두 요건을 동시에 충족시키게 되는 것이다.

주의의무의 내용과 관련해서는 규범이 요구하는 상황적 긴장집중이라 할 수 있는데, 각각의 규범적 의미의 구체화에 의해 그 내용이 결정될 것이다. 주의의무의 내용과 관련한 예로서 현대사회의 위험원과 관련된 위험관련인이 부담하는 주의의무의 내용을 살펴보면, 첫째로 자기의 영역 내에 위험물을 지배하고 있는 위험물지배자가 그 물건의 상태를 검사, 점검하여 그 물건의 안전상태를 유지시킬 위험관리의무, 둘째로 위험원에 대한 관리책임자가 그 지배영역 내에 있는 사람 및 재산을 사고로부터 보호해야 하는 보호의무, 셋째로 위험원에 접근하지 않도록 경고하고 금지할 경고 및 금지의무, 넷째로 자기의 직업이나 영역을 영위하면서 타인에게 손해를 입히지 않도록 배려할 직무상 안전의무, 다섯째로 제조물책임과 의료과오 등에서 문제되는 설명의무 등을 들 수 있다.

그리고 일정한 직업에 종사하는 자에게는 그의 직무에 통상 요구되는 정도의 주의를 다하여야 하는데 이를 업무상 주의의무라고 한다. 즉 의사나 자동차운전자, 열차운전자, 화약취급업자, 가스 및 전기취급자, 광부, 군인 등 위험성이 높은 업무에 종사하거나 위험물을 취급하는 자에게는 특히 높은 정도의 무거운 주의의무를 부과하게 되는데, 이를 해태하는 경우에도 추상적 과실로서 과실책임을 지게 된다.

2. 신뢰의 원칙

(1) 서언

자동차사고로 인한 손해배상에 있어서 과실과 관련한 문제로 먼저 운전자의 과실을 들 수 있는데 운전자의 과실이란 운전자가 운전업무에 임하여 다하여야 할 주의의무를 게을리 한 것을 말한다. 운전자의 과실 여부에 관한 일차적인 기준은 운전자가 도로교통법에 규정된 방법에 따라 운행하였는지 여부이다. 그러나 도로교통법을 위반하지 않고 운전하였다 하더라도 반드시 과실이 없다고 볼 수는 없다. 여기에서 자동차사고 손해배상책임 기초로서의 과실이란 무엇인지 검토되어야 한다. 또한 운전자가 주의의무를 다하였느냐의 여부에 있어서 중요한 기준은 판례상 이른바 신뢰의 원칙이다. 즉 운행

중 다른 교통 관여자가 교통법규를 준수하여 행동할 것이라는 신뢰 하에 운행하고 당시의 제반사정상 그러한 신뢰를 함이 상당한 경우에 피해자나 제3자의 돌출행동으로 인하여 사고가 발생하였다면 자동차운전자의 운행자책임이 부정될 수 있는 것이다.449) 과실과 신뢰의 원칙은 자동차 사고로 인한 손해배상책임의 주관적 요건으로 중요하게 자리매김하고 있다.

신뢰의 원칙이란 연혁적으로 교통사고와 관련한 독일의 형사판례에서 비롯되었는데, 독일에서는 일반적으로 '특별한 사정이 없는 한 모든 교통 관여자는 다른 교통 관여자가 교통질서를 지킬 것을 신뢰하여도 좋다'라고 정의되고 있다.450) 따라서 타인이 교통질서에 위반하는 태도로 나아갈 것을 염두에 둘 필요는 없다고 말한다. 이 원칙은 과실의 기초인 주의의무의 한계를 설정함으로써 주의의무 부담의 경감과 합리화를 위한 구체적 기준이 될 뿐만 아니라 사회통제의 한 수단인 형사제재를 합리적으로 행사한다는 점에서 현실적으로 그 효용성이 크다 할 것이다.

우리나라에서는 개념정의에 다소 차이는 있으나 스스로 교통규칙을 준수한 운전자는 다른 교통 관여자가 교통규칙을 준수할 것이라고 신뢰하면 족하며, 교통규칙에 위반하여 비이성적으로 행동할 것까지 예견하고 이에 대한 방어조치를 취할 의무는 없다는 원칙을 말한다. 현대사회에서 도로교통의 사회적 의미를 고려하여 운전자에게 다른 사람의 적법한 행위를 신뢰할 수 있게 함으로서 과실범의 처벌을 완화하고 주의의무를 합리적으로 조정하여 원활한 교통을 가능하게 하는 이론이라고 할 수 있다. 성립배경은 자동차의 수적 팽창, 고속도로나 교통수단으로서의 그 중요성의 증대, 자동차사고의 양적 증가, 도로 및 부수설비의 정비, 확충 등의 도로교통사정의 변화로 인하여 1935년 독일의 판례가 채택한 이래 독일에서 판례와 학설에 의하여 확립되었고, 스위스와 오스트리아는 물론 일본에서도 도로교통에 있어서 과실책임의 제한원리로 적용되고 있는 원칙이다.451)

신뢰의 원칙은 이러한 현실적 배경에 따라 등장한 것으로서 사회적으로 유익한 목적달성을 위해서 사회생활상 필요한 주의를 다하여 행하여진 위험행위에 있어서는 이를 허용한다는 '허용된 위험의 법리'와 발생사적으로 그 사상적 기반을 같이 한다는 것이다. 따라서 이는 교통상의 위험부담을 전적

---

449) 椎木綠司, 自動車事故損害賠償の 理論と 實際, 有斐閣, 1979. 72頁.
450) 이재상, 형법총론, 2006, 박영사 189면 ; 김일수·서보학, 형법총론, 2005. 456면 ; 오영근, 형법총론, 박영사, 2005, 199면.
451) 이재상, 전게서, 190면 ; 김일수·서보학, 전게서, 457면.

으로 사고를 초래한 자에게 과하는 일이 없고, 소위 교통 관여자가 교통법규를 지켜 행동할 것이라는 상호신뢰를 전제로 하여 사고에 대한 위험부담을 각 관여자의 기대에 부응하여 적정히 배분하라는 "위험배분의 법리"를 그 사상적 내용으로 한다.452)

　형법학 분야의 전통적인 과실이론에서는 과실이란 부주의에 의하여 범죄사실을 불인식 내지 인용한 것이고, 이는 행위자의 주관적 심리적 사실에 속하는 것으로서 그 체계적 지위는 책임성에 두었다. 이러한 사고는 객관적 외부적인 것은 위법성에, 주관적 심리적인 것은 책임에 속한다고 하는 인과적 행위론에 기초를 두면서 책임의 실체를 결과에 대한 행위자의 심리적 관계라고 이해하였던 심리적 책임론의 논리적 귀결이었다. 그 후 규범적 책임론이 등장하면서 책임은 심리적 사실 그 자체가 아니라 규범적인 비난가능성으로 이해하게 되었는데, 과실의 경우에는 주의의무 위반이라는 규범적 요소가 본질적 의미를 가지게 되었고, 주의하여야 함에도 불구하고 주의하지 아니하였다는 무가치판단이 과실의 비난가능성이 되었다. 이 경우 주의의무의 내용은 결과를 예견하기 위하여 의사를 긴장시켜야 할 의무, 즉 결과예견의무이고, 의사의 긴장은 주관적 정신적 작용에 관계되는 것이므로 과실은 책임요소에 지나지 않게 된다. 그러나 과실을 책임의 단계에서 비로소 문제삼는 체계 하에서는 적어도 객관적 주의의무를 다한 행위도 법익의 침해 내지 위태한 결과의 야기가 있는 한 위법이라고 판단하게 되는데 이렇게 된다면 철도나 자동차 사고에 의한 사상은 당연히 위법한 것이 되고 나아가 이러한 법익침해의 위험을 안고 있는 철도나 자동차 기업 자체도 부적법한 것이라는 결론에 도달하게 된다. 그래서 Binding의 '허용된 위험'이라는 법리가 등장하게 되었다.

　허용된 위험의 법리란 사회생활상 불가피하게 존재하는 법익침해의 위험을 동반하는 행위에 대하여 그러한 행위의 사회적 유용성을 근거로 하여 법익침해의 결과가 발생한 경우에도 일정한 범위에서 이를 허용하자는 이론이다. Binding은 "수천, 수만의 인간의 행위는 순수한 내적 행위를 제외한 모든 경우에 있어서 의도되지 않은 법익침해 내지 위험의 가능성 혹은 개연성 내지 확실성이 수반된다고 할 수 있는데, 이는 이러한 것들 없이 행위하는 것이 거의 이루어 질 수 없기 때문이다"라고 하면서 20세기에 들어와서 처음으로 허용된 위험의 이론을 전개하였다. 이 이론의 기본적인 사고방식은 "모

452) 이재상, 전게서, 189면 ; 김일수·서보학, 전게서, 454면 ; 오영근, 전게서, 197면.

든 위험을 금지한다면 사회는 정지한다"라는 표어에 잘 나타나 있다. 따라서 위험한 행위의 수행이 그 위험성에도 불구하고 법질서에 의해 허용되므로 그 위험성이 현실화되더라도 그 행위는 단순히 책임이 없게 되는 것으로 보는 것이 아니라 적법한 것으로 보게 된다.

허용된 위험의 법리의 등장으로 주의의무의 내용은 예견가능성이라는 지적 요소에 의하여 밝혀질 수 없음이 명백하게 되었고, 오늘날과 같은 고속화된 도로교통에의 참여는 그로 인한 위험을 감수하지 않을 수 없게 되었다. 따라서 가해자나 피해자는 각자의 행위마다 존재하는 법칙에 따라 행동한다는 것을 상호간에 전제하면서 그 위험을 각자의 입장에서 분담하게 하는 것이 요구되는데, 이를 위험의 적절한 분배의 원칙이라 한다.453) 이러한 신뢰의 원칙의 기능은 주의의무를 제한하는 기능을 가지고 있다.454)

(2) 적용 및 그 한계

이상에서 살펴본 바와 같이 신뢰의 원칙이란 위험하지만 사회적으로 유용하기 때문에 허용된 위험업무에 종사하는 자가 그 일에 관련된 타인도 적절한 행동으로 나올 것을 신뢰하고 행위한 경우, 위험업무종사자는 그 타인이 신뢰에 반한 행동을 함으로써 야기된 결과에 대하여 책임을 지지 않는다는 원칙이다. 이 원칙은 고도 산업사회의 발전과 더불어 위험원이 증가되고 있는 오늘날, 과실의 내용이 되는 주의의무의 정도와 범위에 한계를 설정하는 중요한 기능을 하게 되었다. 그리고 이러한 신뢰의 원칙은 형사법분야에서 형성되어 그 기반을 구축한 다음 민사법분야에서도 자동차사고로 인한 불법행위 책임의 분야에 도입되기에 이르렀다.

그러나 형사법분야에서 확립된 신뢰의 원칙을 민사책임에 대하여 적용하는 것이 타당한가와 관련하여 의문이 제기될 수 있는데, 첫째로 형사책임을 결정하는 과실의 개념과 민사책임을 결정하는 과실의 개념이 다르다는 점, 둘째로 형사법분야에서 가해자에 대하여 유죄냐 무죄냐를 결정하는 신뢰의

---

453) 허용된 위험을 사회생활상의 필요성과 결합된 사회적 상당성의 표현이라고 한다. 이재상, 전게서, 189면.

454) 주의의무를 제한하는 기능을 가졌다고 인정하는 경우에도 주의의무의 내용 중에서 예견의무를 판단하는 기준이 될 뿐이라고 해석하는 견해, 결과회피의무를 제한할 뿐이라는 견해, 예견의무와 결과회피의무를 모두 제한하는 기능을 가졌다고 해석하는 견해가 대립되고 있다. 다른 교통관여자의 비이성적인 행위를 예견하고 방어조치를 취할 필요가 없다는 이론이므로 예견의무와 결과회피의무를 모두 제한하는 기능을 가졌다고 보는 것이 타당해 보인다.

원칙이 손해의 공평한 분담이라는 이념 하에서 과실상계제도가 활용되고 있는 민사법분야에 적용되는 것이 위 이념에 반하는 것이 아닌가 하는 점이다.455)

이러한 현실에 대응한다는 측면에서 형사법분야에서 논의된 위 원칙을 민사법원리에 맞게 적절히 적용하기 위한 연구, 검토가 필요하다고 할 것인데, 위와 관련한 일본에서의 논의를 살펴보면, 일본에서는 신뢰의 원칙의 성질에 대해 예견가능성의 문제로 이해하는 입장과 신뢰의 상당성이라고 이해하는 입장이 있다.456) 후자의 사고방식에 따르면 가해자가 피해자 또는 제3자의 법규준수를 신뢰하는 경우에 그 상당성은 사고 당사자의 쌍방에 있어서 상호성을 의미하는 것이 아니면 안 된다 할 것이므로 결국 가해자만에 대하여 신뢰의 상당성을 강조하는 것에 대하여 의문이 제기되고 있다. 이러한 의미에 있어서 신뢰의 원칙은 민사책임에 있어서도 역시 제한적인 과실인정의 기준으로 될 수 있는 여지는 있다 할 것이다.

신뢰의 원칙의 민사사건에서의 적용은 1978년 10월 10일 대법원판결이 최초라 할 것이다. 위 판결에서 대법원은 "도로폭이 좁아서 차량이 서로 비키기가 위험하여 오가는 차량 중 먼저 이 도로구역에 들어서면 반대방향에서 오는 차량의 진행이 금지되어 단독 일반통행을 하게 규제된 구역에 먼저 들어선 자동차운전자는 반대방향에서 오는 차량이 없다는 신뢰 하에 운행하는 것이므로 도로 한 쪽 가로 차량을 진행할 주의의무가 있다 할 수 없다고 판시하여 민사사건에 관하여 신뢰의 원칙을 최초로 명시적으로 시인하였다.457) 또한 대법원은 1987년 3월 24일 판결에서 "중앙선이 설치되어 있는 도로상을 운행하는 자동차 운전자가 반대방향에서 진행하여 오는 자동차와 서로 교행 하는 경우 일반적으로 상대방 자동차가 정상적인 방법에 따라 그 차선을 지켜 운행하리라는 신뢰를 가지는 것이므로 특별한 사정이 없는 한 상대방자동차가 중앙선을 넘어 자기 차선 안으로 들어올 것까지도 예견하고 운전하여야 할 주의의무는 없다"고 판시하였다.458)

그리고 대법원은 차대인 사고의 판결에서 "횡단보도상의 신호등이 보행자

---

455) 박영식, 전게논문, 662면. 학설상으로는 민사법분야에서의 신뢰의 원칙의 적용을 부정하는 입장도 있으나, 이를 긍정하는 입장이 통설로 되어 있다.
456) 淺田潤一, 信賴の原則, <新版> 交通損害賠償の 基礎, 靑林書院 昭和, 1962年, 92頁.
457) 대법원 1978. 10. 10, 선고 78다1193 판결
458) 대법원 1987. 3. 24, 선고 86다카1073 판결; 대법원 1991. 8. 9, 선고 91다9169 판결 ; 대법원 1995. 10. 12, 선고 95다28700 판결

정지 및 차량진행신호를 보내고 있다 하더라도 도로상에는 항상 사람 또는 장애물이 나타날 가능성이 있을 뿐만 아니라 사고지점이 차량과 사람의 진행이 비교적 번잡한 곳이라면 이러한 곳에서는 교통신호를 무시한 채 도로를 무단 횡단하는 보행자가 흔히 있는 것이어서 자동차를 운전하는 사람이면 누구든지 이를 쉽게 예상할 수 있는 상황이므로 이러한 곳을 진행하는 자동차운전자는 보행자가 교통신호를 철저히 준수할 것이라는 신뢰만을 가지고 자동차를 운전할 것이 아니라 좌우에서 횡단보도에 진입한 보행자가 있는지 여부를 살펴보고 또한 그의 동태를 잘 살피면서 서행하는 등 보행자의 안전을 위해 어느 때라도 정지할 수 있는 태세를 갖추고 자동차를 운전해야 할 주의의무가 있다 할 것이다"고 판시하였다.

신뢰의 원칙 적용 한계는 모든 교통관여자가 교통규칙을 준수할 것을 신뢰할 수 있는 정상적인 관계를 전제로 한다. 따라서 이러한 신뢰관계를 기대할 수 없는 특별한 사정이 있는 때에는 신뢰의 원칙은 적용할 수 없게 된다.[459] 신뢰의 원칙이 적용될 수 없는 경우는 다음과 같다.

첫째, 상대방의 법규 위반을 이미 인식한 경우로서 교통관여자가 상대방의 교통규칙 위반을 이미 알고 있었거나 기대할 수 없었던 때에는 신뢰의 원칙은 적용될 수 없다. 예컨대 상대방이 음주 운전하는 것을 알고 있었거나 무모한 보행자임이 명백한 경우에는 상대방의 적법행위만을 신뢰할 수 없다.

둘째, 상대방의 규칙준수를 신뢰할 수 없는 경우로서 상대방이 교통규칙을 알 수 없거나 따를 가능성이 없는 경우에도 신뢰의 원칙은 적용될 수 없다. 예컨대 유아의 경우에는 성인의 도움을 받지 않고 있을 때 적법한 행위만을 기대할 수 없다. 교통규칙 위반이 빈번히 일어나는 장소에서도 신뢰의 원칙은 적용되지 않는다. 예컨대 초등학교나 유치원 앞과 같은 특수한 장소를 지날 때에는 운전자는 서행해야 한다. 다만 신뢰의 원칙을 배제하기 위해서는 통계상 사고가 자주 발생해야 하는 것만으로는 족하지 않고, 운전자가 이를 예상할 수 있는 특별한 사정이 있을 것을 요한다.

셋째, 운전자 스스로 교통규칙을 위반한 경우로서 스스로 교통규칙을 위반한 운전자는 타인에 대하여 적법한 행위를 기대할 수 없으므로 신뢰의 원칙을 주장할 수 없게 된다. 예컨대 과속으로 진행하면서 제동조치를 취하지 못한 운전자는 상대방의 중앙선 침범 또는 추월방법위반의 잘못을 들어 신뢰의 원칙을 주장할 수 없다.[460]

---

459) 이재상, 전게서, 193면.

(3) 소결

교통사고와 관련하여 손해배상책임의 기초로서 과실과 신뢰의 원칙은 이제 민사법상 책임소재를 가리는데 중요한 위치를 점하고 있다. 신뢰의 원칙은 이미 살펴본 바와 같이 민사상 불법행위로 손해배상책임을 산정하는데 있어서 가해자의 주의의무의 정도와 과실정도를 적정화하는 긍정적인 기능을 하리라 기대된다. 특히 사실상의 무과실책임을 규정하고 있는 현행자동차손해배상보장법의 성격을 새롭게 조명하도록 하는 역할 및 피해자의 과실을 상대적으로 참작케 하는 기본적 전제로서의 역할은 결코 무시할 수 없을 것이다. 그리하여 단순한 면책여부의 소극적 차원을 넘어서 피해자과실을 참작하는 데도 적극적 검증과 적용이 이루어져야 할 것이다. 이는 궁극적으로 교통사고로 인한 손해배상소송에서 가해자와 피해자의 사고기여도를 구체적이고 합리적으로 판단, 적정한 손해분담을 통한 공평성 확보의 계기가 됨으로써 다음에서 기술하는 과실상계제도에 지대한 영향을 미치게 될 것이다. 종래 우리나라의 판례는 과실범에 있어서 피해자측에 과실이 있었다고 할지라도 행위자 본인에게 주의의무위반이 있다고 인정되는 이상 그의 책임은 면제되지 않는다고 하였다. 그러나 자동차교통이 발달함에 따라 교통시설이 완비되고 교통교육 및 교통도덕이 향상되어 점차 모든 교통 관여자는 다른 교통관여자의 교통법규에 따른 적절한 행동을 상당히 신뢰할 수 있게 됨에 따라 대법원은 우선 궤도상의 교통수단에서부터 시작하여 고속도로교통, 일반자동차교통의 경우에까지 신뢰의 원칙을 채용하여 왔다. 현재 우리나라 판례는 차대차 사고에서는 신뢰의 원칙을 엄격하게 적용하고 있다고 할 수 있고 차대인 사고에서는 신뢰의 원칙을 완화하여 적용하고 있다. 그러나 또 다른 문제는 이러한 문제가 수없이 나타나 당사자간의 분쟁이 발생하고 있는데 사회적 비용의 축소를 위하여 분쟁의 최소화를 위한 새로운 인식 및 제도적 장치의 마련이 시급해지고 있다.

Ⅲ. 자동차사고에서의 과실 및 과실 상계

1. 과실

---

460) 대법원 1973. 1. 16, 선고 72도2655 판결

교통사고 후 피해자는 사고 상대방의 과실이 있는 경우에 민법 제750조
이하의 불법행위에 관한 규정에 따라 손해배상을 청구할 수 있다. 이러한 경
우 사고 당사자의 과실 여부가 문제로 제기될 때 무엇을 기준으로 이를 판
단할 것인가와 관련하여 도로교통법령의 중요성이 부각되는데, 이에는 보행
자든 차량의 운전자든 그들이 어떠한 방법으로 교통상황에서 대처하여야 할
것인가의 내용이 담겨 있다. 이 법령에 위반한 자의 행위는 규범에 의해 요
구되는 행위를 하지 못한 것, 즉 주의의무를 해태한 것으로 평가된다. 이러
한 주의를 다해야 할 의무는 비단 차량의 운전자뿐만 아니라 보행자 및 무
단횡단자에게도 인정되어야 할 것이나, 후자의 경우에 이러한 주의집중을 어
느 정도까지 요구할 수 있겠느냐 하는 것이 문제될 수 있다.

(1) 보행자의 주의의무

1) 피해자과실의 본질

과실상계에 있어서 피해자의 과실[461]이 무엇이냐에 관하여는 그것이 채무

---

461) 보행자의 주의의무와 관련하여 도로교통법에는 보행자 및 횡단자의 주의의무와 관련하여 보
행자는 보·차도가 구분된 도로에서는, 도로공사 등 도로 보도의 통행이 금지된 때 및 그 밖의
부득이한 경우를 제외하고는, 언제나 보도를 이용하여야 하며, 보·차도가 구분되어 있지 아니
한 도로에서는 법령이 정하는 예외를 제외하고 도로의 좌측 또는 길 가장자리를 이용하여야 한
다(도로교통법 제8조)고 규정되어 있고 또한 도로를 통행하는 보행자는 신호기 또는 안전표지
가 표시하는 신호 또는 지시와 교통정리를 하는 경찰공무원 등의 신호나 지시를 따라 보행하여
야 한다(도로교통법 제5조)라고 규정되어 있다. 이는 기본적으로 보행자는 보도를 통행해야 함
을 규정함으로서 보도 이외의 보행시 일정한 정도의 주의의무 위반을 인정하는 기준이 된다.
  횡단보행자의 경우에는 횡단보도가 설치되어 있는 도로에서는 이곳으로 횡단하여야 하며(도로
교통법 제10조 2항)횡단보도가 설치되어 있지 아니한 도로에서는 가장 짧은 거리로 횡단하여야
한다(도로교통법 제10조 3항)라고 규정되어 있고 횡단시에는 일정한 예외를 제외하고는 모든
차의 직전이나 직후로 횡단하여서는 안 된다(도로교통법 제10조4항)라고 규정되어 있다. 또한
안전표지 등에 의해 횡단이 금지되어 있는 도로의 부근에서는 그 도로를 횡단하여서는 아니 될
것이며(도로교통법 제6조 제10조 5항), 특히 고속도로 또는 자동차전용도로를 통행하거나 횡
단하여서는 안 된다고 규정되어 있다(도로교통법 제58조).1) 이 또한 횡단시의 보행자의 주의의
무를 규정한 조항으로 위반시 일정비율의 책임을 분담하게 된다. 도로상에서의 유희 등과 관련
하여 교통이 빈번한 도로상에서는 어린이(13세미만)의 보호자는 어린이를 혼자 놀게 하여서는
안 되고 유아(6세 미만)의 보호자 또한 유아만을 보행케 해서는 안 되며(도로교통법 제11조 1
항) 또한 도로상에서는 교통에 방해되는 방법으로 눕거나 앉거나 또는 서 있는 행위를 해서는
안 되며, 술에 취하여 갈팡질팡하는 행위를 하여서도 안 된다(도로교통법 제63조3항)라고 규정
하여 보행자의 주의의무의 기준을 제시하고 있다.

불이행, 불법행위의 성립요건으로서의 과실과 그 법적 성질을 같이 하는 것인가의 여부와 그 조정적 기능과 관련하여 다음과 같이 학설이 나누어지고 있다.

첫째로 피해자의 과실참작이라는 설로서, 이 설은 다시 동질설과 이질설로 나뉘어 진다. 우선 동질설은 현재의 다수설의 입장으로서 피해자의 과실도 결국 신의칙상 주의의무위반이라고 전제하고 과실상계에 있어서의 과실도 위법한 부주의에 지나지 않으며, 더구나 이 위법성은 법률상의 의무위반에 한할 것이 아니라 오히려 사회생활에 있어서 일반적으로 요구되는 협동정신 또는 채권관계에 있어서 신의칙을 위반하는 경우도 포함되어야 할 것이므로 이를 고유한 의미 있어서 과실과는 특이한 개념이라고 할 필요가 없다는 학설이다.

이에 대해 이질설은 현재의 소수설의 입장으로서 과실상계에 있어서의 과실은 불법행위 성립요건으로서의 과실과는 달라서 주의의무 위반이 아니라 단지 자기의 이익을 충분히 옹호하여야 한다는 법칙에 위반한 것에 지나지 아니하므로 단순한 부주의라고 하는 입장과 또한 피해자에게도 사회공동생활에 있어서 베풀어야 할 신의칙상의 주의의무가 있으나 그 정도는 가해자의 과실의 전제가 되는 주의의무보다는 가벼운 것이라도 상관없고, 이점이 가해자의 주의의무 위반과는 다르다는 입장이다.

두번째로 가해자의 위법성 내지 비난가능성의 참작이라는 설로서, 과실상계의 조정적 기능 등을 강조하여 가해자의 위법성 내지 비난가능성을 중심으로 하여 피해자의 주관적, 심리적 사정을 도외시하고 오직 객관적 행위의 외형을 평가하여 비난가능성의 경감 내지 배제의 요소로서 상계의 본질을 파악하려고 하는 견해이다. 즉 피해자의 과실을 배상의무자의 비난가능성의 정도를 감소시키는 하나의 표시로 보며, 과실상계의 결정적인 근거를 피해자에 대한 비난보다는 배상의무자의 책임을 경감할 수 있는 사정의 존재에 중점을 두고 있다.

따라서 이 설에 의하면 피해자의 행위평가에 있어 그 행위의 객관적 유형에 따라 그 손해발생에 기여했는지의 여부를 판단함에 그치고 그 행위자의 책임능력, 사리변식능력 내지 심리적 상태는 이를 고려하지 않는다. 과실상계는 배상의무자와 피해자 사이에 손해의 공평한 분담을 도모하는 제도이므로, 가해자의 위법성이나 비난가능성이라는 것도 결국 배상 권리자측의 사정과 상대적인 관계에서 이해되어야 하고 따라서 과실상계의 본질을 배상권리자의 위법성이나 비난가능성에서 찾을 필요는 없다는 학설이다.

세번째로 윤리적 참작설은 피해자의 행위가 손해의 발생에 반드시 관련되지는 않았다 하더라도 손해의 전액청구가 손해발생 직전의 행위 때문에 권리남용이나 윤리적 타당성을 잃는 사정이 있으면 이를 요소로 하여 손해액을 경감함으로써 공평을 도모하고 배상제도의 합리화를 기하기 위해 필요하다는 입장이다.

2) 과실상계에 있어서 피해자의 과실능력

타인에게 손해를 가한 불법행위의 경우에 손해배상책임이 발생하기 위하여서는 가해자에게 그 행위의 결과로 인하여 법적 책임이 생긴다는 것을 인식할 수 있는 판단능력, 즉 책임능력이 구비되지 않으면 안 되는 것과 마찬가지로 불법행위의 성립이나 그 손해의 발생 및 확대가 피해자에게도 주관적 요소로서의 판단능력, 즉 과실능력이 요구되는가와 요구된다면 어느 정도의 것이어야 하는가에 대하여 의문이 제기된다. 이에는 책임능력이 필요하다는 입장, 책임능력까지는 아니더라도 사리변식 능력은 요구된다는 입장, 사리변식능력도 요구되지 않는다는 입장이 대립하고 있다.

① 책임능력필요설

이 견해는 과실상계를 피해자의 과실을 참작하는 것으로 이해하고, 그 과실을 손해배상책임발생의 원인이 되는 불법행위상의 책임요소로서 과실과 동일한 것, 즉 엄격한 과실로 파악하여 과실상계의 요건으로서 피해자의 책임능력이 요구된다는 것이다. 이는 미성년자가 가해자로서 책임을 지는 경우 책임능력을 필요로 하는 것처럼, 피해자의 과실을 참작할 때에도 그 피해자에게 책임능력이 구비되어야 한다는 점에서 출발한다. 한때 판례가 지지했으나 지금 이 견해를 따르는 자는 없다.462)

② 사리변식능력필요설

---

462) 홍천용, "자동차사고 손해에 있어서의 과실상계 문제", 황적인박사 회갑기념 논문집, 박영사, 1990. 275면.

이 학설은 과실상계의 문제는 불법행위자에 대하여 적극적으로 손해배상 책임을 부담시키는 문제와는 그 취지를 달리하여 이해하고 있다. 즉 불법행위자가 부담하는 손해배상액을 정함에 있어 공평의 견지에서 피해자에게 과실이 있다면 이를 어떻게 참작하느냐하는 문제에 지나지 않기 때문에 피해자의 과실을 참작함에 있어 불법행위의 책임을 부담시킬 때와 같이 행위의 책임을 변식할 수 있는 능력, 즉 책임능력을 요하지 않고 그 보다 낮은 단계의 판단능력, 즉 손해의 발생을 피하는 데 필요한 정도의 사리분별능력만 구비되어 있으면 족하다는 설이다.463) 이 설은 불법행위책임, 특히 공동운행자 책임을 중심으로 과실책임주의가 후퇴하면서 가해자의 주관적 요건이 실질적 의미를 갖지 못하는 것과 비례되는 것으로 우리 판례가 채택하고 있다.464)

③ 사리변식능력불요설

과실상계제도가 갖는 조정적 기능을 중시하여 피해자의 과실을 가해자 위법성 내지 비난가능성 참작의 한 표지로 보는 견해에서는 피해자의 판단능력을 전혀 고려할 것 없이 피해자가 유아이건 정신병자이건 그 피해자의 외부적 행위자체로부터 과실의 유무정도를 판단하자는 견해로서465) 이들이 취하는 논거는 다음과 같다. 첫째 과실상계제도의 궁극적인 목적에 비추어 가해자의 입장에서 생각해볼 때 배상권리자가 우연히 책임무능력이라는 이유만으로 그 과실을 참작하지 아니한다는 것은 공평에 반한다. 둘째 피해자에게 사리변식능력이 없는 경우, 감독의무자의 과실로서 과실상계를 한다하여도 실제상 감독의무자의 과실보다는 유아 자신의 행위가 과실상계의 기준이 되고 따라서 감독의무자의 과실은 의제되는 경향이 있는데, 이를 철저히 하는 경우 사리변식능력불요설에 이르게 된다는 것이다.

(2) 운전자의 주의의무

---

463) 김정렬·이득주, 자동차손해배상제도 해설, 청화출판사, 2001, 239면.
464) 대법원 1971. 3. 23, 선고 70다2986 판결(이 판결은 14세의 미성년자에 대하여 책임능력과 사리변식능력의 유무를 비교하여 사리변식능력이 있다면 과실을 참작해야 한다는 의미의 판결이다. 따라서 사리변식능력이 없다고 하여 과실이 없다는 것으로 이해해서는 안 될 것이다) ; 대법원 1974. 12. 24, 선고 74다1882 판결
465) 西原道雄, "幼兒の死亡·傷害における損害賠償", 判例評論, 有斐閣, 1984, 753頁.

1) 운전자의 주의의무

자동차운전자의 주의의무[466]에 대해 살펴보면, 자동차 운전자에게 요구되는 주의의무라는 직업 내지 기능에 부과된 업무상의 주의의무로서 운전자의 평균적 주의의무라고 할 것이다.[467] 판례는 종래부터 이 주의의무에 위반한

---

[466] 도로교통법상 운전자의 주의의무와 관련하여 구체적 내용을 살펴보면 다음과 같다. 교차로 통과시의 경우에는 교통정리가 행하여지고 있지 아니하는 교차로에 진입하려는 모든 차는 다른 도로로부터 이미 그 교차로에 들어가고 있는 차가 있는 때에는 그 차의 진행을 방해해서는 안되며(선차량 우선, 도로교통법 제22조4항), 우선순위가 같은 차가 동시에 교차로에 들어가려고 하는 때에는 우측도로의 차에 진로를 양보하여야 한다(우측차량 우선, 도로교통법 제22조 5항)는 규정을 들 수 있다. 또한 폭이 넓은 도로로부터 진입하려는 차에 우선권이 인정되고 있고(넓은 도로 우선권, 도로교통법 제22조 4항, 제23조 1항) 신호기에 의해 교통정리가 행하여지고 있는 교차로에 진입하려는 모든 차는 진행하고자 하는 진로의 앞쪽에 있는 차의 상황에 따라 교차로에 정지함으로 인해 다른 차의 통행에 방해가 될 우려가 있는 경우에는 그 교차로에 들어가서는 안 된다(도로교통법 제22조3항)라고 주의의무를 규정하고 있다.

추월시의 주의의무와 관련하여서 추월하고자 하는 차는 반대방향의 교통 및 앞차의 전방 교통에도 충분한 주의를 기울여야 하며, 앞차의 속도나 진로 그 밖의 도로상황에 따라 방향지시기, 등화 또는 경음기를 사용하는 등 안전한 속도와 방법으로 추월하여야 하고(도로교통법 제19조 2항) 추월금지장소에서는 추월을 하여서는 안되며, 앞차의 좌측에서 앞차와 나란히 가고 있는 때에는 그 앞차를 추월하지 못하고(도로교통법 제20조 1항), 추월을 하는 경우에는 앞차의 좌측으로 통행하여야 한다(도도교통법 제19조 1항)라고 규정한다.

안전거리 확보의무와 관련하여 모든 차는 동일방향으로 진행하고 있는 앞차의 뒤를 따를 때에는 앞차가 갑자기 정지하는 경우에 대비하여 그 앞차와의 충돌을 피할만한 필요한 거리를 확보하여야 할 것이다(도로교통법 제17조). 또한 안전운전의무와 관련하여 모든 차의 운전자는 그 차의 조향장치, 제동장치 그 밖의 장치를 정확히 조작하여야 하며, 도로의 교통상황과 그 차의 구조 및 성능에 따라 다른 사람에게 위험한 장애를 주는 속도나 방법으로 운전하여서는 안 될 것이다. 일반적으로 가장 발생빈도가 높은 후미추돌 사고에 있어서도 도로교통법 제17조 1항은 모든 차는 같은 방향으로 가고 있는 앞차의 뒤를 따르는 때에는 앞차가 갑자기 정지하는 경우에 그 앞차와의 충돌을 피할만한 거리를 확보해야 한다고 규정하고 있고, 이에 대한 대법원 판결은 앞차가 제동기에 의해 정지하는 것 뿐만 아니라 제동기 외 사고에 의해 정지하는 경우도 뒤차는 안전거리를 확보 앞차와의 추돌사고를 방지할 주의의무가 있다.[1] 그러나 선행차의 이유 없는 급정거, 예컨대 택시가 손님을 태우기 위하여 3차로 도로에서 2차로 상에서 급정거하거나 운전미숙으로 가속기 대신 제동기를 밟거나 뒤따라오는 차를 놀래주기 위하여 급정거를 하는 경우는 과실 상계의 대상이 되고 입증의 문제는 후행차에 있다 할 것이다.

그 밖의 진행시의 주의의무와 관련하여 모든 차의 운전자는 진로를 변경하고자 하는 경우에 그 변경하고자 하는 방향으로 오고 있는 모든 차의 정상적인 통행에 장애를 줄 우려가 있는 때에는 진로를 변경하여서는 안 된다 할 것이고(진로변경 금지의무 도로교통법 제17조 2항) 또한 위험방지를 위한 경우와 그 밖의 부득이한 경우가 아니면 운전하는 자를 갑자기 정지시키거나 속도를 줄이는 등의 급제동을 해서는 안 된다(급제동 금지의무 도로교통법 제17조 3항)라고 규정하여 운전자의 주의의무를 규정하고 있다.

[467] 법령상의 명문 규정은 없지만 조리상 당연한 의무이며 기본적인 것은 전방주시의무를 들 수 있다.

경우 그에게 과실책임을 부과해 오고 있으나, 근자에 들어서 운전자의 주의
의무를 정하는데 형법상의 판단기준인 신뢰의 원칙을 원용하고 있다. 자동차
운전자에게 있어서 일반적인 주의의무의 내용을 살펴보면, 운전 개시 전의
차량점검 및 정비에 관한 주의의무, 발진시 자동차의 종류, 형상, 적하의 상
태, 부근 도로교통, 기타의 상황에 대한 주의의무, 진행 중 전방주시의무와
횡단보도와 커브길, 비탈길, 도로교차점 통과시의 안전조치 및 주의의무, 차
간거리 확보의무, 추월 시 주의의무뿐만 아니라 타인이 자동차를 함부로 조
작할 수 없도록 할 관리의무 등을 들 수 있다.

　법원의 판례상 인정되는 주의의무를 살펴보면 동일방향 진행차량의 운전
자는 앞차와의 안전거리를 유지하며 주행하지 않으면 안 되고,468) 주행선에
서 추월선으로 진입하는 차량은 미리 진입신호를 하고 후속차량의 유무와
안전거리 등을 확인하거나 후속차량이 통과한 후에 진입함으로써 사고를 미
연에 방지하여야 할 주의의무가 있다. 대향방향 진행의 자동차 운전자는 대
향차량에 대해 일반적인 경우, 상대방 차량도 정상적인 방법에 따라 그 차선
을 지켜 운행하리라는 신뢰를 갖는다 할 것이므로 특별한 사정이 없는 한
미리 상대방 차량이 중앙선을 넘어 자기 차선 앞으로 들어올 것까지 예상하
여 운전할 의무는 없다 할 것이다.469) 그러나 대향차량이 고속도로상의 중
앙분리대를 넘는 것을 이미 보아서 알 수 있었을 경우나 비정상적인 방법으
로 운행하리라는 것을 미리 예견할 수 있는 경우 등에는 위험발생을 방지함
에 필요한 피양조치를 해야 할 것이다. 즉 경음기나 전조등을 이용하여 경고
신호를 보내거나 감속하면서 도로 우측단으로 피행하는 등으로 그 차와 자
기의 차와의 접촉, 충돌에 의한 위험의 발생을 방지하기 위한 적절한 방어운
전조치를 취하여야 할 것이라고 한다.470)

　보행자의 횡단 등 통행이 빈번한 곳인 경우에는 그 부근에 속도제한 표시
가 없다고 하더라도 차량운전자는 보행인의 횡단이 있음을 예상하여 미리
속도를 줄이고 운행해야 하고 횡단자의 발견 시에는 즉시 급정거 조치를 취
하여 사고를 미연에 방지할 주의의무가 있다. 그리고 차량의 운전자는 작업
중인 차량 옆을 통과할 때에는 사람 등의 예기치 못한 장애물이 갑자기 튀
어 나오더라도 이로 인해 발생할 사고를 미연에 방지할 수 있도록 감속하는

---

468) 대법원 2001. 12. 11, 선고 2001도5005 판결
469) 대법원 1984. 4. 10, 선고 84도223 판결 ; 대법원 1983. 2. 8, 선고 82도2617 ; 대법원
　　 1987. 3. 24, 선고 86다카1073 판결 ; 대법원 1988 3. 8, 선고 87다카607 판결
470) 대법원 1975. 8. 19, 선고 74다1487 판결

등의 주의의무를 부담한다.471)

2) 무과실책임주의의 등장

자동차운행자나 그 운전자에게 고의 또는 과실이 없었음을 증명하더라도 다시 피해자나 제3자의 고의 또는 과실이 있음을 주장, 입증하지 못하면 책임을 면할 수 없다. 이는 입증책임의 전환일 뿐 아니라 과실책임 자체를 사실상 무과실책임을 인정하려는 방향으로 확장, 변경한 것임을 의미한다.472) 자본주의가 발달함에 따라 기업활동과 관련하여 과실책임주의의 합리성이 문제가 되어 왔다. 즉 기업활동에 있어서 기업 측의 과실 자체가 의문시 되는 경우가 있을 뿐만 아니라 그 입증도 결코 쉽지 않았다. 그래서 과실책임주의 하에서 기업은 피해자의 희생으로 이익을 얻은 결과가 되고 이는 손해의 공평한 분담이라는 불법행위법의 목적에 반하게 되므로, 과실책임주의가 완화되기도 하고 나아가 민법의 해석, 운용만으로 그러한 목적의 달성이 불가능한 경우에 기업의 배상책임을 인정하기 위하여 가해자에게 과실이 없더라도 그의 행위로 인하여 손해가 발생하였다는 관계가 있으면 그것만으로 손해배상책임을 지우는 무과실책임주의가 대두되기에 이르렀다.

① 무과실책임의 근거

무과실책임과 관련하여 논쟁은 보상책임설과 위험책임설이 있다. 첫째, 무과실책임주의에 의하면 과실이 없더라도 책임을 져야 하는 경우가 생길 수 있다. 그런데 어떤 근거에서 과실책임주의를 포기하고 무과실책임을 지울 것인가가 문제된다. 즉 이익을 얻는 과정에서 타인에게 손해를 가한 자는 그 이익에서 배상하는 것이 공평하다는 입장이다. 그런데 이 입장에 의하면 손해가 이익을 초과하는 경우에 구제방법이 없게 된다. 보상책임설 또는 이익설이라고도 한다.473)

둘째, 스스로 위험을 만든 자는 그 결과에 대하여 책임을 져야 한다는 위험책임설이 최근에 주장되고 있다. 오늘날 지배적인 견해는 위험책임설을 기

---

471) 대법원 1970. 7. 28, 선고 70다684 판결
472) 이주흥, 실무손해배상책임법, 박영사, 1996, 90면.
473) 곽윤직, 채권각론, 전게서, 381면 ; 이은영, 채권각론, 전게서, 747면.

본으로 하여 무과실책임체계를 세우려는 것 같다. 즉 타인의 법익을 현저하게 위태롭게 할 위험원을 지배하는 자에게 장래 그로부터 발생할 손해에 대한 배상책임을 지우는 책임체계로, 자기 활동으로 인하여 타인에게 비통상적인 위험을 야기시킨 자는 비록 과실이 없더라도 그 활동으로부터 생기는 손해에 대한 책임을 부담해야 한다고 하는 학설이다.474)

② 무과실책임의 도입

무과실책임의 귀책근거는 가해자의 행위가 아니라 위험책임자가 야기한 위험영역이다. 따라서 요건에 있어서 귀책, 위법성, 및 기업의 불법행위능력이 요구되지 않으며, 효과에 있어서도 가해자와 피해자 사이의 형평이 중시된다. 무과실책임은 해석을 통해서 어느 정도 달성될 수 있지만 보다 확실한 것은 입법에 의한 방법이다. 우리나라에서도 최근 공업화가 촉진됨에 따라 무과실책임을 인정하거나 과실을 추정하는 입법이 늘고 있다. 무과실책임을 인정한 예로 환경정책기본법 제31조, 토양환경보전법 제23조, 원자력손해배상법 제3조, 제조물책임법 제3조 등을 들 수 있고, 과실을 추정하는 예로 입증책임의 전환에 의하여 사실상 무과실책임에 접근하고 있는 자동차손해배상보장법 제3조 외에 특허법 제130조, 의장법 제65조, 상표법 제68조 등이 있다. 그 밖에 노동재해의 보상에 관해서는 근로기준법 제81조 이하가 적용된다. 그러나 무과실책임이 아무리 발전한다 하더라도 그것이 불법행위의 모든 영역에 걸쳐 타당할 수는 없다. 즉 주의의무 해태를 기초로 하는 과실책임이 불법행위의 기본원리임은 당연하다고 할 수 있다.

다만 그러한 과실책임에 의해서는 손해의 공평한 분담이라는 제도목적을 달성할 수 없는 경우에 한하여 예외적, 보충적으로 사회적 손실분담의 차원에서 부과되는 무과실책임이 인정되어야 한다. 따라서 무과실책임으로서의 전환을 정당화하는 적극적인 사유가 존재해야 한다. 가령 위험책임자의 지배영역 하에 놓여 있는 물건이나 시설 등에 의한 사고는 위험책임자에게 부과하는 것이 타당하다할 것이다. 그리고 이러한 위험에 접한 자가 그의 손해를 피하기 위하여 야기한 사고 등에 한정되어야 할 것이다. 이러한 허용된 위험은 형사책임을 면제할 수 있으나 민사책임까지 면제하여서는 안 된다.475)

---

474) 곽윤직, 채권각론, 전게서, 381면 ; 이은영, 채권각론, 전게서, 748면.
475) 곽윤직, 채권각론, 전게서, 380면 ; 이은영, 채권각론, 전게서, 749면.

③ 자배법상 조건부 무과실책임주의

자동차라고 하는 위험물의 소유, 사용, 관리로 인하여 다른 사람을 사상케 하였을 때 손해배상책임을 규정하는 자배법에서도 조건부 무과실책임주의를 취하고 있다. 즉 피해자 또는 제3자의 고의 또는 과실로 인하여 손해가 발생하였다는 사실을 가해자가 입증하지 못하면 책임을 지게하고 있다. 이렇듯 자배법에서도 입증책임의 전환을 통하여 무과실책임주의를 실현하여 위험책임법리를 적용하고자 한다.

한편 자동차사고로 인한 손해배상책임에서 가해자 측이 무과실책임을 지는 경우에 과실상계의 법리는 어떠한 관계가 있는가가 문제된다. 즉 무과실책임은 가해자 측의 고의, 과실 등 귀책사유의 적극적 인정을 그 요건으로 하지 않기 때문에 피해자는 배상의무자의 과실을 입증하지 않더라도 그 청구가 인용될 수 있는 이른바 "입증책임의 전환"이라는 결과를 가져온다. 그리고 책임성립요건이 되는 과실존재여부와 관련된 과실책임과 무과실책임 체계의 문제는 그 이후에 비로소 문제되는 손해배상액의 산정문제와는 일단 논의의 평면을 달리한다 할 것이다. 즉 과실책임과 무과실책임의 체계는 과실의 인정을 통한 책임성의 성립문제이고 과실상계는 책임이 성립한 후에 적정한 손해배상의 분담문제로서 피해자의 과실은 이 과정에서 참작되는 것이다.

(3) 소결

피해자 과실의 본질과 관련하여 피해자의 과실참작설에 동의하면서도 가해자와 보행자인 피해자와의 관계에서 피해자 과실을 동질적인 것으로 보기는 어렵다. 그 이유는 가해자는 위험물을 소유, 사용, 관리하는 주체이고 주의의무의 정도가 일반적인 사람과 다르다 할 것이고, 보행자인 피해자는 사회통념상, 공동생활상 요구되는 약한 부주의를 가리키는 것이라고 보는 것이 타당할 것이다. 피해자 과실의 본질과 관련하여 대법원에서도 "불법행위에 있어서 가해자의 과실은 의무위반이라는 강력한 과실인데 반하여 피해자의 과실을 따지는 과실상계에 있어서의 과실이란 가해자의 과실과는 달리 사회통념상, 신의성실의 원칙상, 공동생활상 요구되는 약한 부주의를 가리키는

것"이라고 밝히고 있다.476)

피해자의 과실능력과 관련하여 사리변식능력 필요설에 의하면 책임능력은 족하지 않고 사리변식능력이 있으면 족하다고 하고 있고, 사리변식능력 불요설에 의하면 공평에 반할 뿐 아니라 사리변식능력은 감독의무자에 의제되므로 필요 없다고 한다. 생각건대 사리변식능력 필요설을 논리적으로 적용하면 사리변식능력이 없다면 피해자 과실이 없는 것이 되므로 문제가 있고, 사리변식능력 불요설에 의하면 사리변식도 없는 유아나 심신미약자에게 과도한 책임이 전가 되므로 문제가 있다. 따라 피해자의 과실 및 법규위반을 적용하되 유아나 심신미약자일 경우 피해자의 과실을 줄여 나가는 논리적 근거를 마련할 것이 필요하다.

운전자의 주의의무와 관련하여 조건부 상대적 무과실 책임주의의 규정으로 인하여 사고에 관한 입증책임이 피해자가 아닌 가해자에게 전환하여 손해배상의 이행을 수월하게 한 점은 상당히 평가 받을 만하다.

2. 과실상계

(1) 의의

과실상계란 채무불이행 또는 불법행위에 의하여 손해가 발생한 경우에 채무불이행 또는 불법행위의 성립 그 차체나 그로 인한 손해의 발생 또는 손해의 확대에 채권자 또는 피해자의 과실이 있는 경우, 손해배상책임의 금액을 정함에 있어 이를 참작하는 법리를 말한다.477) 불법행위에 관한 과실상계제도는 손해배상제도를 지도하는 공평의 원칙과 사회생활을 지배하는 협동의 정신이 적용되는 한 장면이다.478) 따라서 과실상계제도는 손해의 공평한 분담을 꾀하는 제도로서 위자료와 함께 손해배상액의 산정에 있어서 배상액을 법원이 조정할 수 있도록 하는 조정적 기능을 갖는다고 할 것이다. 우리 민법에서도 제396조에서 "채무불이행에 관하여 채권자에게 과실이 있는 때에는 법원은 손해배상의 책임 및 그 금액을 정함에 있어 이를 참작하여야 한다"라고 규정하고 있고 불법행위의 경우에는 민법 제763조에서 이를

---

476) 대법원 1983. 12. 27, 선고 83다카644 판결
477) 곽윤직, 민법주해Ⅸ, 전게서, 602면 ; 곽윤직, 채권총론, 전게서, 119면 ; 이은영, 채권총론, 박영사, 2006, 대법원 1973. 10. 23, 선고 73다337 판결
478) 이보환, 자동차사고 손해배상소송, 육법사, 2010, 515면.

준용하고 있다.479)

(2) 근거

1) 협동원인설

과실상계의 근거는 피해자와 가해자 쌍방의 과실행위가 협동하여 하나의
손해를 발생시키거나 손해를 확대시킨 경우의 문제로서, 발생한 손해에 관하
여 양자의 원인의 강약을 고려하여 손해의 분담을 결정하는 것이라는 견해
로서, 이는 스스로의 과실있는 행위에 기인한 결과에 관하여만 책임을 지고
타인의 행위의 결과에 관하여는 책임을 부담케 할 수 없다는 이른바 자기책
임의 법리에 기인한 것이다. 따라서 그 본질은 스스로의 과실 있는 행위를
원인으로 하여 생긴 결과라고 하는 인과관계론의 범위에 속한다고 보는 견
해이다.

2) 공평설

과실상계의 근거를 공평의 관념에 있다고 보는 통설의 입장이다. 이는 다
시 손해배상의 본래의 지도원리인 공평책임의 원칙에 의하여 피해자에게 과
실이 있는 때에는 가해자의 의무범위를 경감한다고 하는 견해(가해자 의무
경감설)와 자기의 고의, 과실에 기한 손해는 타인에게 전가시켜서는 아니 된
다는 신의칙에서 유래한다고 보는 견해(신의칙설) 및 사회협동생활에 있어
서 자기의 의무위반으로부터 비롯된 손해는 스스로 수인하여야 한다는 견해
등으로 나누어 볼 수 있다.
협동원인설에 의할 경우 가해자는 자신의 과실 있는 행위와 인과관계에
있는 범위의 손해에 대해서만 배상의무를 부담하는 것이고, 피해자의 과실에
기한 손해에 대하여는 피해자의 손해배상청구권은 원래 발생하지 않을 것이
므로 법원의 재량에 의한 감액을 행할 것은 아니며, 또 과실경합에 의한 양
자의 부담이 분담되어야 한다고 하여도 양적인 참작을 할 여지가 없어 제도
의 경직성을 초래하게 될 뿐만 아니라 법원의 재량을 인정하고 있는 현재의

---

479) 독일에서는 과실상계의 법적 근거로서 독일민법 제254조 및 도로교통법 제9조를 들 수 있고
   일본의 경우에는 일본민법 제722조 2항을 들 수 있다.

법조문과 불합치하게 된다. 한편 공평설에 의하면 실정법의 법문에도 충실한 결과가 된다는 점, 제도의 활용에도 충분하다는 점 등의 장점을 지니고 있으나, 과실에 기한 손해배상제도 자체가 광의의 공평의 관념만으로 설명되기에 불충분하다는 문제가 있다.

3) 소결

결국 과실상계제도는 피해자의 시점에서는 스스로의 과실에 의하여 초래된 손해는 스스로가 수인하여야 하고, 이것을 타인에게 전가할 수 는 없으며 가해자의 시점에서 보면 스스로의 과실에 의하지 아니한 손해에 대하여는 책임을 부담하지 않는다고 하는 공평의 관념에 입각하고, 다만 피해자 및 가해자 양자의 과실의 경합이 있는 경우에는 그 일방의 과실만으로 인과관계를 갖는 손해의 양적 범위를 확정하는 것은 사실상 불가능하므로 그 전손해를 피해자와 가해자 양자가 분담하여야 할 양적 비율을 공평의 관념에 대한 과실의 경·중, 그 과실의 손해에 대한 원인으로서의 강·약 등 모든 요소를 참작하여 법원이 조정하는 제도라고 할 것이다.[480] 양 학설은 사고의 원인이 협동으로 발생하였으므로 그에 따른 손해배상도 함께 분담하는 것이 공평하다는 내용이므로 나름대로 타당성은 있으나 과실의 내용에 따라 경중을 구분하는 것이 타당하므로 공평설이 타당하다 하겠다. 다만 문제는 그러한 경·중의 비율을 설정하는 것이 중요한 과제이고, 사고 발생 이후 과실의 경·중을 가리게 되면 그만 큼 분쟁의 소지는 높아질 것이 명백하므로 기존의 사고 발생을 유형화하여 과실의 비율을 설정하여 분쟁의 소지를 줄여나가는 것이 의미 있는 일일 것이다.

(3) 구체적인 교통사고로 인한 과실상계의 참작사유

1) 법규위반

과실상계에서 참작할 피해자의 과실은 의무위반으로부터 사회생활상, 신의칙상 비난가능성 있는 생활태도, 즉 부주의까지를 포함하는 포괄적인 것이라고 할 수 있다. 가장 기본적인 것은 도로교통법, 동법 시행령, 동법 시행규칙

---

480) 河村卓哉, 過失相殺の 本質と 過失能力, 實務法律大系(4) 交通事故, 1988, 421頁.

등의 도로관계에 관한 제 법규 위반과 교통사고처리특례법 위반이라 할 것이다. 이러한 제 법규가 과실여부와 정도를 고려함에 있어서 상당히 중요한 역할을 담당하지만 이를 기계적으로 관철하는 경우에 탄력성을 상실할 우려가 있으므로 구체적 사실관계의 검토를 통해 사고발생의 예견 및 예견가능성 등도 함께 고려해야 할 것이다.

① 신호위반

신호등에 의하여 교통정리가 행하여지고 있는 교차로의 통행방법과 운전자의 주의의무와 관련하여 교차로에서 자신의 진행방향에 대한 별도의 진행신호는 없지만, 다른 차량들의 진행방향이 정지신호일 경우를 이용하여 교통법규에 위배되지 않게 진행하는 차량 운전자에게 다른 차량이 신호를 위반하여 진행하여 올 것까지 예상하여야 할 주의의무가 있다고 할 수 없다. 다만 신호를 준수하여 진행하는 차량의 운전자라고 하더라도 이미 교차로에 진입하고 있는 다른 차량이 있다거나 다른 차량이 그 진행방향의 신호가 진행신호에서 정지 신호로 바뀐 직후에 교차로를 진입하여 계속진행하고 있는 것을 발견하였다거나 또는 그 밖에 신호를 위반하여 교차로를 진입할 것이 예상되는 특별한 경우라면 그러한 차량의 동태를 두루 살피면서 서행하는 등으로 사고를 방지할 태세를 갖추고 운전하여야 할 주의의무는 있다 할 것이지만, 그와 같은 주의의무는 어디까지나 신호가 바뀌기 전이나 그 직후에 교차로에 진입하여 진행하고 있는 차량에 대한 관계에서 인정되는 것이고, 신호가 바뀐 후 다른 차량이 신호를 위반하여 교차로에 새로 진입하여 진행하여 올 경우까지를 예상하여 그에 따른 사고발생을 방지하기 위한 조치까지 강구할 주의의무는 없고, 이러한 법리는 교차로에서 자신의 진행방향에 대한 별도의 진행신호가 없다고 하여도, 다른 차량들의 진행방향이 정지 신호일 경우를 이용하여 교통법규에 위배되지 않게 진행하는 경우도 마찬가지라고 할 것이라고 판시하였다.481) 또한 신호위반과 관련하여 과속 운전을 하다 충돌사고를 냈더라도 상대방 차가 신호를 무시한 정황이 명백하다면 과속차량에 사고책임이 있다고 할 수 없다고 판시한다. 원심은 화물차가 속

---

481) 대법원 2002. 9. 6, 선고 2002다38767 판결 ; 대법원 1994. 6. 14, 선고 93다57520 판결 ; 대법원 1998. 6. 12, 선고 98다14252 판결 ; 대법원 1999. 8. 24, 선고 99다30428 판결 ; 대법원 2001. 11. 9, 선고 2001다56980 판결 ; 대법원 1993. 1. 15, 선고 92도2579 판결

도 제한을 어긴 잘못이 있으므로 20%의 책임을 지고 신호를 위반한 승용차가 80% 책임을 져야 한다고 판결하였으나, 대법원은 교차로에 신호를 따라 진행하는 운전자는 다른 차량이 신로를 위반해 교차로에 진입하는지 살필 주의의무가 있지만 그런 의무는 신호가 바뀌기 전이나 직후에 교차로에 진입한 차량에 대해서만 인정되며 신호가 바뀐 후 새로 교차로에 진입하는 차량에 대하여 까지 주의할 의무는 없다고 밝혔다.482)

② 중앙선침범

건설회사가 도로 확장공사를 위하여 우회도로를 개설하면서 기존의 도로와 우회도로가 연결되는 부분에 임의로 설치한 황색점선이 교통사고처리특례법 제3조 제2항 단서 2호 소정의 중앙선 또는 같은 항 단서 1호 소정의 안전표지에 해당하는지에 대하여 중앙선이라고 할 수 없을 뿐만 아니라 안전표지라고도 할 수 없다고 판시한다.483) 교통사고처리특례법 제3조 2항 단서 제2호 전단의 중앙선침범이라고 함은 교통사고의 발생지점이 중앙선을 넘어온 모든 경우를 가리키는 것이 아니라 부득이한 사유가 없이 중앙선을 침범하여 교통사고를 발생케 한 경우를 뜻하며, 여기서 '부득이한 사유'라 함은 진행차로에 나타난 장애물을 피하기 위하여 다른 적절한 조치를 취할 겨를이 없다거나 자기 차로를 지켜 운행하려고 하였으나 운전자가 지배할 수 없는 외부적 여건으로 말미암아 어쩔 수 없이 중앙선을 침범하게 되었다는 등 중앙선 침범 자체에는 운전자를 비난할 수 없는 객관적 사정이 있는 경우를 말한다. 이와 같은 법리는 같은 법 제3조 제2항 단서 제9호 소정의 보도 침범의 경우에도 그대로 적용된다. 노면에 내린 눈이 얼어붙었다 하더라도 경사로가 아닌 한 과속, 급차선 변경 또는 급제동 등 비정상적인 운전조작을 하지 않는 이상 그 진로를 이탈할 정도로 미끄러질 수는 없다고 할 것인데 이 사건 사고 지점은 편도 2차로의 직선로로서 사고 지점의 노면만이 국지적으로 얼어 있었던 것이 아니라, 사고 지점은 제한 속도가 시속 40Km 지점으로서 위와 같이 노면이 얼어 있는 상황이므로 평상시 제한속도의 반이하로 줄여 운행하여야 할 것인데도 피고인은 이러한 도로사정에 유의하지 아니한 채 시속 30Km 정도로 과속한 잘못과 얼어붙은 노면에서 운전조작을

---

482) 대법원 1990. 2. 9, 선고 89도1774 ; 대법원 1998. 2. 13, 선고 97다47620 판결
483) 대법원 2003. 6. 27, 선고 2003도1895 판결

제대로 하지 못한 과실로 중앙선을 침범한 사실을 엿볼 수 있으므로, 피고인의 중앙선침범 및 보도 침범이 운전자가 지배할 수 없는 외부적 여건으로 말미암아 어쩔 수 없었던 것이라고 볼 수 없다 할 것이다.[484] 따라서 피고인 운전차량에 들이 받힌 차량이 중앙선을 넘으면서 마주오던 차량들과 충격하여 일어난 사고가 중앙선침범사고로 볼 수 없다고 본다.[485]

③ 제한속도 위반

교통정리가 행하여지지 않는 교차로에서 좌회전하기 위하여 신호를 넣고 정차하고 있던 차량이 뒤따르던 차량에 충격되어 반대 차선으로 튕겨 나가면서 반대차선에서 과속으로 운행하던 차량에 다시 충격된 경우, 반대차선에서 과속으로 운행한 차량운전자의 과실과 사고 사이의 상당인과관계를 부정한 원심 판결을 파기한 사례가 있다. 대법원은 제한속도를 지킨 경우나 과속운행을 한 경우나 제동 효과가 나타나는 지점은 똑같다는 잘못된 전제에서 출발하여 제한속도를 지켜 운행했더라도 피해 차량과의 충돌을 피할 수 없었을 것이라는 결론에 이르자 피고들의 면책을 주장한 것은 결국 교차로를 통행하려는 차량 운전자의 주의 의무에 관한 법리를 오해한 나머지 심리를 다하지 아니하고 채증법칙을 위배하여 사실을 오인함으로써 판결에 영향을 미친 위법을 저지른 것이라 할 것이라고 판시하고 있다.[486]

④ 앞지르기 방법 위반

고갯마루 비탈길에서 트럭을 추월해 앞지르기 한 경우 판결문에서 "도로교통법은 운전자가 교차로, 터널 안, 다리 위, 도로의 구부러진 곳, 비탈길의 고갯마루 부근, 가파른 비탈길의 내리막 등에서 앞지르기를 못하도록 규정하고 있다"며 "이런 장소에서 앞차가 진로를 양보했다 하더라도 앞지르기를 할 수 없다"고 판시하였다.[487]

---

484) 대법원 1997. 5. 23, 선고 95도1232 판결 ; 대법원 1988. 3. 22, 선고 87도2171 ; 대법원 1990. 9. 25, 선고 90도536 판결 ; 대법원 1991. 10. 11, 선고 91도1783 판결
485) 대법원 1998. 7. 28, 선고 98도832 판결 ; 대법원 1991. 12. 10, 선고 91도1319 판결 ; 대법원 1994. 9. 27, 선고 94도1629 판결 ; 대법원 1996. 6. 11, 선고 96도1049 판결 ; 대법원 1997. 5. 23, 선고 95도1232 판결
486) 대법원 1999. 8. 24, 선고 99다22168 판결
487) 대법원 2005. 1. 27, 선고 2004도8062 판결

피고인이 화물자동차를 시속 20km로 진행 중 도로 전방 우측으로 손수레 3대가 일렬로 진행하기에 이를 피하여 도로 중앙선을 약간 침범하여 일정간 격을 두고 진행 중 피고인의 차를 뒤쫓아 오던 사람이, 그곳 도로는 협소하여 추월할 수 없는 곳인데도 피고인의 차를 추월하여 맞은편에서 오던 피해자를 발견하여 급좌회전 하다가 가로수를 충격하면서 그 반동으로 피해자를 넘어뜨려 결국은 피고인이 역과하여 동인을 사망케 한 것이었다. 대법원은 손수레를 피하여 자동차를 운전한 것으로 중앙선을 약간 침범하여도 도로교 통법 소정의 책임을 짐은 별론으로 하고 상피고인의 차량이 무모하게 추월함으로써 야기될 지도 모르는 사고를 미연에 방지하여야 할 주의의무까지 있다고는 볼 수 없다고 판시하였다.488)

⑤ 건널목

자동차의 운전자가 그 운전상의 주의의무를 게을리 하여 열차건널목을 그 대로 건너는 바람에 그 자동차가 열차 좌측 모서리와 충돌하여 20여 미터쯤 열차 진행방향으로 끌려가면서 튕겨 나갔고 피해자는 타고 가던 자전거에서 내려 위 자동차 왼쪽에서 열차가 지나가기를 기다리고 있다가 위 충돌사고로 놀라 넘어져 상처를 입었다면 비록 위 자동차와 피해자가 직접 충돌하지는 아니하였더라도 자동차운전자의 위 과실과 피해자가 입은 상처 사이에는 상당인과관계가 있다.489)

⑥ 횡단보도

보행등이 설치되어 있지 아니한 횡단보도를 진행하는 차량의 운전자가 인접한 교차로의 차량진행신호에 따라 진행하다 교통사고를 낸 경우 횡단보도에서의 보행자보호의무 위반의 책임을 진다.490) 그러나 보행신호등의 녹색등화가 점멸되고 있는 상태에서 횡단보도에 진입한 보행자가 보행신호등이 적색등화로 변경된 후 차량신호등의 녹색등화에 따라 진행하던 차량에 충격된 경우, 도로교통법 제24조 1항 소정의 보행자보호의무를 위반한 잘못이

---

488) 대법원 1970. 2. 24, 선고 70도176 판결
489) 대법원 1989. 9. 12, 선고 89도866 판결
490) 대법원 2003. 10. 23, 선고 2003도3529 판결

있다고 할 수 없다.491)

⑦ 무면허

2종 보통 운전면허를 가지고 고압가스를 운반하던 중 발생한 사고가 약관 상 무면허 운전에 해당하는지에 대하여 원고는 이 사건 화물 자동차가 고압 가스를 운반하기 위하여 운행하는 때에는 1종 보통면허가 있어야 한다는 사 실을 전혀 알지 못했고, 이 건 사고 전에도 3회의 교통사고가 있었는데 아무 런 이의 없이 교통사고로 인한 보험금을 수령하였으므로 이 건 자동차보험 계약도 2종 보통 면허로 운전하여도 보험금을 지급하기로 약정한 것이라고 주장하나, 당시 사고가 고압가스 운반중의 보험사고라는 입증이 없고, 이 사 건 약관조항은 사고발생 시에 무면허운전중이라는 법규위반상황을 중시한 것으로 무면허운전 자차에 고의나 과실이 있는지 여부를 불문하고 무면허운 전면책약관에 해당한다. 그리고 제1종 대형면허 소지자는 제1종 보통면허소 지자가 운전할 수 있는 차량을 운전할 수 있도록 규정하고 있어 제1종 대형 면허의 취소에는 당연히 제1종 보통면허소지자가 운전할 수 있는 차량의 운 전까지 금지하는 취지가 포함되는 것으로 제1종 대형면허로 운전할 수 있는 차량을 운전면허 정지 기간 중에 운전한 경우에는 이와 관련한 제1종 보통 면허까지 취소할 수 있다고 판시한다.492)

⑧ 음주

사고발생 한 시간 전까지 정육점에서 삼겹살과 함께 소주 2홉을 두 사람 이 나누어 마신 경우 도로교통안전협회의 사실 조회를 토대로 위드마크 산 식에 의할 때 체중 60킬로그램의 남자가 2홉 소주를 2명이 나누어 마신 후 60분 내지 90분이 경과되면 혈중 알콜 농도가 0.085가 된다며 음주운전으 로 판결하였다.493) 또한 응급처치를 담당한 의사가 주취상태를 실제로 측정 해 보지는 않았으나 진료 차트에 drunken state 라고 기재한 사실로 미루어 보아, 적어도 도로교통법 소정의 주취 한계치 이상의 주취상태에서 운전하였

491) 대법원 2001. 10. 9, 선고 2001도2939 판결
492) 대법원 2005. 3. 11, 선고 2004두12452 판결
493) 대법원 1989. 5. 23, 선고 88다카14496 판결

음이 충분히 추인된다고 한 고등법원 판결이 있긴 하지만494) 대법원은 위드
마크 공식같은 경험칙을 사용하여 음주여부를 판단할 때는 개별적이고 구체
적인 사실에 대하여 엄격한 증명을 요한다.495) 그리고 병원 진료기록부나
간호일지에 음주사실이 기록되어 있고 사고 당일 실시한 간 기능 검사 수치
상 정상기준치를 훨씬 초과한 사실과 일정기간 경과 후 GOT, GPT 수치가
정상으로 낮게 회복된 사실은 의료 경험칙상 주취 한계치를 초과한 것으로
인정할 수밖에 없다.496) 그리고 사고 발생 시각으로부터 약 2시간 후에 음
주측정을 한 바 0.04%가 나타난 법령 한계치를 미달하여 신호위반에 대하
여만 형사처벌한 사실이 있으므로 사고발생당시 도로교통법에서 규정한 주
취한계 기준인 0.05% 이상이었다고 단정할 수 없다.497)

⑨ 인도사고

교통사고처리특례법 제3조 2항 단서 제2호 전단의 중앙선침범이라고 함은
교통사고의 발생지점이 중앙선을 넘어온 모든 경우를 가리키는 것이 아니라
부득이한 사유가 없이 중앙선을 침범하여 교통사고를 발생케 한 경우를 뜻
하며, 여기서 '부득이한 사유'라 함은 진행차로에 나타난 장애물을 피하기 위
하여 다른 적절한 조치를 취할 겨를이 없다거나 자기 차로를 지켜 운행하려
고 하였으나 운전자가 지배할 수 벗는 외부적 여건으로 말미암아 어쩔 수
없이 중앙선을 침범하게 되었다는 등 중앙선 침범 자체에는 운전자를 비난
할 수 없는 객관적 사정이 있는 경우를 말한다. 이와 같은 법리는 같은 법
제3조 제2항 단서 제9호 소정의 보도 침범의 경우에도 그대로 적용된다.498)

⑩ 추락방지의무 위반

버스 운전자는 차내의 승차자가 차의 진행 중에 개문 하차하리라고 예상

---

494) 서울고법 94나40187.
495) 대법원 2003. 4. 3, 선고2002도6762 판결
496) 금융감독원, 손보협회지, 1995. 4월호.
497) 금융감독원, 1988. 7. 26 결정. 금융감독원에서는 본건의 경우 음주 후 1시간 경화시마다
0.015% 감소한다는 위드마크의 실험결과만으로는 부족하고, 음주향, 체중, 알콜 농도를 기초로
위드마크 산식에 의한 사고발생당시의 혈중 알콜 농도를 규명하였다면 면책유지가 가능하였을
것으로 보인다.
498) 대법원 1997. 5. 23, 선고 95도1232 판결

하여 승차자의 동정을 주의 깊게 살펴야 할 주의의무가 있다고는 볼 수 없을 뿐만 아니라 갑자기 하차하려는 사람을 모르고 차를 운행한데 과실이 있다고도 할 수 없다.[499] 그리고 안내원이 없는 시내버스의 운전사가 버스 정류장에서 일단의 승객을 하차시킨 후 통상적으로 버스를 출발시키던 중 뒤늦게 버스 뒤편 좌석에서 일어나 앞 쪽으로 걸어 나오던 피해자가 균형을 잃고 넘어진 경우, 위 운전사로서는 승객이 하차한 후 다른 움직임이 없으면 차를 출발시키는 것이 통례이고 특별한 사정이 없는 한 착석한 승객 중 더 내릴 손님이 있는지, 출발 도중 넘어질 우려가 있는 승객이 있는지 등의 여부를 일일이 확인하여야 할 주의의무가 없다는 이유로 운전사의 과실을 인정하지 아니하였다.[500]

⑪ 어린이 보호구역 위반

초등학교 및 유치원 정문에서 반경 300m 이내의 주통학로를 보호구역으로 지정하여 교통안전시설물 및 도로부속물 설치로 학생들의 안전한 통학공간을 확보하여 교통사고를 예방하기 위한 제도로 '스쿨존(School Zone)'이라고도 한다. 1995년 도로교통법에 의해 도입되었으며, 1995년에 '어린이 보호구역의 지정 및 관리에 관한 규칙'이 제정되었다. 도로교통법에 의해 시장 등은 교통사고의 위험으로부터 어린이를 보호하기 위하여 필요하다고 인정하는 때에는 유치원 및 초등학교의 주변도로 중 일정구간을 어린이보호구역으로 지정하여 차의 통행을 제한하거나 금지하는 등 필요한 조치를 할 수 있다.

또한 유치원이나 초등학교장은 관할 교육감이나 교육장에게 보호구역 지정 건의를 할 수 있으며, 교육감이나 교육장은 관할 지방경찰청장이나 지방경찰서장에게 보호구역의 지정을 신청할 수 있다. 보호구역으로 지정되면 신호기, 안전표지 등 도로부속물을 설치할 수 있으며, 보호구역으로 지정된 초등학교 등의 주 출입문과 직접 연결되어 있는 도로에는 노상주차장을 설치할 수 없다. 그리고 보호구역 안에서 학생들의 등하교시간에 자동차의 통행을 금지하거나 제한할 수 있으며, 자동차의 정차나 주차를 금지할 수 있고, 운행속도를 30km이내로 제한할 수 있다.

---

499) 대법원 1977. 6. 28 선고 77도523 판결
500) 대법원 1992. 4. 28, 선고 92도56 판결

⑫ 특정범죄 가중처벌 등에 관한 법률

사고 운전자가 피해자가 사상을 당한 사실을 인식하였음에도 불구하고 피해자를 구호 하는 등 도로교통법 제50조 제1항에 규정된 의무를 이행하기 이전에 사고 현장을 이탈하였다면, 사고 운전자가 사고현장을 이탈하기 전에 피해자에 대하여 자신의 신원을 확인할 수 있는 자료를 제공하여 주었다고 하더라도 피해자를 구호하는 등 도로교통법 제50조 제1항의 규정에 의한 조치를 취하지 아니하고 도주한 때에 해당한다. 그러나 특정범죄 가중처벌 등에 관한 법률 제5조의 3 제1항 소정의 피해자 구호조치는 반드시 본인이 직접 할 필요는 없고, 자신의 지배하에 있는 자를 통하여 하거나, 현장을 이탈하기 전에 타인이 먼저 구호조치를 하여도 무방하다.

   2) 차대인사고

보행자의 통행방법에 관한 도로교통법 제8조 제1항, 제2항, 제10조 2항 내지 제5항의 각 규정의 위반은 법상의 주의의무위반으로 타인에 대한 의무위반을 내용으로 하는 것이고, 보행자가 통행방법에 관한 규정을 위반하였을 경우 불법행위의 성립 여부에 대하여 보행자가 이에 위반하여 사고를 야기케 하였다면 보행자의 그러한 잘못은 불법행위의 성립요건으로서의 과실에 해당하는 것으로 보아야 한다501)고 판시하여 법규위반을 인정하고 무단횡단자의 과실을 명확하게 인정하였다.

피해자의 과실이 사고의 발생이나 손해의 확대에 원인이 되어야 과실상계의 대상이 됨은 당연할 것이다. 피해자에게 교통법규 위반의 잘못이 있다 할지라도 그것이 결과발생에 아무런 원인력을 주지 못하였다면 그것은 상계의 대상이 되는 과실이 아니라 할 것이다. 따라서 손해에 대한 직접적, 간접적 기여가 인정되지 않는 것이라면 과실상계의 대상이 될 수 없다. 또한 피해자의 과실이 손해의 발생 내지 확대에 기여한 바가 있는 경우라도 그 상계비율은 가해자의 과실이 결과발생에 기여한 정도와 상대적으로 대비하여 그 기여정도를 측정하여야 할 것이다.502)

---

501) 대법원 1993. 12. 10, 선고 93다36721 판결
502) 근자에 일본에서는 부분적 인과관계론에 대해 언급되고 있는 바, 이는 어떤 하나의 손해를

한편 판례는 사고차량에 직접 충돌하지 않은 피해자의 부상에 대하여 운전자의 과실을 인정하기도 한다. 즉 자동차 운전자가 그 운전상의 주의의무를 게을리 하여 열차건널목을 그대로 건너는 바람에 그 자동차가 열차 좌측 모서리와 충돌하여 20여 미터 쯤 열차 진행방향으로 끌려가면서 튕겨 나갔고 피해자는 타고 가던 자전거에서 내려 위 자동차 왼쪽에서 열차가 지나가기를 기다리고 있다가 위 충돌 사고로 놀라 넘어져 상처를 입었다면 비록 위 자동차와 피해자가 직접 충돌하지는 않았더라도 자동차 운전자의 위 과실과 피해자가 입은 상처 사이에는 상당한 인과관계가 있다503)고 비접촉 사고의 인과관계성을 인정하였다.

차대인 사고에서 요보호자수정이란 과실 적용 원칙이 있다. 요보호자수정이란 피해자가 아동, 불구자, 노령 등으로 사회생활상 통상인보다 자기의 안전을 확보할 능력이 낮아 사회적으로 어떤 보호를 받을 필요성이 요구되는 자들인 경우에는 가해자 측에 과하여진 도덕적 의무에 근거하여 그들의 과실을 보다 낮은 비율로 고려하자는 것이다. 자동차운전자는 어린아이들이 갑자기 차량의 전방으로 지나가거나, 도로중앙으로 뛰어 가거나 횡단하는 경우 등에 대비하여 이들의 행위에 주의하여 사전에 감독하거나 경적을 울리는 등의 방법으로 언제든지 급정차하여 사고발생을 미연에 방지할 수 있도록 하기 위한 주의의무가 있다.504)

3) 차대차사고

① 교차로

교차로에 먼저 진입한 자동차의 운전자에게 교차로 통행방법을 위반하여 진행하여 오는 차량이 있을 것에 대비하여 이를 피양할 조치를 취할 의무가 없다고 보고 있고505) 신호등 없는 교차로에 먼저 진입한 차량을 왼쪽 도로에서 과속한 오토바이가 후진입하여 충돌한 경우 사고책임은 후진입한 오토

발생시킨 제 원인 중에서 가해자의 행동이 그 일부에 지나지 않는 경우, 일반적으로는 이러한 경우라도 전부의 손해를 배상케 하는 것이 손해배상의 원칙이라 할 수 있지만 피해자측의 행동도 결과에 기여하고 있는 경우에는 피해자측에도 손해의 일부를 분담시켜 가해자측이 손해의 전부를 배상하지 않아도 되도록 하자는 것이다.

503) 대법원 1989. 9. 12, 선고 89도866 판결
504) 대법원 1970. 7. 28, 선고 70도 1235 판결
505) 대법원 1992. 3. 10, 선고 91다42883 판결

바이에 있다고 판시한다.506) 교통정리가 행하여지지 않고 있는 교차로에서 노폭은 적으나 선진입된 경우에, 노폭은 크나 후진입한 차량이 사고의 책임이 인정되나 선진입 차량도 일부 과실이 있는 것으로 보고 있다.507) 이 판결은 선진입 차량의 과실이 적은 것으로 보고 있다. 그러나 교통정리가 행하여지고 있지 않은 교차로에 들어오려는 모든 차는 그 차가 통행하고 있는 도로의 폭보다 교차하는 도로의 폭이 넓은 경우에는 서행하여야 하며 폭이 넓은 도로로부터 그 교차로에 들어가려고 하는 다른 차가 있는 때에는 그 차에게 진로를 양보하여야 하는 것이므로 차가 폭이 좁은 도로에서 교통정리가 행하여지고 있지 아니한 교차로에 들어가려는 경우는 먼서 서행하면서 폭이 넓은 대로에서 그 교차로에 들어가려고 하는 차가 있는지 여부를 잘 살펴 만약 그러한 차가 있는 경우에는 그 차에게 진로를 양보하여야 하는 것이고, 시간적으로 교차로에 진입할 수 있다고 하더라도 폭이 넓은 도로에서 교차로에 들어가려고 하는 차보다 우선하여 통행할 수는 없다.508)

그리고 이와 같이 자기차량이 통행하고 있는 도로의 폭보다 교차하는 도로의 폭이 넓은지 여부는 통행우선순위를 결정하는 중요한 기준이 되므로 이를 엄격히 해서 적용할 것이 요구되는 한편 차량이 교차로를 통행하는 경우 그 통행하고 있는 도로와 교차하는 도로의 폭의 차가 근소한 때에는 눈의 착각 등에 의하여 어느 쪽이 넓은지를 곧바로 식별하기 어려운 경우가 적지 않아 단순히 정지상태에서의 양도로 폭의 계측상의 비교에 의하여 일률적으로 결정함이 타당하지 아니한 점 등을 고려하여 보면 여기서 위 법조 소정의 "그 차가 통행하고 있는 도로의 폭보다 교차하는 도로의 폭이 넓은 경우"라고 함은 자동차 운전 중에 있는 통상의 운전자가 그 판단에 의하여 자기가 통행하고 있는 도로의 폭이 교차하는 도로의 폭보다도 객관적으로 상당히 넓다고 일견하여 분별할 수 있는 경우를 의미한다고 해석함이 상당하다509)고 판시하여 대로의 기준을 제시하였다. 대법원의 주류적 판례는 도로교통법 제22조 6항에 따라 대로 우선의 원칙을 따르고 있는 것으로 분석된다. 하지만 경찰청에서는 아직까지 소로의 선진입차를 피해차로 규정하는 경우가 적지 않게 있어서 논쟁의 소지는 여전히 남아 있다.

---

506) 대법원 1992. 8. 18, 선고 92도934 판결
507) 대법원 1995. 7. 11,선고 95다11832 판결
508) 대법원 1993. 11. 26, 선고 93다1466 판결 ; 대법원 1994. 12. 13, 선고 94도1442 판결 ; 대법원 1996. 5. 10, 선고 96다7564 판결
509) 대법원 1997. 6. 27, 선고 97다14187 판결

② 신호기 하자

교차로의 진행방향 신호기의 정지신호가 단선으로 소등되어 있는 상태에서 그대로 진행하다가 다른 방향의 진행신호에 따라 교차로에 진입한 차량과 충돌한 경우, 신호기의 적색신호가 소등된 기능상 결함이 있었다는 사정만으로 신호기의 설치 또는 관리상의 하자를 인정할 수 없다고 판시하였다.510)

③ 도로관리상 하자

급경사 내리막 커브길에 안전방호벽을 설치하지 않아 차량이 도로를 이탈하여 인도 및 인근 건물로 돌진한 사고에 관하여 지방자치단체에게 도로의 설치 및 관리상 하자를 인정한 사례511)가 있다. 이 판결에서 대법원은 안전방호벽 설치를 하지 않아 사고가 발생할 것을 예견가능성이 없다고 할 수 없고, 회피가능성 또한 없다고 단정할 수 없어 관리상 하자를 인정하였다.

④ 고속도로(자동차전용도로) 사고

피고인이 우측에 야산이 있어 그 산을 우회하기 위하여 노면이 우측으로 완만하게 굽은 곡각지점에서 시속 약 120km로 달리면서 회전하는 순간 주행노상에 노면의 보수를 위하여 쌓아둔 모래를 발견하고 당황하여 차체를 추월선으로 진입케 하였으나 과속으로 미처 핸들을 우측으로 회전하기 전에 차체가 중앙분리대를 충격하자 다시 차체를 급히 우회전시키는 바람에 그곳에서 일하던 사람을 치상케 한 경우이다. 이에 대하여 대법원은 자동차전용의 고속도로 상에서는 통상의 경우 그 주행선상에 장애물이 나타나리라는 것을 예견할 수 있는 것이 아니므로 구체적으로 위험을 예견할 수 있는 사정이 없는 한 고속도로에서의 자동차를 운행함에 있어서는 일반적으로 감속, 서행하여야 할 주의의무가 있다고 할 수 없다고 판시하였다.512) 야간에 고

---

510) 대법원 2000. 2. 25, 선고 99다54004 판결 ; 대법원 1992. 9. 14, 선고 92다3243 판결 ;
     대법원 1994. 10. 28, 선고 94다16328 판결 ; 대법원 1997. 5. 16, 선고 96다54102 판결
511) 대법원 2004. 6. 1, 선고 2003다62026 판결
512) 대법원 1971. 5. 24, 선고 71도623 판결

속도로에서 1차 사고직후 차량을 안전한 곳으로 이동시키는 등의 안전조치 의무를 게을리 한 채 고속도로 1, 2차로에 걸쳐 정차해 둠으로써 후행 차량 과 재차 충돌한 사고가 발생한 사안에서 설사 1차 사고를 야기한 운전자가 실제로 위와 같은 안전조치의무를 취할 여유가 없더라도 위 불법정차와 2차 사고와 상당인과관계가 있다고 보았다.513) 또한 사고를 야기한 운전자가 야 간에 고속도로상에서 트럭 운전사가 고장난 트럭을 주차시킴에 있어 차량을 갓길 쪽으로 바짝 붙여서 정차하는 한편 후미등을 켜고 차량의 뒤쪽에 고장 차량이 있음을 알리는 표지를 설치하는 등의 안전조치를 취하지 않은 과실 과 버스 운전사가 버스를 운전함에 있어 전방주시를 태만히 한 과실이 경합 되어 사고가 발생한 경우 버스 운전사와 트럭운전사의 과실비율을 4 : 6으 로 평가한 원심의 판결을 수긍하였다.514)

⑤ 주, 정차 시 주의의무

대법원은 일시적 본래 용법 외의 사용도 운행 중 사고로 보고 있다. 화물 자동차의 시동을 켠 상태에서 전조등 불빛을 이용해 다른 자동차를 수리하 던 중 경사지에 주차되어 있던 화물자동차가 굴러 내려오는 바람에 충격으 로 사망하여 보험사를 상대로 보험금을 청구하였으나 1, 2 심에서 운행 중 사고가 아니라는 이유로 패소하였으나 대법원은 판결문에서 "자동차를 주, 정차 함에는 지형과 도로 상태에 맞추어 변속기나 브레이크 등을 조작하지 아니하여 사망 또는 부상한 경우 원칙적으로 운행 중 사고로 보아야 하고 자동차를 용법에 따라 사용하던 중 일시적으로 본래 용법 이외의 용도에 사 용한 경우에도 전체적으로 용법 외 사용이 사고발생의 원인이 된 것으로 평 가될 수 있다면 역시 운행 중 사고로 보아야 한다"고 밝혔다.515) 그리고 자 동차를 고속도로상에서 자동차를 운전하는 자는 정지신호에 의해 정차하는 경우라도 특별한 사정이 없는 한 자동차의 급정차로 인한 반동으로 일어날 수 있는 사고 등을 미연에 방지하기 위해 천천히 멈추어야 할 일반적인 주 의의무가 있다 할 것이다. 그리고 빗길 야간 고속도로 추돌 사고 후 안전표 시를 하지 아니한 정차차량의 책임이 더 크다고 판시하였다.516) 주차가 금

---

513) 대법원 2009. 12. 10, 선고 2009다64925 판결
514) 대법원 1994. 10. 11, 선고 94다17710 판결
515) 대법원 2005. 4. 25, 선고 2004다71232 판결
516) 대법원 2004. 7. 22, 선고 2003다68505 판결

지되어 있는 간선도로상에 차량을 주차시키는 경우에 그 뒤편에 추돌사고를 방지하기 위한 안전표지의 설치 등의 조치를 취하지 아니하였다면 이로 인한 사고는 주차차량의 고의, 과실로 인한 것으로 인정될 수 있고,517) 또한 야간에 연료가 떨어져 정차하게 된 차량의 경우에는 비상점멸등의 작동 및 수신호를 하거나, 경고 표지판을 설치할 주의의무를 부과하고 있다.518) 그러나 불법 주차된 차량들과의 사고 시 주차된 차량에게 책임을 묻기 위해서는 야간에 편도 1차로를 운전하는 소형 화물차가 불법 주차된 대형 화물차량 뒤로 갑자기 뛰어 나온 무단횡단자와 충격하여 보행자가 다치는 사안에서 불법주차된 차량과 위 사고와 상당인과관계가 있다고 보았다.519)

결론적으로 현재까지의 판례를 검토하면 불법 주, 정차된 차량의 경우 주류적 판례는 일정부분의 과실을 적용하고 있고, 예외적으로 불법 주, 정차가 사고와 인과관계가 없는 경우에 한하여 불법 주, 정차 과실을 산정하지 않으며, 사고에 기여한 바는 없으나 피해를 확대시킨 경우에는 주, 정차된 차량에 책임을 묻고 있다.

IV. 과실에 대한 문제점 및 개선방안

1. 서언

현재 연간 20만건이 넘는 교통사고가 발생하고,520) 10조원이 넘는 사회적 비용이 소요되고 있는데 교통사고의 상당수는 사고 당사자의 일방적인 과실에 의한 것이 아니라 쌍방의 과실이 경합하여 발생하고 있다. 손해배상의 범위와 관련하여 과실비율 결정은 대단히 중요한 위치를 차지하므로 그에 따라 분쟁도 첨예하다.

차대인 사고와 관련하여 신뢰의 원칙을 완화하여 적용하고 있긴 하지만 현재의 주류적인 과실 비율 적용을 보면 여전히 문제가 있다. 가령, 주취 등으로 인하여 심신 미약자가 도로를 무단횡단하다가 사고를 당한 경우 무단

---

517) 대법원 1991. 4. 23, 선고 91다6665 판결
518) 대법원 1991. 10. 8, 선고 91다20982 판결
519) 대법원 2005. 2. 25, 선고 2004다66766 판결
520) 도로교통공단, 교통사고 통계분석, 교통사고종합분석센터, 2010. 6면. 2009년 12월 31일 기준으로 차량등록대수는 17,325,210대이고, 2009년 한 해 동안 교통사고 발생건수는 231,990건이며, 사망자 수는 5,838명이고, 부상자는 361,875명이다.

횡단으로서 가해자와 피해자의 공평의 원칙상 피해자 과실을 반영하여 적용하는 것은 타당하나, 과연 심신미약의 상태가 피해자 과실을 가산하는 요소로 적용하는 것이 타당한가가 의문이 아닐 수 없다. 또한 관행적인 피해자 과실의 적용도 여전히 문제이다. 차대차 사고에서는 기존의 학설 및 판례의 문제점 보다 이견 발생시 해결하는 절차에 관한 문제가 여전히 존재한다.

2. 차대인 사고의 문제점과 개선방안

(1) 문제점

차대인 사고에서 무단횡단일 경우에 시야 확보가 되는 주간인지 여부, 도로 폭의 여부, 횡단금지 규제가 있는지 여부, 횡단보도 근처인지 여부, 집단 횡단인지 여부, 차량의 현저한 과실, 중과실이 있는지 여부 등이 피해자 과실을 적용하는 요소가 된다. 특히 주취 등으로 인한 심신미약의 상태는 피해자 과실을 가산하는 요소로 오랫동안 적용되어 왔다. 예컨대 무단횡단이면 기본 20% 과실에 대로이면 10% 가산하고, 야간이면 10% 추가 가산에 피해자가 주취 등 심신 미약의 상태이면 10% 가산으로 피해자 과실 50% 적용한다.

학설과 판례의 입장에 따라 가해자의 손해배상책임을 대행하는 자동차 보험사는 기계적으로 적용하여 왔고, 이견이 발생하여 법원에 제소하여도 같은 원리로 판결하여 왔다. 보·차도 구분 없는 도로에서의 사고에서 특별한 이유도 없이 관행적으로 10% 내외의 피해자 과실을 적용한다. 피해자 과실을 이러한 과정을 살펴보면 손해의 공평한 분담원리를 적용한다는 측면에서 일면 타당성이 있지만521), 단순 부주의로 인한 손해 발생 및 확대 까지 피해자 과실로 적용하는 것은 피해자 과실을 적용하는 범위가 너무 넓어 피해자에게 과도하게 불리한 결과를 초래하기도 한다.

오늘날 입증책임을 전환하면서 까지 피해자 보호를 주창하면서 실제 손해배상을 적용함에 있어서는 차대인 사고에 관하여 피해자 과실을 과도하게 산정하는 문제가 있다. 또한 주의의무 위반이 과실의 본질이라고 하면서 주

---

521) 대법원 1992. 5. 12, 선고 92다6112 판결. 피해자가 불법행위의 성립에 요구되는 엄격한 의미의 주의의무를 위한 한 경우 뿐 아니라 단순한 부주의로 인하여 손해가 발생, 확대 된 경우에도 피해자 과실이 있는 것으로 보아 과실상계를 할 수 있다고 한다.

취를 한 것을 주의의무 위반이라고 말하는 것이 타당한지 의문이 아닐 수
없다. 이는 심신장해로 인하여 사물을 변별할 능력이 없거나 의사를 결정할
능력이 없는 자를 벌하지 아니하고, 능력이 미약한자를 감경하는 형사법적
원리와도 크게 배치된다. 이에 피해자 과실에 대하여 전향적으로 사고의 틀
을 바꾸어야 한다.

(2) 개선방안

기본적으로 차대 인 사고에서 보행자의 과실은 없는 것에서 시작해야 한
다. 여기에서 사실관계를 확정한 이 후 보행자가 명확하게 법규 위반을 통환
과실이 있는지 여부를 살펴 순차적으로 하나씩 적용해야 한다. 이와 관련하
여 기준을 제시하면 다음과 같다.

첫째, 심신미약의 상태는 과실을 가산하는 요소가 아닌 감산하는 요소로
적용해야 하거나 최소한 가산하는 요소로 적용해서는 안된다. 동일한 상황에
서 무단횡단하는 두명의 보행자[522]가 있다고 가정할 때 정상적으로 사고하
는 보행자의 위법행위와 정상적으로 사고하기 어려운 보행자의 위법행위에
대한 법적 평가를 볼 때 형사법적으로는 정상적으로 사고하는 보행자의 위
법행위가 비난가능성이 더 높다. 또한 손해의 전보가 주 목적인 민사법적인
평가를 한다 하더라도 동일하게 평가한다면 몰라도 최소한 보행자의 과실을
가산하는 것은 부당하다. 주의의무 위반이라고 하는 민사적인 과실 개념을
적용할 때 심신미약의 상태가 주의의무가 더 크다고 보기 어려울 뿐 아니라,
귀책사유라고 측면에서 볼 때도 심신미약의 상태가 귀책사유가 크다고 보기
어렵다.[523]

---

522) 법원에서는 횡단보도 보행자 적색신호에서 무단횡단한 피해자 과실을 50%로 보고 있고(대법
    원 1987. 9. 29. 86다카2617), 횡단보도 보행자 적색신호에서 음주한 채 무단횡단한 피해자
    과실을 70%로 보고 있다(서울고법 1987. 7. 23, 86나4503 ; 서울고법 1986. 1. 15, 86나
    2649).
523) 이 원리는 사고와 손해에 대하여 인식하기 어려운 유아가 무단횡단시 사고가 발생했을 경우
    보호감호의무위반이라고 하는 보호감독자의 주의의무 위반을 피해자 과실로 직접 적용하는 것
    을 축소하는 원리로도 활용되어야 할 것이다. 외관상으로도 신뢰의 원칙을 그대로 적용하기 어
    려움은 물론이다. 이와 관련하여 놀이터가 제대로 갖추어져 있지 않고, 인도와 차도가 구분되지
    아니하고, 주택이 차도와 인접하고 있는 국가적, 사회적 불비로 인한 교통사고의 결과를 죄 없
    는 아이들에게 전가시키는 것은 사회적으로 불공평하고 보험제도를 완비, 강제 시켜 이러한 불
    공평을 다소 해소 시켜야 할 것이라고 주장하고 있고, 필자는 이에 적극 찬동한다. 이보환. 전
    게서, 545면.

둘째, 관행적인 보행자 과실은 지양해야 한다. 차대인 사고에서 인도 등 차량이 진입해야 하는 장소가 아닌 곳을 제외하고는 관행적으로 보행자 과실을 반영하여 왔다. 예컨대 주차장이나 공터, 보·차도 구분없는 도로 등에서 차와 사람이 충격하였을 때 관행적으로 보행자의 과실을 10% 내외로 적용하여 왔다. 특히 사고가 커서 손해의 규모가 큰 사고일 경우에는 더욱 심하다.

주의의무 위반이 과실의 본질이라고 하면서 일상생활을 하는 보행자에게 주의의무를 부여하고 주의의무를 위반했으므로 피해자 과실을 성립시키는 것은 지나치게 형식논리적이다. 보행자의 과실을 적용하려면 명확하게 법규를 위반하여야 하고, 또한 그것이 손해액의 확대에 기여한 것이 확실한 경우 외에는 피해자 과실의 적용을 지양해야 한다.

3. 차대차 사고의 문제점과 개선방안

(1) 문제점

차대차 사고에서 과실 비율에 대한 학설과 판례의 문제점 보다 과실에 이견이 있을 경우 문제 해결 절차에 문제가 많다. 기본적으로 과실 비율이 결정되지 않았을 경우 법원에 소를 제기하여 비율을 결정한다. 그러나 이 같은 경우 시간과 비용이 적지 않게 든다. 소제기의 경우 기본적으로 최소 3개월에서 보통 6개월이고 길게는 1년까지 걸려야 판결이 선고된다. 그러한 문제점을 해결하고자 교통사고를 대신 처리하는 국내 자동차보험사에서는 구상금분쟁심의위원회라고 하는 자율조정기구를 만들어 운용하고 있다.

심의위원은 변호사 자격을 갖춘 12인으로 구성되고 4명씩 3팀으로 이루어져 있다. 분쟁 발생 시 먼저 각 회사에서 파견된 대표자가 대표자 협의를 거쳐 협의가 안 될 경우 1인(구상금 100만원 미만) 또는 2인(구상금 100만원 이상)으로 구성된 소심으로 진행한다. 소심의 결정에 불복이 있을 경우 소심으로 참여했던 위원을 제외한 4명으로 구성된 전심으로 진행한다. 구상금이 2000만원 이상일 경우는 대표자 협의를 거치지 않고 바로 소심으로 진행한다. 그리고 전심에 불복할 경우 소송을 제기할 수 있음은 물론이다. 기간은 보통 3개월~4개월 가량 소요된다. 심의위원은 1주일에 1회씩 출석하여 50건 내외의 사건의 심의하고 있고, 점점 늘어나는 추세이다.

그러나 이 제도의 가장 중요한 단점은 법적 구속력이 없다는 것이다. 따라서 사고 당사자는 위원회의 결정을 쉽게 무시하고, 따라서 자연스럽게 소송으로 확대되어 사회적 비용이 확대되고 있다. 뿐만 아니라 교통사고는 연간 20만건이 넘고, 과실이 분쟁이 되는 사고도 적지 않는데 심의위원은 고작 12명에 불과하여 결정에 3~4개월 가량 소요되는 것은 현대의 급변하는 사회에 적합하지 않아 여전히 불만족스러운 것이 현실이다.

(2) 개선방안

첫째, 구상금분쟁심의위원회를 법제화 하여야 한다. 이 제도가 법적 구속력이 없으므로 사고 운전 당사자는 물론이고 보험사에서도 결정을 쉽게 수용하기 어려운 측면이 있으므로 자동차손해배상보장법에 법제화하여 분쟁해결을 원활히 할 필요가 있다. 현실적으로 분쟁심의결과에 불복하는 것은 교통사고에 대한 법적 지식이 일천한 자동차 운전자가 특별한 근거나 이유 없이 분쟁심의위원을 결정을 수용하지 않겠다는 경우가 많으므로 구상금분쟁심의위원회가 법제화 된다면 법률에 근거하여 결정하게 되므로 결정을 불복할만한 새로운 증거가 나타나기 전에는 수용하도록 운전자를 설득하기가 수월할 것으로 보인다.

이와 유사한 경우로써 자동차보험 진료수가분쟁 심의회가 구성(자배법 14조)되어 운용되고 있는데 진료비 분쟁에 대하여 위원회에 심사를 청구할 수 있고(자배법 15조), 심사 및 결정의 효력은 30일 내에 소를 제기하지 아니한 경우 합의가 성립된 것으로 본다(자배법17조). 또한 심의회는 필요한 서류의 제출, 의견의 진술 또는 보고를 하게 하거나 관계 전문가에게 진단이나 검안 등을 하게 할 수 있다(자배법 18조). 심지어 심의회는 심사청구사건의 심사, 기타업무를 처리함에 있어서 당사자 또는 관계인의 법령위반의 사실이 확인된 때에는 관계 기관에 통보하여야 하도록 되어 있다(자배법 제19조). 이렇듯 진료수가분쟁 심의회에게 법령상 막강한 권한을 부여하고 있어서 치료비에 대하여 법원에 소를 제기하여 분쟁이 확대되는 경우는 과실 소송에 비하여 상대적으로 적은 편이다.

둘째, 운전 당사자는 과실 비율 결과를 가급적 속히 결정되기를 바라고, 보험사에서도 과실비율이 속히 결정되어야 후속적인 업무가 원활하게 진행될 수 있는데, 구상금분쟁심의위원회에 접수한 이후 3~4 개월이 걸린다는 것은 3~4개월 동안 사건의 해결 내지 진행을 하지 못한다는 것을 의미하므로 신속한 해결을 원하는 운전 당사자의 바램에 부합되지 않는다. 따라서 심의위원을 확충하여 최소한 4주 안에 결정되어 신속한 진행이 될 수 있도록 해야 하고, 그렇다면 현재의 12명의 심의위원을 3배 이상 확충해야 한다. 비용이 늘어나는 부분을 최소화하기 위해서는 제도를 법제화 할 때 굳이 변호사 자격을 갖춘 사람 뿐 아니라 관계 업무 분야에서 오랫동안 전문적 판단을 한 사람까지 포함하여 함께 운용한다면 가능할 것이다.

V. 결   어

자동차사고로 인한 손해배상의 책임에 대하여 무과실 책임 및 입증책임의 전환이라는 법원리를 통하여 피해자 구제에 획기적인 전기를 마련하였지만, 손해배상의 범위 및 이행 절차에 관하여는 아직도 갈 길이 먼 것이 현실이다. 자동차사고로 인한 손해배상과 관련하여 과실비율에 관한 문제는 자동차 사고가 발생한 이래로 지속적으로 분쟁의 대상이었다.

현재 주된 논의의 대상은 자동차사고 발생시 과실 이론의 도입배경이나 피해자 과실, 운전자의 과실 등과 같은 이론적인 측면에 관한 문제보다 구체적인 적용 기준을 설정하는 문제와 구체적으로 적용하는 문제이다. 왜냐하면 과실비율 적용이 손해배상의 금액에 직접적으로 영향을 미칠 뿐 아니라 신속한 해결을 원하기 때문이다. 따라서 논의는 그만큼 첨예할 수 밖에 없고, 수많은 분쟁으로 나타나고 있다.

독일의 형사 판례를 통하여 형성된 신뢰의 원칙은 교통사고 과실 판단의 가장 기초가 되는 이론적 근거일 뿐 아니라 우리나라에서도 자동차를 포함한 모든 교통수단의 사고에 광범위하게 적용된다는 점에서 대단히 큰 의미가 있다고 할 수 있다. 특히 우리나라 법원에서도 이러한 신뢰의 원칙을 차대차 사고에서는 엄격하게, 차대인 사고에서는 완화하여 적용하여 책임분담의 법리로 인정하고 있다. 그러나 여전히 실체적, 절차적 문제점이 존재하여 해결방안을 제시하고자 한다.

우선 차대인 사고의 경우에 분쟁 해결을 할 때 실체적인 문제점이 있다. 피해자 과실을 적용함에 있어 부당하게 피해자 과실을 확대해 가는 관행에는 문제가 있다. 심신미약자의 경우 심신미약의 상태를 피해자 과실의 가산 요소로 적용할 것을 자제하고 오히려 감산하는 요소로 적용해야 하고, 유아의 경우 사회적 안전시설 미비의 책임을 유아의 보호자에게 전가하는 것은 바람직하지 않다. 또한 관행적인 피해자 과실을 부여하지 말고 피해자의 법규위반과 그 위반으로 인하여 손해가 확대된 것이 명확한 경우 외에는 피해자 과실 산정을 하지 말아야 한다. 이렇게 하는 것이 손해의 공평한 부담원칙에도 부합되면서 피해자를 최대한 보호하는 길이 될 것이다.

차대차 사고의 경우에는 분쟁해결을 할 때 절차적인 문제점이 있다. 지속적으로 폭증하는 교통사고와 이에 따른 과실 소송의 남발 등으로 인한 사회적 비용의 야기를 해결하기 위해서는 제도개선이 필요하다. 자동차손해배상보장법의 개정을 통하여 구상금분쟁심의위원회를 법제화 하여 구속력을 강화 시켜야 한다. 구상금분쟁심의위원회의 권한도 구상금에 한정하지 말고 모든 교통사고에 관하여 과실 분쟁시 결정할 수 있는 권한을 부여하는 것도 생각해 볼 만한 방법이다. 그리고 위원회의 인적 구성도 확충하여 과실 비율 결정의 시간적 소비를 막고 절차적 어려움을 줄여 분쟁을 신속하게 해결해 나가는 방안이 필요하다.

제 2 절   손익상계론

I. 손익상계의 의의

손익상계라고 함은 불법행위 피해자가 불법행위로 인하여 동시에 이득을 얻은 경우에 손해배상액에서 그 이득을 차감하는 것을 말한다. 민법상 규정은 없으나[524] 손해배상제도의 이념당 당연한 것으로 받아들여 지고 있고 대법원도 실제 손해를 전보해야 하는 만큼 같은 입장을 취한다.[525]

논의의 두가지 축은 첫째, 생계비 공제와 같은 소극적 형태의 이득이고, 둘째, 산재보험금과 같은 적극적 형태의 이득이다. 생계비 공제와 같은 소극적 형태의 이득은 공제하는 것이 일반적이나 산재보험금 같은 적극적 형태의 이득은 오늘날 사회보장제도 및 임의보험이 다양하게 존재하는 상황에서 급부의 성질, 내용 등에 따라 일률적 결론이 도출될 수 없는 것이 현실이다.

---

524) 다만 국가배상법시행령 6조에서 손익상계 규정을 두고 있다. 생활비, 불필요한 비용 등을 손해배상시 공제하도록 하고 있다.
525) 대법원 1978. 3.14, 선고 76다2168 판결

Ⅱ. 소극적 형태의 이득

1. 서언

생계비가 대표적이다. 생계비라고 함은 사람이 살면서 필수적으로 소요되는 비용을 말한다. 교통사고로 사망한 피해자의 생계비를 공제하는 것이 타당한지 여부에 관하여 통설과 판례는 공제하는 것이 타당하다는 입장이다.

2. 이론적 근거

(1) 손익상계설

사망으로 인하여 생계비의 지출을 면한 피해자는 사망으로 인한 이득이 되므로 손익상계의 법리에 따라 손해액에서 공제하고자 하는 견해이다.[526]

(2) 필요경비설

노동력재생산비설이라고도 하고, 수입을 창출하기 위하여 필요적 경비이므로 사망시 생계비를 공제해야 한다는 견해이다.[527]

3. 공제범위

월 평균 수입의 3분의 1을 생계비 공제의 범위로 본다.[528] 원칙적으로 망인의 가동기간에 해당하는 동안에 지출되는 생계비를 산출해야 하므로 교통사고 사망자가 미성년자일 경우에는 미성년자가 취직하여 그 수입으로 가족

---

[526] 곽윤직, 채권각론, 전게서. 466. 이 견해가 통설이나 생계비 지출을 손익상계의 이론으로 설명이 곤란하다는 견해도 있다. 이보환, 전게서, 289면.

[527] 박우동, 전게논문, 199면.

[528] 대법원 1991. 8. 13, 선고 91다8890 판결; 대법원 1990. 2. 27, 선고 89다카19580 판결. 이와 관련하여 자동차보험 보통약관 25조 보험금지급기준에서 생계비를 3분의 1로 정하고 있다. 한편 이와 관련된 다른 법률 규정을 보면 국가배상법 시행령 제6조 제1항 별표 7에서 부양가족이 없는자는 35%, 부양가족이 있는 자는 30%로 규정하고 있고, 산업재해보상보험법시행령 제42조 제1항 별표 6에서는 부양가족이 없는자 40%, 부양가족 1인 35%, 부양가족 2인 30%, 부양가족 3인 이상 25%로 규정하고 있다.

을 부양해 왔다는 특별한 사정이 없는 한529) 성년이 될 때 까지는 공제되어
서는 안 될 것이고, 가동 종료후 여명까지의 생계비도 공제의 대상이 되어서
는 안된다. 그 이유는 손익상계설에 의할 때 가동기간중의 수입이 지출할 생
계비와 직접적인 관련이 있다고 단정하기 어렵고, 노동력재생산비설에 의하
더라도 가동기간 종료 후에 수입이 없을 것이므로 당연할 것이다.

4. 소결

생계비의 액수를 변론주의의 원칙이 적용되는 주요사실로 인정하여 입증
책임을 원고에게 인정하는 경우 입증하기 곤란함이 당연하고, 그렇다고 부당
하게 과다하거나 과소하게 인정하는 것도 분쟁을 야기할 뿐이므로 나이, 수
입, 가족 등을 고려하여 적정한 비율을 사전에 정하는 것이 분쟁의 확대를
막는 방법일 것이다. 이런 차원에서 국가배상법 시행령 규정이나 산업재해보
장보상법 시행령 규정을 검토하여 준용하는 것도 방법일 듯 하다.

Ⅲ. 적극적 형태의 소득

1. 서언

적극적 형태의 이득은 사회보장제도나 임의보험이 대표적인 예이다. 사회
보장제도는 근로기준법상의 재해보상, 산업재해보상보험법의 보험급여, 국민
건강보험법상의 각종 급여, 군인연금법에 의한 급여, 국가유공자등 예우 및
지원에 관한 법률에 의한 급여, 의사상자예유에 관한 법률에 의한 급여, 국
김녕금법에 의한 급여, 국민기초생활보장법에 의한 급여, 장애인 복지법에
의한 급여 등 각종 다양한 사회보장급부가 시행되고 있다. 이 경우 일률적으
로 판단하기 보다 각각의 제도의 취지가 있으므로 개별적으로 판단하는 것
이 타당할 것이다. 임의보험의 경우에도 마찬가지로 일률적 판단은 문제가
있고 보험의 성질을 살펴 판단해야 할 것이다.

2. 사회보장제도

---

529) 대법원 1977. 4. 26, 선고 76다1131 판결

(1) 산업재해보상보험법상의 급여과 근로기준법상의 급여금

산업재해보상보험법이나 근로기준법상의 보험급여상의 보상사유는 일치한다. 따라서 양 청구권은 경합하지만 이중으로 청구할 수는 없다. 이와 같이 상기법에 의한 보상급여가 지급된 경우에 민법상 손해배상금에서 공제될 것이가가 문제된다. 재해보상과 손해배상의 법적성질의 차이에도 불구하고 양자는 노동능력 훼손에 따른 손실보전적 의미가 중복되고 상호 보완적 이므로 공제설이 타당하다.530)

한편 제3자가 손해배상책임을 지는 경우 산업재해보상보험법 제54조 1항에 의하면 근로복지공단은 제3자의 행위에 의한 재해로 인하여 보험급여를 지급한 경우에는 그 급여액의 한도 안에서 급여를 받은 자의 제3자에 대한 손해배상청구권을 대위한다.

(2) 공무원연금법상의 급여

공무원이 교통사고로 사망하거나 부상을 입었을 때 피해자 본인이나 유족이 장해급여, 퇴직급여, 유족급여, 각종 부조금 등 재해의 요건에 따라 지급을 받게 된다. 이 경우 손해배상액에서 공제할 것인가가 문제된다. 공제설과 비공제설의 대립과 판례의 변천이 있어 왔으나 1998년 대법원은 전원합의체 판결로 공제설의 입장을 취하였다.531) 그 취지는 공무원연금법 제33조 제1항의 규정의 취지는 급여와 성질이 동일한 급여가 다른 법령에 의하여 중복으로 지급됨으로써 피해자나 유족이 이중의 이득을 얻는 것을 방지하기 위한 것이므로 그 급여액의 한도 내에서 성질이 동일한 손해배상채무는 소멸하는 것이 타당하다고 보는 것이다.
한편 제3자의 행위로 인하여 급여의 사유가 발생한 경우에 당해 사유에 대하여 동법 제33조 제2항에서 급여액의 법위내에서 공단 또는 지방자치단체는 손해배상청구권을 취득한다.

(3) 군인연금법에 의한 급여

---

530) 대법원 1977. 12. 27, 선고 75다1098 판결 ; 대법원 1993. 12. 31, 선고 93다34091 판결
531) 대법원 1998. 11. 19, 선고 97다36873 전원합의체 판결

군인연금법에 의한 퇴직연금, 유족급여 등 각종의 급여를 받았을 경우 공무원연급법상의 원리와 동일하게 공제하여야 한다. 다만 동법 제 41조 제2항에 의거 국방부 장관은 제3자의 행위로 인하여 급여를 지급한 경우에 그 급여액 중 대통령령이 정한 금액의 범위 안에서 수급권자가 제3자에 대하여 가지는 손해배상청구권을 취득한다.

(4) 국가유공자 등 예우 및 지원에 관한 법률에 의한 급여

동법의 급여는 사회보장적 성격을 가질 뿐 아니라 국가를 위한 공헌이나 희생에 대한 예우를 시행하는 것으로 손해배상 제도와 취지와 목적이 전혀 다르므로 동법에 의한 각종 급여는 손해배상액에서 공제해서는 안된다.532)

3. 사보험에 의한 보험금

상해보험금 및 생명보험금은 그 성질이 손해보험이 아닌 인보험이다. 따라서 이득금지의 원칙이 적용되지 않는다. 자신의 신체의 상해 및 사망을 이유로 임의적으로 가입하는 것이므로 지급 사유가 설사 교통사고라고 하더라도 타인으로부터 배상을 받는 금액과 자기가 별도로 체결한 보험에 의하여 보상을 받는 것이므로 이중이득이라고 볼 수 없다. 또한 보험자 대위가 금지되어 있는 인보험 규정이 적용되는 것이므로 손익상계의 대상은 되지 않는다.

그러나 상해보험금 중 자동차보험 중 자손 보험금과 관련하여 피보험자가 상대방이 가입한 보험 또는 공제계약의 대인배상에 의하여 보상받을 수 있는 경우에 자기신체사고에서 정해진 보험금에서 위 대인배상으로 보상받을 수 있는 금액을 공제한 액수만을 지급하기로 약정되어 있어 결과적으로 보험자대위를 인정하는 것과 동일한 효과를 초래한 약관을 대법원에서도 피보험자에게 불이익하게 변경한 것이라고는 할 수 없다고 하여 인정하고 있다.533)

한편 피해자가 손해보험금을 수령한 경우 제3자에 대하여 여전히 손해배상청구권을 가진다면 이중이득이 된다. 따라서 피해자는 보험자로부터 보험금을 지급받은 범위 내에서 손해배상청구권을 잃게 되므로 손해배상액에서

---

532) 대법원 1988. 2. 10, 선고 97다45914 판결
533) 대법원 2001. 9. 7, 선고 2000다21833 판결

공제하여야 한다. 이러한 보험자 대위는 화재보험, 운송보험등과 같은 손해보험에서 인정된다.

IV. 결어

생계비 공제와 같은 소극적 공제는 손익상계설이나 필요경비설에 의할 경우 공제하는 것이 타당하다. 사회보장제도와 관련하여서 산업재해보상보험법, 공무원연금법, 군인연금법의 경우 대법원은 공제설의 입장을 취하고 있고 국가유공자 예우 및 지원에 관한 법률상으로는 공제하지 않도록 하고 있다. 그리고 사보험에 의한 보험금은 그 성질이 다르므로 공제하지 않도록 하고 있다. 선진국화 되고 있는 시대적 흐름과 더불어 공제하지 않을 수 있는 법리를 개발하는 것이 실무가들과 학자들의 몫이라 할 것이다.

제 4 장 결 론

자동차사고로 인한 인적 손해배상과 관련하여 오랫동안 책임론이 주된 논의의 대상이었으나, 어느 때 부터인가 손해론이 주된 논의의 대상이 되어졌다. 필자가 보건대 1990년대 부터가 아닌가 생각한다. 그 이전에는 자동차사고로 인하여 법률상 손해배상책임이 있는가 없는가가 논의의 주된 대상이었으나, 자동차손해배상보장법 3조의 해석상 조건부 상대적 무과실 책임주의를 적용하여 해석하는 한 가해자가 사고에 대한 책임 없음을 입증하지 못하는 한 책임을 지는 구조가 되므로 손해배상책임을 면하기가 극히 어렵게 되었다. 따라서 자연스럽게 손해배상의 범위로 논의의 핵심이 옮겨져 갔다.

손해배상의 범위는 소득, 과실, 장해론으로 구성되어진다. 손해배상액의 대부분을 차지하는 것이 상실수익인데 그 상실수익을 구성하는 요소가 소득, 과실, 장해이기 때문이다. 결국 손해배상의 범위는 피해자의 입증소득이 얼마인가, 과실이 얼만큼인가, 장해가 어느 정도인가가 관건인바, 법률적 판단과 의학적 판단이 가미되어 산출 된다.

소득적용을 함에 있어서 아직까지 미흡한 부분이 많이 있었고, 과실 적용을 함에 있어서 의사능력이 없이 심신 미약자에게 피해자 과실을 가산하는 이유를 아직 이해하기 어려울 뿐 아니라, 장해에 대한 의학적 판단을 76년 전에 만든 기준을 사용하는 것을 보면 더더욱 많은 연구가 필요하다.

  따라서 손해배상의 범위론은 끊임 없이 가해자와 피해자와의 첨예한 대립
이 있을 수 밖에 없고, 그 대립을 최소화 시키는 것이 법률가와 의학전문가
이고 몫이라 할 것이다. 하지만 법원의 판단을 받지 않고, 가해자를 대리하
여 손해배상책임을 이행하는 것이 자동차손해보험사인 만큼 그들에게도 합
리적 적용이 필요하다 할 것이다.

<참고문헌>

국내문헌 단행본

곽윤직, 민법주해IX, 박영사, 2004.

곽윤직, 민법총칙, 박영사, 2005.

곽윤직, 채권총론, 박영사, 2006.

곽윤직, 채권각론, 박영사, 2005.

김광국, 자동차보험 대인손해사정론, 보험연수원, 2003.

김상용, 불법행위법, 법문사, 1997.

김일수·서보학, 형법총론, 박영사, 2005.

김정렬·이득주, 자동차손해배상제도 해설, 청화출판사, 2001.

김주동·마승렬, 자동차보험론, 형설출판사, 1999.

김학선, 자동차보험강의, 한백출판사, 2002.

김형배, 채권총론, 박영사, 1992.

남원식 외 6인 공저, 자동차보험약관, 한올출판사, 1995.

오영근, 형법총론, 박영사, 2005.

오지용, 손해배상의 이론과 실무, 동방문화사, 2008.

유승훈, 자동차사고와 민사상 책임분담, 법률신문사, 1995.

이덕환, 의료행위와 법, 문영사, 1998.

이보환, 자동차사고손해배상소송, 육법사, 1993.

이보환, 자동차사고손해배상소송, 육법사, 2010.

이은영, 민법총칙, 박영사, 2005.

이은영, 채권총론, 박영사, 2006.

이은영, 채권각론, 박영사, 2005.

이재상, 형법총론, 박영사, 2006.

이주흥, 실무손해배상책임법, 박영사, 1996.

이호정, 지원림, 채권법요해, 제일법규, 1996.

임광세, 새로운 신체장해평가법, 진수출판사, 1995.

조성민, 민법총칙, 두성사, 2003.

최기원, 보험법, 박영사, 2002.

국내문헌 논문

김성태, "자동차사고로 인한 인적손해보상제도 연구", 서울대학교 대학원, 1986.

박영식, "교통사고에 있어서의 형사과실과 민사과실", 유기천교수 고희기념논문집, 1989.

박우동, "생명·신체의 침해로 인한 손해배상액의 산정", 사법논집 5권, 1974.

양승규, "자동차보험의 이론과 실제", 서울대학교 법학 특별호 2호, 1972.

양창수, "호의동승자에 대한 자동차보유자의 배상책임", 민법연구 제1권, 박영사, 1991.

오지용, "자동차사고로 인한 손해배상책임", 청주대학교 박사학위 논문, 2010.

오행남. "자기를 위하여 자동차를 운전하는 자의 의의 및 범위", 자동차사고로 인한 손해배상(상), 재판자료 제20집, 법원행정처, 1984.

윤태식, "외국인의 인신손해배상액 산정에 있어서의 일실이익과 위자료", 법조, 2003. 9.

이동락, "무단운전과 책임", 자동차사고로 인한 손해배상(상), 재판자료 제20집, 법원행정처, 1984.

이윤호·이천성, "일실이익산정에 있어서 합리적인 중간이자공제", 손해사정연구 제2권 제2호, 2009.

이은영, "자동차운행자의 민사책임", 경제법·상사법논집, 1989.

임광세, "새로운 신체장해평가방법의 구비조건", 인권과정의, 2002. 12.

윤태식, "외국인의 인신손해배상액 산정에 있어서의 일실이익과 위자료", 법조, 2003. 9.

홍천용, "자동차사고 손해에 있어서의 과실상계 문제", 황적인박사 회갑기념 논문집, 박영사, 1990.

황현호, "현행 신체감정의 실태와 문제점", 인권과정의, 2002. 12.

일본문헌 단행본

河村卓哉, 過失相殺の 本質と 過失能力, 實務法律大系(4) 交通事故, 1988.

椎木綠司, 自動車事故損害賠償の 理論と 實際, 有斐閣, 1979.

淺田潤一, 信賴の原則, <新版> 交通損害賠償の 基礎, 靑林書院 昭和, 1962.

推木綠司, 自動車事故 損害賠償の理論と實際, 有斐閣, 1979.

宮田量司, 自動車事故の 損害賠償責任, 文眞堂, 1990.

高崎尙志, 自動車事故の責任と賠償, 第一法規出版株式會社, 1985.

石田穰, 損害賠償法の 再構成, 유비각, 1997.

高崎尙志, 自動車事故の責任と賠償, 第一法規, 1985.

椎木緑司, 自動車事故損害賠償の理論と實際, 有斐閣, 1979.

藤村和夫·山野嘉朗, 交通事故賠償法, 日本評論社, 1999.

椎木緑司, 自動車事故損害賠償の 理論と實際, 有斐閣, 1979.

宮川博史, 運行供用者責任, 新現代損害賠償講座 5卷, 判例タイムズ社, 1999.

靑野博之, 註釋交通事故損害賠償法 第1卷, 靑林書院, 1987.

宮田量司, 自動車事故の損害賠償責任, 文眞堂, 1980.

佐久木一彦, 他人性·好意同乘, 新·現代損害賠償法講座 第5卷 1999.

일본문헌 논문

西原道雄, "幼兒の死亡·傷害における損害賠償", 判例評論, 有斐閣, 1984.

木宮高彦, "自動車損害賠償保險法 2條 2項にいう 運行の 意義", 判例評論, 122號.

中村行雄, 自賠法における運行及び運行によって, 現代損害賠償法講座3, 判例タイムズ社, 1990.

자료

도로교통공단, 교통사고 통계분석, 교통사고종합분석센터, 2010.

서울중앙지법 교통·산재 실무연구회, 손해배상소송실무(교통·산재), 한국사법행정학회, 2005.

자동차보험진료수가분쟁심의회, 맥브라이드 장해평가방법 가이드, 2005.

금융감독원, 손보협회지, 1995. 4월호.

교통사고손해배상 사안별 쟁점과 과실비율요약집, 박영사, 2006.

한국배상의학회보집, 한국배상의학회(1992~2001), 2002.

< 부 록>

[민 법]

[시행 2012.2.10] [법률 제11300호, 2012.2.10, 일부개정]

제5장 불법행위

제750조 【불법행위의 내용】 고의 또는 과실로 인한 위법행위로 타인에게 손해를 가한 자는 그 손해를 배상할 책임이 있다.

제751조 【재산이외의 손해의 배상】 ①타인의 신체, 자유 또는 명예를 해하거나 기타 정신상고통을 가한 자는 재산이외의 손해에 대하여도 배상할 책임이 있다.

②법원은 전항의 손해배상을 정기금채무로 지급할 것을 명할 수 있고 그 이행을 확보하기 위하여 상당한 담보의 제공을 명할 수 있다.

제752조 【생명침해로 인한 위자료】 타인의 생명을 해한 자는 피해자의 직계존속, 직계비속 및 배우자에 대하여는 재산상의 손해없는 경우에도 손해배상의 책임이 있다.

제753조 【미성년자의 책임능력】 미성년자가 타인에게 손해를 가한 경우에 그 행위의 책임을 변식할 지능이 없는 때에는 배상의 책임이 없다.

제754조 【심신상실자의 책임능력】 심신상실중에 타인에게 손해를 가한 자는 배상의 책임이 없다. 그러나 고의 또는 과실로 인하여 심신상실을 초래한 때에는 그러하지 아니하다.

제755조 【책임무능력자의 감독자의 책임】 ①전2조의 규정에 의하여 무능력자에게 책임없는 경우에는 이를 감독할 법정의무있는 자가 그 무능력자의 제삼자에게 가한 손해를 배상할 책임이 있다. 그러나 감독의무를 해태하지 아니한 때에는 그러하지 아니하다.

②감독의무자에 가름하여 무능력자를 감독하는 자도 전항의 책임이 있다.

제755조 【감독자의 책임】 ①다른 자에게 손해를 가한 사람이 제753조 또

는 제754조에 따라 책임이 없는 경우에는 그를 감독할 법정의무가 있는 자가 그 손해를 배상할 책임이 있다. 다만, 감독의무를 게을리하지 아니한 경우에는 그러하지 아니하다.

②감독의무자를 갈음하여 제753조 또는 제754조에 따라 책임이 없는 사람을 감독하는 자도 제1항의 책임이 있다.

　[전문개정 2011.3.7]

　[시행일 : 2013.7.1] 제755조

제756조【사용자의 배상책임】　①타인을 사용하여 어느 사무에 종사하게 한 자는 피용자가 그 사무집행에 관하여 제삼자에게 가한 손해를 배상할 책임이 있다. 그러나 사용자가 피용자의 선임 및 그 사무감독에 상당한 주의를 한 때 또는 상당한 주의를 하여도 손해가 있을 경우에는 그러하지 아니하다.

②사용자에 가름하여 그 사무를 감독하는 자도 전항의 책임이 있다.

③전2항의 경우에 사용자 또는 감독자는 피용자에 대하여 구상권을 행사할 수 있다.

제757조【도급인의 책임】　도급인은 수급인이 그 일에 관하여 제삼자에게 가한 손해를 배상할 책임이 없다. 그러나 도급 또는 지시에 관하여 도급인에게 중대한 과실이 있는 때에는 그러하지 아니하다.

제758조【공작물등의 점유자, 소유자의 책임】　①공작물의 설치 또는 보존의 하자로 인하여 타인에게 손해를 가한 때에는 공작물점유자가 손해를 배상할 책임이 있다. 그러나 점유자가 손해의 방지에 필요한 주의를 해태하지 아니한 때에는 그 소유자가 손해를 배상할 책임이 있다.

②전항의 규정은 수목의 재식 또는 보존에 하자있는 경우에 준용한다.

③전2항의 경우에 점유자 또는 소유자는 그 손해의 원인에 대한 책임있는 자에 대하여 구상권을 행사할 수 있다.

제759조【동물의 점유자의 책임】　①동물의 점유자는 그 동물이 타인에게 가한 손해를 배상할 책임이 있다. 그러나 동물의 종류와 성질에 따라 그 보관에 상당한 주의를 해태하지 아니한 때에는 그러하지 아니하다.

②점유자에 가름하여 동물을 보관한 자도 전항의 책임이 있다.

제760조 【공동불법행위자의 책임】 ①수인이 공동의 불법행위로 타인에게 손해를 가한 때에는 연대하여 그 손해를 배상할 책임이 있다.

②공동 아닌 수인의 행위중 어느 자의 행위가 그 손해를 가한 것인지를 알 수 없는 때에도 전항과 같다.

③교사자나 방조자는 공동행위자로 본다.

제761조 【정당방위, 긴급피난】 ①타인의 불법행위에 대하여 자기 또는 제 삼자의 이익을 방위하기 위하여 부득이 타인에게 손해를 가한 자는 배상할 책임이 없다. 그러나 피해자는 불법행위에 대하여 손해의 배상을 청구할 수 있다.

②전항의 규정은 급박한 위난을 피하기 위하여 부득이 타인에게 손해를 가한 경우에 준용한다.

제762조 【손해배상청구권에 있어서의 태아의 지위】 태아는 손해배상의 청구권에 관하여는 이미 출생한 것으로 본다.

제763조 【준용규정】 제393조, 제394조, 제396조, 제399조의 규정은 불법행위로 인한 손해배상에 준용한다.

제764조 【명예훼손의 경우의 특칙】 타인의 명예를 훼손한 자에 대하여는 법원은 피해자의 청구에 의하여 손해배상에 가름하거나 손해배상과 함께 명예회복에 적당한 처분을 명할 수 있다.

  [89헌마160 1991.4.1민법 제764조(1958. 2. 22. 법률 제471호)의 "명예회복에 적당한 처분"에 사죄광고를 포함시키는 것은 헌법에 위반된다.]

제765조 【배상액의 경감청구】 ①본장의 규정에 의한 배상의무자는 그 손해가 고의 또는 중대한 과실에 의한 것이 아니고 그 배상으로 인하여 배상자의 생계에 중대한 영향을 미치게 될 경우에는 법원에 그 배상액의 경감을 청구할 수 있다.

②법원은 전항의 청구가 있는 때에는 채권자 및 채무자의 경제상태와 손해의 원인등을 참작하여 배상액을 경감할 수 있다.

제766조 【손해배상청구권의 소멸시효】 ①불법행위로 인한 손해배상의 청구권은 피해자나 그 법정대리인이 그 손해 및 가해자를 안 날로부터 3년간 이를 행사하지 아니하면 시효로 인하여 소멸한다.

②불법행위를 한 날로부터 10년을 경과한 때에도 전항과 같다.

부칙 <제11300호, 2012.2.10>

제1조【시행일】 이 법은 2013년 7월 1일부터 시행한다. 다만, 제818조, 제828조, 제843조 및 제925조의 개정규정은 공포한 날부터 시행한다.

제2조【이 법의 효력의 불소급】 이 법은 종전의 규정에 따라 생긴 효력에 영향을 미치지 아니한다.

제3조【종전의 규정에 따른 입양 및 파양에 관한 경과조치】 이 법 시행 전에 제878조 또는 제904조에 따라 입양 또는 파양의 신고가 접수된 입양 또는 파양에 관하여는 종전의 규정에 따른다.

제4조【재판상 파양 원인에 관한 경과조치】 제905조의 개정규정에도 불구하고 이 법 시행 전에 종전의 규정에 따라 가정법원에 파양을 청구한 경우에 재판상 파양 원인에 관하여는 종전의 규정에 따른다.

제5조【친양자 입양의 요건에 관한 경과조치】 제908조의2제1항 및 제2항의 개정규정에도 불구하고 이 법 시행 전에 종전의 규정에 따라 가정법원에 친양자 입양을 청구한 경우에 친양자 입양의 요건에 관하여는 종전의 규정에 따른다.

[상 법]

[시행 2012.6.11] [법률 제10366호, 2010.6.10, 타법개정]

제4편 보험

제1장 통칙

제638조【의의】 보험계약은 당사자 일방이 약정한 보험료를 지급하고 상대방이 재산 또는 생명이나 신체에 관하여 불확정한 사고가 생길 경우에 일정한 보험금액 기타의 급여를 지급할 것을 약정함으로써 효력이 생긴다.

제638조의2【보험계약의 성립】 ①보험자가 보험계약자로부터 보험계약의 청약과 함께 보험료 상당액의 전부 또는 일부의 지급을 받은 때에는 다른 약정이 없으면 30일내에 그 상대방에 대하여 낙부의 통지를 발송하여야 한다. 그러나 인보험계약의 피보험자가 신체검사를 받아야 하는 경우에는 그 기간은 신체검사를 받은 날부터 기산한다.

②보험자가 제1항의 규정에 의한 기간내에 낙부의 통지를 해태한 때에는 승낙한 것으로 본다.

③보험자가 보험계약자로부터 보험계약의 청약과 함께 보험료 상당액의 전부 또는 일부를 받은 경우에 그 청약을 승낙하기 전에 보험계약에서 정한 보험사고가 생긴 때에는 그 청약을 거절할 사유가 없는 한 보험자는 보험계약상의 책임을 진다. 그러나 인보험계약의 피보험자가 신체검사를 받아야 하는 경우에 그 검사를 받지 아니한 때에는 그러하지 아니하다.

  [본조신설 1991.12.31]

제638조의3【보험약관의 교부·명시의무】 ①보험자는 보험계약을 체결할 때에 보험계약자에게 보험약관을 교부하고 그 약관의 중요한 내용을 알려주어야 한다.

②보험자가 제1항의 규정에 위반한 때에는 보험계약자는 보험계약이 성립한 날부터 1월내에 그 계약을 취소할 수 있다.

[본조신설 1991.12.31]

제639조 【타인을 위한 보험】 ①보험계약자는 위임을 받거나 위임을 받지 아니하고 특정 또는 불특정의 타인을 위하여 보험계약을 체결할 수 있다. 그러나 손해보험계약의 경우에 그 타인의 위임이 없는 때에는 보험계약자는 이를 보험자에게 고지하여야 하고, 그 고지가 없는 때에는 타인이 그 보험계약이 체결된 사실을 알지 못하였다는 사유로 보험자에게 대항하지 못한다. <개정 1991.12.31>

②제1항의 경우에는 그 타인은 당연히 그 계약의 이익을 받는다. 그러나, 손해보험계약의 경우에 보험계약자가 그 타인에게 보험사고의 발생으로 생긴 손해의 배상을 한 때에는 보험계약자는 그 타인의 권리를 해하지 아니하는 범위안에서 보험자에게 보험금액의 지급을 청구할 수 있다. <신설 1991.12.31>

③제1항의 경우에는 보험계약자는 보험자에 대하여 보험료를 지급할 의무가 있다. 그러나 보험계약자가 파산선고를 받거나 보험료의 지급을 지체한 때에는 그 타인이 그 권리를 포기하지 아니하는 한 그 타인도 보험료를 지급할 의무가 있다. <개정 1991.12.31>

제640조 【보험증권의 교부】 ①보험자는 보험계약이 성립한 때에는 지체없이 보험증권을 작성하여 보험계약자에게 교부하여야 한다. 그러나 보험계약자가 보험료의 전부 또는 최초의 보험료를 지급하지 아니한 때에는 그러하지 아니하다. <개정 1991.12.31>

②기존의 보험계약을 연장하거나 변경한 경우에는 보험자는 그 보험증권에 그 사실을 기재함으로써 보험증권의 교부에 갈음할 수 있다. <신설 1991.12.31>

제641조 【증권에 관한 이의약관의 효력】 보험계약의 당사자는 보험증권의 교부가 있은 날로부터 일정한 기간내에 한하여 그 증권내용의 정부에 관한 이의를 할 수 있음을 약정할 수 있다. 이 기간은 1월을 내리지 못한다.

제642조 【증권의 재교부청구】 보험증권을 멸실 또는 현저하게 훼손한 때에

는 보험계약자는 보험자에 대하여 증권의 재교부를 청구할 수 있다. 그 증권 작성의 비용은 보험계약자의 부담으로 한다.

제643조 【소급보험】 보험계약은 그 계약전의 어느 시기를 보험기간의 시기로 할 수 있다.

제644조 【보험사고의 객관적 확정의 효과】 보험계약당시에 보험사고가 이미 발생하였거나 또는 발생할 수 없는 것 인때에는 그 계약은 무효로 한다. 그러나 당사자 쌍방과 피보험자가 이를 알지 못한 때에는 그러하지 아니하다.

제645조 삭제 <1991.12.31>

제646조 【대리인이 안것의 효과】 대리인에 의하여 보험계약을 체결한 경우에 대리인이 안 사유는 그 본인이 안 것과 동일한 것으로 한다.

제647조 【특별위험의 소멸로 인한 보험료의 감액청구】 보험계약의 당사자가 특별한 위험을 예기하여 보험료의 액을 정한 경우에 보험기간중 그 예기한 위험이 소멸한 때에는 보험계약자는 그 후의 보험료의 감액을 청구할 수 있다.

제648조 【보험계약의 무효로 인한 보험료반환청구】 보험계약의 전부 또는 일부가 무효인 경우에 보험계약자와 피보험자가 선의이며 중대한 과실이 없는 때에는 보험자에 대하여 보험료의 전부 또는 일부의 반환을 청구할 수 있다. 보험계약자와 보험수익자가 선의이며 중대한 과실이 없는 때에도 같다.

제649조 【사고발생전의 임의해지】 ①보험사고가 발생하기 전에는 보험계약자는 언제든지 계약의 전부 또는 일부를 해지할 수 있다. 그러나 제639조의 보험계약의 경우에는 보험계약자는 그 타인의 동의를 얻지 아니하거나 보험증권을 소지하지 아니하면 그 계약을 해지하지 못한다. <개정 1991.12.31>

②보험사고의 발생으로 보험자가 보험금액을 지급한 때에도 보험금액이 감액되지 아니하는 보험의 경우에는 보험계약자는 그 사고발생후에도 보험계약을 해지할 수 있다. <신설 1991.12.31>

③제1항의 경우에는 보험계약자는 당사자간에 다른 약정이 없으면 미경과보험료의 반환을 청구할 수 있다. <개정 1991.12.31>

제650조【보험료의 지급과 지체의 효과】 ①보험계약자는 계약체결후 지체없이 보험료의 전부 또는 제1회 보험료를 지급하여야 하며, 보험계약자가 이를 지급하지 아니하는 경우에는 다른 약정이 없는 한 계약성립후 2월이 경과하면 그 계약은 해제된 것으로 본다.

②계속보험료가 약정한 시기에 지급되지 아니한 때에는 보험자는 상당한 기간을 정하여 보험계약자에게 최고하고 그 기간내에 지급되지 아니한 때에는 그 계약을 해지할 수 있다.

③특정한 타인을 위한 보험의 경우에 보험계약자가 보험료의 지급을 지체한 때에는 보험자는 그 타인에게도 상당한 기간을 정하여 보험료의 지급을 최고한 후가 아니면 그 계약을 해제 또는 해지하지 못한다.

　[전문개정 1991.12.31]

제650조의2【보험계약의 부활】 제650조제2항에 따라 보험계약이 해지되고 해지환급금이 지급되지 아니한 경우에 보험계약자는 일정한 기간내에 연체보험료에 약정이자를 붙여 보험자에게 지급하고 그 계약의 부활을 청구할 수 있다. 제638조의2의 규정은 이 경우에 준용한다.

　[본조신설 1991.12.31]

제651조【고지의무위반으로 인한 계약해지】 보험계약당시에 보험계약자 또는 피보험자가 고의 또는 중대한 과실로 인하여 중요한 사항을 고지하지 아니하거나 부실의 고지를 한 때에는 보험자는 그 사실을 안 날로부터 1월내에, 계약을 체결한 날로부터 3년내에 한하여 계약을 해지할 수 있다. 그러나 보험자가 계약당시에 그 사실을 알았거나 중대한 과실로 인하여 알지 못한 때에는 그러하지 아니하다. <개정 1991.12.31>

제651조의2【서면에 의한 질문의 효력】 보험자가 서면으로 질문한 사항은 중요한 사항으로 추정한다.

　[본조신설 1991.12.31]

제652조【위험변경증가의 통지와 계약해지】 ①보험기간중에 보험계약자 또는 피보험자가 사고발생의 위험이 현저하게 변경 또는 증가된 사실을 안 때에는 지체없이 보험자에게 통지하여야 한다. 이를 해태한 때에는 보험자는 그 사실을 안 날로부터 1월내에 한하여 계약을 해지할 수 있다.

②보험자가 제1항의 위험변경증가의 통지를 받은 때에는 1월내에 보험료의 증액을 청구하거나 계약을 해지할 수 있다. <신설 1991.12.31>

제653조【보험계약자등의 고의나 중과실로 인한 위험증가와 계약해지】 보험기간중에 보험계약자, 피보험자 또는 보험수익자의 고의 또는 중대한 과실로 인하여 사고발생의 위험이 현저하게 변경 또는 증가된 때에는 보험자는 그 사실을 안 날부터 1월내에 보험료의 증액을 청구하거나 계약을 해지할 수 있다. <개정 1991.12.31>

제654조【보험자의 파산선고와 계약해지】 ①보험자가 파산의 선고를 받은 때에는 보험계약자는 계약을 해지할 수 있다.

②제1항의 규정에 의하여 해지하지 아니한 보험계약은 파산선고 후 3월을 경과한 때에는 그 효력을 잃는다. <개정 1991.12.31>

제655조【계약해지와 보험금액청구권】 보험사고가 발생한 후에도 보험자가 제650조, 제651조, 제652조와 제653조의 규정에 의하여 계약을 해지한 때에는 보험금액을 지급할 책임이 없고 이미 지급한 보험금액의 반환을 청구할 수 있다. 그러나 고지의무에 위반한 사실 또는 위험의 현저한 변경이나 증가된 사실이 보험사고의 발생에 영향을 미치지 아니하였음이 증명된 때에는 그러하지 아니하다.

<개정 1962.12.12, 1991.12.31>

제656조【보험료의 지급과 보험자의 책임개시】 보험자의 책임은 당사자간에 다른 약정이 없으면 최초의 보험료의 지급을 받은 때로부터 개시한다.

제657조【보험사고발생의 통지의무】 ①보험계약자 또는 피보험자나 보험수익자는 보험사고의 발생을 안 때에는 지체없이 보험자에게 그 통지를 발송하여야 한다.

②보험계약자 또는 피보험자나 보험수익자가 제1항의 통지의무를 해태함으로 인하여 손해가 증가된 때에는 보험자는 그 증가된 손해를 보상할 책임이 없다. <신설 1991.12.31>

제658조【보험금액의 지급】 보험자는 보험금액의 지급에 관하여 약정기간이 있는 경우에는 그 기간내에 약정기간이 없는 경우에는 제657조제1항의 통지를 받은 후 지체없이 지급할 보험금액을 정하고 그 정하여진 날부터 10

일내에 피보험자 또는 보험수익자에게 보험금액을 지급하여야 한다.

　[전문개정 1991.12.31]

제659조【보험자의 면책사유】 ①보험사고가 보험계약자 또는 피보험자나 보험수익자의 고의 또는 중대한 과실로 인하여 생긴 때에는 보험자는 보험금액을 지급할 책임이 없다.

② 삭제 <1991.12.31>

제660조【전쟁위험등으로 인한 면책】 보험사고가 전쟁 기타의 변란으로 인하여 생긴 때에는 당사자간에 다른 약정이 없으면 보험자는 보험금액을 지급할 책임이 없다.

제661조【재보험】 보험자는 보험사고로 인하여 부담할 책임에 대하여 다른 보험자와 재보험계약을 체결할 수 있다. 이 재보험계약은 원보험계약의 효력에 영향을 미치지 아니한다.

제662조【소멸시효】 보험금액의 청구권과 보험료 또는 적립금의 반환청구권은 2년간, 보험료의 청구권은 1년간 행사하지 아니하면 소멸시효가 완성한다.

제663조【보험계약자등의 불이익변경금지】 이 편의 규정은 당사자간의 특약으로 보험계약자 또는 피보험자나 보험수익자의 불이익으로 변경하지 못한다. 그러나 재보험 및 해상보험 기타 이와 유사한 보험의 경우에는 그러하지 아니하다. <개정 1991.12.31>

제664조【상호보험에의 준용】 이 편의 규정은 그 성질이 상반되지 아니하는 한도에서 상호보험에 준용한다. <개정 1991.12.31>

제2장 손해보험

제1절 통칙

제665조【손해보험자의 책임】 손해보험계약의 보험자는 보험사고로 인하여 생길 피보험자의 재산상의 손해를 보상할 책임이 있다.

제666조【손해보험증권】 손해보험증권에는 다음의 사항을 기재하고 보험자

가 기명날인 또는 서명하여야 한다. <개정 1991.12.31>

1. 보험의 목적

2. 보험사고의 성질

3. 보험금액

4. 보험료와 그 지급방법

5. 보험기간을 정한 때에는 그 시기와 종기

6. 무효와 실권의 사유

7. 보험계약자의 주소와 성명 또는 상호

8. 보험계약의 연월일

9. 보험증권의 작성지와 그 작성년월일

제667조【상실이익등의 불산입】 보험사고로 인하여 상실된 피보험자가 얻을 이익이나 보수는 당사자간에 다른 약정이 없으면 보험자가 보상할 손해액에 산입하지 아니한다.

제668조【보험계약의 목적】 보험계약은 금전으로 산정할 수 있는 이익에 한하여 보험계약의 목적으로 할 수 있다.

제669조【초과보험】 ①보험금액이 보험계약의 목적의 가액을 현저하게 초과한 때에는 보험자 또는 보험계약자는 보험료와 보험금액의 감액을 청구할 수 있다. 그러나 보험료의 감액은 장래에 대하여서만 그 효력이 있다.

②제1항의 가액은 계약당시의 가액에 의하여 정한다. <개정 1991.12.31>

③보험가액이 보험기간중에 현저하게 감소된 때에도 제1항과 같다.

④제1항의 경우에 계약이 보험계약자의 사기로 인하여 체결된 때에는 그 계약은 무효로 한다. 그러나 보험자는 그 사실을 안 때까지의 보험료를 청구할 수 있다.

제670조【기평가보험】 당사자간에 보험가액을 정한 때에는 그 가액은 사고발생시의 가액으로 정한 것으로 추정한다. 그러나 그 가액이 사고발생시의 가액을 현저하게 초과할 때에는 사고발생시의 가액을 보험가액으로 한다.

제671조【미평가보험】 당사자간에 보험가액을 정하지 아니한 때에는 사고

발생시의 가액을 보험가액으로 한다.

제672조 【중복보험】 ①동일한 보험계약의 목적과 동일한 사고에 관하여 수개의 보험계약이 동시에 또는 순차로 체결된 경우에 그 보험금액의 총액이 보험가액을 초과한 때에는 보험자는 각자의 보험금액의 한도에서 연대책임을 진다. 이 경우에는 각 보험자의 보상책임은 각자의 보험금액의 비율에 따른다. <개정 1991.12.31>

②동일한 보험계약의 목적과 동일한 사고에 관하여 수개의 보험계약을 체결하는 경우에는 보험계약자는 각 보험자에 대하여 각 보험계약의 내용을 통지하여야 한다. <개정 1991.12.31>

③제669조제4항의 규정은 제1항의 보험계약에 준용한다.

제673조 【중복보험과 보험자 1인에 대한 권리포기】 제672조의 규정에 의한 수개의 보험계약을 체결한 경우에 보험자 1인에 대한 권리의 포기는 다른 보험자의 권리의무에 영향을 미치지 아니한다.

<개정 1991.12.31>

제674조 【일부보험】 보험가액의 일부를 보험에 붙인 경우에는 보험자는 보험금액의 보험가액에 대한 비율에 따라 보상할 책임을 진다. 그러나, 당사자간에 다른 약정이 있는 때에는 보험자는 보험금액의 한도내에서 그 손해를 보상할 책임을 진다. <개정 1991.12.31>

제675조 【사고발생 후의 목적멸실과 보상책임】 보험의 목적에 관하여 보험자가 부담할 손해가 생긴 경우에는 그 후 그 목적이 보험자가 부담하지 아니하는 보험사고의 발생으로 인하여 멸실된 때에도 보험자는 이미 생긴 손해를 보상할 책임을 면하지 못한다. <개정 1962.12.12>

제676조 【손해액의 산정기준】 ①보험자가 보상할 손해액은 그 손해가 발생한 때와 곳의 가액에 의하여 산정한다. 그러나 당사자간에 다른 약정이 있는 때에는 그 신품가액에 의하여 손해액을 산정할 수 있다. <개정 1991.12.31>

②제1항의 손해액의 산정에 관한 비용은 보험자의 부담으로 한다. <개정 1991.12.31>

제677조 【보험료체납과 보상액의 공제】 보험자가 손해를 보상할 경우에 보

험료의 지급을 받지 아니한 잔액이 있으면 그 지급기일이 도래하지 아니한 때라도 보상할 금액에서 이를 공제할 수 있다.

제678조【보험자의 면책사유】 보험의 목적의 성질, 하자 또는 자연소모로 인한 손해는 보험자가 이를 보상할 책임이 없다.

제679조【보험목적의 양도】 ①피보험자가 보험의 목적을 양도한 때에는 양수인은 보험계약상의 권리와 의무를 승계한 것으로 추정한다. <개정 1991.12.31>

②제1항의 경우에 보험의 목적의 양도인 또는 양수인은 보험자에 대하여 지체없이 그 사실을 통지하여야 한다. <신설 1991.12.31>

제680조【손해방지의무】 ①보험계약자와 피보험자는 손해의 방지와 경감을 위하여 노력하여야 한다. 그러나 이를 위하여 필요 또는 유익하였던 비용과 보상액이 보험금액을 초과한 경우라도 보험자가 이를 부담한다. <개정 1991.12.31>

② 삭제 <1991.12.31>

제681조【보험목적에 관한 보험대위】 보험의 목적의 전부가 멸실한 경우에 보험금액의 전부를 지급한 보험자는 그 목적에 대한 피보험자의 권리를 취득한다. 그러나 보험가액의 일부를 보험에 붙인 경우에는 보험자가 취득할 권리는 보험금액의 보험가액에 대한 비율에 따라 이를 정한다.

제682조【제삼자에 대한 보험대위】 손해가 제삼자의 행위로 인하여 생긴 경우에 보험금액을 지급한 보험자는 그 지급한 금액의 한도에서 그 제삼자에 대한 보험계약자 또는 피보험자의 권리를 취득한다. 그러나 보험자가 보상할 보험금액의 일부를 지급한 때에는 피보험자의 권리를 해하지 아니하는 범위내에서 그 권리를 행사할 수 있다.

제2절 화재보험

제683조【화재보험자의 책임】 화재보험계약의 보험자는 화재로 인하여 생긴 손해를 보상할 책임이 있다.

제684조【소방등의 조치로 인한 손해의 보상】 보험자는 화재의 소방 또는 손해의 감소에 필요한 조치로 인하여 생긴 손해를 보상할 책임이 있다.

제685조【화재보험증권】 화재보험증권에는 제666조에 게기한 사항외에 다음의 사항을 기재하여야 한다.

　1. 건물을 보험의 목적으로 한 때에는 그 소재지, 구조와 용도

　2. 동산을 보험의 목적으로 한 때에는 그 존치한 장소의 상태와 용도

　3. 보험가액을 정한 때에는 그 가액

제686조【집합보험의 목적】 집합된 물건을 일괄하여 보험의 목적으로 한 때에는 피보험자의 가족과 사용인의 물건도 보험의 목적에 포함된 것으로 한다. 이 경우에는 그 보험은 그 가족 또는 사용인을 위하여서도 체결한 것으로 본다.

제687조【동전】 집합된 물건을 일괄하여 보험의 목적으로 한 때에는 그 목적에 속한 물건이 보험기간중에 수시로 교체된 경우에도 보험사고의 발생시에 현존한 물건은 보험의 목적에 포함된 것으로 한다.

제3절 운송보험

제688조【운송보험자의 책임】 운송보험계약의 보험자는 다른 약정이 없으면 운송인이 운송물을 수령한 때로부터 수하인에게 인도할 때까지 생길 손해를 보상할 책임이 있다.

제689조【운송보험의 보험가액】 ①운송물의 보험에 있어서는 발송한 때와 곳의 가액과 도착지까지의 운임 기타의 비용을 보험가액으로 한다.

②운송물의 도착으로 인하여 얻을 이익은 약정이 있는 때에 한하여 보험가액중에 산입한다.

제690조【운송보험증권】 운송보험증권에는 제666조에 게기한 사항외에 다음의 사항을 기재하여야 한다.

　1. 운송의 노순과 방법

　2. 운송인의 주소와 성명 또는 상호

　3. 운송물의 수령과 인도의 장소

　4. 운송기간을 정한 때에는 그 기간

5. 보험가액을 정한 때에는 그 가액

제691조【운송의 중지나 변경과 계약효력】 보험계약은 다른 약정이 없으면 운송의 필요에 의하여 일시운송을 중지하거나 운송의 노순 또는 방법을 변경한 경우에도 그 효력을 잃지 아니한다.

제692조【운송보조자의 고의, 중과실과 보험자의 면책】 보험사고가 송하인 또는 수하인의 고의 또는 중대한 과실로 인하여 발생한 때에는 보험자는 이로 인하여 생긴 손해를 보상할 책임이 없다.

제4절 해상보험

제693조【해상보험자의 책임】 해상보험계약의 보험자는 해상사업에 관한 사고로 인하여 생길 손해를 보상할 책임이 있다. <개정 1991.12.31>

제694조【공동해손분담액의 보상】 보험자는 피보험자가 지급할 공동해손의 분담액을 보상할 책임이 있다. 그러나 보험의 목적의 공동해손분담가액이 보험가액을 초과할 때에는 그 초과액에 대한 분담액은 보상하지 아니한다. <개정 1991.12.31>

제694조의2【구조료의 보상】 보험자는 피보험자가 보험사고로 인하여 발생하는 손해를 방지하기 위하여 지급할 구조료를 보상할 책임이 있다. 그러나 보험의 목적물의 구조료분담가액이 보험가액을 초과할 때에는 그 초과액에 대한 분담액은 보상하지 아니한다.

　[본조신설 1991.12.31]

제694조의3【특별비용의 보상】 보험자는 보험의 목적의 안전이나 보존을 위하여 지급할 특별비용을 보험금액의 한도내에서 보상할 책임이 있다.

　[본조신설 1991.12.31]

제695조【해상보험증권】 해상보험증권에는 제666조에 게기한 사항외에 다음의 사항을 기재하여야 한다. <개정 1991.12.31>

1. 선박을 보험에 붙인 경우에는 그 선박의 명칭, 국적과 종류 및 항해의 범위

2. 적하를 보험에 붙인 경우에는 선박의 명칭, 국적과 종류, 선적항, 양륙

항 및 출하지와 도착지를 정한 때에는 그 지명

　3. 보험가액을 정한 때에는 그 가액

제696조【선박보험의 보험가액과 보험목적】 ①선박의 보험에 있어서는 보험자의 책임이 개시될 때의 선박가액을 보험가액으로 한다.

②제1항의 경우에는 선박의 속구, 연료, 양식 기타 항해에 필요한 모든 물건은 보험의 목적에 포함된 것으로 한다. <개정 1991.12.31>

제697조【적하보험의 보험가액】 적하의 보험에 있어서는 선적한 때와 곳의 적하의 가액과 선적 및 보험에 관한 비용을 보험가액으로 한다. <개정 1962.12.12>

제698조【희망이익보험의 보험가액】 적하의 도착으로 인하여 얻을 이익 또는 보수의 보험에 있어서는 계약으로 보험가액을 정하지 아니한 때에는 보험금액을 보험가액으로 한 것으로 추정한다.

제699조【해상보험의 보험기간의 개시】 ①항해단위로 선박을 보험에 붙인 경우에는 보험기간은 하물 또는 저하의 선적에 착수한 때에 개시한다.

②적하를 보험에 붙인 경우에는 보험기간은 하물의 선적에 착수한 때에 개시한다. 그러나 출하지를 정한 경우에는 그 곳에서 운송에 착수한 때에 개시한다.

③하물 또는 저하의 선적에 착수한 후에 제1항 또는 제2항의 규정에 의한 보험계약이 체결된 경우에는 보험기간은 계약이 성립한 때에 개시한다.

　[전문개정 1991.12.31]

제700조【해상보험의 보험기간의 종료】 보험기간은 제699조제1항의 경우에는 도착항에서 하물 또는 저하를 양륙한 때에, 동조제2항의 경우에는 양륙항 또는 도착지에서 하물을 인도한 때에 종료한다. 그러나 불가항력으로 인하지 아니하고 양륙이 지연된 때에는 그 양륙이 보통종료될 때에 종료된 것으로 한다. <개정 1991.12.31>

제701조【항해변경의 효과】 ①선박이 보험계약에서 정하여진 발항항이 아닌 다른 항에서 출항한 때에는 보험자는 책임을 지지 아니한다.

②선박이 보험계약에서 정하여진 도착항이 아닌 다른 항을 향하여 출항한 때에도 제1항의 경우와 같다.

③보험자의 책임이 개시된 후에 보험계약에서 정하여진 도착항이 변경된 경우에는 보험자는 그 항해의 변경이 결정된 때부터 책임을 지지 아니한다.

[전문개정 1991.12.31]

제701조의2 【이로】 선박이 정당한 사유없이 보험계약에서 정하여진 항로를 이탈한 경우에는 보험자는 그때부터 책임을 지지 아니한다. 선박이 손해발생전에 원항로로 돌아온 경우에도 같다.

[본조신설 1991.12.31]

제702조 【발항 또는 항해의 지연의 효과】 피보험자가 정당한 사유없이 발항 또는 항해를 지연한 때에는 보험자는 발항 또는 항해를 지체한 이후의 사고에 대하여 책임을 지지 아니한다.

[전문개정 1991.12.31]

제703조 【선박변경의 효과】 적하를 보험에 붙인 경우에 보험계약자 또는 피보험자의 책임있는 사유로 인하여 선박을 변경한 때에는 그 변경후의 사고에 대하여 책임을 지지 아니한다. <개정 1991.12.31>

제703조의2 【선박의 양도등의 효과】 선박을 보험에 붙인 경우에 다음의 사유가 있을 때에는 보험계약은 종료한다. 그러나 보험자의 동의가 있는 때에는 그러하지 아니하다.

1. 선박을 양도할 때

2. 선박의 선급을 변경한 때

3. 선박을 새로운 관리로 옮긴 때

[본조신설 1991.12.31]

제704조 【선박미확정의 적하예정보험】 ①보험계약의 체결당시에 하물을 적재할 선박을 지정하지 아니한 경우에 보험계약자 또는 피보험자가 그 하물이 선적되었음을 안 때에는 지체없이 보험자에 대하여 그 선박의 명칭, 국적과 하물의 종류, 수량과 가액의 통지를 발송하여야 한다. <개정 1991.12.31>

②제1항의 통지를 해태한 때에는 보험자는 그 사실을 안 날부터 1월내에 계약을 해지할 수 있다. <개정 1991.12.31>

제705조 삭제 <1991.12.31>

제706조【해상보험자의 면책사유】 보험자는 다음의 손해와 비용을 보상할 책임이 없다. <개정 1991.12.31>

1. 선박 또는 운임을 보험에 붙인 경우에는 발항당시 안전하게 항해를 하기에 필요한 준비를 하지 아니하거나 필요한 서류를 비치하지 아니함으로 인하여 생긴 손해

2. 적하를 보험에 붙인 경우에는 용선자, 송하인 또는 수하인의 고의 또는 중대한 과실로 인하여 생긴 손해

3. 도선료, 입항료, 등대료, 검역료, 기타 선박 또는 적하에 관한 항해중의 통상비용

제707조 삭제 <1991.12.31>

제707조의2 【선박의 일부손해의 보상】 ①선박의 일부가 훼손되어 그 훼손된 부분의 전부를 수선한 경우에는 보험자는 수선에 따른 비용을 1회의 사고에 대하여 보험금액을 한도로 보상할 책임이 있다.

②선박의 일부가 훼손되어 그 훼손된 부분의 일부를 수선한 경우에는 보험자는 수선에 따른 비용과 수선을 하지 아니함으로써 생긴 감가액을 보상할 책임이 있다.

③선박의 일부가 훼손되었으나 이를 수선하지 아니한 경우에는 보험자는 그로 인한 감가액을 보상할 책임이 있다.

  [본조신설 1991.12.31]

제708조【적하의 일부손해의 보상】 보험의 목적인 적하가 훼손되어 양륙항에 도착한 때에는 보험자는 그 훼손된 상태의 가액과 훼손되지 아니한 상태의 가액과의 비율에 따라 보험가액의 일부에 대한 손해를 보상할 책임이 있다.

제709조【적하매각으로 인한 손해의 보상】 ①항해도중에 불가항력으로 보험의 목적인 적하를 매각한 때에는 보험자는 그 대금에서 운임 기타 필요한 비용을 공제한 금액과 보험가액과의 차액을 보상하여야 한다.

②제1항의 경우에 매수인이 대금을 지급하지 아니한 때에는 보험자는 그 금

액을 지급하여야 한다. 보험자가 그 금액을 지급한 때에는 피보험자의 매수인에 대한 권리를 취득한다. <개정 1991.12.31>

제710조【보험위부의 원인】 다음의 경우에는 피보험자는 보험의 목적을 보험자에게 위부하고 보험금액의 전부를 청구할 수 있다. <개정 1991.12.31>

1. 피보험자가 보험사고로 인하여 자기의 선박 또는 적하의 점유를 상실하여 이를 회복할 가능성이 없거나 회복하기 위한 비용이 회복하였을 때의 가액을 초과하리라고 예상될 경우

2. 선박이 보험사고로 인하여 심하게 훼손되어 이를 수선하기 위한 비용이 수선하였을 때의 가액을 초과하리라고 예상될 경우

3. 적하가 보험사고로 인하여 심하게 훼손되어서 이를 수선하기 위한 비용과 그 적하를 목적지까지 운송하기 위한 비용과의 합계액이 도착하는 때의 적하의 가액을 초과하리라고 예상될 경우

제711조【선박의 행방불명】 ①선박의 존부가 2월간 분명하지 아니한 때에는 그 선박의 행방이 불명한 것으로 한다. <개정 1991.12.31>

②제1항의 경우에는 전손으로 추정한다. <개정 1991.12.31>

제712조【대선에 의한 운송의 계속과 위부권의 소멸】 제710조제2호의 경우에 선장이 지체없이 다른 선박으로 적하의 운송을 계속한 때에는 피보험자는 그 적하를 위부할 수 없다. <개정 1991.12.31>

제713조【위부의 통지】 ①피보험자가 위부를 하고자 할 때에는 상당한 기간내에 보험자에 대하여 그 통지를 발송하여야 한다. <개정 1991.12.31>

② 삭제 <1991.12.31>

제714조【위부권행사의 요건】 ①위부는 무조건이어야 한다.

②위부는 보험의 목적의 전부에 대하여 이를 하여야 한다. 그러나 위부의 원인이 그 일부에 대하여 생긴 때에는 그 부분에 대하여서만 이를 할 수 있다.

③보험가액의 일부를 보험에 붙인 경우에는 위부는 보험금액의 보험가액에 대한 비율에 따라서만 이를 할 수 있다.

제715조【다른 보험계약등에 관한 통지】 ①피보험자가 위부를 함에 있어서는 보험자에 대하여 보험의 목적에 관한 다른 보험계약과 그 부담에 속한

채무의 유무와 그 종류 및 내용을 통지하여야 한다.

②보험자는 제1항의 통지를 받을 때까지 보험금액의 지급을 거부할 수 있다. <개정 1991.12.31>

③보험금액의 지급에 관한 기간의 약정이 있는 때에는 그 기간은 제1항의 통지를 받은 날로부터 기산한다.

제716조【위부의 승인】 보험자가 위부를 승인한 후에는 그 위부에 대하여 이의를 하지 못한다.

제717조【위부의 불승인】 보험자가 위부를 승인하지 아니한 때에는 피보험자는 위부의 원인을 증명하지 아니하면 보험금액의 지급을 청구하지 못한다.

제718조【위부의 효과】 ①보험자는 위부로 인하여 그 보험의 목적에 관한 피보험자의 모든 권리를 취득한다.

②피보험자가 위부를 한 때에는 보험의 목적에 관한 모든 서류를 보험자에게 교부하여야 한다.

제5절 책임보험

제719조【책임보험자의 책임】 책임보험계약의 보험자는 피보험자가 보험기간중의 사고로 인하여 제3자에게 배상할 책임을 진 경우에 이를 보상할 책임이 있다.

제720조【피보험자가 지출한 방어비용의 부담】 ①피보험자가 제3자의 청구를 방어하기 위하여 지출한 재판상 또는 재판외의 필요비용은 보험의 목적에 포함된 것으로 한다. 피보험자는 보험자에 대하여 그 비용의 선급을 청구할 수 있다.

②피보험자가 담보의 제공 또는 공탁으로써 재판의 집행을 면할 수 있는 경우에는 보험자에 대하여 보험금액의 한도내에서 그 담보의 제공 또는 공탁을 청구할 수 있다.

③제1항 또는 제2항의 행위가 보험자의 지시에 의한 것인 경우에는 그 금액에 손해액을 가산한 금액이 보험금액을 초과하는 때에도 보험자가 이를 부담하여야 한다. <개정 1991.12.31>

제721조 【영업책임보험의 목적】 피보험자가 경영하는 사업에 관한 책임을 보험의 목적으로 한 때에는 피보험자의 대리인 또는 그 사업감독자의 제3자에 대한 책임도 보험의 목적에 포함된 것으로 한다.

제722조 【피보험자의 사고통지의무】 피보험자가 제3자로부터 배상의 청구를 받은 때에는 지체없이 보험자에게 그 통지를 발송하여야 한다.

제723조 【피보험자의 변제등의 통지와 보험금액의 지급】 ①피보험자가 제3자에 대하여 변제, 승인, 화해 또는 재판으로 인하여 채무가 확정된 때에는 지체없이 보험자에게 그 통지를 발송하여야 한다.

②보험자는 특별한 기간의 약정이 없으면 전항의 통지를 받은 날로부터 10일내에 보험금액을 지급하여야 한다.

③피보험자가 보험자의 동의없이 제3자에 대하여 변제, 승인 또는 화해를 한 경우에는 보험자가 그 책임을 면하게 되는 합의가 있는 때에도 그 행위가 현저하게 부당한 것이 아니면 보험자는 보상할 책임을 면하지 못한다.

제724조 【보험자와 제3자와의 관계】 ①보험자는 피보험자가 책임을 질 사고로 인하여 생긴 손해에 대하여 제3자가 그 배상을 받기 전에는 보험금액의 전부 또는 일부를 피보험자에게 지급하지 못한다.

②제3자는 피보험자가 책임을 질 사고로 입은 손해에 대하여 보험금액의 한도내에서 보험자에게 직접 보상을 청구할 수 있다. 그러나 보험자는 피보험자가 그 사고에 관하여 가지는 항변으로써 제3자에게 대항할 수 있다. <개정 1991.12.31>

③보험자가 제2항의 규정에 의한 청구를 받은 때에는 지체없이 피보험자에게 이를 통지하여야 한다. <신설 1991.12.31>

④제2항의 경우에 피보험자는 보험자의 요구가 있을 때에는 필요한 서류·증거의 제출, 증언 또는 증인의 출석에 협조하여야 한다. <신설 1991.12.31>

제725조 【보관자의 책임보험】 임차인 기타 타인의 물건을 보관하는 자가 그 지급할 손해배상을 위하여 그 물건을 보험에 붙인 경우에는 그 물건의 소유자는 보험자에 대하여 직접 그 손해의 보상을 청구할 수 있다.

제725조의2 【수개의 책임보험】 피보험자가 동일한 사고로 제3자에게 배상책임을 짐으로써 입은 손해를 보상하는 수개의 책임보험계약이 동시 또는

순차로 체결된 경우에 그 보험금액의 총액이 피보험자의 제3자에 대한 손해배상액을 초과하는 때에는 제672조와 제673조의 규정을 준용한다.

  [본조신설 1991.12.31]

제726조【재보험에의 적용】 이 절의 규정은 재보험계약에 준용한다. <개정 1991.12.31>

제6절 자동차보험

제726조의2【자동차보험자의 책임】 자동차보험계약의 보험자는 피보험자가 자동차를 소유, 사용 또는 관리하는 동안에 발생한 사고로 인하여 생긴 손해를 보상할 책임이 있다.

  [본조신설 1991.12.31]

제726조의3【자동차 보험증권】 자동차 보험증권에는 제666조에 게기한 사항외에 다음의 사항을 기재하여야 한다.

  1. 자동차소유자와 그 밖의 보유자의 성명과 생년월일 또는 상호

  2. 피보험자동차의 등록번호, 차대번호, 차형년식과 기계장치

  3. 차량가액을 정한 때에는 그 가액

  [본조신설 1991.12.31]

제726조의4【자동차의 양도】 ①피보험자가 보험기간중에 자동차를 양도한 때에는 양수인은 보험자의 승낙을 얻은 경우에 한하여 보험계약으로 인하여 생긴 권리와 의무를 승계한다.

②보험자가 양수인으로부터 양수사실을 통지받은 때에는 지체없이 낙부를 통지하여야 하고 통지 받은 날부터 10일내에 낙부의 통지가 없을 때에는 승낙한 것으로 본다.

  [본조신설 1991.12.31]

제3장 인보험

제1절 통칙

제727조【인보험자의 책임】 인보험계약의 보험자는 생명 또는 신체에 관하여 보험사고가 생길 경우에 보험계약의 정하는 바에 따라 보험금액 기타의 급여를 할 책임이 있다.

제728조【인보험증권】 인보험증권에는 제666조에 게기한 사항외에 다음의 사항을 기재하여야 한다. <개정 1991.12.31>

  1. 보험계약의 종류

  2. 피보험자의 주소·성명 및 생년월일

  3. 보험수익자를 정한 때에는 그 주소·성명 및 생년월일

제729조【제3자에 대한 보험대위의 금지】 보험자는 보험사고로 인하여 생긴 보험계약자 또는 보험수익자의 제3자에 대한 권리를 대위하여 행사하지 못한다. 그러나 상해보험계약의 경우에 당사자간에 다른 약정이 있는 때에는 보험자는 피보험자의 권리를 해하지 아니하는 범위안에서 그 권리를 대위하여 행사할 수 있다. <개정 1991.12.31>

제2절 생명보험

제730조【생명보험자의 책임】 생명보험계약의 보험자는 피보험자의 생명에 관한 보험사고가 생길 경우에 약정한 보험금액을 지급할 책임이 있다.

제731조【타인의 생명의 보험】 ①타인의 사망을 보험사고로 하는 보험계약에는 보험계약 체결시에 그 타인의 서면에 의한 동의를 얻어야 한다. <개정 1991.12.31>

②보험계약으로 인하여 생긴 권리를 피보험자가 아닌 자에게 양도하는 경우에도 제1항과 같다. <개정 1991.12.31>

제732조【15세미만자등에 대한 계약의 금지】 15세미만자, 심신상실자 또는 심신박약자의 사망을 보험사고로 한 보험계약은 무효로 한다. <개정

1991.12.31>

제732조의2【중과실로 인한 보험사고】 사망을 보험사고로 한 보험계약에는 사고가 보험계약자 또는 피보험자나 보험수익자의 중대한 과실로 인하여 생긴 경우에도 보험자는 보험금액을 지급할 책임을 면하지 못한다.

　[본조신설 1991.12.31]

제733조【보험수익자의 지정 또는 변경의 권리】 ①보험계약자는 보험수익자를 지정 또는 변경할 권리가 있다.

②보험계약자가 제1항의 지정권을 행사하지 아니하고 사망한 때에는 피보험자를 보험수익자로 하고 보험계약자가 제1항의 변경권을 행사하지 아니하고 사망한 때에는 보험수익자의 권리가 확정된다. 그러나 보험계약자가 사망한 경우에는 그 승계인이 제1항의 권리를 행사할 수 있다는 약정이 있는 때에는 그러하지 아니하다. <개정 1991.12.31>

③보험수익자가 보험존속중에 사망한 때에는 보험계약자는 다시 보험수익자를 지정할 수 있다. 이 경우에 보험계약자가 지정권을 행사하지 아니하고 사망한 때에는 보험수익자의 상속인을 보험수익자로 한다.

④보험계약자가 제2항과 제3항의 지정권을 행사하기 전에 보험사고가 생긴 경우에는 피보험자 또는 보험수익자의 상속인을 보험수익자로 한다. <신설 1991.12.31>

제734조【보험수익자지정권등의 통지】 ①보험계약자가 계약체결후에 보험수익자를 지정 또는 변경할 때에는 보험자에 대하여 그 통지를 하지 아니하면 이로써 보험자에게 대항하지 못한다.

②제731조제1항의 규정은 제1항의 지정 또는 변경에 준용한다. <개정 1962.12.12, 1991.12.31>

제735조【양로보험】 피보험자의 사망을 보험사고로 한 보험계약에는 사고의 발생없이 보험기간이 종료한 때에도 보험금액을 지급할 것을 약정할 수 있다.

제735조의2【연금보험】 생명보험계약의 보험자는 피보험자의 생명에 관한 보험사고가 생긴 때에 약정에 따라 보험금액을 연금으로 분할하여 지급할 수 있다.

[본조신설 1991.12.31]

제735조의3 【단체보험】   ①단체가 규약에 따라 구성원의 전부 또는 일부를 피보험자로 하는 생명보험계약을 체결하는 경우에는 제731조를 적용하지 아니한다.

②제1항의 보험계약이 체결된 때에는 보험자는 보험계약자에 대하여서만 보험증권을 교부한다.

[본조신설 1991.12.31]

제736조 【보험적립금반환의무등】   ①제649조, 제650조, 제651조 및 제652조 내지 제655조의 규정에 의하여 보험계약이 해지된 때, 제659조와 제660조의 규정에 의하여 보험금액의 지급책임이 면제된 때에는 보험자는 보험수익자를 위하여 적립한 금액을 보험계약자에게 지급하여야 한다. 그러나 다른 약정이 없으면 제659조제1항의 보험사고가 보험계약자에 의하여 생긴 경우에는 그러하지 아니하다. <개정 1991.12.31>

② 삭제 <1991.12.31>

제3절 상해보험

제737조 【상해보험자의 책임】   상해보험계약의 보험자는 신체의 상해에 관한 보험사고가 생길 경우에 보험금액 기타의 급여를 할 책임이 있다.

제738조 【상해보험증권】   상해보험의 경우에 피보험자와 보험계약자가 동일인이 아닐 때에는 그 보험증권기재사항중 제728조제2호에 게기한 사항에 갈음하여 피보험자의 직무 또는 직위만을 기재할 수 있다.

제739조 【준용규정】   상해보험에 관하여는 제732조를 제외하고 생명보험에 관한 규정을 준용한다.

부칙   <제10696호, 2011.5.23>

이 법은 공포 후 6개월이 경과한 날부터 시행한다.

[자동차손해배상 보장법]

[시행 2012.8.23] [법률 제11369호, 2012.2.22, 일부개정]

제1장 총칙

제1조【목적】 이 법은 자동차의 운행으로 사람이 사망 또는 부상하거나 재물이 멸실 또는 훼손된 경우에 손해배상을 보장하는 제도를 확립하여 피해자를 보호하고 자동차운송의 건전한 발전을 촉진함을 목적으로 한다.

제2조【정의】 이 법에서 사용하는 용어의 뜻은 다음과 같다. <개정 2009.2.6>

1. "자동차"란 「자동차관리법」의 적용을 받는 자동차와 「건설기계관리법」의 적용을 받는 건설기계 중 대통령령으로 정하는 것을 말한다.

2. "운행"이란 사람 또는 물건의 운송 여부와 관계없이 자동차를 그 용법에 따라 사용하거나 관리하는 것을 말한다.

3. "자동차보유자"란 자동차의 소유자나 자동차를 사용할 권리가 있는 자로서 자기를 위하여 자동차를 운행하는 자를 말한다.

4. "운전자"란 다른 사람을 위하여 자동차를 운전하거나 운전을 보조하는 일에 종사하는 자를 말한다.

5. "책임보험"이란 자동차보유자와 「보험업법」에 따라 허가를 받아 보험업을 영위하는 자(이하 "보험회사"라 한다)가 자동차의 운행으로 다른 사람이 사망하거나 부상한 경우 이 법에 따른 손해배상책임을 보장하는 내용을 약정하는 보험을 말한다.

6. "책임공제(責任共濟)"란 사업용 자동차의 보유자와 「여객자동차 운수사업법」, 「화물자동차 운수사업법」, 「건설기계관리법」에 따라 공제사업을 하는 자(이하 "공제사업자"라 한다)가 자동차의 운행으로 다른 사람이 사망하거나 부상한 경우 이 법에 따른 손해배상책임을 보장하는 내용을 약정하는 공제를 말한다.

7. "자동차보험진료수가(診療酬價)"란 자동차의 운행으로 사고를 당한 자(이

하 "교통사고환자"라 한다)가 「의료법」에 따른 의료기관(이하 "의료기관"이라 한다)에서 진료를 받음으로써 발생하는 비용으로서 다음 각 목의 어느 하나의 경우에 적용되는 금액을 말한다.

　　가. 보험회사(공제사업자를 포함한다. 이하 "보험회사등"이라 한다)의 보험금(공제금을 포함한다. 이하 "보험금등"이라 한다)으로 해당 비용을 지급하는 경우

　　나. 제30조에 따른 자동차손해배상 보장사업의 보상금으로 해당 비용을 지급하는 경우

　　다. 교통사고환자에 대한 배상(제30조에 따른 보상을 포함한다)이 종결된 후 해당 교통사고로 발생한 치료비를 교통사고환자가 의료기관에 지급하는 경우

제3조 【자동차손해배상책임】 자기를 위하여 자동차를 운행하는 자는 그 운행으로 다른 사람을 사망하게 하거나 부상하게 한 경우에는 그 손해를 배상할 책임을 진다. 다만, 다음 각 호의 어느 하나에 해당하면 그러하지 아니하다.

　1. 승객이 아닌 자가 사망하거나 부상한 경우에 자기와 운전자가 자동차의 운행에 주의를 게을리 하지 아니하였고, 피해자 또는 자기 및 운전자 외의 제3자에게 고의 또는 과실이 있으며, 자동차의 구조상의 결함이나 기능상의 장해가 없었다는 것을 증명한 경우

　2. 승객이 고의나 자살행위로 사망하거나 부상한 경우

제4조 【「민법」의 적용】 자기를 위하여 자동차를 운행하는 자의 손해배상책임에 대하여는 제3조에 따른 경우 외에는 「민법」에 따른다.

제2장 손해배상을 위한 보험 가입 등

제5조 【보험 등의 가입 의무】 ① 자동차보유자는 자동차의 운행으로 다른 사람이 사망하거나 부상한 경우에 피해자(피해자가 사망한 경우에는 손해배상을 받을 권리를 가진 자를 말한다. 이하 같다)에게 대통령령으로 정하는 금액을 지급할 책임을 지는 책임보험이나 책임공제(이하 "책임보험등"이라 한다)에 가입하여야 한다.

② 자동차보유자는 책임보험등에 가입하는 것 외에 자동차의 운행으로 다른 사

람의 재물이 멸실되거나 훼손된 경우에 피해자에게 대통령령으로 정하는 금액을 지급할 책임을 지는 「보험업법」에 따른 보험이나 「여객자동차 운수사업법」, 「화물자동차 운수사업법」 및 「건설기계관리법」에 따른 공제에 가입하여야 한다.

③ 다음 각 호의 어느 하나에 해당하는 자는 책임보험등에 가입하는 것 외에 자동차 운행으로 인하여 다른 사람이 사망하거나 부상한 경우에 피해자에게 책임보험등의 배상책임한도를 초과하여 대통령령으로 정하는 금액을 지급할 책임을 지는 「보험업법」에 따른 보험이나 「여객자동차 운수사업법」, 「화물자동차 운수사업법」 및 「건설기계관리법」에 따른 공제에 가입하여야 한다.

1. 「여객자동차 운수사업법」 제4조제1항에 따라 면허를 받거나 등록한 여객자동차 운송사업자

2. 「여객자동차 운수사업법」 제28조제1항에 따라 등록한 자동차 대여사업자

3. 「화물자동차 운수사업법」 제3조 및 제29조에 따라 허가를 받은 화물자동차 운송사업자 및 화물자동차 운송가맹사업자

4. 「건설기계관리법」 제21조제1항에 따라 등록한 건설기계 대여업자

④ 제1항 및 제2항은 대통령령으로 정하는 자동차와 도로(「도로교통법」 제2조제1호에 따른 도로를 말한다. 이하 같다)가 아닌 장소에서만 운행하는 자동차에 대하여는 적용하지 아니한다.

⑤ 제1항의 책임보험등과 제2항 및 제3항의 보험 또는 공제에는 각 자동차별로 가입하여야 한다.

제5조의2 【보험 등의 가입 의무 면제】 ① 자동차보유자는 보유한 자동차(제5조제3항 각 호의 자가 면허 등을 받은 사업에 사용하는 자동차는 제외한다)를 해외체류 등으로 6개월 이상 2년 이하의 범위에서 장기간 운행할 수 없는 경우로서 대통령령으로 정하는 경우에는 그 자동차의 등록업무를 관할하는 특별시장·광역시장·도지사·특별자치도지사(자동차의 등록업무가 시장·군수·구청장에게 위임된 경우에는 시장·군수·구청장을 말한다. 이하 "시·도지사"라 한다)의 승인을 받아 그 운행중지기간에 한하여 제5조제1항 및 제2항에 따른 보험 또는 공제에의 가입 의무를 면제받을 수 있다. 이 경우 자동차보유자는 해당 자동차등록증 및 자동차등록번호판을 시·도지사에게 보관하여야 한다.

② 제1항에 따라 보험 또는 공제에의 가입 의무를 면제받은 자는 면제기간 중에는 해당 자동차를 도로에서 운행하여서는 아니 된다.

③ 제1항에 따른 보험 또는 공제에의 가입 의무를 면제받을 수 있는 승인 기준 및 신청 절차 등 필요한 사항은 국토해양부령으로 정한다.

　[본조신설 2012.2.22]

제6조【의무보험 미가입자에 대한 조치 등】 ① 보험회사등은 자기와 제5조제1항부터 제3항까지의 규정에 따라 자동차보유자가 가입하여야 하는 보험 또는 공제(이하 "의무보험"이라 한다)의 계약을 체결하고 있는 자동차보유자에게 그 계약 종료일의 75일 전부터 30일 전까지의 기간 및 30일 전부터 10일 전까지의 기간에 각각 그 계약이 끝난다는 사실을 알려야 한다. 다만, 보험회사등은 보험기간이 1개월 이내인 계약인 경우와 자동차보유자가 자기와 다시 계약을 체결하거나 다른 보험회사등과 새로운 계약을 체결한 사실을 안 경우에는 통지를 생략할 수 있다. <개정 2009.2.6>

② 보험회사등은 의무보험에 가입하여야 할 자가 다음 각 호의 어느 하나에 해당하면 그 사실을 국토해양부령으로 정하는 기간 내에 특별자치도지사·시장·군수 또는 구청장(자치구의 구청장을 말하며, 이하 "시장·군수·구청장"이라 한다)에게 알려야 한다.

　1. 자기와 의무보험 계약을 체결한 경우

　2. 자기와 의무보험 계약을 체결한 후 계약 기간이 끝나기 전에 그 계약을 해지한 경우

　3. 자기와 의무보험 계약을 체결한 자가 그 계약 기간이 끝난 후 자기와 다시 계약을 체결하지 아니한 경우

③ 제2항에 따른 통지를 받은 시장·군수·구청장은 의무보험에 가입하지 아니한 자동차보유자에게 지체 없이 10일 이상 15일 이하의 기간을 정하여 의무보험에 가입하고 그 사실을 증명할 수 있는 서류를 제출할 것을 명하여야 한다.

④ 시장·군수·구청장은 의무보험에 가입되지 아니한 자동차의 등록번호판(이륜자동차 번호판 및 건설기계의 등록번호표를 포함한다. 이하 같다)을 영치할 수 있다.

⑤ 시장·군수·구청장은 제4항에 따라 의무보험에 가입되지 아니한 자동차의 등

록번호판을 영치하기 위하여 필요하면 경찰서장에게 협조를 요청할 수 있다. 이 경우 협조를 요청받은 경찰서장은 특별한 사유가 없으면 이에 따라야 한다.

⑥ 시장·군수·구청장은 제4항에 따라 의무보험에 가입되지 아니한 자동차의 등록번호판을 영치하면 「자동차관리법」 이나 「건설기계관리법」 에 따라 그 자동차의 등록업무를 관할하는 시·도지사와 그 자동차보유자에게 그 사실을 통보하여야 한다. <개정 2012.2.22>

⑦ 제1항과 제2항에 따른 통지의 방법과 절차에 관하여 필요한 사항, 제4항에 따른 자동차 등록번호판의 영치 및 영치 해제의 방법·절차 등에 관하여 필요한 사항은 국토해양부령으로 정한다.

제7조【의무보험 가입관리전산망의 구성·운영 등】 ① 국토해양부장관은 의무보험에 가입하지 아니한 자동차보유자를 효율적으로 관리하기 위하여 「자동차관리법」 제69조제1항에 따른 전산정보처리조직과 「보험업법」 제176조에 따른 보험요율산출기관(이하 "보험요율산출기관"이라 한다0이 관리·운영하는 전산정보처리조직을 연계하여 의무보험 가입관리전산망(이하 "가입관리전산망"이라 한다)을 구성하여 운영할 수 있다.

② 국토해양부장관은 지방자치단체의 장, 보험회사 및 보험 관련 단체의 장에게 가입관리전산망을 구성·운영하기 위하여 대통령령으로 정하는 정보의 제공을 요청할 수 있다. 이 경우 관련 정보의 제공을 요청받은 자는 특별한 사유가 없으면 요청에 따라야 한다. <개정 2009.2.6>

③ 삭제 <2009.2.6>

④ 가입관리전산망의 운영에 필요한 사항은 대통령령으로 정한다.

제8조【운행의 금지】 의무보험에 가입되어 있지 아니한 자동차는 도로에서 운행하여서는 아니 된다. 다만, 제5조제4항에 따라 대통령령으로 정하는 자동차는 운행할 수 있다.

제9조【의무보험의 가입증명서 발급 청구】 의무보험에 가입한 자와 그 의무보험 계약의 피보험자(이하 "보험가입자등"이라 한다) 및 이해관계인은 권리의무 또는 사실관계를 증명하기 위하여 필요하면 보험회사등에게 의무보험에 가입한 사실을 증명하는 서류의 발급을 청구할 수 있다.

제10조【보험금등의 청구】 ① 보험가입자등에게 제3조에 따른 손해배상책임

이 발생하면 그 피해자는 대통령령으로 정하는 바에 따라 보험회사등에게 「상법」 제724조제2항에 따라 보험금등을 자기에게 직접 지급할 것을 청구할 수 있다. 이 경우 피해자는 자동차보험진료수가에 해당하는 금액은 진료한 의료기관에 직접 지급하여 줄 것을 청구할 수 있다.

② 보험가입자등은 보험회사등이 보험금등을 지급하기 전에 피해자에게 손해에 대한 배상금을 지급한 경우에는 보험회사등에게 보험금등의 보상한도에서 그가 피해자에게 지급한 금액의 지급을 청구할 수 있다.

제11조【피해자에 대한 가불금】 ① 보험가입자등이 자동차의 운행으로 다른 사람을 사망하게 하거나 부상하게 한 경우에는 피해자는 대통령령으로 정하는 바에 따라 보험회사등에게 자동차보험진료수가에 대하여는 그 전액을, 그 외의 보험금등에 대하여는 대통령령으로 정한 금액을 제10조에 따른 보험금등을 지급하기 위한 가불금으로 지급할 것을 청구할 수 있다.

② 보험회사등은 제1항에 따른 청구를 받으면 국토해양부령으로 정하는 기간에 그 청구받은 가불금을 지급하여야 한다.

③ 보험회사등은 제2항에 따라 지급한 가불금이 지급하여야 할 보험금등을 초과하면 가불금을 지급받은 자에게 그 초과액의 반환을 청구할 수 있다.

④ 보험회사등은 제2항에 따라 가불금을 지급한 후 보험가입자등에게 손해배상책임이 없는 것으로 판명된 경우에는 가불금을 지급받은 자에게 그 지급액의 반환을 청구할 수 있다.

⑤ 보험회사등은 제3항 및 제4항에 따른 반환 청구에도 불구하고 가불금을 반환받지 못하는 경우로서 분담금 재원 등 대통령령으로 정하는 요건을 갖추면 반환받지 못한 가불금의 보상을 정부에 청구할 수 있다. <개정 2009.2.6>

제12조【자동차보험진료수가의 청구 및 지급】 ① 보험회사등은 보험가입자등 또는 제10조제1항 후단에 따른 피해자가 청구하거나 그 밖의 원인으로 교통사고환자가 발생한 것을 안 경우에는 지체 없이 그 교통사고환자를 진료하는 의료기관에 해당 진료에 따른 자동차보험진료수가의 지급 의사 유무와 지급 한도를 알려야 한다. <개정 2009.2.6>

② 제1항에 따라 보험회사등으로부터 자동차보험진료수가의 지급 의사와 지급 한도를 통지받은 의료기관은 그 보험회사등에게 제15조에 따라 국토해양부장관이 고시한 기준에 따라 자동차보험진료수가를 청구할 수 있다.

③ 의료기관이 제2항에 따라 보험회사등에게 자동차보험진료수가를 청구하는 경우에는 「의료법」 제22조에 따른 진료기록부의 진료기록에 따라 청구하여야 한다.

④ 제2항에 따라 의료기관이 자동차보험진료수가를 청구하면 보험회사등은 30일 이내에 그 청구액을 지급하여야 한다. 다만, 제19조제1항에 따라 심사 청구를 하는 경우에는 그러하지 아니하다.

⑤ 의료기관은 제2항에 따라 보험회사등에게 자동차보험진료수가를 청구할 수 있는 경우에는 교통사고환자(환자의 보호자를 포함한다)에게 이에 해당하는 진료비를 청구하여서는 아니 된다. 다만, 다음 각 호의 어느 하나에 해당하는 경우에는 해당 진료비를 청구할 수 있다.

1. 보험회사등이 지급 의사가 없다는 사실을 알리거나 지급 의사를 철회한 경우

2. 보험회사등이 보상하여야 할 대상이 아닌 비용의 경우

3. 제1항에 따라 보험회사등이 알린 지급 한도를 초과한 진료비의 경우

4. 제10조제1항 또는 제11조제1항에 따라 피해자가 보험회사등에게 자동차보험진료수가를 자기에게 직접 지급할 것을 청구한 경우

5. 그 밖에 국토해양부령으로 정하는 사유에 해당하는 경우

제12조의2【업무의 위탁】 ① 보험회사등은 제12조제4항에 따라 의료기관이 청구하는 자동차보험진료수가의 심사·조정 업무 등을 대통령령으로 정하는 전문심사기관(이하 "전문심사기관"이라 한다)에 위탁할 수 있다.

② 전문심사기관은 제1항에 따라 의료기관이 청구한 자동차보험진료수가가 제15조에 따른 자동차보험진료수가에 관한 기준에 적합한지를 심사한다.

③ 보험회사등은 전문심사기관의 심사결과에 따라 자동차보험진료수가를 지급하여야 한다.

④ 제1항에 따라 전문심사기관에 위탁한 경우 청구, 심사, 지급, 이의제기 등의 방법 및 절차 등은 국토해양부령으로 정한다.

[본조신설 2012.2.22]

제13조【입원환자의 관리 등】 ① 제12조제2항에 따라 보험회사등에 자동차보

험진료수가를 청구할 수 있는 의료기관은 교통사고로 입원한 환자(이하 "입원환자"라 한다)의 외출이나 외박에 관한 사항을 기록·관리하여야 한다.

② 입원환자는 외출하거나 외박하려면 의료기관의 허락을 받아야 한다.

③ 제12조제1항에 따라 자동차보험진료수가의 지급 의사 유무 및 지급 한도를 통지한 보험회사등은 입원환자의 외출이나 외박에 관한 기록의 열람을 청구할 수 있다. 이 경우 의료기관은 정당한 사유가 없으면 청구에 따라야 한다.

제13조의2【교통사고환자의 퇴원·전원 지시】 ① 의료기관은 입원 중인 교통사고환자가 수술·처치 등의 진료를 받은 후 상태가 호전되어 더 이상 입원진료가 필요하지 아니한 경우에는 그 환자에게 퇴원하도록 지시할 수 있고, 생활근거지에서 진료할 필요가 있는 경우 등 대통령령으로 정하는 경우에는 대통령령으로 정하는 다른 의료기관으로 전원(轉院)하도록 지시할 수 있다. 이 경우 의료기관은 해당 환자와 제12조제1항에 따라 자동차보험진료수가의 지급 의사를 통지한 해당 보험회사등에게 그 사유와 일자를 지체없이 통보하여야 한다.

② 제1항에 따라 교통사고환자에게 다른 의료기관으로 전원하도록 지시한 의료기관이 다른 의료기관이나 담당의사로부터 진료기록, 임상소견서 및 치료경위서의 열람이나 송부 등 진료에 관한 정보의 제공을 요청받으면 지체 없이 이에 따라야 한다.

[본조신설 2009.2.6]

제14조【진료기록의 열람 등】 ① 보험회사등은 의료기관으로부터 제12조제2항에 따라 자동차보험진료수가를 청구받으면 그 의료기관에 대하여 관계 진료기록의 열람을 청구할 수 있다. <개정 2012.2.22>

② 제12조의2에 따라 심사 등을 위탁받은 전문심사기관은 심사 등에 필요한 자료를 의료기관에 요청할 수 있다. <신설 2012.2.22>

③ 제1항 또는 제2항의 경우 의료기관은 정당한 사유가 없는 한 이에 응하여야 한다. <신설 2012.2.22>

④ 보험회사등은 보험금 지급 청구를 받은 경우 대통령령으로 정하는 바에 따라 경찰청 등 교통사고 조사기관에 대하여 교통사고 관련 조사기록의 열람을 청구할 수 있다. 이 경우 경찰청 등 교통사고 조사기관은 특별한 사정이 없는 한 열람하게 하여야 한다. <신설 2012.2.22>

⑤ 보험회사등 또는 전문심사기관에 종사하거나 종사한 자는 제1항부터 제4항까지에 따른 진료기록 또는 교통사고 관련 조사기록의 열람으로 알게 된 다른 사람의 비밀을 누설하여서는 아니 된다. <개정 2012.2.22>

제14조의2 【책임보험등의 보상한도를 초과하는 경우에의 준용】 자동차보유자가 책임보험등의 보상한도를 초과하는 손해를 보상하는 보험 또는 공제에 가입한 경우 피해자가 책임보험등의 보상한도 및 이를 초과하는 손해를 보상하는 보험 또는 공제의 보상한도의 범위에서 자동차보험진료수가를 청구할 경우에도 제10조부터 제13조까지, 제13조의2 및 제14조를 준용한다.

[본조신설 2009.2.6]

제3장 자동차보험진료수가 기준 및 분쟁 조정

제15조 【자동차보험진료수가 등】 ① 국토해양부장관은 교통사고환자에 대한 적절한 진료를 보장하고 보험회사등, 의료기관 및 교통사고환자 간의 진료비에 관한 분쟁을 방지하기 위하여 자동차보험진료수가에 관한 기준(이하 "자동차보험진료수가기준"이라 한다)을 정하여 고시할 수 있다. <개정 2009.2.6>

② 자동차보험진료수가기준에는 자동차보험진료수가의 인정범위·청구절차 및 지급절차, 그 밖에 국토해양부령으로 정하는 사항이 포함되어야 한다.

③ 국토해양부장관은 자동차보험진료수가기준을 정하거나 변경하는 경우 제17조에 따른 자동차보험진료수가분쟁심의회의 의견을 들을 수 있다. <개정 2012.2.22>

제16조 【정비요금에 대한 조사·연구】 ① 국토해양부장관은 보험회사등과 자동차 정비업자 간의 정비요금에 대한 분쟁을 예방하기 위하여 적절한 정비요금(표준 작업시간과 공임 등을 포함한다0에 대하여 조사·연구하여 그 결과를 공표한다.

② 제1항에 따른 조사·연구의 범위 및 절차 등에 필요한 사항은 대통령령으로 정한다.

제17조 【자동차보험진료수가분쟁심의회】 ① 보험회사등과 의료기관은 서로 협의하여 자동차보험진료수가와 관련된 분쟁의 예방 및 신속한 해결을 위한 다음 각 호의 업무를 수행하기 위하여 자동차보험진료수가분쟁심의회(이하 "심의

회"라 한다)를 구성하여야 한다.

  1. 자동차보험진료수가에 관한 분쟁의 심사·조정

  2. 자동차보험진료수가기준 조정에 대한 건의

  3. 제1호 및 제2호의 업무와 관련된 조사·연구

② 심의회는 위원장을 포함한 18명의 위원으로 구성한다.

③ 위원은 국토해양부장관이 위촉하되, 6명은 보험회사등의 단체가 추천한 자 중에서, 6명은 의료사업자단체가 추천한 자 중에서, 6명은 대통령령으로 정하는 요건을 갖춘 자 중에서 각각 위촉한다. 이 중 대통령령으로 정하는 요건을 갖추어 국토해양부장관이 위촉한 위원은 보험회사등 및 의료기관의 자문위원 등 심의회 업무의 공정성을 해칠 수 있는 직을 겸하여서는 아니 된다. <개정 2012.2.22>

④ 위원장은 위원 중에서 호선한다.

⑤ 위원의 임기는 2년으로 하되, 연임할 수 있다. 다만, 보궐위원의 임기는 전임자의 남은 임기로 한다.

⑥ 심의회의 구성·운영 등에 필요한 세부사항은 대통령령으로 정한다.

제18조 【운영비용】 심의회의 운영을 위하여 필요한 운영비용은 보험회사등과 의료기관이 부담한다.

제19조 【자동차보험진료수가의 심사 청구 등】 ① 보험회사등은 제12조제2항에 따른 지급 청구가 자동차보험진료수가기준을 부당하게 적용한 것으로 판단되면 그 지급 청구일부터 60일 이내에 심의회에 그 심사를 청구할 수 있다.

② 보험회사등은 제1항에 따라 심사를 청구하는 경우에는 해당 의료기관에 대통령령으로 정하는 금액을 미리 지급하고 나머지 금액은 심의회의 심사 결과에 따라 이자를 더하여 지급하여야 한다. 이 경우 미리 지급한 금액이 심사 결과에 따른 자동차보험진료수가를 초과하면 이를 받은 의료기관은 그 초과한 금액에 이자를 더하여 반환하여야 한다.

③ 제12조제2항에 따른 자동차보험진료수가의 지급 청구를 받은 보험회사등이 제1항의 기간에 심사를 청구하지 아니하면 그 기간이 끝나는 날에 의료기관이 지급 청구한 내용에 합의한 것으로 본다.

④ 보험회사등은 제1항에 따른 심사를 청구하지 아니하고서는 제12조제2항에 따른 의료기관의 지급 청구액을 삭감하여서는 아니 된다.

⑤ 제2항에 따른 이자율은 대통령령으로 정한다.

제20조【심사·결정 절차 등】 ① 심의회는 제19조제1항에 따른 심사청구가 있으면 자동차보험진료수가기준에 따라 이를 심사·결정하여야 한다. 다만, 그 심사 청구 사건이 자동차보험진료수가기준에 따라 심사·결정할 수 없는 경우에는 당사자에게 합의를 권고할 수 있다.

② 심의회의 심사·결정 절차 등에 필요한 사항은 심의회가 정하여 국토해양부장관의 승인을 받아야 한다.

제21조【심사와 결정의 효력 등】 ① 심의회는 제19조제1항의 심사청구에 대하여 결정한 때에는 지체 없이 그 결과를 당사자에게 알려야 한다.

② 제1항에 따라 통지를 받은 당사자가 심의회의 결정 내용을 받아들인 경우에는 그 수락 의사를 표시한 날에, 통지를 받은 날부터 30일 이내에 소(訴)를 제기하지 아니한 경우에는 그 30일이 지난 날의 다음 날에 당사자 간에 결정 내용과 같은 내용의 합의가 성립된 것으로 본다.

제22조【심의회의 권한】 심의회는 제20조제1항에 따른 심사·결정을 위하여 필요하다고 인정하면 보험회사등·의료기관·보험사업자단체 또는 의료사업자단체에 필요한 서류를 제출하게 하거나 의견을 진술 또는 보고하게 하거나 관계 전문가에게 진단 또는 검안 등을 하게 할 수 있다.

제23조【위법 사실의 통보 등】 심의회는 심사 청구 사건의 심사나 그 밖의 업무를 처리할 때 당사자 또는 관계인이 법령을 위반한 사실이 확인되면 관계 기관에 이를 통보하여야 한다.

제23조의2【심의회 운영에 대한 점검】 ① 국토해양부장관은 필요한 경우 심의회의 운영 및 심사기준의 운용과 관련한 자료를 제출받아 이를 점검할 수 있다.

② 심의회는 제1항에 따라 자료의 제출 또는 보고를 요구받은 때에는 특별한 사유가 없는 한 이에 응하여야 한다.

  [본조신설 2012.2.22]

제4장 책임보험등 사업

제24조【계약의 체결 의무】 ① 보험회사등은 자동차보유자가 제5조제1항부터 제3항까지의 규정에 따른 보험 또는 공제에 가입하려는 때에는 대통령령으로 정하는 사유가 있는 경우 외에는 계약의 체결을 거부할 수 없다.

② 자동차보유자가 교통사고를 발생시킬 개연성이 높은 경우 등 국토해양부령으로 정하는 사유에 해당하면 제1항에도 불구하고 다수의 보험회사가 공동으로 제5조제1항부터 제3항까지의 규정에 따른 보험 또는 공제의 계약을 체결할 수 있다. 이 경우 보험회사는 자동차보유자에게 공동계약체결의 절차 및 보험료에 대한 안내를 하여야 한다.

제25조【보험 계약의 해제 등】 보험가입자와 보험회사등은 다음 각 호의 어느 하나에 해당하는 경우 외에는 의무보험의 계약을 해제하거나 해지하여서는 아니 된다.

1. 「자동차관리법」 제13조 또는 「건설기계관리법」 제6조에 따라 자동차의 말소등록(抹消登錄)을 한 경우

2. 해당 자동차가 제5조제4항의 자동차로 된 경우

3. 해당 자동차가 다른 의무보험에 이중으로 가입되어 하나의 가입 계약을 해제하거나 해지하려는 경우

4. 해당 자동차를 양도한 경우

5. 천재지변·교통사고·화재·도난, 그 밖의 사유로 자동차를 더 이상 운행할 수 없게 된 사실을 증명한 경우

6. 그 밖에 국토해양부령으로 정하는 경우

제26조【의무보험 계약의 승계】 ① 의무보험에 가입된 자동차가 양도된 경우에 그 자동차의 양도일(양수인이 매매대금을 지급하고 현실적으로 자동차의 점유를 이전받은 날을 말한다)부터 「자동차관리법」 제12조에 따른 자동차소유권 이전등록 신청기간이 끝나는 날(자동차소유권 이전등록 신청기간이 끝나기 전에 양수인이 새로운 책임보험등의 계약을 체결한 경우에는 그 계약 체결일0 까지의 기간은 「상법」 제726조의4에도 불구하고 자동차의 양수인이 의무보험의 계약에 관한 양도인의 권리의무를 승계한다.

② 제1항의 경우 양도인은 양수인에게 그 승계기간에 해당하는 의무보험의 보험료(공제계약의 경우에는 공제분담금을 말한다. 이하 같다)의 반환을 청구할 수 있다.

③ 제2항에 따라 양수인이 의무보험의 승계기간에 해당하는 보험료를 양도인에게 반환한 경우에는 그 금액의 범위에서 양수인은 보험회사등에게 보험료의 지급의무를 지지 아니한다.

제27조【의무보험 사업의 구분경리】 보험회사등은 의무보험에 따른 사업에 대하여는 다른 보험사업·공제사업이나 그 밖의 다른 사업과 구분하여 경리하여야 한다.

제28조【사전협의】 금융위원회는 「보험업법」 제127조제2항에 따라 금융위원회가 정하는 기준(같은 법 제4조제1항제2호다목에 따른 자동차보험의 보험약관에 대한 기준으로서 책임보험에만 적용되는 것에 한정한다)을 변경하려는 경우에는 국토해양부장관과 미리 협의하여야 한다.

[전문개정 2009.2.6]

제29조【보험금등의 지급 등】 ① 「도로교통법」 제44조제1항에 따른 술에 취한 상태에서 운전금지 위반 등 대통령령으로 정하는 사유로 다른 사람이 사망 또는 부상하거나 다른 사람의 재물이 멸실되거나 훼손되어 보험회사등이 피해자에게 보험금등을 지급한 경우에는 보험회사등은 법률상 손해배상책임이 있는 자에게 국토해양부령으로 정하는 금액을 구상할 수 있다.

② 제5조제1항에 따른 책임보험등의 보험금등을 변경하는 것을 내용으로 하는 대통령령을 개정할 때 그 변경 내용이 보험가입자등에게 유리하게 되는 경우에는 그 변경 전에 체결된 계약 내용에도 불구하고 보험회사등에게 변경된 보험금등을 지급하도록 하는 다음 각 호의 사항을 규정할 수 있다.

  1. 종전의 계약을 새로운 계약으로 갱신하지 아니하더라도 이미 계약된 종전의 보험금등을 변경된 보험금등으로 볼 수 있도록 하는 사항

  2. 그 밖에 보험금등의 변경에 필요한 사항이나 변경된 보험금등의 지급에 필요한 사항

제5장 자동차손해배상 보장사업

제30조【자동차손해배상 보장사업】 ① 정부는 다음 각 호의 어느 하나에 해당하는 경우에는 피해자의 청구에 따라 책임보험의 보험금 한도에서 그가 입은 피해를 보상한다. 다만, 정부는 피해자가 청구하지 아니한 경우에도 직권으로 조사하여 책임보험의 보험금 한도에서 그가 입은 피해를 보상할 수 있다. <개정 2012.2.22>

1. 자동차보유자를 알 수 없는 자동차의 운행으로 사망하거나 부상한 경우

2. 보험가입자등이 아닌 자가 제3조에 따라 손해배상의 책임을 지게 되는 경우. 다만, 제5조제4항에 따른 자동차의 운행으로 인한 경우는 제외한다.

②정부는 자동차의 운행으로 인한 사망자나 대통령령으로 정하는 중증 후유장애인의 유자녀 및 피부양가족이 경제적으로 어려워 생계가 곤란하거나 학업을 중단하여야 하는 문제 등을 해결하고 중증 후유장애인이 재활할 수 있도록 지원할 수 있다.

③ 국토해양부장관은 제1항에 따른 업무를 수행하기 위하여 다음 각 호의 기관에 대통령령에 따른 정보의 제공을 요청하고 수집·이용할 수 있으며, 요청받은 기관은 특별한 사유가 없으면 관련 정보를 제공하여야 한다. <신설 2012.2.22>

1. 경찰청장

2. 특별시장·광역시장·도지사·특별자치도지사·시장·군수·구청장

④ 정부는 제11조제5항에 따른 보험회사등의 청구에 따라 보상을 실시한다. <개정 2012.2.22>

⑤ 제1항·제2항 및 제4항에 따른 정부의 보상 또는 지원의 대상·기준·금액·방법 및 절차 등에 필요한 사항은 대통령령으로 정한다. <개정 2012.2.22>

⑥ 제1항·제2항 및 제4항에 따른 정부의 보상사업(이하 "자동차손해배상 보장사업"이라 한다)에 관한 업무는 국토해양부장관이 행한다. <개정 2012.2.22>

제31조【후유장애인의 재활 지원】 ① 국토해양부장관은 자동차사고 후유장애인의 재활을 지원하기 위한 의료재활시설 및 직업재활시설(이하 "재활시설"이라 한다)을 설치하여 그 재활에 필요한 다음 각 호의 사업(이하 "재활사업"이

라 한다)을 수행할 수 있다.

  1. 의료재활사업 및 그에 딸린 사업으로서 대통령령으로 정하는 사업

  2. 직업재활사업(직업재활상담을 포함한다) 및 그에 딸린 사업으로서 대통령령으로 정하는 사업

② 재활시설의 설치와 제32조제1항에 따른 재활시설 및 재활사업의 관리·운영 등에 필요한 재원은 제37조에 따른 자동차손해배상 보장사업 분담금 중에서 대통령령으로 정하는 금액으로 한다.

③ 재활시설의 용도로 건설되거나 조성되는 건축물, 토지, 그 밖의 시설물 등은 국가에 귀속된다.

④ 국토해양부장관이 재활시설을 설치하는 경우에는 그 규모와 설계 등에 관한 중요 사항에 대하여 자동차사고 후유장애인단체의 의견을 들어야 한다.

제32조【재활시설운영자의 지정】   ① 국토해양부장관은 다음 각 호의 구분에 따라 그 요건을 갖춘 자 중 국토해양부장관의 지정을 받은 자에게 재활시설이나 재활사업의 관리·운영을 위탁할 수 있다. <개정 2009.5.27>

  1. 의료재활시설 및 제31조제1항제1호에 따른 재활사업: 「의료법」 제33조에 따라 의료기관의 개설허가를 받고 재활 관련 진료과목을 개설한 자로서 같은 법 제3조제3항에 따른 종합병원을 운영하고 있는 자

  2. 직업재활시설 및 제31조제1항제2호에 따른 재활사업: 자동차사고 후유장애인단체 중에서 「민법」 제32조 및 「공익법인의 설립·운영에 관한 법률」에 따라 국토해양부장관의 허가를 받은 법인으로서 대통령령으로 정하는 요건을 갖춘 법인

② 제1항에 따라 지정을 받으려는 자는 대통령령으로 정하는 바에 따라 국토해양부장관에게 신청하여야 한다. <개정 2009.5.27>

③ 제1항에 따라 지정을 받은 자로서 재활시설이나 재활사업의 관리·운영을 위탁받은 자(이하 "재활시설운영자"라 한다)는 재활시설이나 재활사업의 관리·운영에 관한 업무를 수행할 때에는 별도의 회계를 설치하고 다른 사업과 구분하여 경리하여야 한다. <개정 2009.5.27>

④ 재활시설운영자의 지정 절차 및 그에 대한 감독 등에 관해 필요한 사항은 대통령령으로 정한다.

제33조【재활시설운영자의 지정 취소】 ① 국토해양부장관은 재활시설운영자가 다음 각 호의 어느 하나에 해당하면 그 지정을 취소할 수 있다. 다만, 제1호 또는 제2호에 해당하면 그 지정을 취소하여야 한다.

1. 거짓이나 그 밖의 부정한 방법으로 지정을 받은 경우

2. 제32조제1항 각 호의 요건에 맞지 아니하게 된 경우

3. 제32조제3항을 위반하여 다른 사업과 구분하여 경리하지 아니한 경우

4. 정당한 사유 없이 제43조제4항에 따른 시정명령을 3회 이상 이행하지 아니한 경우

5. 법인의 해산 등 사정의 변경으로 재활시설이나 재활사업의 관리·운영에 관한 업무를 계속 수행하는 것이 불가능하게 된 경우

② 국토해양부장관은 제1항에 따라 재활시설운영자의 지정을 취소한 경우로서 다음 각 호에 모두 해당하는 경우에는 새로운 재활시설운영자가 지정될 때까지 그 기간 및 관리·운영조건을 정하여 지정이 취소된 자에게 재활시설이나 재활사업의 관리·운영업무를 계속하게 할 수 있다. 이 경우 지정이 취소된 자는 그 계속하는 업무의 범위에서 재활시설운영자로 본다.

1. 지정취소일부터 새로운 재활시설운영자를 정할 수 없는 경우

2. 계속하여 재활시설이나 재활사업의 관리·운영이 필요한 경우

③ 제1항에 따라 지정이 취소된 자는 그 지정이 취소된 날(제2항에 따라 업무를 계속한 경우에는 그 계속된 업무가 끝난 날을 말한다)부터 2년 이내에는 재활시설운영자로 다시 지정받을 수 없다.

제34조【재활시설운영심의위원회】 ① 재활시설의 설치 및 재활사업의 운영 등에 관한 다음 각 호의 사항을 심의하기 위하여 국토해양부장관 소속으로 재활시설운영심의위원회(이하 "심의위원회"라 한다)를 둔다.

1. 재활시설의 설치와 관리에 관한 사항

2. 재활사업의 운영에 관한 사항

3. 재활시설운영자의 지정과 지정 취소에 관한 사항

4. 재활시설운영자의 사업계획과 예산에 관한 사항

5. 그 밖에 재활시설과 재활사업의 관리·운영에 관한 사항으로서 대통령령으로 정하는 사항

② 심의위원회의 구성·운영 등에 대하여 필요한 사항은 대통령령으로 정한다.

제35조 【준용】 ① 제30조제1항에 따른 피해자의 보상금 청구에 관하여는 제10조부터 제13조까지, 제13조의2 및 제14조를 준용한다. 이 경우 "보험회사등"은 "자동차손해배상 보장사업을 하는 자"로, "보험금등"은 "보상금"으로 본다. <개정 2009.2.6>

② 제30조제1항에 따른 보상금 중 피해자의 진료수가에 대한 심사청구 등에 관하여는 제19조 및 제20조를 준용한다. 이 경우 "보험회사등"은 "자동차손해배상 보장사업을 하는 자"로 본다.

제36조 【다른 법률에 따른 배상 등과의 조정】 ① 정부는 피해자가 「국가배상법」, 「산업재해보상보험법」, 그 밖에 대통령령으로 정하는 법률에 따라 제30조제1항의 손해에 대하여 배상 또는 보상을 받으면 그가 배상 또는 보상받는 금액의 범위에서 제30조제1항에 따른 보상 책임을 지지 아니한다.

② 정부는 피해자가 제3조의 손해배상책임이 있는 자로부터 제30조제1항의 손해에 대하여 배상을 받으면 그가 배상받는 금액의 범위에서 제30조제1항에 따른 보상 책임을 지지 아니한다.

③ 정부는 제30조제2항에 따라 지원받을 자가 다른 법률에 따라 같은 사유로 지원을 받으면 그 지원을 받는 범위에서 제30조제2항에 따른 지원을 하지 아니할 수 있다.

제37조 【자동차손해배상 보장사업 분담금】 ① 제5조제1항에 따라 책임보험등에 가입하여야 하는 자와 제5조제4항에 따른 자동차 중 대통령령으로 정하는 자동차보유자는 자동차손해배상 보장사업을 위한 분담금을 정부에 내야 한다.

② 제1항에 따라 분담금을 내야 할 자 중 제5조제1항에 따라 책임보험등에 가입하여야 하는 자의 분담금은 책임보험등의 계약을 체결하는 보험회사등이 해당 납부 의무자와 계약을 체결할 때에 징수하여 정부에 내야 한다.

③ 제1항에 따른 분담금은 정부의 세입세출예산 외로 운용하며, 그 금액과 납부 방법 및 관리 등에 필요한 사항은 대통령령으로 정한다.

제38조 【분담금의 체납처분】 ① 국토해양부장관은 제37조에 따른 분담금을

납부기간에 내지 아니한 자에 대하여는 10일 이상의 기간을 정하여 분담금을 낼 것을 독촉하여야 한다.

② 국토해양부장관은 제1항에 따라 분담금 납부를 독촉받은 자가 그 기한까지 분담금을 내지 아니하면 국세 체납처분의 예에 따라 징수한다.

제39조 【청구권 등의 대위】 ① 정부는 제30조제1항에 따라 피해를 보상한 경우에는 그 보상금액의 한도에서 제3조에 따른 손해배상책임이 있는 자에 대한 피해자의 손해배상 청구권을 대위행사할 수 있다.

② 정부는 제30조제4항에 따라 보험회사등에게 보상을 한 경우에는 제11조제3항 및 제4항에 따른 가불금을 지급받은 자에 대한 보험회사등의 반환청구권을 대위행사할 수 있다. <개정 2012.2.22>

③ 정부는 다음 각 호의 어느 하나에 해당하는 때에는 제39조의2에 따른 자동차손해배상보장사업 채권정리위원회의 의결에 따라 제1항 및 제2항에 따른 청구권의 대위행사를 중지할 수 있으며, 구상금 또는 미반환가불금 등의 채권을 결손처분할 수 있다. <신설 2009.2.6>

1. 해당 권리에 대한 소멸시효가 완성된 때

2. 그 밖에 채권을 회수할 가능성이 없다고 인정되는 경우로서 대통령령으로 정하는 경우

제39조의2 【자동차손해배상보장사업 채권정리위원회】 ① 제39조제1항 및 제2항에 따른 채권의 결손처분과 관련된 사항을 의결하기 위하여 국토해양부장관 소속으로 자동차손해배상보장사업 채권정리위원회(이하 "채권정리위원회"라 한다)를 둔다.

② 채권정리위원회의 구성·운영 등에 필요한 사항은 대통령령으로 정한다.

[본조신설 2009.2.6]

제6장 보 칙

제40조 【압류 등의 금지】 제10조제1항, 제11조제1항 또는 제30조제1항에 따른 청구권은 압류하거나 양도할 수 없다.

제41조 【시효】 제10조, 제11조제1항, 제29조제1항 또는 제30조제1항에 따른

청구권은 3년간 행사하지 아니하면 시효로 소멸한다. <개정 2009.2.6>

제42조【의무보험 미가입자에 대한 등록 등 처분의 금지】 ① 제5조제1항부터 제3항까지의 규정에 따라 의무보험 가입이 의무화된 자동차가 다음 각 호의 어느 하나에 해당하는 경우에는 관할 관청(해당 업무를 위탁받은 자를 포함한다. 이하 같다0은 그 자동차가 의무보험에 가입하였는지를 확인하여 의무보험에 가입된 경우에만 등록·허가·검사·해제를 하거나 신고를 받아야 한다.

　1. 「자동차관리법」 제8조, 제12조, 제27조, 제43조제1항제2호, 제43조의2제1항, 제48조제1항부터 제3항까지 또는 「건설기계관리법」 제3조 및 제13조제1항제2호에 따라 등록·허가·검사의 신청 또는 신고가 있는 경우

　2. 「자동차관리법」 제37조제3항 또는 「지방세법」 제131조에 따라 영치(領置)된 자동차등록번호판을 해제하는 경우

② 제1항제1호를 적용하는 경우 「자동차관리법」 제8조에 따라 자동차를 신규로 등록할 때에는 해당 자동차가 같은 법 제27조에 따른 임시운행허가 기간이 만료된 이후에 발생한 손해배상책임을 보장하는 의무보험에 가입된 경우에만 의무보험에 가입된 것으로 본다.

③ 제1항 및 제2항에 따른 의무보험 가입의 확인 방법 및 절차 등에 관하여 필요한 사항은 국토해양부령으로 정한다.

　[전문개정 2012.2.22]

제43조【검사·질문 등】 ① 국토해양부장관은 필요하다고 인정하면 소속 공무원에게 재활시설, 자동차보험진료수가를 청구하는 의료기관 또는 제45조제1항부터 제4항까지의 규정에 따라 권한을 위탁받은 자의 사무소 등에 출입하여 다음 각 호의 행위를 하게 할 수 있다. 다만, 자동차보험진료수가를 청구한 의료기관에 대하여는 제1호 및 제3호의 행위에 한한다. <개정 2009.5.27>

　1. 이 법에 규정된 업무의 처리 상황에 관한 장부 등 서류의 검사

　2. 그 업무·회계 및 재산에 관한 사항을 보고받는 행위

　3. 관계인에 대한 질문

② 국토해양부장관은 이 법에 규정된 보험사업에 관한 업무의 처리 상황을 파악하거나 자동차손해배상 보장사업을 효율적으로 운영하기 위하여 필요하면 관계 중앙행정기관, 지방자치단체, 금융감독원 등에 필요한 자료의 제출을 요청

할 수 있다. 이 경우 자료 제출을 요청받은 중앙행정기관, 지방자치단체, 금융 감독원 등은 정당한 사유가 없으면 요청에 따라야 한다.

③ 제1항에 따라 검사 또는 질문을 하는 공무원은 그 권한을 표시하는 증표를 지니고 이를 관계인에게 내보여야 한다.

④ 국토해양부장관은 제1항에 따라 검사를 하거나 보고를 받은 결과 법령을 위반한 사실이나 부당한 사실이 있으면 재활시설운영자나 권한을 위탁받은 자 에게 시정하도록 명할 수 있다.

제43조의2【포상금】 ① 국토해양부장관은 자동차보유자를 알 수 없는 자동차 의 운행으로 다른 사람을 사망하게 하거나 부상하게 한 자동차 또는 운전자를 목격하고 대통령령으로 정하는 관계 행정기관이나 수사기관에 신고 또는 고발 한 사람에 대하여 그 신고되거나 고발된 운전자가 검거될 경우 1백만원의 범 위에서 포상금을 지급할 수 있다.

② 제1항의 포상금은 같은 항에 따라 신고되거나 고발된 운전자가 검거됨으로 써 제30조제1항제1호에 따라 지급하여야 할 보상금이 절약된 금액의 범위에서 제37조제1항에 따른 분담금으로 지급할 수 있다.

③ 제1항에 따른 포상금 지급의 대상·기준·금액·방법 및 절차 등은 대통령령으 로 정한다.

[본조신설 2012.2.22]

제44조【권한의 위임】 국토해양부장관은 이 법에 따른 권한의 일부를 대통령 령으로 정하는 바에 따라 특별시장·광역시장·도지사·특별자치도지사·시장·군수 또는 구청장에게 위임할 수 있다.

제45조【권한의 위탁 등】 ① 국토해양부장관은 대통령령으로 정하는 바에 따 라 다음 각 호의 업무를 보험회사등 또는 보험 관련 단체에 위탁할 수 있다. 이 경우 금융위원회와 협의하여야 한다. <개정 2012.2.22>

1. 제30조제1항에 따른 보상에 관한 업무

2. 제35조에 따라 자동차손해배상 보장사업을 하는 자를 보험회사등으로 보 게 됨으로써 자동차손해배상 보장사업을 하는 자가 가지는 권리와 의무의 이행 을 위한 업무

3. 제37조에 따른 분담금의 수납·관리·운용에 관한 업무

4. 제39조제1항에 따른 손해배상 청구권의 대위행사에 관한 업무

5. 채권정리위원회의 안건심의에 필요한 전문적인 자료의 조사·검증 등의 업무

6. 제43조의2제1항에 따른 포상금의 지급에 관한 업무

② 국토해양부장관은 대통령령으로 정하는 바에 따라 제30조제2항에 따른 지원에 관한 업무 및 재활시설의 설치에 관한 업무를 「교통안전공단법」에 따라 설립된 교통안전공단에 위탁할 수 있다.

③ 국토해양부장관은 제7조에 따른 가입관리전산망의 구성·운영에 관한 업무를 보험요율산출기관에 위탁할 수 있다.

④ 국토해양부장관은 제30조제4항에 따른 보상 업무와 제39조제2항에 따른 반환 청구에 관한 업무를 보험 관련 단체 또는 특별법에 따라 설립된 특수법인에 위탁할 수 있다. <개정 2012.2.22>

⑤ 정부는 제1항 또는 제2항에 따라 권한을 위탁받은 자에게 그가 지급할 보상금 또는 지원금에 충당하기 위하여 예산의 범위에서 보조금을 지급할 수 있다.

⑥ 제1항부터 제4항까지의 규정에 따라 권한을 위탁받은 자는 「형법」 제129조부터 제132조까지의 규정을 적용할 때에는 공무원으로 본다. <신설 2009.2.6>

⑦ 정부는 제1항부터 제4항까지의 규정에 따라 업무를 위탁받은 자에게 제37조에 따른 분담금을 그 위탁업무를 수행하기 위하여 필요한 경비로 지원할 수 있다. <신설 2009.2.6>

⑧ 제7항에 따른 분담금의 지원 범위 및 대상 등에 관하여 필요한 사항은 대통령령으로 정한다. <신설 2009.2.6>

제45조의2 【정보의 제공 및 관리】 ① 제45조제3항에 따라 업무를 위탁받은 보험요율산출기관은 같은 조 제1항에 따라 업무를 위탁받은 자의 요청이 있는 경우 제공할 정보의 내용 등 대통령령으로 정하는 범위에서 가입관리전산망에서 관리되는 정보를 제공할 수 있다.

② 제1항에 따라 정보를 제공하는 경우 제45조제3항에 따라 업무를 위탁받은 보험요율산출기관은 정보제공 대상자, 제공한 정보의 내용, 정보를 요청한 자,

제공 목적을 기록한 자료를 3년간 보관하여야 한다.

　[본조신설 2009.2.6]

제45조의3【정보 이용자의 의무】　제45조제3항에 따라 업무를 위탁받은 보험요율산출기관과 제45조의2제1항에 따라 정보를 제공받은 자는 그 직무상 알게 된 정보를 누설하거나 다른 사람의 이용에 제공하는 등 부당한 목적을 위하여 사용하여서는 아니 된다.

　[본조신설 2009.2.6]

제 7 장　벌 칙

제46조【벌칙】　① 다음 각 호의 어느 하나에 해당하는 자는 3년 이하의 징역 또는 1천만원 이하의 벌금에 처한다. 다만, 제1호에 해당하는 자에 대하여는 비밀누설로 피해를 받은 자의 고소가 있어야 공소를 제기할 수 있다. <개정 2009.2.6, 2012.2.22>

　1. 제14조제5항을 위반하여 진료기록 또는 교통사고 관련 조사기록의 열람으로 알게 된 다른 사람의 비밀을 누설한 자

　2. 제27조를 위반하여 의무보험 사업을 구분 경리하지 아니한 보험회사등

　3. 제32조제3항을 위반하여 다른 사업과 구분하여 경리하지 아니한 재활시설운영자

　4. 제45조의3을 위반하여 정보를 누설하거나 다른 사람의 이용에 제공한 자

② 다음 각 호의 어느 하나에 해당하는 자는 1년 이하의 징역 또는 500만원 이하의 벌금에 처한다. <개정 2012.2.22>

　1. 제5조의2제2항을 위반하여 가입 의무 면제기간 중에 자동차를 운행한 자동차보유자

　2. 제8조 본문을 위반하여 의무보험에 가입되어 있지 아니한 자동차를 운행한 자동차보유자

③ 제12조제3항을 위반하여 진료기록부의 진료기록과 다르게 자동차보험진료수가를 청구하거나 이를 청구할 목적으로 거짓의 진료기록을 작성한 의료기관에 대하여는 5천만원 이하의 벌금에 처한다.

제47조 【양벌규정】 법인의 대표자나 법인 또는 개인의 대리인, 사용인, 그 밖의 종업원이 그 법인 또는 개인의 업무에 관하여 제46조의 위반행위를 하면 그 행위자를 벌하는 외에 그 법인 또는 개인에게도 해당 조문의 벌금형을 과한다. 다만, 법인 또는 개인이 그 위반행위를 방지하기 위하여 해당 업무에 관하여 상당한 주의와 감독을 게을리하지 아니한 경우에는 그러하지 아니하다.

[전문개정 2009.2.6]

제48조 【과태료】   ① 제19조제4항을 위반하여 같은 조 제1항에 따른 심사를 청구하지 아니하고 제12조제2항에 따른 의료기관의 지급 청구액을 삭감한 보험회사등에는 5천만원 이하의 과태료를 부과한다.

② 다음 각 호의 어느 하나에 해당하는 자에게는 2천만원 이하의 과태료를 부과한다.

  1. 제11조제2항을 위반하여 피해자가 청구한 가불금의 지급을 거부한 보험회사등

  2. 제12조제5항을 위반하여 자동차보험진료수가를 교통사고환자(환자의 보호자를 포함한다)에게 청구한 의료기관의 개설자

  3. 제24조제1항을 위반하여 제5조제1항부터 제3항까지의 규정에 따른 보험 또는 공제에 가입하려는 자와의 계약 체결을 거부한 보험회사등

  4. 제25조를 위반하여 의무보험의 계약을 해제하거나 해지한 보험회사등

③ 다음 각 호의 어느 하나에 해당하는 자에게는 300만원 이하의 과태료를 부과한다. <개정 2009.5.27>

  1. 제5조제1항부터 제3항까지의 규정에 따른 의무보험에 가입하지 아니한 자

  2. 제6조제1항 또는 제2항을 위반하여 통지를 하지 아니한 보험회사등

  3. 제13조제1항을 위반하여 입원환자의 외출이나 외박에 관한 사항을 기록·관리하지 아니하거나 거짓으로 기록·관리한 의료기관의 개설자

  3의2. 제13조제3항을 위반하여 기록의 열람 청구에 따르지 아니한 자

  3의3. 제43조제1항에 따른 검사·보고요구·질문에 정당한 사유 없이 따르지 아니하거나 이를 방해 또는 기피한 자

4. 제43조제4항에 따른 시정명령을 이행하지 아니한 자

④ 제1항부터 제3항까지의 규정에 따른 과태료는 대통령령으로 정하는 바에 따라 시장·군수·구청장이 부과·징수한다. <신설 2009.2.6>

제49조 삭제 <2009.2.6>

제8장 범칙행위에 관한 처리의 특례

제50조【통칙】 ① 이 장에서 "범칙행위"란 제46조제2항의 죄에 해당하는 위반행위【의무보험에 가입되어 있지 아니한 자동차를 운행하다가 교통사고를 일으킨 경우는 제외한다】를 뜻하며, 그 구체적인 범위는 대통령령으로 정한다. <개정 2012.2.22>

② 이 장에서 "범칙자"란 범칙행위를 한 자로서 다음 각 호의 어느 하나에 해당하지 아니하는 자를 뜻한다.

  1. 범칙행위를 상습적으로 하는 자

  2. 죄를 범한 동기·수단 및 결과 등을 헤아려 통고처분을 하는 것이 상당하지 아니하다고 인정되는 자

③ 이 장에서 "범칙금"이란 범칙자가 제51조에 따른 통고처분에 의하여 국고 또는 특별자치도·시·군 또는 구(자치구를 말한다)의 금고에 내야 할 금전을 뜻한다. <개정 2012.2.22>

④ 국토해양부장관은 사법경찰관이 범칙행위에 대한 수사를 원활히 수행할 수 있도록 대통령령으로 정하는 범위에서 가입관리전산망에서 관리하는 정보를 경찰청장에게 제공할 수 있다. <개정 2012.2.22>

제51조【통고처분】 ① 시장·군수·구청장 또는 경찰서장은 범칙자로 인정되는 자에게는 그 이유를 분명하게 밝힌 범칙금 납부통고서로 범칙금을 낼 것을 통고할 수 있다. 다만, 다음 각 호의 어느 하나에 해당하는 자에게는 그러하지 아니하다. <개정 2012.2.22>

  1. 성명이나 주소가 확실하지 아니한 자

  2. 범칙금 납부통고서를 받기를 거부한 자

② 제1항에 따라 통고할 범칙금의 액수는 차종과 위반 정도에 따라 제46조제2항에 따른 벌금액의 범위에서 대통령령으로 정한다.

제52조【범칙금의 납부】 ① 제51조에 따라 범칙금 납부통고서를 받은 자는 범칙금 납부통고서를 받은 날부터 10일 이내에 시장·군수·구청장 또는 경찰서장이 지정하는 수납기관에 범칙금을 내야 한다. 다만, 천재지변이나 그 밖의 부득이한 사유로 그 기간에 범칙금을 낼 수 없을 때에는 그 사유가 없어진 날부터 5일 이내에 내야 한다. <개정 2012.2.22>

② 제1항에 따른 범칙금 납부통고서에 불복하는 자는 그 납부기간에 시장·군수·구청장 또는 경찰서장에게 이의를 제기할 수 있다. <개정 2012.2.22>

제53조【통고처분의 효과】 ① 제51조제1항에 따라 범칙금을 낸 자는 그 범칙행위에 대하여 다시 벌 받지 아니한다.

② 특별사법경찰관리(「사법경찰관리의 직무를 수행할 자와 그 직무범위에 관한 법률」 제5조제35호에 따라 지명받은 공무원을 말한다) 또는 사법경찰관은 다음 각 호의 어느 하나에 해당하는 경우에는 지체 없이 관할 지방검찰청 또는 지방검찰청 지청에 사건을 송치하여야 한다. <개정 2012.2.22>

1. 제50조제2항 각 호의 어느 하나에 해당하는 경우

2. 제51조제1항 각 호의 어느 하나에 해당하는 경우

3. 제52조제1항에 따른 납부기간에 범칙금을 내지 아니한 경우

4. 제52조제2항에 따라 이의를 제기한 경우

부 칙 <제11369호, 2012.2.22>

제1조【시행일】 이 법은 공포 후 6개월이 경과한 날부터 시행한다. 다만, 제17조제3항의 개정규정은 공포 후 3개월이 경과한 날부터 시행한다.

제2조【자동차등록번호판 영치 해제에 관한 적용례】 제42조제1항제2호의 개정규정은 이 법 시행 후 최초로 「자동차관리법」 또는 「지방세법」에 따라 자동차등록번호판을 영치하는 경우부터 적용한다.

[자동차손해배상 보장법 시행령]

[시행 2012.8.23] [대통령령 제24065호, 2012.8.22, 일부개정]

제1조【목적】 이 영은 「자동차손해배상 보장법」에서 위임된 사항과 그 시행에 필요한 사항을 규정함을 목적으로 한다.

제2조【건설기계의 범위】 「자동차손해배상 보장법」(이하 "법"이라 한다) 제2조제1호에서 "「건설기계관리법」의 적용을 받는 건설기계 중 대통령령으로 정하는 것"이란 다음 각 호의 것을 말한다.

1. 덤프트럭

2. 타이어식 기중기

3. 콘크리트믹서트럭

4. 트럭적재식 콘크리트펌프

5. 트럭적재식 아스팔트살포기

6. 타이어식 굴삭기

제3조【책임보험금 등】 ① 법 제5조제1항에 따라 자동차보유자가 가입하여야 하는 책임보험 또는 책임공제(이하 "책임보험등"이라 한다)의 보험금 또는 공제금(이하 "책임보험금"이라 한다)은 피해자 1명당 다음 각 호의 금액과 같다.

1. 사망한 경우에는 1억원의 범위에서 피해자에게 발생한 손해액. 다만, 그 손해액이 2천만원 미만인 경우에는 2천만원으로 한다.

2. 부상한 경우에는 별표 1에서 정하는 금액의 범위에서 피해자에게 발생한 손해액. 다만, 그 손해액이 법 제15조제1항에 따른 자동차보험 진료수가에 관한 기준에 따라 산출한 진료비 해당액에 미달하는 경우에는 별표 1에서 정하는 금액의 범위에서 그 진료비 해당액으로 한다.

3. 부상에 대한 치료를 마친 후 더 이상의 치료효과를 기대할 수 없고 그 증상이 고정된 상태에서 그 부상이 원인이 되어 신체의 장애(이하 "후유장애"라 한다)가 생긴 경우에는 별표 2에서 정하는 금액의 범위에서 피해자에게 발생한 손해액

② 동일한 사고로 제1항 각 호의 금액을 지급할 둘 이상의 사유가 생긴 경우에는 다음 각 호의 방법에 따라 책임보험금을 지급한다. <개정 2012.8.22>

　1. 부상한 자가 치료 중 그 부상이 원인이 되어 사망한 경우에는 제1항제1호와 같은 항 제2호에 따른 한도금액의 합산액 범위에서 피해자에게 발생한 손해액

　2. 부상한 자에게 후유장애가 생긴 경우에는 제1항제2호와 같은 항 제3호에 따른 금액의 합산액

　3. 제1항제3호에 따른 금액을 지급한 후 그 부상이 원인이 되어 사망한 경우에는 제1항제1호에 따른 금액에서 같은 항 제3호에 따른 금액 중 사망한 날 이후에 해당하는 손해액을 뺀 금액

③ 법 제5조제2항에서 "대통령령으로 정하는 금액"이란 사고 1건당 1천만원의 범위에서 사고로 인하여 피해자에게 발생한 손해액을 말한다.

제4조 【사업용자동차 등이 가입하여야 하는 보험 등의 금액】 법 제5조제3항 각 호 외의 부분 본문에서 "대통령령으로 정하는 금액"이란 피해자 1명당 1억원 이상의 금액 또는 피해자에게 발생한 모든 손해액을 말한다.

제5조 【보험 등에의 가입의무가 없는 자동차】 법 제5조제4항에서 "대통령령으로 정하는 자동차"란 다음 각 호의 어느 하나에 해당하는 자동차를 말한다.

　1. 대한민국에 주둔하는 국제연합군대가 보유하는 자동차

　2. 대한민국에 주둔하는 미합중국군대가 보유하는 자동차

　3. 제1호와 제2호에 해당하지 아니하는 외국인으로서 국토해양부장관이 지정하는 자가 보유하는 자동차

　4. 견인되어 육지를 이동할 수 있도록 제작된 피견인자동차

제5조의2 【보험 등의 가입 의무 면제사유】 법 제5조의2제1항 전단에서 "대통령령으로 정하는 경우"란 다음 각 호의 어느 하나에 해당하는 경우를 말한다.

　1. 해외근무 또는 해외유학 등의 사유로 국외에 체류하게 되는 경우

　2. 질병이나 부상 등의 사유로 자동차 운전이 불가능하다고 의사가 인정하는 경우

　3. 현역(상근예비역은 제외한다)으로 입영하거나 교도소 또는 구치소에 수감

되는 경우

[본조신설 2012.8.22]

제6조【의무보험 가입관리전산망의 구성·운영 등】 ① 법 제7조제1항에 따라 의무보험 가입관리전산망(이하 "가입관리전산망"이라 한다)의 구성·운영을 위하여 국토해양부장관이 수행하여야 하는 업무는 다음 각 호와 같다. <개정 2009.12.31>

1. 가입관리전산망의 구성·관리 및 개선

2. 의무보험 관련 정보에 관한 데이터베이스의 구축·보급 및 운영

3. 가입관리전산망의 운영을 위한 컴퓨터·통신설비 등의 설치 및 관리

4. 그 밖에 가입관리전산망의 구성·운영에 필요한 업무

② 국토해양부장관은 제1항 각 호에 따른 업무를 적절하게 수행하기 위하여 가입관리전산망 운영지침을 정할 수 있다.

③ 법 제7조제2항 전단에서 "대통령령으로 정하는 정보"란 다음 각 호의 어느 하나에 해당하는 정보를 말한다. <개정 2009.12.31, 2012.8.22>

1. 「자동차관리법」 제7조제1항에 따른 자동차등록원부(이륜자동차의 경우에는 같은 법 제48조에 따른 신고정보를 말한다)

1의2. 「건설기계관리법」 제7조제1항에 따른 건설기계등록원부

2. 법 제5조제1항부터 제3항까지의 규정에 따른 보험 또는 공제에의 가입 현황 및 변동 내용

3. 법 제6조제3항에 따른 서류제출명령의 현황

4. 「자동차관리법」 제13조제6항 및 제37조제3항, 「지방세법」 제131조 또는 법 제5조의2제1항 및 제6조제4항에 따른 자동차 등록번호판 영치 또는 보관 관련 정보

5. 법 제30조제1항에 따른 보상청구의 현황 및 보상금 지급 현황

6. 법 제45조제1항제3호에 따라 자동차손해배상 보장사업 분담금(이하 "분담금"이라 한다)의 수납·관리·운용에 관한 업무를 위탁받은 자의 분담금의 수납·관리·운용 내용

  7. 법 제45조제3항에 따라 가입관리전산망의 구성·운영에 관한 업무를 위탁받은 자의 가입관리전산망의 구성·운영 내용

  8. 법 제48조제3항제1호에 따른 과태료처분의 현황

  9. 그 밖에 국토해양부장관이 가입관리전산망의 구성·운영에 필요하다고 인정하여 요청하는 정보

제7조【보험금등의 지급청구 절차】 ① 법 제10조제1항에 따라 보험금 또는 공제금(이하 "보험금등"이라 한다0의 지급을 청구하거나 법 제11조제1항에 따라 가불금의 지급을 청구하려는 자는 보험회사 또는 공제사업자(이하 "보험회사등"이라 한다)에 다음 각 호의 사항을 적은 청구서를 제출하여야 한다.

  1. 청구인의 성명 및 주소

  2. 청구인과 사망자의 관계(피해자가 사망한 경우만 해당한다)

  3. 피해자 및 가해자의 성명 및 주소

  4. 사고 발생의 일시·장소 및 개요

  5. 해당 자동차의 종류 및 등록번호

  6. 보험가입자(공제가입자를 포함한다. 이하 같다)의 성명 및 주소

  7. 청구금액과 그 산출 기초. 다만, 법 제11조제1항에 따라 가불금의 지급을 청구하는 경우에는 산출 기초를 적지 아니한다.

② 제1항에 따른 청구서에는 다음 각 호의 서류를 첨부하여야 한다.

  1. 진단서 또는 검안서

  2. 제1항제2호부터 제4호까지의 사항을 증명할 수 있는 서류

  3. 제1항제7호에 따른 산출 기초에 관하여 국토해양부령으로 정하는 증명서류

③ 제1항에 따라 보험금등과 가불금의 지급을 함께 신청하는 자는 그 지급청구서를 각각 제출하되, 그 중 하나의 청구서에는 제2항제1호 및 제2호에 따른 서류를 첨부하지 아니할 수 있다.

④ 보험회사등은 보험금등 또는 가불금을 적절하게 지급하기 위하여 필요하다고 인정하면 제2항제1호에 따른 진단서를 제출하는 자에게 보험회사등이 지정

하는 자가 작성한 진단서를 제출하게 할 수 있다. 이 경우 진단서 작성에 필요한 비용은 보험회사등이 부담한다.

제8조【보험금등의 청구에 대한 안내 등】 ① 보험회사등은 피해자에게 법 제10조에 따른 보험금등의 청구와 법 제11조에 따른 가불금의 청구에 필요한 사항을 안내하여야 한다.

② 보험회사등은 보험금등 또는 가불금을 지급할 때에는 보험가입자에게 의견을 제시할 기회를 주어야 한다.

제9조【보험금등 지급 사실의 통지】 보험회사등은 보험금등 또는 가불금을 지급한 경우에는 다음 각 호의 사항을 보험가입자에게 지체 없이 알려야 한다.

  1. 지급청구인 및 수령자의 성명 및 주소

  2. 청구액 및 지급액

  3. 피해자 및 가해자의 성명 및 주소

  4. 사고 발생의 일시·장소 및 개요

  5. 해당 자동차의 종류 및 등록번호

제10조【가불금액 등】 ① 법 제11조제1항에서 "대통령령으로 정하는 금액"이란 피해자 1명당 다음 각 호의 구분에 따른 금액의 범위에서 피해자에게 발생한 손해액의 100분의 50에 해당하는 금액을 말한다. <개정 2009.12.31>

  1. 사망의 경우: 1억원

  2. 부상한 경우: 별표 1에서 정하는 상해 내용별 한도금액

  3. 후유장애가 생긴 경우: 별표 2에서 정하는 신체장애 내용별 한도금액

② 법 제11조제5항에서 "대통령령으로 정하는 요건"이란 보험회사등이 「민사집행법」 제24조 또는 제56조에 따른 집행권원을 가진 경우로서 다음 각 호의 어느 하나에 해당하는 경우를 말한다.

  1. 가불금을 지급받은 자의 강제집행의 대상이 되는 재산(이하 "책임재산"이라 한다)에 대하여 최초로 강제집행을 시작한 날부터 1년이 지났음에도 불구하고 반환받아야 할 금액의 전부 또는 일부를 반환받지 못한 경우

  2. 가불금을 지급받은 자의 책임재산을 알 수 없어 강제집행을 시작하지 못한 경우로서 「민사집행법」 제62조제7항에 따른 재산명시신청 각하결정(보험

회사등이 가불금을 지급받은 자의 주소를 알았거나 알 수 있었음에도 불구하고 이를 바로잡지 아니하여 받은 각하결정은 제외한다)이 있은 경우에는 그 각하결정이 있은 날부터 1년이 지난 경우

3. 가불금을 지급받은 자의 책임재산을 알 수 없어 강제집행을 시작하지 못한 경우로서 「민사집행법」 제74조에 따라 재산조회를 한 결과 가불금을 지급받은 자의 책임재산이 없는 것으로 조회된 경우에는 보험회사등이 같은 법 제77조 및 「재산조회규칙」 제13조에 따라 재산조회 결과를 출력받은 날부터 1년이 지난 경우

③ 정부는 보험회사등이 제2항에 따른 요건을 갖추었더라도 보상을 위한 해당 연도의 분담금 재원이 부족한 경우에는 다음 연도의 분담금 재원에서 보상할 수 있다.

제11조【자동차보험 진료수가의 지급 의사 등의 통지】 ① 법 제12조제1항에 따라 보험회사등이 의료기관에 하는 통지는 서류, 팩스, 전산파일, 그 밖의 문서로 한다.

② 법 제12조제5항제1호에 따른 통지 및 철회에 관하여는 제1항을 준용한다.

제11조의2【자동차보험진료수가 전문심사기관】 법 제12조의2제1항에서 "대통령령으로 정하는 전문심사기관"이란 「국민건강보험법」 제62조에 따른 건강보험심사평가원을 말한다.

[본조신설 2012.8.22]

제12조【입원환자의 외출 또는 외박에 관한 기록 관리】 ① 의료기관이 법 제13조제1항에 따라 교통사고로 입원한 환자(이하 "입원환자"라 한다)의 외출 또는 외박에 관한 사항을 기록·관리할 때에는 다음 각 호의 사항을 적어야 한다. <개정 2012.8.22>

1. 외출 또는 외박을 하는 자의 이름, 생년월일 및 주소

2. 외출 또는 외박의 사유

3. 의료기관이 외출 또는 외박을 허락한 기간, 외출·외박 및 귀원 일시

② 외출 또는 외박에 관한 기록에는 외출 또는 외박을 하는 자나 그 보호자, 외출 또는 외박을 허락한 의료인(「의료법」 제2조제1항에 따른 의료인을 말한다. 이하 이 항에서 같다) 및 귀원을 확인한 의료인이 서명 또는 날인하여야

한다. 다만, 의료인이 외출 또는 외박을 허락하거나 확인할 수 없는 경우에는 의료기관 종사자가 서명 또는 날인할 수 있다.

③ 외출 또는 외박에 관한 기록의 보존기간은 3년으로 하고, 마이크로필름 또는 광디스크 등(이하 이 조에서 "필름"이라 한다)에 원본대로 수록·보존할 수 있다.

④ 제3항에 따른 방법으로 외출 또는 외박에 관한 기록을 보존하는 경우에는 필름의 표지에 필름촬영 책임자가 촬영 일시 및 그 이름을 적고, 서명 또는 날인하여야 한다.

제12조의2【교통사고환자 전원지시】 ① 법 제13조의2제1항에서 "생활근거지에서 진료할 필요가 있는 경우 등 대통령령으로 정하는 경우"란 입원 중인 교통사고환자가 수술·처치 등의 진료를 받은 후 해당 의료기관 또는 담당의사의 의학적 판단 결과 상태가 호전되어 더 이상 진료 중인 의료기관에서의 입원진료가 필요하지 않아 생활근거지에 소재한 의료기관 또는 제2항에 따른 다른 의료기관으로 옮길 필요가 있는 경우를 말한다.

② 법 제13조의2제1항에서 "대통령령으로 정하는 다른 의료기관"이란 다음 각 호의 구분에 따른 의료기관을 말한다.

1. 「의료법」 제3조제2항제3호가목부터 라목까지의 규정에 따른 병원·치과병원·한방병원 및 요양병원(이하 "병원등"이라 한다)에 입원 중인 교통사고환자: 상급종합병원, 종합병원 및 병원등을 제외한 의료기관

2. 「의료법」 제3조제2항제3호마목에 따른 종합병원(이하 "종합병원"이라 한다)에 입원 중인 교통사고환자: 「의료법」 제3조의4제1항에 따라 지정된 상급종합병원(이하 "상급종합병원"이라 한다) 및 종합병원을 제외한 의료기관

3. 상급종합병원에 입원 중인 교통사고 환자: 상급종합병원을 제외한 의료기관

[본조신설 2009.12.31]

제12조의3【교통사고 관련 조사기록의 열람 청구】 ① 법 제14조제4항 전단에 따라 보험회사등이 경찰관서에 열람을 청구할 수 있는 교통사고 관련 조사기록은 국가경찰공무원이 작성한 교통사고보고서 중 다음 각 호의 사항에 관한 기록으로 한다.

1. 교통사고 발생 일시, 장소 및 원인

2. 교통사고 유형 및 피해상황

3. 무면허운전 및 음주운전 여부

② 보험회사등이 법 제14조제4항 전단에 따라 교통사고 관련 조사기록의 열람을 청구하는 경우에는 열람예정일 7일 전까지 열람청구서에 열람사유서를 첨부하여 경찰관서에 제출하여야 한다. 다만, 긴급하거나 부득이한 사유가 있음을 소명하는 경우에는 그러하지 아니하다.

③ 제1항에 따른 열람의 청구를 받은 경찰관서는 수사에 지장을 초래하는 등 특별한 사유가 있는 경우를 제외하고는 열람방법, 열람장소 및 열람범위 등을 정하여 서면, 전자우편 또는 휴대전화 등의 방법으로 알려야 한다.

[본조신설 2012.8.22]

제13조【정비요금에 대한 조사·연구의 범위 및 절차】 ① 법 제16조에 따른 정비요금에 대한 조사·연구의 범위는 다음 각 호와 같다.

1. 정비에 걸리는 표준작업시간

2. 시간당 공임(工賃)

② 국토해양부장관은 정비요금에 대한 조사·연구를 할 때에 정비요금에 관하여 이해관계가 있는 단체에 조사·연구의 세부 범위, 조사·연구자의 선정방법 등에 관한 의견 제출을 요청할 수 있다.

③ 제2항에 따라 국토해양부장관으로부터 의견 제출을 요청받은 단체는 특별한 사유가 없으면 요청받은 날부터 15일 이내에 의견을 제출하여야 한다.

제14조【자동차보험진료수가분쟁심의회의 구성 및 운영】 ① 법 제17조제3항에서 "대통령령으로 정하는 요건을 갖춘 자"란 다음 각 호의 어느 하나에 해당하는 자를 말한다.

1. 자동차보험·의료 또는 법률 등에 관한 지식이나 경험이 풍부한 자

2. 소비자단체에서 소비자 보호업무를 5년 이상 수행한 경력이 있는 자

3. 자동차사고의 피해자

② 법 제17조제1항에 따른 자동차보험진료수가분쟁심의회(이하 "심의회"라 한

다)의 효율적으로 운영하기 위하여 심의회에 전문위원회를 둘 수 있다.

③ 심의회의 운영을 지원하기 위하여 심의회에 사무국을 둘 수 있다.

④ 심의회의 업무비용에 대한 보험회사등과 의료기관의 분담금액, 분담방법, 그 밖에 심의회의 운영에 필요한 사항은 심의회의 의결을 거쳐 심의회의 위원장이 정한다.

제15조【미리 지급하는 진료수가의 금액 등】 법 제19조제2항 전단에서 "대통령령으로 정하는 금액"이란 의료기관이 법 제12조제2항에 따라 지급청구한 금액의 100분의 80에 해당하는 금액을 말한다. 다만, 의료기관의 지급청구를 받은 날부터 30일이 지난 후 청구액을 지급하는 경우에는 그 금액에 30일이 지난 날의 다음 날부터 지급일까지 연 5퍼센트에서 10퍼센트의 범위에서 시중은행의 수신금리를 고려하여 심의회가 정하는 금리에 따른 이자를 더한 금액을 말한다.

제16조【진료수가의 지급 및 반환에 관한 이자율】 ① 보험회사등이 법 제12조제4항 본문에 따른 지급기한을 넘겨 청구액을 지급하는 경우에는 그 청구액에 연 15퍼센트에서 20퍼센트의 범위에서 시중은행의 대출연체금리를 감안하여 심의회가 정하는 금리에 따른 이자를 더하여 지급하여야 한다.

② 법 제19조제2항에 따라 보험회사등과 의료기관이 심의회의 심사결과에 따라 자동차보험 진료수가를 정산하여야 하는 경우 그 정산금액에 더하여야 하는 금액을 결정하기 위한 이자율은 제1항에 따른 금리로 한다. 다만, 보험회사등이 의료기관의 지급청구를 받은 후 30일이 지난 날의 다음 날부터 법 제21조제2항에 따라 당사자 간에 합의가 성립된 것으로 보는 날의 전날까지의 기간의 이자율은 제15조 단서에 따른 금리로 한다.

제17조【보험계약 체결의 거부】 법 제24조제1항에서 "대통령령으로 정하는 사유가 있는 경우"란 다음 각 호의 어느 하나에 해당하는 경우를 말한다.

  1. 「자동차관리법」 또는 「건설기계관리법」에 따른 검사를 받지 아니한 자동차에 대한 청약이 있는 경우

  2. 「여객자동차 운수사업법」, 「화물자동차 운수사업법」, 「건설기계관리법」, 그 밖의 법령에 따라 운행이 정지되거나 금지된 자동차에 대한 청약이 있는 경우

3. 청약자가 청약 당시 사고 발생의 위험에 관하여 중요한 사항을 알리지 아니하거나 부실하게 알린 것이 명백한 경우

제18조 【구상의 사유】 법 제29조제1항에서 "대통령령으로 정하는 사유"란 다음 각 호의 어느 하나에 해당하는 사유를 말한다.

1. 「건설기계관리법」에 따른 건설기계조종사면허 또는 「도로교통법」에 따른 운전면허 등 자동차를 운행할 수 있는 자격을 갖추지 아니한 상태(자격의 효력이 정지된 경우를 포함한다)에서 자동차를 운행하다가 일으킨 사고

2. 「도로교통법」 제44조제1항을 위반하여 술에 취한 상태에서 자동차를 운행하다가 일으킨 사고

제19조 【자동차손해배상 보장사업에 따른 피해보상금액】 법 제30조제1항에 따라 정부가 피해자에게 보상할 금액(이하 "보상금"이라 한다)은 「보험업법」에 따라 인가된 책임보험의 약관에서 정하는 책임보험금 지급기준에 따라 산정한 금액으로 한다.

제20조 【보상의 절차 등】 ① 피해자(피해자가 사망한 경우에는 피해보상을 받을 권리를 가진 자를 말한다. 이하 제3항과 제4항에서 같다)가 법 제30조제1항에 따라 보상을 청구할 때에는 다음 각 호의 사항을 적은 청구서를 국토해양부장관(법 제45조제1항에 따라 국토해양부장관이 법 제30조제1항에 따른 보상에 관한 업무를 보험회사등 또는 보험 관련 단체에 위탁한 경우에는 그 위탁을 받은 자를 말한다. 이하 제5항과 제6항에서 같다)에게 제출하여야 한다.

1. 청구인의 성명 및 주소

2. 청구인과 사망자의 관계(피해자가 사망한 경우만 해당한다)

3. 피해자 및 가해자(법 제30조제1항제1호에 해당하는 경우는 제외한다)의 성명 및 주소

4. 사고 발생의 일시·장소 및 개요

5. 해당 자동차의 종류 및 등록번호(법 제30조제1항제1호에 해당하는 경우는 제외한다)

6. 청구금액

② 제1항에 따른 청구서에는 다음 각 호의 서류를 첨부하여야 한다.

  1. 진단서 또는 검안서

  2. 제1항제2호부터 제4호까지의 사항을 증명할 수 있는 서류. 이 경우 제1항 제4호의 사항을 증명할 수 있는 서류는 사고 장소를 관할하는 경찰서장의 확인이 있어야 한다.

③ 자동차의 운행으로 인한 사망 또는 부상 사고를 조사한 경찰서장은 그 사고가 법 제30조제1항 각 호의 어느 하나에 해당하는 경우에는 피해자에게 법 제30조제1항에 따른 보상을 청구할 수 있음을 알려야 한다.

④ 피해자가 법 제35조제1항에 따라 준용되는 법 제10조 및 법 제11조에 따른 보상금 및 가불금을 함께 청구할 때에는 그 지급청구서를 각각 제출하되, 그 중 하나의 청구서에는 제2항에 따른 서류를 첨부하지 아니할 수 있다.

⑤ 국토해양부장관은 제1항에 따라 보상의 청구를 받으면 지체 없이 이를 심사한 후 보상금을 결정하고, 결정한 날부터 10일 이내에 지급하여야 한다.

⑥ 제1항에 따른 보상금의 지급청구에 관하여는 제7조제4항을 준용한다. 이 경우 "보험회사등"은 "국토해양부장관"으로 본다.

⑦ 보험회사등이 법 제11조제5항 및 법 제30조제3항에 따라 보상을 청구할 때에는 다음 각 호의 사항을 적은 청구서를 국토해양부장관(법 제45조제4항에 따라 국토해양부장관이 법 제30조제3항에 따른 보상 업무를 위탁한 경우에는 그 업무를 위탁받은 보험 관련 단체 또는 특수법인을 말한다. 이하 제9항에서 같다)에게 제출하여야 한다.

  1. 청구인의 명칭 및 주소

  2. 피해자 및 가해자의 성명 및 주소

  3. 사고 발생의 일시·장소 및 개요

  4. 해당 자동차의 종류 및 등록번호

  5. 보험가입자의 성명 및 주소

  6. 청구요건(제10조제2항에 해당하는 사유를 말한다)

  7. 청구금액 및 그 산출 기초

⑧ 제7항에 따른 청구서에는 같은 항 제2호·제3호·제6호 및 제7호의 사항을 증명할 수 있는 서류를 첨부하여야 한다.

⑨ 국토해양부장관은 제7항에 따라 청구서를 받으면 지체 없이 이를 심사하여 보상의 금액을 결정하고, 결정한 날부터 10일 이내에 보상금을 지급하여야 한다.

제21조【지원대상자】 ① 법 제30조제2항에 따라 정부가 지원할 수 있는 대상자는 중증 후유장애인, 사망자 또는 중증 후유장애인의 유자녀와 피부양가족으로서 생계를 같이 하는 가족의 생활형편이 「국민기초생활 보장법」에 따른 최저생계비를 고려하여 국토해양부장관이 정하는 기준에 해당되어 생계 유지, 학업 또는 재활치료(중증 후유장애인인 경우만 해당한다)를 계속하기 곤란한 상태에 있는 자로서 제23조제2항에 따라 지원대상자로 결정된 자로 한다. 다만, 지원을 위한 재원이 부족할 경우에는 생활형편이 어려운 자의 순서로 그 지원대상자를 선정할 수 있다.

② 제1항에 따른 중증 후유장애인, 사망자 또는 중증 후유장애인의 유자녀와 피부양가족의 범위는 별표 3과 같다.

제22조【지원의 기준 및 금액】 ① 제21조제1항에 따른 지원대상자에 대하여 정부가 지원할 수 있는 기준은 다음 각 호와 같다. <개정 2009.12.31, 2012.8.22>

1. 중증후유장애인의 경우: 다음 각 목의 지원

   가. 「의료법」에 따른 의료기관 또는 「장애인복지법」에 따른 재활시설을 이용하거나 그 밖에 요양을 하기 위하여 필요한 비용의 보조

   나. 학업의 유지를 위한 장학금의 지급

2. 유자녀의 경우: 다음 각 목의 지원

   가. 생활자금의 대출

   나. 학업의 유지를 위한 장학금의 지급

   다. 자립지원을 위하여 유자녀의 보호자(유자녀의 친권자, 후견인, 유자녀를 보호·양육·교육하거나 그 의무가 있는 자 또는 업무·고용 등의 관계로 사실상 유자녀를 보호·감독하는 자를 말한다)가 유자녀의 명의로 저축한 금액에 따른 지원자금(이하 "자립지원금"이라 한다)의 지급

3. 피부양가족: 노부모 등의 생활의 정도를 고려한 보조금의 지급

4. 제1호부터 제3호까지의 규정에 해당하는 사람에 대한 심리치료 등의 정서적 지원 사업

② 제1항에 따른 지원 금액은 별표 4에 따른 금액을 기준으로 하되, 지원을 위한 재원을 고려하여 국토해양부장관이 기준금액의 2분의 1의 범위에서 가감하여 정하는 금액으로 한다.

제22조의2(자동차손해배상 보장사업을 위한 정보의 범위) 법 제30조제3항 각 호 외의 부분에서 "대통령령에 따른 정보"란 다음 각 호의 정보를 말한다.

1. 피해자(피해자가 사망한 경우에는 피해자의 상속인을 말한다)의 성명, 주민등록번호, 주소 및 연락처

2. 피해원인, 피해현황 및 피해정도에 관한 사항

3. 가해차량에 관한 사항

4. 그 밖에 제1호부터 제3호까지와 유사한 정보로서 국토해양부장관이 필요하다고 인정하는 사항

[본조신설 2012.8.22]

제23조 【지원의 방법 및 절차 등】 ① 제21조 및 제22조에 따른 지원을 받으려는 자는 지원신청서를 작성하여 국토해양부장관에게 제출하여야 한다.

② 국토해양부장관은 제1항에 따른 지원신청을 받은 경우에는 지체 없이 이를 심사하여 지원대상 여부를 결정한 후 신청인에게 그 결과를 알려야 한다.

③ 국토해양부장관은 법 제30조제2항 및 법 제31조에 따른 정부의 지원에 관한 업무를 적절하게 수행하기 위하여 다음 각 호의 사항이 포함되는 지원업무의 처리에 관한 규정을 작성하여야 한다. <개정 2009.12.31>

1. 제21조에 따른 지원대상자 선정의 세부 기준

2. 제22조제1항제2호 각 목에 따른 생활자금의 대출 및 그 상환, 장학금의 지급 또는 자립지원금의 지급에 관한 사항

3. 제22조제2항에 따른 구체적인 지원금액

4. 제27조에 따른 구체적인 집행 절차 및 사후 관리 등에 관한 사항

5. 제1항에 따른 지원신청서의 작성 및 제출에 관한 사항

6. 재원의 관리와 회계처리에 관한 사항

7. 지원업무계획의 수립 및 시행에 관한 사항

제24조【재활사업의 범위 등】 ① 법 제31조제1항제1호에서 "대통령령으로 정하는 사업"이란 다음 각 호의 사업을 말한다.

1. 의료재활사업 관계자에 대한 교육

2. 의료재활사업에 관한 조사·연구

② 법 제31조제1항제2호에서 "대통령령으로 정하는 사업"이란 다음 각 호의 사업을 말한다.

1. 직업재활사업 관계자에 대한 교육

2. 직업재활사업에 관한 조사·연구

3. 「장애인복지법」에 따른 장애인복지시설에서 제공하는 주거편의·상담·훈련 등 서비스의 소개

③ 법 제31조제2항에서 "대통령령으로 정하는 금액"이란 제32조제1항에 따라 납부받은 분담금 중 1천분의 66의 범위에서 국토해양부장관이 정하는 금액을 말한다.

제25조【재활시설운영자의 요건】 ① 삭제 <2009.9.3>

② 법 제32조제1항제2호에서 "대통령령으로 정하는 요건을 갖춘 법인"이란 「장애인복지법」에 따른 장애인복지단체로서 자동차사고후유장애인의 재활사업을 목적으로 설립된 법인을 말한다.

제26조【재활시설운영자의 지정신청 등】 ① 법 제32조제2항에 따라 재활시설 운영자로 지정받으려는 자는 다음 각 호의 서류(전자문서를 포함한다)를 첨부하여 국토해양부장관에게 신청하여야 한다. 이 경우 국토해양부장관은 「전자정부법」 제36조제1항에 따른 행정정보의 공동이용을 통하여 법인등기부 등본을 확인하여야 한다. <개정 2009.9.3, 2010.5.4, 2011.1.24>

1. 정관

2. 의료재활시설 및 직업재활시설(이하 "재활시설"이라 한다)의 운영·관리 등 계획서(자동차사고 후유장애인 재활시설의 운영·관리 등을 위한 전문인력의 확보 방안을 포함한다)

   3. 재활시설의 운영·관리 등을 위한 내부 규정 1부

   4. 의료재활시설운영자로 지정받으려는 경우에는 다음 각 목의 서류

     가. 의료기관 개설허가증 사본

     나. 「의료법」 제58조 및 제58조의3에 따른 평가결과 및 인증등급

     다. 최근 3년간 진료과목별 진료실적

② 국토해양부장관은 제1항에 따른 신청을 받으면 법 제34조제1항에 따른 재활시설운영심의위원회(이하 "심의위원회"라 한다)의 심의를 거쳐 재활시설운영자를 지정하여야 한다.

제27조【재활시설운영자에 대한 감독 등】 ① 재활시설운영자는 다음 연도 재활시설의 운영·관리 등을 위한 계획 및 예산을 매년 10월 31일까지 국토해양부장관에게 제출하고 승인을 받아야 한다. 승인받은 계획 및 예산을 변경하려는 경우에도 또한 같다.

② 재활시설운영자는 다음 각 호의 사항을 매 분기 종료 후 25일 이내에 국토해양부장관에게 보고하여야 한다.

   1. 재활시설의 운영·관리 등의 현황(입소자의 현황을 포함한다)

   2. 재활시설의 운영·관리 등을 위한 전문인력의 현황

   3. 재활시설의 운영·관리 등을 위한 교부금의 수입 및 지출현황

   4. 재활시설의 운영·관리 등을 위한 교부금의 잔액증명서 등 국토해양부장관이 요구하는 자료

③ 국토해양부장관은 재활시설운영자의 전 분기 재활시설의 운영·관리 등의 사업실적 및 재활시설의 운영·관리 등을 위한 교부금의 집행실적을 고려하여 다음 분기의 재활시설의 운영·관리 등을 위한 교부금을 조정하여 지급할 수 있다

제28조【심의위원회의 구성·운영 등】 ① 심의위원회는 위원장 1명을 포함한 20명 이내의 위원으로 구성한다.

② 심의위원회의 위원은 다음 각 호의 자가 되며, 위원장은 제3호의 위촉위원 중에서 호선한다.

1. 국토해양부의 자동차후유장애인 재활지원 관련 업무 담당 과장 또는 팀장

2. 「교통안전공단법」에 따라 설립된 교통안전공단(이하 "교통안전공단"이라 한다) 소속 직원 중에서 교통안전공단 이사장이 지명하는 자 1명

3. 다음 각 목의 자 중에서 국토해양부장관이 위촉하는 자 18명 이내

가. 경제·경영·법률·의료·교통·건축·장애인복지 또는 재활관련 분야의 대학(「고등교육법」 제2조에 따른 학교를 말한다)에서 조교수 이상으로 3년 이상 있거나 있었던 자

나. 판사·검사 또는 변호사로 3년 이상 있거나 있었던 자

다. 고위공무원단에 속하는 일반직공무원 또는 5급 이상 공무원으로서 교통·의료·건축 또는 장애인복지 분야에서 3년 이상 근무하거나 근무한 자

라. 「공공기관의 운영에 관한 법률」에 따른 공공기관에서 교통·의료·건축·장애인복지 분야의 중간관리자 이상으로 3년 이상 있거나 있었던 자

마. 언론인으로서 3년 이상 근무하거나 근무한 자

바. 「비영리민간단체 지원법」 제2조에 따른 비영리민간단체로부터 추천을 받은 자

사. 그 밖에 경제·경영·법률·의료·교통·건축·장애인복지 또는 재활관련 분야의 전문지식과 경험이 풍부한 자로서 해당 분야에서 3년 이상 근무하거나 근무한 자

③ 위촉위원의 임기는 2년으로 하되, 2차에 한하여 연임할 수 있다. <개정 2009.12.31>

④ 위원장이 부득이한 사유로 직무를 수행할 수 없을 때에는 위원장이 미리 지명한 위원이 그 직무를 대행한다.

⑤ 심의위원회의 회의는 재적위원 과반수의 출석으로 개의하고, 출석위원 과반수의 찬성으로 의결한다.

⑥ 심의위원회의 사무를 처리하기 위하여 간사 1명을 두되, 간사는 국토해양부 소속 공무원 중에서 국토해양부장관이 지명하는 자가 된다.

⑦ 제1항부터 제6항까지 및 제28조의2에서 규정한 사항 외에 심의위원회의 운영 등에 필요한 사항은 심의위원회의 의결을 거쳐 위원장이 정한다. <개정

2012.7.4>

제28조의2 【위원의 제척·기피·회피】 ① 심의위원회 위원(이하 이 조에서 "위원"이라 한다)이 다음 각 호의 어느 하나에 해당하는 경우에는 심의위원회의 심의·의결에서 제척(除斥)된다.

  1. 위원 또는 그 배우자나 배우자이었던 사람이 해당 안건의 당사자(당사자가 법인·단체 등인 경우에는 그 임원을 포함한다. 이하 이 호 및 제2호에서 같다)가 되거나 그 안건의 당사자와 공동권리자 또는 공동의무자인 경우

  2. 위원이 해당 안건의 당사자와 친족이거나 친족이었던 경우

  3. 위원이 해당 안건에 대하여 자문, 연구, 용역(하도급을 포함한다), 감정 또는 조사를 한 경우

  4. 위원이나 위원이 속한 법인·단체 등이 해당 안건의 당사자의 대리인이거나 대리인이었던 경우

  5. 위원이 임원 또는 직원으로 재직하고 있거나 최근 3년 내에 재직하였던 기업 등이 해당 안건에 관하여 자문, 연구, 용역(하도급을 포함한다), 감정 또는 조사를 한 경우

② 해당 안건의 당사자는 위원에게 공정한 심의·의결을 기대하기 어려운 사정이 있는 경우에는 심의위원회에 기피 신청을 할 수 있고, 심의위원회는 의결로 이를 결정한다. 이 경우 기피 신청의 대상인 위원은 그 의결에 참여하지 못한다.

③ 위원이 제1항 각 호에 따른 제척 사유에 해당하는 경우에는 스스로 해당 안건의 심의·의결에서 회피하여야 한다.

  [본조신설 2012.7.4]

제29조 【보상책임의 면제】 법 제36조제1항에서 "그 밖에 대통령령으로 정하는 법률"이란 다음 각 호의 법률을 말한다.

  1. 「공무원연금법」(같은 법 제34조에 따른 단기급여 및 같은 법 제42조제2호에 따른 장애급여만 해당한다)

  2. 「군인연금법」(같은 법 제6조제13호·제14호 및 제17호에 따른 재해보상금, 사망조위금 및 공무상요양비만 해당한다)

3. 「사립학교교직원 연금법」(같은 법 제42조에 따라 준용되는 「공무원연금법」 제34조에 따른 단기급여와 같은 법 제42조제2호에 따른 장애급여만 해당한다)

4. 「전투경찰대설치법」

5. 「국가유공자 등 예우 및 지원에 관한 법률」(같은 법 제15조에 따른 간호수당, 같은 법 제17조에 따른 사망일시금 및 같은 법 제43조의2에 따른 보철구의 지급만 해당한다)

6. 「근로기준법」

7. 「국민건강보험법」

제30조【분담금의 납부자 등】 ① 법 제37조제1항에서 "대통령령으로 정하는 자동차보유자"란 제5조제3호에 따른 자동차의 보유자를 말한다.

② 제1항에 따른 자동차의 보유자와 자동차손해배상에 관한 보험계약을 체결한 보험회사(「보험업법」에 따른 외국보험 사업자를 포함한다)는 해당 자동차의 보유자로부터 분담금을 징수하여 정부에 납부하여야 한다.

제31조【분담금액】 ① 법 제37조제1항에 따라 자동차보유자가 국토해양부장관(법 제45조제1항에 따라 국토해양부장관이 법 제37조제1항에 따른 분담금의 수납·관리·운용에 관한 업무를 보험회사등 또는 보험 관련 단체에 위탁한 경우에는 그 위탁을 받은 자를 말한다. 이하 제32조제1항·제2항, 제33조 및 제35조의2에서 같다)에게 납부하여야 하는 분담금은 책임보험등의 보험료(책임공제의 경우에는 책임공제분담금을 말한다. 이하 "책임보험료등"이라 한다)에 해당하는 금액의 100분의 5를 넘지 아니하는 범위에서 국토해양부령으로 정하는 금액으로 한다. <개정 2009.12.31>

② 국토해양부장관은 법 제7조·제30조 및 제31조에 따른 정부의 보상 또는 지원을 위하여 제1항에 따른 분담금이 남거나 부족함이 없도록 조정하여야 한다.

③ 국토해양부장관은 제1항 및 제2항에 따라 분담금을 정하거나 조정할 때에는 미리 금융위원회와 협의하여야 한다.

제32조【분담금의 납부 등】 ① 보험회사등은 법 제37조제2항에 따라 자동차보유자로부터 징수한 분담금을 징수한 달의 다음 달 말일까지 그 징수 명세를

첨부하여 국토해양부장관에게 납부하여야 한다.

② 국토해양부장관은 법 제30조제5항에 따른 자동차손해배상 보장사업(이하 "자동차손해배상 보장사업"이라 한다)에 따른 수입과 지출을 다른 수입 및 지출과 구분하여 경리하여야 한다.

③ 국토해양부장관은 법 제30조제1항에 따른 정부의 보상에 관한 업무를 적절하게 수행하기 위하여 다음 각 호의 사항이 포함되는 손해배상 보장업무의 처리에 관한 규정을 작성하여야 한다. <개정 2009.12.31>

  1. 분담금의 징수·관리 및 회계방법

  2. 보상처리에 관한 사항

  3. 법 제39조제1항에 따른 손해배상청구권의 대위행사에 관한 사항

  4. 보상업무계획의 수립 및 시행에 관한 사항

④ 삭제 <2009.12.31>

⑤ 삭제 <2009.12.31>

⑥ 삭제 <2009.12.31>

⑦ 삭제 <2009.12.31>

제33조【손해배상청구권의 대위행사를 위한 협조요청】 ① 국토해양부장관은 법 제39조제1항에 따른 피해자의 손해배상청구권을 대위행사하기 위하여 경찰청장·지방경찰청장 또는 경찰서장(이하 "경찰청장등"이라 한다)에게 법 제30조제1항제1호에 따른 보유자를 알 수 없는 자동차를 운행한 자의 검거 여부 및 인적사항에 관한 정보 또는 법 제30조제1항제2호 본문에 따른 보험가입자 등이 아닌 자의 인적사항에 관한 정보의 열람·제출 또는 확인 등을 요구할 수 있다. <개정 2009.12.31>

② 제1항에 따른 요구를 받은 경찰청장등은 특별한 사유가 없으면 요구에 따라야 한다.

제33조의2【채권의 결손처분】 ① 법 제39조제3항제2호에서 "대통령령으로 정하는 경우"란 다음 각 호의 경우를 말한다.

  1. 법 제39조제1항에 따른 손해배상책임이 있는 자 또는 법 제39조제2항에 따른 가불금을 지급받은 자(이하 "채무자"라 한다)의 행방을 알 수 없거나 재

산이 없다는 것이 판명되어 법 제39조제3항에 따른 구상금 또는 미반환가불금 등(이하 "구상금등"이라 한다)을 받을 가능성이 없는 경우

2. 채무자가 「채무자 회생 및 파산에 관한 법률」에 따라 납부의무를 면제받게 된 경우

3. 그 밖에 구상금등을 받을 가능성이 없다고 법 제39조의2제1항에 따른 자동차손해배상보장사업 채권정리위원회(이하 "채권정리위원회"라 한다)가 인정한 경우

② 정부는 법 제39조제3항에 따라 청구권의 대위행사를 중지하거나 구상금등의 전부 또는 일부에 대한 결손처분을 한 경우 연도별로 채무자의 인적사항·사고내용·지급금액, 채권정리위원회의 의결사유·의결일자 등 필요한 내용을 기재한 대장(전자문서를 포함한다)을 작성하여 10년간 보관하여야 한다.

[본조신설 2009.12.31]

제33조의3【채권정리위원회의 구성 등】 ① 채권정리위원회는 위원장 1명을 포함한 15명 이내의 위원으로 구성한다.

② 채권정리위원회의 위원은 다음 각 호의 사람이 되며, 위원장은 제2호에 따라 지명받은 사람과 제3호의 위촉위원 중에서 호선한다.

1. 국토해양부의 자동차손해배상보장사업 관련 업무 담당 과장 또는 팀장

2. 법 제45조제1항제3호에 따라 법 제37조에 따른 분담금의 수납·관리·운용에 관한 업무를 위탁받은 보험 관련 단체(이하 "분담금관리자"라 한다) 소속 임직원 중에서 분담금관리자의 장이 지명하는 사람(이하 "지명위원"이라 한다) 1명

3. 다음 각 목의 사람 중에서 국토해양부장관이 위촉하는 사람(이하 "위촉위원"이라 한다)

가. 대학(「고등교육법」 제2조제1호에 따른 대학을 말한다)에서 「보험업법」 제4조제1항제2호다목의 자동차보험(이하 "자동차보험"이라 한다) 관련 분야의 조교수 이상으로 3년 이상 재직한 사람

나. 판사·검사 또는 변호사로 3년 이상 있거나 있었던 사람

다. 자동차보험 업무에 종사한 경력이 5년 이상 된 사람으로서 그 업무에 관한 학식과 경험이 풍부한 사람

③ 위원장과 위원은 비상근으로 한다.

④ 위촉위원의 임기는 2년으로 한다.

⑤ 위원장은 위원회를 대표하며 위원회의 업무를 총괄한다.

⑥ 위원장이 부득이한 사유로 직무를 수행할 수 없을 때에는 위원장이 미리 지명한 위원이 그 직무를 대행한다.

⑦ 국토해양부장관은 위촉위원이 다음 각 호의 하나에 해당하는 경우 이를 해촉할 수 있다.

  1. 위원으로서의 품위를 손상하는 행위를 한 경우

  2. 신체상·정신상의 이상으로 직무를 감당하지 못할 경우

  3. 직무를 태만히 하거나 직무수행능력이 부족하다고 인정될 경우

  [본조신설 2009.12.31]

제33조의4 【채권정리위원회의 회의 등】 ① 위원장은 채권정리위원회의 회의를 소집하고 그 의장이 된다.

② 채권정리위원회의 회의는 재적위원 과반수의 출석으로 개의하고, 출석위원 과반수의 찬성으로 의결한다.

③ 위원 또는 그와 친족관계이거나 친족관계이었던 자가 해당 안건의 채무자가 되는 경우에는 그 위원은 해당 안건과 관련된 회의에 참석할 수 없다.

④ 채권정리위원회는 위원장이 필요하다고 인정하는 경우와 국토해양부장관의 요청이 있는 경우 수시로 개최할 수 있다.

⑤ 채권정리위원회는 회의록을 작성하여 갖추어 두어야 한다.

⑥ 지명위원과 위촉위원이 안건심사와 관련하여 회의에 참석하는 경우 예산의 범위에서 수당·여비와 그 밖에 필요한 경비를 지급할 수 있다.

⑦ 제1항부터 제6항까지에서 규정한 사항 외에 채권정리위원회의 운영에 필요한 사항은 위원회의 의결을 거쳐 위원장이 정한다.

  [본조신설 2009.12.31]

제33조의5 【채권정리위원회의 소위원회】 ① 채권정리위원회가 위임한 사항을 심의하고 의결하기 위하여 채권정리위원회에 소위원회를 둘 수 있다.

② 소위원회는 위원장이 지명하는 5명 이내의 위원으로 구성한다.

③ 소위원회의 위원장(이하 "소위원장"이라 한다)은 해당 소위원회의 위원 중에서 호선한다.

④ 소위원회의 회의의 운영에 관하여는 제33조의3제5항·제6항 및 제33조의4를 준용한다. 이 경우 "위원장"은 "소위원장"으로, "채권정리위원회"는 "소위원회"로 본다.

　[본조신설 2009.12.31]

제33조의6【채권정리위원회의 사무처리】　① 채권정리위원회 및 소위원회의 사무를 처리하기 위하여 간사 1명을 둔다.

② 간사는 국토해양부 소속 공무원 중에서 국토해양부장관이 임명한다.

　[본조신설 2009.12.31]

제33조의7【결손처분에 관한 심의 요청 등】　국토해양부장관은 채권정리위원회에 구상금등의 결손처분에 대한 심의 요청을 위하여 법 제45조제1항제1호 및 제4호에 따라 법 제30조제1항의 보상업무 및 법 제39조제1항에 따른 손해배상 청구권의 대위행사에 관한 업무를 위탁받은 자(이하 "보장사업자"라 한다) 또는 법 제45조제4항에 따라 법 제30조제3항에 따른 보상업무와 법 제39조제2항에 따른 반환 청구 업무를 위탁받은 보험 관련 단체(이하 "미반환가불금 보상사업자"라 한다)에 심의를 위하여 필요한 자료의 제출을 요구할 수 있다. 이 경우 보장사업자 및 미반환가불금 보상사업자는 특별한 사정이 없으면 국토해양부장관의 자료 제출 요구에 지체 없이 응하여야 한다.

　[본조신설 2009.12.31]

제33조의8【포상금의 지급 기준 및 절차 등】　① 법 제43조의2제1항에서 "대통령령으로 정하는 관계 행정기관이나 수사기관"이란 경찰관서 및 소방관서를 말한다.

② 법 제43조의2에 따라 신고 또는 고발을 받은 경찰관서 또는 소방관서는 신고되거나 고발된 운전자가 검거된 경우에는 국토해양부장관에게 다음 각 호의 사항을 알려야 한다.

　1. 신고 또는 고발을 한 사람의 인적사항

2. 신고 또는 고발의 내용

3. 피해자의 인적사항

4. 피해자의 피해정도

5. 그 밖에 검거된 운전자의 인적사항 등 국토해양부장관이 포상금 지급을 위하여 필요하다고 인정하는 사항

③ 국토해양부장관은 제2항에 따라 통보를 받은 경우에는 그 내용을 확인한 후 포상금 지급 여부를 결정하여야 한다. 다만, 다음 각 호의 어느 하나에 해당하는 경우에는 포상금을 지급하지 아니한다.

1. 신고 또는 고발이 있은 후 같은 위반행위에 대하여 같은 내용의 신고 또는 고발을 한 경우

2. 관계 법령에 따라 다른 행정기관으로부터 같은 위반행위의 신고 또는 고발에 대한 포상금을 지급받은 경우

④ 국토해양부장관은 제3항에 따라 포상금 지급 결정을 하는 경우에는 다음 각 호의 기준에 따라 포상금액을 결정하여야 한다.

1. 피해자가 사망한 신고 또는 고발의 경우: 100만원

2. 피해자가 부상한 신고 또는 고발의 경우: 50만원부터 80만원까지의 범위에서 부상의 정도별로 국토해양부장관이 정하여 고시하는 금액

⑤ 국토해양부장관은 제3항 및 제4항에 따라 포상금 지급을 결정한 경우에는 지체 없이 신고인 또는 고발인에게 알려야 한다.

⑥ 제5항에 따라 포상금 지급 결정을 통보받은 신고인 또는 고발인은 국토해양부장관에게 포상금 지급을 신청하여야 한다. 이 경우 국토해양부장관은 포상금 지급 신청을 받은 날부터 1개월 이내에 포상금을 지급하여야 한다.

⑦ 제3항부터 제6항까지의 규정에 따른 포상금의 지급 기준·절차 및 방법 등에 관하여 필요한 세부 사항은 국토해양부장관이 정하여 고시한다.

[본조신설 2012.8.22]

제34조【자료 제출의 요청】 ① 특별자치도지사·시장·군수 또는 구청장(자치구의 구청장을 말한다. 이하 "시장·군수·구청장"이라 한다)은 국토해양부장관이 요청하면 법 제6조제2항·제3항 또는 제48조에 따라 의무보험에 가입

하지 아니한 자에 대하여 하는 업무의 처리 현황을 특별시장·광역시장 또는 도지사를 경유(특별자치도지사의 경우에는 제외한다)하여 국토해양부장관에게 제출하여야 한다.

② 특별시장·광역시장 또는 도지사는 시장·군수·구청장(특별자치도지사는 제외한다)이 의무보험에 가입하지 아니한 자에 대하여 행하는 업무를 원활하게 수행할 수 있도록 필요한 지원을 하여야 한다.

제34조의2 【권한의 위임】 국토해양부장관은 법 제44조에 따라 법 제43조제1항에 따른 검사·질문 등의 권한 중 자동차보험진료수가를 청구하는 의료기관에 대한 검사·질문 권한을 시장·군수·구청장에게 위임한다.

[본조신설 2009.9.3]

제35조 【권한의 위탁 등】 ① 국토해양부장관은 법 제45조제1항에 따라 자동차손해배상 보장사업을 보험회사등 또는 보험 관련 단체에 위탁할 때에는 위탁받을 자에 대하여 다음 각 호의 사항을 확인하여야 한다. 다만, 법 제45조제1항제3호부터 제6호까지의 규정에 따른 업무를 보험 관련 단체에 위탁하는 경우에는 그러하지 아니하다. <개정 2009.12.31, 2012.8.22>

  1. 최근 3년간 재산상황 및 수입과 지출의 전망

  2. 특별시·광역시·도 및 특별자치도별로 설치된 한 곳 이상의 상설 보상조직 및 그에 필요한 인력 확보에 관한 사항

② 국토해양부장관은 법 제45조제1항 또는 같은 조 제4항에 따라 자동차손해배상 보장사업을 보험회사등 또는 보험 관련 단체에 위탁하였으면 그 사실을 관보에 게재하여야 한다.

③ 국토해양부장관은 법 제45조제2항에 따라 다음 각 호의 업무를 교통안전공단에 위탁한다. 다만, 다음 각 호의 업무와 관련하여 제23조제3항에 따른 지원업무의 처리에 관한 규정 작성에 관한 업무는 제외한다.

  1. 법 제30조제2항에 따른 중증 후유장애인, 유자녀, 피부양가족에 대한 지원에 관한 업무

  2. 법 제31조제1항에 따른 재활시설 설치에 관한 업무

④ 국토해양부장관은 법 제45조제3항에 따라 법 제7조에 따른 가입관리전산망의 구성·운영에 관한 업무(제6조제2항에 따른 가입관리전산망운영지침 작성

에 관한 업무는 제외한다)를 「보험업법」 제176조에 따른 보험요율산출기관 (이하 "보험요율산출기관"이라 한다)에 위탁한다. <개정 2009.12.31>

⑤ 제2항 및 제3항에 따라 업무를 위탁받은 자는 다음 각 호의 사항을 매 분기 종료 후 25일 이내에 국토해양부장관에게 보고하여야 한다. <개정 2009.12.31>

  1. 업무의 처리상황

  2. 분담금 또는 제35조의2에 따라 국토해양부장관으로부터 지급받는 금액 (이하 "교부금"이라 한다)의 수입 및 지출상황

  3. 제31조제1항 및 같은 조 제2항에 따라 분담금을 정하거나 조정하기 위하여 국토해양부장관이 지정하는 자료

⑥ 제4항에 따라 업무를 위탁받은 보험요율산출기관은 매년 11월 말까지 다음 연도 업무계획 및 소요 경비를 국토해양부장관에게 제출하여 승인을 받아야 한다. 승인받은 업무계획 및 소요 경비를 변경하려는 경우에도 또한 같다.

⑦ 제4항에 따라 업무를 위탁받은 보험요율산출기관은 매년 2월 말까지 전년도 업무실적 및 경비지출 명세를 국토해양부장관에게 제출하여야 한다.

제35조의2 【분담금의 지원범위 및 대상 등】 ① 국토해양부장관은 제32조제1항에 따라 받은 분담금 중 1천분의 20의 범위에서 국토해양부장관이 정하는 금액을 매년 12월 말까지 분담금관리자 및 보장사업자에게 지급하여야 한다.

② 국토해양부장관은 제32조제1항에 따라 받은 분담금 중 그 분담금의 1천분의 10의 범위에서 국토해양부장관이 정하는 금액을 매년 12월 말까지 법 제45조제1항제5호에 따른 채권정리위원회의 안건심의에 필요한 자료의 조사·검증 등의 업무를 위탁받은 자에게 지급하여야 한다. <신설 2012.8.22>

③ 국토해양부장관은 제32조제1항에 따라 받은 분담금 중 그 분담금의 1천분의 10의 범위에서 국토해양부장관이 정하는 금액을 매년 12월 말까지 법 제45조제1항제6호에 따른 포상금 지급업무를 위탁받은 자에게 지급하여야 한다. <신설 2012.8.22>

④ 국토해양부장관은 제32조제1항에 따라 받은 분담금 중 1천분의 264에서 1천분의 414까지의 범위에서 국토해양부장관이 정하는 금액을 그 분담금을 납부받은 달의 다음 달 10일까지 법 제45조제2항에 따라 법 제30조제2항에 따

른 지원에 관한 업무를 위탁받은 교통안전공단에 지급하여야 한다. <개정 2012.8.22>

⑤ 국토해양부장관은 제32조제1항에 따라 받은 분담금 중 제24조제3항에 따른 금액을 그 분담금을 납부받은 달의 다음 달 10일까지 법 제45조제2항에 따라 법 제31조제1항에 따른 재활시설의 설치에 관한 업무를 위탁받은 교통안전공단 및 법 제32조제3항에 따른 재활시설운영자에게 지급하여야 한다. <개정 2012.8.22>

⑥ 국토해양부장관은 제32조제1항에 따라 받은 분담금 중 그 분담금의 1천분의 20의 범위에서 국토해양부장관이 정하는 금액을 매년 12월 말까지 법 제45조제3항에 따라 법 제7조에 따른 가입관리전산망의 구성·운영에 관한 업무를 위탁받은 보험요율산출기관에 지급하여야 한다. <개정 2012.8.22>

⑦ 국토해양부장관은 제32조제1항에 따라 받은 분담금 중 1천분의 20의 범위에서 국토해양부장관이 정하는 금액을 매년 12월 말까지 법 제45조제4항에 따라 법 제30조제4항 및 제39조제2항에 따른 미반환가불금 보상사업에 관한 업무를 위탁 받은 미반환가불금 보상사업자에게 지급하여야 한다. <개정 2012.8.22>

⑧ 국토해양부장관은 제32조제1항에 따라 받은 분담금의 감소로 제1항부터 제7항까지의 규정에 따라 지급한 금액 외에 추가 지원이 필요하다고 인정되는 경우에는 전년도까지의 분담금 중 사용되지 아니하고 누적된 금액의 일부를 추가로 지급할 수 있다. <개정 2012.8.22>

⑨ 제1항부터 제7항까지의 규정에 따라 국토해양부장관으로부터 지급받은 금액은 다음 각 호의 어느 하나에 해당하는 업무에만 사용하여야 한다. <개정 2012.8.22>

 1. 법 제7조에 따른 가입관리전산망의 구성·운영에 관한 업무

 2. 법 제30조제2항에 따른 지원을 위한 업무

 3. 법 제31조제1항에 따른 재활사업에 관한 업무

 4. 법 제30조제4항 및 제39조제2항에 따른 미반환가불금 보상사업에 관한 업무

 5. 법 제37조에 따른 분담금의 수납·관리·운용 및 정산에 관한 업무

6. 법 제39조의2제1항에 따른 채권정리위원회의 안건심의에 필요한 전문적인 자료의 조사·검증 등의 업무

7. 법 제43조의2에 따른 포상금 지급에 관한 업무

[본조신설 2009.12.31]

제35조의3【정보의 제공 내용 및 범위】 법 제45조의2제1항에 따라 보험요율산출기관이 법 제45조제1항에 따라 업무를 위탁받은 자에게 제공할 수 있는 정보의 내용 및 범위는 다음 각 호와 같다.

1. 보장사업자에 대한 정보의 제공: 보험회사, 보험종목, 보험가입자의 이름, 자동차등록번호, 책임보험의 시기·종기 등 보장사업자가 그 업무를 수행하는 데에 필요한 정보(다만, 보장사업자가 법 제39조제1항 및 제45조제1항제4호에 따라 손해배상청구권을 대위 행사하기 위하여 필요한 경우에는 보험가입자의 주소·주민등록번호를 포함한다)

2. 분담금관리자에 대한 정보의 제공: 보험회사, 보험종목, 보험가입자의 이름, 주소 및 주민등록번호, 자동차등록번호, 책임보험의 시기·종기 등 분담금관리자가 분담금의 수납·관리와 관련하여 국토해양부 장관이 정하는 업무를 수행하는 데에 필요한 정보

[본조신설 2009.12.31]

제35조의4【민감정보 및 고유식별정보의 처리】 ① 국토해양부장관(법 제45조제2항 및 제4항에 따라 국토해양부장관으로부터 업무를 위탁받은 자를 포함한다)은 다음 각 호의 사무를 수행하기 위하여 불가피한 경우 「개인정보 보호법」 제23조에 따른 건강에 관한 정보와 같은 법 시행령 제19조에 따른 주민등록번호, 여권번호, 운전면허번호, 외국인등록번호가 포함된 자료를 처리(「개인정보보호법」 제2조제2호에 따른 처리를 말한다. 이하 이 조에서 같다)할 수 있다.

1. 법 제11조제5항, 제30조제4항 및 제39조제2항에 따른 미반환가불금의 보상, 반환청구권 대위행사에 관한 사무

2. 법 제30조제2항 및 제36조제3항에 따른 중증 후유장해인의 유자녀 등의 지원에 관한 사무

3. 법 제31조부터 제34조까지의 규정에 따른 후유장애인의 재활 지원에 관

한 사무

② 국토해양부장관(법 제45조 제1항 및 제3항에 따라 국토해양부장관으로부터 업무를 위탁받은 자를 포함한다)은 다음 각 호의 사무를 수행하기 위하여 불가피한 경우 「개인정보 보호법」 제23조에 따른 건강에 관한 정보, 같은 법 시행령 제18조제2호에 따른 범죄경력자료에 해당하는 정보, 같은 법 시행령 제19조에 따른 주민등록번호, 여권번호, 운전면허번호, 외국인등록번호가 포함된 자료를 처리할 수 있다.

　1. 법 제7조에 따른 의무보험가입관리전산망의 구성·운영 등에 관한 사무

　2. 법 제30조제1항, 제36조제1항·제2항, 제37조 및 제39조제1항에 따른 자동차손해배상 보장사업 및 분담금 징수·운용·관리, 손해배상 청구권 대위행사에 관한 사무

　3. 법 제39조의2제1항에 따른 채권정리위원회의 운영에 관한 사무

③ 국토해양부장관은 법 제43조에 따른 검사·질문에 관한 사무를 수행하기 위하여 「개인정보 보호법」 제23조에 따른 건강에 관한 정보와 같은 법 시행령 제19조에 따른 주민등록번호, 여권번호, 운전면허번호, 외국인등록번호가 포함된 자료를 처리할 수 있다.

　[본조신설 2012.8.22]

제36조【과태료의 부과기준】 법 제48조제1항부터 제3항까지의 규정에 따른 과태료의 부과기준은 별표 5와 같다.

　[전문개정 2011.4.4]

제37조【범칙행위의 범위 및 범칙금액 등】 ① 법 제50조제1항에 따른 범칙행위의 구체적인 범위와 법 제51조제2항에 따른 범칙금의 액수는 별표 6과 같다.

② 범칙금은 분할하여 납부할 수 없다.

제38조【범칙자의 범위】 ① 법 제50조제2항제1호에서 "범칙행위를 상습적으로 하는 자"란 범칙행위를 한 날부터 1년 이내에 같은 위반행위를 한 사람을 말한다.

② 법 제50조제2항제2호를 적용할 때에는 다음 각 호의 어느 하나에 해당하는 사람은 범칙자에서 제외하여야 한다.

1. 법 제6조제3항에 따라 의무보험 가입 명령을 받고 2개월 이내에 의무보험에 가입하지 아니한 사람

2. 의무보험에 가입되어 있지 아니한 자동차를 운행하다가 교통사고를 일으킨 사람

제38조의2【정보제공의 범위】 국토해양부장관은 법 제50조제4항에 따라 다음 각 호의 정보를 경찰청장에게 제공할 수 있다.

1. 법 제5조제1항부터 제3항까지의 규정에 따른 보험 또는 공제에의 가입 현황 및 변동 내용에 관한 정보

2. 법 제8조 본문을 위반한 자에 대한 처리결과에 관한 정보

[본조신설 2012.8.22]

제39조【통고처분의 절차】 ① 시장·군수·구청장 또는 경찰서장은 법 제51조에 따라 통고처분을 할 때에는 범칙금 납부통고서를 작성하여야 한다. <개정 2012.8.22>

② 제1항에 따른 범칙금 납부통고서에는 통고처분을 받을 자의 인적사항, 범칙금액, 위반 내용, 적용 법규, 납부 장소, 납부 기간 및 통고처분 연월일을 적고 시장·군수·구청장   또는   경찰서장이   기명날인하여야   한다.   <개정 2012.8.22>

③ 제1항 및 제2항에서 규정한 사항 외에 범칙금의 납부 등에 필요한 사항은 국토해양부령으로 정한다.

부 칙   <제24065호, 2012.8.22>

제1조【시행일】 이 영은 2012년 8월 23일부터 시행한다.

제2조【책임보험금의 산정에 관한 적용례】 제3조제2항제1호의 개정규정은 이 영 시행 전 부상이 원인이 되어 이 영 시행 후 사망하는 경우부터 적용한다.

제3조【보험 등의 가입 의무 면제사유에 관한 적용례】 제5조의2의 개정규정은 이 영 시행 후 해당 개정규정에 따른 보험 등의 가입 의무 면제사유가 발생하는 것부터 적용한다.

제4조【교통사고 관련 조사기록의 열람 청구에 관한 적용례】 제12조의3의 개정규정은 이 영 시행 후 발생하는 교통사고부터 적용한다.

제5조【포상금에 관한 적용례】 제33조의8의 개정규정은 이 영 시행 후 신고 또는 고발하는 것부터 적용한다.

제6조【유자녀 등의 지원에 관한 적용례】 ① 별표 4의 개정규정(비고는 제외한다)은 이 영 시행 후 지원금 또는 보조금을 지급하는 것부터 적용한다.

② 별표 4 비고의 개정규정은 이 영 시행 당시 26세가 되지 아니한 사람부터 적용한다.

제7조【다른 법령의 인용에 따른 경과조치】 제11조의2의 개정규정 중 "「국민건강보험법」 제62조에 따른 건강보험심사평가원"은 2012년 8월 31일까지 "「국민건강보험법」 제55조에 따른 건강보험심사평가원"으로 본다.

제8조【분담금의 지원에 관한 경과조치】 국토해양부장관은 제35조의2제6항 및 제7항의 개정규정에도 불구하고 2012년도분의 분담금을 지원하는 경우에는 이 영 시행일부터 1개월 이내에 지급하여야 한다.

자동차손해배상 보장법 시행규칙

[시행 2012.9.4] [국토해양부령 제516호, 2012.9.4, 일부개정]

제1조【목적】 이 규칙은 「자동차손해배상 보장법」 및 같은 법 시행령에서 위임된 사항과 그 시행에 필요한 사항을 규정함을 목적으로 한다.

제1조의2【보험 등의 가입 의무 면제의 승인 기준 및 신청 절차 등】 ① 「자동차손해배상 보장법」(이하 "법"이라 한다) 제5조의2제1항 및 같은 법 시행령(이하 "영"이라 한다) 제5조의2에 따라 보험 또는 공제에의 가입 의무(이하 "보험등 가입 의무"라 한다)를 면제받으려는 자는 별지 제1호서식의 보험등 가입 의무의 면제 신청서에 다음 각 호의 서류를 첨부하여 자동차의 등록업무를 관할하는 특별시장·광역시장·도지사·특별자치도지사(자동차의 등록업무가 시장·군수·구청장에게 위임된 경우에는 시장·군수·구청장을 말한다. 이하 "시·도지사"라 한다)에게 신청하여야 한다.

1. 영 제5조의2 각 호의 사유 및 그 운행중지기간을 증명할 수 있는 서류

2. 자동차등록증 사본

② 시·도지사는 제1항에 따라 보험등 가입 의무의 면제 신청을 받은 때에는 다음 각 호의 승인 기준에 적합한 지를 심사하고, 승인하는 경우에는 해당 자동차등록증과 자동차등록번호판을 보관하여야 한다.

1. 영 제5조의2의 보험등 가입 의무의 면제 사유에 해당할 것

2. 운행중지기간이 적절할 것

③ 시·도지사는 제2항에 따라 자동차등록번호판을 보관할 때에는 자동차보유자의 성명·주소, 자동차의 종류·등록번호 및 보관일자·보관기관 등을 적은 별지 제2호서식의 자동차등록번호판 보관 확인서를 신청인에게 발급하여야 한다.

④ 시·도지사는 제2항에 따라 보험등 가입 의무의 면제 승인을 받은 자동차보유자가 그 승인의 취소를 요청하는 경우에는 보험등 가입 의무의 면제 승인을 취소하고, 자동차보유자에게 제2항에 따라 보관하고 있는 자동차등록증과 자동차등록번호판을 반환하여야 한다.

[본조신설 2012.9.4]

제2조【의무보험 종료 사실의 통지】 보험회사 및 공제사업자(이하 "보험회사등"이라 한다)가 법 제6조제1항에 따라 의무보험계약이 끝난다는 사실을 알릴 때에는 다음 각 호의 사실에 관한 안내가 포함되어야 한다. <개정 2012.9.4>

1. 의무보험에 가입하지 아니하는 경우에는 법 제6조제4항에 따라 자동차 등록번호판(이륜자동차 번호판 및 건설기계의 등록번호표를 포함한다. 이하 같다)이 영치될 수 있다는 사실

2. 의무보험에 가입되어 있지 아니한 자동차를 운행하는 경우에는 법 제46조제2항에 따라 1년 이하의 징역이나 500만원 이하의 벌금형을 받게 된다는 사실

3. 의무보험에 가입하지 아니하는 경우에는 법 제48조제3항제1호에 따라 의무보험에 가입하지 아니한 기간에 따라 300만원 이하의 과태료가 부과된다는 사실

제3조【의무보험 계약의 체결 사실 등의 통지】 ① 법 제6조제2항에 따라 보험계약자등이 의무보험 계약 체결 사실 등을 알려야 하는 시기는 별표와 같다.

② 보험회사등이 법 제6조제2항에 따라 의무보험 계약 체결 사실 등을 알릴 때에는 법 제7조제1항에 따른 의무보험 가입관리전산망(이하 "가입관리전산망"이라 한다)을 이용하되, 가입관리전산망이 작동되지 아니하거나 그 밖의 사유로 이용하기 곤란한 경우에는 다른 적절한 방법으로 알릴 수 있다.

③ 보험회사등이 법 제6조제2항에 따른 사실을 알릴 때에는 다음 각 호의 사항을 포함하여야 한다. <개정 2012.9.4>

1. 자동차등록번호

2. 자동차소유자의 성명, 주민등록번호, 주소

3. 그 밖에 특별자치도지사·시장·군수 또는 구청장(자치구의 구청 장을 말하며, 이하 "시장·군수·구청장"이라 한다)이 법 제6조제3항에 따라 자동차보유자에게 의무보험 가입을 명하는데 필요한 항목

제4조【자동차 등록번호판의 영치】 ① 시장·군수·구청장은 법 제6조제4항에 따라 자동차 등록번호판을 영치할 때에는 자동차 소유자의 성명·주소, 자동차의 종류·등록번호 및 영치 일시 등이 적힌 별지 제3호서식의 영치증을

발급하여야 한다. <개정 2012.9.4>

② 시장·군수·구청장은 자동차보유자가 등록번호판이 영치된 자동차에 대하여 의무보험에 가입하였음을 증명한 경우에는 해당 자동차 등록번호판의 영치를 즉시 해제하고, 그 사실을 해당 자동차를 등록한 기관에 지체 없이 알려야 한다.

제5조【보험금등 산출 기초의 증명서류】 영 제7조제2항제3호에서 "국토해양부령으로 정하는 증명서류"란 치료비의 명세별로 단위, 단가, 수량 및 금액을 명시하여 의료기관이 발행한 치료비청구명세서 및 치료비추정서를 말한다. 이 경우 치료비추정서에는 주치의의 치료에 관한 의견이 표시되어야 한다. <개정 2012.9.4>

제6조【가불금의 지급기한】 법 제11조제2항에서 "국토해양부령으로 정하는 기간"이란 피해자로부터 가불금의 지급청구를 받은 날부터 10일까지의 기간을 말한다.

제6조의2【자동차보험진료수가의 청구】 ① 보험회사등이 법 제12조의2제1항 및 영 제11조의2에 따라 건강보험심사평가원(이하 "건강보험심사평가원"이라 한다)에 업무를 위탁한 경우에 의료기관은 건강보험심사평가원에 자동차보험진료수가를 청구하여야 한다.

② 건강보험심사평가원은 제1항에 따라 진료수가를 청구받은 때에는 해당 보험회사등에 청구받은 사실을 알려야 한다.

   [본조신설 2012.9.4]

제6조의3【자동차보험진료수가의 심사·지급】 ① 건강보험심사평가원은 제6조의2에 따라 자동차보험진료수가를 청구받은 때에는 그 청구 내용이 법 제15조제1항에 따른 자동차보험진료수가에 관한 기준에 적합한 지를 심사하여야 한다.

② 건강보험심사평가원의 원장은 제6조의2에 따라 청구받은 사실을 확인할 필요가 있다고 인정하면 해당 의료기관에 관련 자료의 제출을 요구할 수 있으며, 의료기관은 특별한 사유가 없으면 이에 따라야 한다. 다만, 해당 의료기관이 관련 자료의 제출을 거부하거나 제출한 자료만으로는 사실관계 확인이 곤란한 경우에는 현지를 방문하여 확인할 수 있다.

③ 건강보험심사평가원의 원장은 제6조의2에 따라 자동차보험진료수가를 청구받은 날부터 15일 이내에 해당 의료기관 및 보험회사등에 그 심사결과를 알려야 한다.

④ 보험회사등은 제3항에 따라 자동차보험진료수가 심사결과를 통보받은 때에는 해당 의료기관에 자동차보험진료수가를 지급하여야 한다.

　[본조신설 2012.9.4]

제6조의4【이의제기】　① 의료기관 및 보험회사등은 제6조의3제3항에 따른 건강보험심사평가원의 심사결과에 이의가 있는 때에는 심사결과를 통보받은 날부터 10일 이내에 건강보험심사평가원에 이의제기할 수 있다.

② 건강보험심사평가원은 제1항에 따라 이의제기를 받은 때에는 이의제기를 받은 날부터 10일 이내에 해당 의료기관 및 보험회사등에게 이의제기에 대한 심사결과를 알려야 한다.

　[본조신설 2012.9.4]

제6조의5【자동차보험진료수가 심사업무처리에 관한 규정】　제6조의2부터 제6조의4까지의 규정에 따른 자동차보험진료수가의 청구, 심사, 지급 및 이의제기 등에 필요한 세부사항은 국토해양부장관이 정하여 고시한다.

　[본조신설 2012.9.4]

제7조【자동차보험진료수가기준에 포함되어야 하는 사항】　법 제15조제2항에서 "그 밖에 국토해양부령으로 정하는 사항"이란 다음 각 호의 사항을 말한다.

　1. 자동차보험진료수가로 산정·지급하는 진료의 기준

　2. 자동차보험진료수가의 산정방법

　3. 자동차보험진료수가의 청구액 및 지급액에 관하여 보험회사등과 의료기관 간의 조정·협의를 위한 절차

　4. 자동차보험진료수가의 청구 및 지급방법

　5. 자동차보험진료수가로 산정·지급하는 「의료법」 제46조제5항에 따른 추가비용에 관한 사항

제8조【공동계약체결이 가능한 경우】　법 제24조제2항에서 "국토해양부령으로 정하는 사유"란 자동차 보유자가 다음 각 호의 어느 하나에 해당하는 경우를

말한다.

　1. 과거 2년 동안 다음 각 목의 어느 하나에 해당하는 사항을 2회 이상 위반한 경력이 있는 경우

　　가. 「도로교통법」 제43조에 따른 무면허운전 등의 금지

　　나. 「도로교통법」 제44조제1항에 따른 술에 취한 상태에서의 운전금지

　　다. 「도로교통법」 제54조제1항에 따른 사고발생 시의 조치 의무

　2. 보험회사가 「보험업법」에 따라 허가를 받거나 신고한 법 제5조제1항부터 같은 조 제3항까지의 규정에 따른 보험의 보험요율과 책임준비금 산출기준에 따라 손해배상책임을 담보하는 것이 현저히 곤란하다고 보험요율산출기관이 인정한 경우

제9조【의무보험 계약의 해제 가능 사유】 법 제25조제6호에서 "그 밖에 국토해양부령으로 정하는 경우"란 다음 각 호의 어느 하나에 해당하는 경우를 말한다.

　1. 「자동차관리법」 제48조제2항에 따른 이륜자동차의 사용폐지 신고를 한 경우

　2. 「자동차관리법」 제43조제1항제2호 또는 「건설기계관리법」 제13조제1항제2호에 따른 정기검사를 받지 아니한 경우

　3. 법 제5조제3항에 따른 보험 또는 공제의 가입에 관한 계약에서 「상법」 제650조제1항·제2항, 제651조, 제652조제1항 또는 제654조에 따른 계약 해지의 사유가 발생한 경우

제10조【구상금액】 법 제29조제1항에서 "국토해양부령으로 정하는 금액"이란 보험회사등이 피해자에게 실제로 지급한 보험금 또는 공제금의 총액을 말한다. 다만, 보험회사등이 실제로 지급한 보험금 또는 공제금의 총액이 다음 각 호의 어느 하나에 해당하는 금액을 초과하는 경우에는 다음 각 호의 어느 하나에 해당하는 금액을 말한다.

　1. 사망 또는 부상의 경우 : 사고 1건당 200만원

　2. 재물의 멸실 또는 훼손의 경우 : 사고 1건당 50만원

제11조【분담금액】 영 제31조제1항에서 "국토해양부령으로 정하는 금액"이란

책임보험의 보험료(책임공제의 경우에는 책임공제분담금을 말한다)의 1,000분의 10을 말한다. <개정 2008.11.13>

제12조【의무보험 가입 여부의 확인】 관할 관청(해당 업무를 위탁받은 자를 포함한다. 이하 같다)은 법 제42조제1항 및 제2항에 따라 자동차가 의무보험에 가입하였는지를 확인할 때에는 가입관리전산망을 이용하여야 한다. 다만, 관할 관청은 다음 각 호의 어느 하나에 해당하는 경우에는 신청인 또는 신고인이 제시하는 의무보험에 가입하였음을 증명하는 서류로 의무보험 가입 사실을 확인할 수 있다. <개정 2012.9.4>

  1. 해당 계약 자료를 확인하기 위한 전산파일이 생성되지 아니한 경우

  2. 가입관리전산망의 장애 등으로 가입관리전산망을 통하여 확인하는 것이 곤란한 경우

제13조【범칙자 적발 보고서의 작성】 특별사법경찰관리(「사법경찰관리의 직무를 수행할 자와 그 직무범위에 관한 법률」 제5조제35호에 따라 지명받은 공무원을 말한다0 또는 사법경찰관은 같은 조 제2항에 따른 범칙자를 적발한 경우에는 별지 제4호서식의 범칙자 적발 보고서를 작성하여야 한다. <개정 2012.9.4>

제14조【범칙금 통고 및 징수기록 대장】 ① 시장·군수·구청장 또는 경찰서장은 법 제51조에 따라 범칙금 납부통고를 한 경우에는 별책의 범칙금 통고 및 징수기록 대장을 작성·관리하여야 한다. <개정 2012.9.4>

② 제1항에 따른 범칙금 통고 및 징수기록 대장은 전자적 처리가 불가능한 특별한 사유가 없으면 전자적 처리가 가능한 방법으로 작성·관리하여야 한다.

제15조【범칙금의 납부】 ① 법 제52조제1항에 따른 수납기관(이하 "수납기관"이라 한다)은 범칙금을 받은 경우에는 범칙금을 납부한 사람에게 영수증을 발급하고 지체 없이 영수확인통지서를 시장·군수·구청장 또는 경찰서장에게 보내야 한다. <개정 2012.9.4>

② 시장·군수·구청장 또는 경찰서장은 제1항에 따라 수납기관으로부터 범칙금영수확인통지서를 받았으면 별책의 범칙금 통고 및 징수기록 대장에 징수사항을 기록하여야 한다. <개정 2012.9.4>

부칙   <제516호, 2012.9.4>

이 규칙은 공포한 날부터 시행한다.

계리지원팀 2012-P1-10-a-10-3-A2

개인용자동차보험
(2012. 09. 01)

개인용자동차보험 보통약관

개인용자동차보험은 자동차를 소유, 사용, 관리하는 동안에 발생한 사고에 대하여 보상하는 보험으로, 구체적인 보상내용 및 자동차보험계약의 성립에서 소멸까지의 보험계약자와 보험회사간의 권리와 의무사항은 다음의 자동차보험 약관에 명시되어 있습니다.

- 목 차 -

개인용자동차보험 약관 쉽게 찾는 법

▦ 보험계약시 꼭 알아야 할 사항

1 가입대상   7 자동차 보험료의 계산방법
3 보험계약의 성립   14 보험회사가 보상하지 않는 사항
4 청약철회   20 보험약관 등의 교부 및 설명
5 보험기간   21 보험안내장 등의 효력
6 보험계약자 등의 의무사항   22 보험계약 정보의 제공

▦ 자동차 사고로 다른 사람에게 피해를 주었을 경우

8 자동차 사고시 보상처리 흐름도   14 보험회사가 보상하지 않는 사항
9 분쟁, 합의, 관할법원   15 보험금의 청구와 지급
10 배상책임

▦ 자동차 사고로 자신 또는 가족이 피해를 입었을 경우

8 자동차 사고시 보상처리 흐름도   13 자기차량손해
9 분쟁, 합의, 관할법원   14 보험회사가 보상하지 않는 사항
11 자기신체사고   15 보험금의 청구와 지급
12 자동차상해

▦ 다른 사람의 자동차 사고로 피해를 입었을 경우

8 자동차 사고시 보상처리 흐름도   12 무보험자동차에 의한 상해
9 분쟁, 합의, 관할법원   13 자기차량손해
10 배상책임   14 보험회사가 보상하지 않는 사항
11 자기신체사고   15 보험금의 청구와 지급

Ⅰ. 개인용자동차보험 일반사항

① 가입대상

법정정원 10인승 이하의 개인소유 자가용승용차.
다만, 인가된 자동차학원 또는 자동차학원 대표자 소유의 자동차로서 운전교습, 도로주행교육 및 시험에 사용되는 승용자동차는 제외됩니다.

② 개인용자동차보험의 구성

1. 보험회사가 판매하는 다이렉트원 개인용자동차보험은 대인배상Ⅰ, 대인배상Ⅱ, 대물배상, 자기신체사고, 자동차상해, 무보험자동차에 의한 상해, 자기차량손해의 7가지 담보종목과 특별약관으로 구성되어 있으며, 보험회사는 대한민국(북한지역을 포함합니다) 안에서 생긴 사고에 대하여 보험계약자가 가입한 담보내용에 따라 보상해 드립니다.

2. 보험계약자는 이들 7가지 담보종목 중 한 가지 이상을 선택하여 가입할 수 있습니다. 다만, 자동차손해배상보장법 제5조 제1항 및 제2항의 규정에 따라 자동차보유자가 의무적으로 가입하여야 하는 의무보험(용어정리⑭)은 반드시 가입하여야 합니다.

3. 각 담보별 보상 내용(상세한 내용은 'Ⅱ. 담보종목별 보상내용'에 규정되어 있습니다)

(1) 자동차 사고로 인한 타인의 피해를 보상하는 담보(배상책임담보)

담보종목	보상하는 내용
대인배상Ⅰ	자동차사고로 다른 사람을 죽게 하거나 다치게 한 경우에 자동차손해배상보장법에서 정한 한도내에서 보상
대인배상Ⅱ	자동차사고로 다른 사람을 죽게 하거나 다치게 한 경우,그 손해가 대인배상Ⅰ에서 지급하는 금액을 초과하는 경우에 그 초과손해를 보상
대물배상	자동차사고로 다른 사람의 재물을 없애거나 훼손한 경우에 보상

(2) 자동차 사고로 인한 피보험자의 피해를 보상하는 담보

담보종목	보상하는 내용
자기신체사고	피보험자가 죽거나 다친 경우에 보상
무보험자동차에 의한 상해	무보험자동차에 의해 피보험자가 죽거나 다친 경우에 보상
자기차량손해	피보험자동차가 파손된 경우 보상

③ 보험계약의 성립

1. 보험회사와의 보험계약은 보험계약자가 청약을 하고 보험회사가 승낙을 하면 성립합니다.

2. 보험계약자가 청약을 할 때 '제1회 보험료'(보험료를 분납하기로 약정한 경우) 또는 '보험료 전액'(보험료를 일시에 지급하기로 약정한 경우)(이하 '제1회 보험료 등'이라 합니다)을 지급한 경우에는, 보험회사가 그 지급한 날로부터 30일 이내에 보험회사가 승낙 또는 거절의 통지를 발송하지 않으면 승낙한 것으로 봅니다.

3. 보험회사가 청약을 승낙한 때는 지체없이 보험증권을 보험계약자에게 교부합니다. 그러나 보험계약자가 제1회 보험료 등을 지급하지 아니한 경우에는 그러하지 아니합니다.

4. 보험계약이 성립하면 보험회사는 '⑤ 보험기간'의 규정에 따라 보험기간의 첫 날부터 보상책임을 집니다. 다만, 보험계약자로부터 제1회 보험료 등을 받은 경우에는, 그 이후에 발생한 승낙 전의 사고라도 청약을 거절할 사유가 없는 한 보상합니다.

④ 청약철회

1. 보험계약자는 제1회 보험료 등을 지급하지 않은 경우에는 청약을 한 날로부터, 이를 지급한 경우에는 그 지급한 날로부터 15일 이내에 보험계약의 청약을 철회할 수 있습니다. 다만, 가입이 강제되는 의무보험에 대해서는 청약을 철회할 수 없습니다.

2. 보험회사는 보험계약자의 청약철회를 접수한 날로부터 3일 이내에 받은 보험료를 보험계약자에게 돌려 드립니다.

3. 보험회사가 위 '2.'의 보험료 반환기일을 지키지 못하는 경우에는, 반환기일의 다음날로부터 반환하는 날까지의 기간에 대해서는 이자(보험개발원이 공시한 정기예금이율을 적용하여 산정한 금액)를 가산한 금액을 돌려 드립니다.

⑤ 보험기간

보험회사가 피보험자에 대해 보상책임을 지는 보험기간은 다음과 같습니다.

구 분		보험기간
일반적용		보험증권에 기재된 보험기간의 첫날 24시부터 마지막 날 24시까지. 다만, 의무보험(공제를 포함합니다)의 경우 전(前) 계약의 보험기간과 중복되는 경우에는 전 계약의 보험기간이 끝나는 시점부터 시작합니다.
예외적용	자동차보험에 처음 가입하는 자동차(용어정의①) 및 의무보험	보험료를 받은 때부터 마지막 날 24시까지. 다만, 보험증권에 기재된 보험기간 이전에 보험료를 받았을 경우에는 그 보험기간의 첫날 0시부터 시작합니다.

⑥ 보험계약자의 의무

1. 계약전 알릴 의무

(1) 보험계약자는 보험계약을 맺기 위하여 청약을 할 때 다음의 사항에 대하여 알고 있는 사실을 보험회사에 알려야 합니다.
   ① 이 보험계약을 맺는 담보종목의 보상내용과 전부 또는 일부가 일치하는 다른 보험계약(공제계약을 포함합니다)을 맺고 있을 때 그 계약사항
   ② 이 보험계약을 맺고 있는 자동차(이하 '피보험자동차'라고 합니다)의 검사에 관한 사항
   ③ 용도, 차종, 등록번호(이에 준하는 번호도 포함합니다. 이하 같습니

다), 차명, 연식, 적재정량, 구조 등 피보험자동차에 관한 사항

④ 피보험자의 주소, 성명, 직업, 연령 등 피보험자에 관한 사항

⑤ 이 보험계약을 맺기 직전에 피보험자동차에 대하여 가입했던 의무
보험(공제를 포함합니다)에 관한 사항

⑥ 기명피보험자와 피보험자동차 소유자가 다른 경우 소유자에 관한
사항

⑦ 기타 보험회사가 서면으로 질문한 사항 또는 보험청약서 기재사항

(2) 보험회사는 이 보험계약을 맺은 후 보험계약자가 계약전 알릴 의무를
위반한 사실이 확인된 때에는 추가보험료를 더 받고 승인할 수 있습
니다.

2. 계약후 알릴 의무

(1) 보험계약자는 보험계약을 맺은 후 다음의 사실이 생긴 것을 안 때에
는 지체없이 보험회사에게 그 사실을 알리고 승인을 받아야 합니다.
이 경우 보험회사는 그 사실에 따라 보험료가 변경되는 경우에는 보
험료를 더 받거나 돌려주고 계약을 승인할 수 있습니다.

① 이 보험계약을 맺는 담보종목의 보상내용과 전부 또는 일부가 일
치하는 다른 보험계약(공제계약을 포함합니다)을 맺게 된 사실

② 용도, 차종, 등록번호, 적재정량, 구조 등 피보험자동차에 관한 사
항이 변경된 사실

③ 피보험자동차에 화약류, 고압가스, 폭발물, 인화물 등의 위험물을
싣게 된 사실

④ 기타 위험이 뚜렷이 증가하거나 또는 적용할 보험료에 차이를 발
생시키는 사실

(2) 보험계약자는 보험증권에 기재된 주소 또는 연락처가 변경된 때에는
지체없이 보험회사에 알려야 합니다. 이를 알리지 않으면 보험회사가
알고 있는 최근의 주소로 통지하게 되므로 불이익을 당할 수도 있습
니다.

3. 사고발생시의 의무

(1) 보험계약자 또는 피보험자는 사고가 생긴 것을 안 때에는 다음의 사항을 이행하여야 합니다.
① 지체없이 손해의 방지와 경감에 힘쓰고, 남으로부터 손해배상을 받을 수 있는 권리가 있는 경우에는 그 권리(공동불법행위 등의 경우 연대채무자 상호간의 구상권을 포함합니다. 이하 같습니다)의 보전과 행사에 필요한 절차를 밟아야 합니다.
② 다음 사항을 보험회사에 지체없이 서면으로 알려야 합니다.
　가. 사고가 발생한 때, 곳, 상황 및 손해의 정도
　나. 피해자의 주소, 성명, 직업 및 연령
　다. 가해자의 주소와 성명
　라. 사고에 대하여 증인이 있을 때에는 그의 주소와 성명
　마. 손해배상의 청구를 받은 때에는 그 내용
③ 손해배상의 청구를 받은 경우에는 미리 보험회사의 동의없이 그 전부 또는 일부를 합의하여서는 안됩니다. 그러나 피해자의 응급치료, 호송 그 밖의 긴급조치에 대하여는 보험회사의 동의를 필요로 하지 아니합니다.
④ 손해배상청구의 소송을 제기하려고 할 때 또는 제기 당한 때에는 지체없이 서면으로 보험회사에 알려야 합니다.
⑤ 피보험자동차를 도난당하였을 때에는 지체없이 그 사실을 경찰관서에 신고하여야 합니다.
⑥ 보험회사가 사고를 증명하는 서류 등 꼭 필요하다고 인정하는 서류와 증거를 요구한 경우에는 지체없이 이를 제출하여야 하며, 또한 보험회사가 손해를 조사하는 데에 협력하여야 합니다.

(2) 보험회사는 보험계약자 또는 피보험자가 정당한 이유없이 위 '(1)'에서 규정하고 있는 사항을 이행하지 아니한 경우에는, 그로 말미암아 늘어난 손해액이나 회복할 수 있었을 금액을 손해보상액에서 공제하거나 지급하지 아니합니다.

⑦ 자동차 보험료의 계산방법

1. 자동차 보험료는 보험회사가 금융감독원에 신고한 후 사용하는 '자동차 보험 요율서'에서 정한 방법에 의하여 계산합니다.

< 예시 >

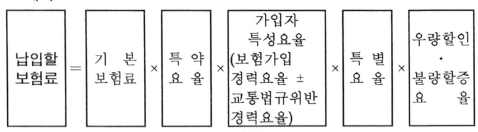

- 기본보험료 : 차량의 종류, 배기량, 용도, 보험가입금액, 성별, 연령 등에 따라 미리 정해놓은 기본적인 보험료
- 특약요율 : 운전자의 연령범위를 제한하는 특약, 가족으로 운전자를 한 정하는 특약 등 가입시에 적용하는 요율
- 가입자특성요율 : 보험가입기간이나 법규위반경력에 따라 적용하는 요 율
- 특별요율 : 자동차의 구조나 운행실태가 같은 종류의 차량과 다른 경우 적용하는 요율
- 우량할인·불량할증요율 : 사고발생 실적에 따라 적용하는 요율

2. 보험기간의 개시 이전에 보험료의 변경이 있을 때에는 변경전의 보험료 와 변경후의 보험료와의 차액을 더 받거나 돌려 드립니다.

3. 과오납 보험료의 반환

보험회사의 고의·과실로 피보험자에 대한 보험료 산정이 적정하지 아 니하여 보험계약자가 적정보험료를 초과하여 납입한 경우, 보험회사는 이를 안 날 또는 보험계약자가 반환을 청구한 날로부터 10일 이내에 적 정보험료를 초과하는 금액 및 이에 대한 납입한 날로부터 반환하는 날 까지의 기간에 대한 이자(보험개발원이 공시한 정기예금이율을 적용하여 산정한 금액)를 돌려드립니다. 다만, 보험회사의 고의·과실이 없는 경우 에는 적정보험료를 초과한 보험료만 돌려드립니다.

8 자동차 사고시 보상처리 흐름도

자동차사고가 발생한 경우 보상처리는 다음 그림의 절차에 따라 이루어집니다.

```
┌─────────────────────────────┐
│         교통사고 발생          │
└─────────────────────────────┘
              ⬇
┌─────────────────────────────┐   • 사고일시 및 장소
│          사고접수             │   • 사고상황 및 피해정도
└─────────────────────────────┘   • 운전자 성명·주소 등 접수
              ⬇
┌─────────────────────────────┐   • 보험가입 차량 여부 확인
│     보험계약사항 확인 및        │   • 이후 사고처리 절차 안내
│        사고처리 안내           │
└─────────────────────────────┘
              ⬇
┌─────────────────────────────┐   • 보상책임 유무 결정
│   사고조사 및 치료비(수리비)     │   • 병원·정비공장에 치료비(수리비)
│         지불보증              │     지불보증
└─────────────────────────────┘
              ⬇
┌─────────────────────────────┐
│         보험금 산정           │
└─────────────────────────────┘
              ⬇
┌─────────────────────────────┐
│        보험금 지급 합의         │
└─────────────────────────────┘
              ⬇
┌─────────────────────────────┐
│       보험금 결정·지급         │
└─────────────────────────────┘
              ⬇
┌─────────────────────────────┐
│      보험금 지급내역 및 향후     │
│  보험계약 갱신시 변동사항 안내    │
└─────────────────────────────┘
```

⑨ 분쟁, 합의, 관할법원

1. 분쟁의 조정

이 보험계약의 내용 또는 보험금의 지급 등에 관하여 보험회사와 보험계약자, 피보험자, 손해배상청구권자, 기타 이해관계인과의 사이에 분쟁이 있는 경우에는 금융감독원에 설치된 금융분쟁조정위원회의 조정을 받을 수 있습니다.

2. 합의·절충·중재·소송의 협조·대행

(1) 보험회사는 피보험자의 법률상 손해배상책임을 확정하기 위하여 피보험자가 손해배상청구권자와 행하는 합의·절충·중재 또는 소송(확인의 소를 포함합니다)에 대하여 협조하거나, 피보험자를 위하여 이러한 절차를 대행할 수 있습니다.

(2) 보험회사는 피보험자에 대하여 보상책임을 지는 한도(동일한 사고로 이미 지급한 보험금이나 가지급보험금이 있는 경우에는 그 금액을 공제한 액수; 이하 같습니다) 내에서 위 '(1)'의 절차에 협조하거나 대행합니다.

(3) 보험회사가 위 '(1)'의 절차에 협조하거나 대행하는 경우에는 피보험자는 보험회사의 요청에 따라 협력해야 합니다. 피보험자가 정당한 이유없이 협력하지 아니하는 경우에는 그로 말미암아 늘어난 손해에 대해서 보상하지 아니합니다.

(4) 보험회사는 다음의 경우에는 위 '(1)'의 절차를 대행하지 아니합니다.
    ① 피보험자가 손해배상청구권자에 대하여 부담하는 법률상의 손해배상책임액이 보험증권에 기재된 보험가입금액을 명백하게 초과하는 때
    ② 피보험자가 정당한 이유없이 협력하지 아니하는 때

3. 공탁금의 대부
보험회사가 위 '2.(1)'의 절차를 대행하는 경우에는, 피보험자에 대하여 보상책임을 지는 한도 내에서, 가압류나 가집행을 면하기 위한 공탁금을

피보험자에게 대부할 수 있으며 이에 소요되는 비용을 보상합니다. 이 경우 대부금의 이자는 공탁금에 붙여지는 것과 같은 율로 하며, 피보험자는 공탁금(이자를 포함합니다)의 회수청구권을 보험회사에 양도하여야 합니다.

4. 관할법원

이 보험계약에 관한 소송은 보험회사의 본점 또는 지점 소재지 중 보험계약자 또는 피보험자가 선택하는 대한민국내의 법원을 합의에 따른 관할법원으로 합니다.

II. 담보종목별 보상내용

⑩ 배상책임 (대인배상 I , 대인배상 II , 대물배상)

> '대인배상 I (책임보험)' 및 '대물배상'은 자동차손해배상보장법에 의한 '의무보험'을 말하며, 자동차를 소유한 사람이면 누구나 가입하여야 합니다. 또한 '대인배상 II '는 '대인배상 I '에 가입하는 경우에 한하여 가입할 수 있습니다.

1. 보상내용

   (1) 보험회사는 피보험자가 피보험자동차를 소유, 사용, 관리하는 동안에 생긴 피보험자동차의 사고로 인하여 남을 죽게 하거나 다치게 한 때 또는 남의 재물을 없애거나 훼손한 때에 법률상 손해배상책임을 짐으로써 입은 손해를 보상합니다. 다만, 대인배상 I 은 자동차손해배상보장법에 의한 손해배상책임에 한합니다.

   (2) 보험회사는 이 약관의 '보험금지급기준에 의해 산출한 금액'과 '비용'을 합한 액수에서 '공제액'을 공제한 후 보험금으로 지급하며, 대인배상 I 의 경우에는 '자동차손해배상보장법령에서 정한 액수', 대인배상 II 와 대물배상의 경우 '보험증권에 기재된 보험가입금액'을 한도로 합니다.

지급 보험금	=	보험금지급기준에 의해 산출한 금액 또는 법원의 확정판결에 의하여 피보 험자가 배상하여야 할 금액	+	비용	-	공제액

   ① 소송이 제기되었을 경우에는 대한민국 법원의 확정판결에 의하여 피보험자가 손해배상청구권자에게 배상하여야 할 금액(지연배상금을 포함합니다)을 위 '보험금지급기준에 의해 산출한 금액'으로 봅니다.

   ② 위 '비용'은 다음의 금액을 말합니다. 이 비용은 보험가입금액과 관계없이 보상하여 드립니다.

      가. 손해의 방지와 경감을 위하여 지출한 비용(긴급조치비용을 포함합니다)

나. 남으로부터 손해배상을 받을 수 있는 권리의 보전과 행사를 위하여 지출한 필요 또는 유익한 비용

다. 기타 보험회사의 동의를 얻어 지출한 비용

③ 위 '공제액'은 대인배상Ⅱ의 경우 '대인배상Ⅰ로 지급되는 금액' 또는 피보험자동차가 대인배상Ⅰ에 가입되어 있지 아니한 경우에는 대인배상Ⅰ로 지급될 수 있는 금액, 대물배상의 경우 사고차량을 고칠 때에 부득이 엔진, 미션 등 중요한 부분을 새 부분품으로 교환한 경우 '그 교환된 기존 부분품의 감가상각에 해당하는 금액'을 말합니다.

2. 피보험자의 범위

피보험자는 보험회사에 보상을 청구할 수 있는 사람으로 그 범위는 다음과 같습니다.

(1) 보험증권에 기재된 피보험자(이 약관에서 '기명피보험자'라고 합니다)

(2) 기명피보험자와 같이 살거나 살림을 같이 하는 친족으로서 피보험자동차를 사용 또는 관리중인 자

(3) 기명피보험자의 승낙을 얻어 피보험자동차를 사용하거나 관리중인 자. 다만, 대인배상Ⅱ나 대물배상의 경우 자동차정비업, 주차장업, 급유업, 세차업, 자동차판매업, <u>자동차탁송업 등 자동차를 취급하는 것을 업</u>으로 하는 자(이들의 피용자 및 이들이 법인인 경우에는 그 이사와 감사를 포함합니다)가 업무로서 위탁받은 피보험자동차를 사용 또는 관리하는 경우에는 피보험자로 보지 아니합니다.

(4) 기명피보험자의 사용자 또는 계약에 의하여 기명피보험자의 사용자에 준하는 지위를 얻은 자. 다만, 기명피보험자가 피보험자동차를 사용자의 업무에 사용하고 있는 때에 한합니다.

(5) 위 '(1)' 내지 '(4)'에서 규정하는 피보험자를 위하여 피보험자동차를 운전(용어정의②)중인 자(운전보조자를 포함합니다). 다만, 대인배상Ⅰ의 경우 자동차손해배상보장법상 자동차보유자의 손해배상책임이 발생한 경우를 말하며, 대인배상Ⅱ나 대물배상의 경우 자동차정비업,

주차장업, 급유업, 세차업, 자동차판매업, 자동차탁송업 등 자동차를 취급하는 것을 업으로 하는 자(이들의 피용자 및 이들이 법인인 경우에는 그 이사와 감사를 포함합니다)가 업무로서 위탁받은 피보험자동차를 사용 또는 관리하는 경우에는 피보험자로 보지 아니합니다.

⑪ 자기신체사고

1. 보상책임내용

(1) 보험회사는 피보험자가 피보험자동차를 소유, 사용, 관리하는 동안에 생긴 피보험자동차의 사고로 인하여 죽거나 다친 때 그로 인한 손해를 보상하여 드립니다.

(2) 보험회사가 자기신체사고에 대하여 지급하는 보험금의 한도는 다음과 같습니다.
  ① 사망
  피보험자가 상해를 입은 직접적인 결과로 사망하였을 때에는, 보험증권에 기재된 사망보험가입금액을 한도로 합니다.
  ② 부상
  피보험자가 상해를 입은 직접적인 결과로 의사의 치료를 요하는 때에는, '㉖ 자기신체사고 지급기준'의 '1) 상해구분 및 급별 보험가입금액표'상의 보험가입금액을 한도로 합니다.
  ③ 후유장해
  피보험자가 상해를 입은 직접적인 결과로 치료를 받은 후에도 신체에 장해가 남은 때에는 '㉖ 자기신체사고 지급기준'의 '2) 후유장해구분 및 급별 보험가입금액표'에 따라, 보험증권에 기재된 후유장해 보험가입금액에 해당하는 각 장해등급별 보험가입금액을 한도로 합니다.

(3) 위 '(2)'의 사망, 부상, 후유장해의 지급보험금은 다음과 같은 방법으로 각각 계산합니다.

지급보험금	=	실제손해액	-	공제액

가. 실제손해액은 ㉔ 대인배상, 무보험자동차에 의한 상해 지급기준에 따라 산출한 금액 및 소송이 제기된 경우 확정판결금액으로써 과실상계 및 보상한도 미적용기준을 말합니다,

나. '공제액'은 다음의 금액을 말합니다.
 ⅰ) 자동차보험(공제계약 포함) 대인배상Ⅰ(정부보장사업 포함) 및 대인배상Ⅱ에 의해 보상받을 수 있는 금액
 ⅱ) 배상의무자 이외의 제3자로부터 보상받은 금액

다. 다만, '나'의 '공제액'이 발생하지 않는 경우에는 사망의 경우 보험증권에 기재된 사망보험가입금액, 부상의 경우 실제 소요된 치료비(성형수술비 포함), 후유장해의 경우 보험증권에 기재된 후유장해 보험가입금액에 해당하는 각 장해등급별 보험금액을 각각 지급합니다.

(4) 피보험자가 사고당시 탑승중 안전벨트를 착용하지 아니한 경우에는, 위'(3)'에 의하여 계산된 자기신체사고보험금에서 운전석 또는 그 옆좌석은 20%, 뒷좌석은 10%에 상당하는 금액을 공제하고 지급합니다.

(5) 보험회사가 사망보험금을 지급할 경우에 이미 후유장해로 지급한 보험금이 있을 때에는 사망보험금에서 이를 공제한 금액을 지급합니다. 다만 보험계약자인 기명피보험자가 본인의 사망보험금 수익자를 지정하거나 변경하고 그 사실을 보험회사에 서면으로 통지한 경우에는 그 수익자에게 보험금을 지급합니다.

2. 피보험자의 범위

(1) 피보험자는 보험회사에 보상을 청구할 수 있는 사람으로 그 범위는 다음과 같습니다.
① '⑩ 배상책임'의 대인배상Ⅱ에 해당하는 피보험자
② 위 '①'의 피보험자의 부모, 배우자 및 자녀(용어정의③)

(2) 위 '(1)'에서 규정하는 피보험자가 입은 손해에 대하여 피보험자동차가 가입한 대인배상Ⅱ 또는 무보험자동차에 의한 상해에 의하여 보상을 받을 수 있는 때에는 피보험자로 보지 아니합니다.

⑫ 무보험자동차에 의한 상해

> '무보험자동차에 의한 상해' 는 '대인배상Ⅰ', '대인배상Ⅱ', '대물배상',
> '자기신체사고'(또는 '자동차상해')에 모두 가입하는 경우에 한하여 가입
> 할 수 있습니다.

1. 보상책임내용

(1) 보험회사는 피보험자가 무보험자동차(용어정의④)에 의하여 생긴 사
고로 죽거나 다친 때, 그로 인한 손해에 대하여 배상의무자(용어정의
⑤)가 있는 경우에 이 약관에서 정한 바에 따라 보상하여 드립니다.

(2) 보험회사는 이 약관의 '보험금지급기준에 의해 산출한 금액'과 '비용'
을 합한 액수에서 '공제액'을 공제한 후 보험금으로 지급합니다.

지급보험금	=	보험금지급기준에 의해 산출한 금액	+	비 용	-	공제액

① 위 '지급보험금'은 피보험자 1인당 2억원을 한도로 합니다.
② 위 '비용'은 다음의 금액을 말합니다. 이 비용은 보험가입금액과
관계없이 보상하여 드립니다.
  가. 손해의 방지와 경감을 위하여 지출한 비용
  나. 남으로부터 손해배상을 받을 수 있는 권리의 보전과 행사를
  위하여 지출한 비용
③ 위 '공제액'은 다음의 금액을 말합니다.
  가. 대인배상Ⅰ(책임공제 및 정부보장사업을 포함합니다)에 의하여
  지급될 수 있는 금액
  나. 자기신체사고, 자동차상해에 의하여 지급될 수 있는 금액. 다
  만, 자기신체사고, 자동차상해 보험금의 청구를 포기한 경우에
  는 공제하지 아니합니다.
  다. 배상의무자가 가입한 대인배상Ⅱ 또는 공제계약에 의하여 지
  급될 수 있는 금액
  라. 피보험자가 탑승중이었던 자동차가 가입한 대인배상Ⅱ 또는
  공제계약에 의하여 지급될 수 있는 금액

마. 피보험자가 배상의무자로부터 이미 지급받은 손해배상액

바. 배상의무자가 아닌 제3자가 부담할 금액으로 피보험자가 이미
지급받은 금액

2. 피보험자의 범위

(1) 피보험자는 보험회사에 보상을 청구할 수 있는 사람으로 그 범위는
다음과 같습니다.

① 기명피보험자 및 기명피보험자의 배우자(피보험자동차에 탑승중이
었는지 여부를 불문합니다)

② 기명피보험자 또는 그 배우자의 부모 및 자녀(피보험자동차에 탑
승중이었는지 여부를 불문합니다)

③ 피보험자동차에 탑승중인 경우로 기명피보험자의 승낙을 얻어 피
보험자동차를 사용 또는 관리중인 자. 다만, 자동차정비업, 주차장
업, 급유업, 세차업, 자동차판매업, 자동차탁송업 등 자동차를 취
급하는 것을 업으로 하는 자(이들의 피용자 및 이들이 법인인 경
우에는 그 이사와 감사를 포함합니다)가 업무로서 위탁받은 피보
험자동차를 사용 또는 관리하는 경우에는 피보험자로 보지 아니
합니다.

④ 위 '①' 내지 '③'에서 규정하는 피보험자를 위하여 피보험자동차를
운전중인 자. 다만, 자동차정비업, 주차장업, 급유업, 세차업, 자동
차판매업, 자동차탁송업 등 자동차를 취급하는 것을 업으로 하는
자(이들의 피용자 및 이들이 법인인 경우에는 그 이사와 감사를
포함합니다)가 업무로서 위탁받은 피보험자동차를 사용 또는 관리
하는 경우에는 피보험자로 보지 아니합니다.

(2) 위 '(1)'의 피보험자가 입은 손해에 대하여 피보험자동차가 가입한 대
인배상Ⅱ에 의하여 보상을 받을 수 있는 때에는 피보험자로 보지 아
니합니다.

⒀ 자기차량손해

1. 보상책임내용

(1) 보험회사는 피보험자가 피보험자동차를 소유, 사용, 관리하는 동안에 다음과 같은 사고로 인하여 피보험자동차에 직접적으로 생긴 손해를 보상합니다. 이 경우 피보험자동차에 통상 붙어있거나 장치되어 있는 부속품과 부속기계장치는 피보험자동차의 일부로 봅니다. 그러나, 통상 붙어 있거나 장치되어 있는 것이 아닌 것은 보험증권에 기재한 것에 한합니다.

① 타차 또는 타물체(용어정의⑥)와의 충돌, 접촉, 추락, 전복 또는 차량의 침수(용어정의⑦)로 인한 손해

② 화재, 폭발, 낙뢰, 날아온 물체, 떨어지는 물체에 의한 손해 또는 풍력에 의해 차체에 생긴 손해

③ 피보험자동차 전부의 도난으로 인한 손해. 그러나, 피보험자동차에 장착 또는 장치되어 있는 일부 부분품, 부속품, 부속기계장치만의 도난에 대해서는 보상하지 아니합니다.

(2) 보험회사는 '피보험자동차에 생긴 손해액'과 '비용'을 합한 액수에서 보험증권에 기재된 '자기부담금'을 공제한 후 보험금으로 지급합니다.

$$\boxed{\begin{array}{c}\text{지급}\\\text{보험금}\end{array}} = \boxed{\begin{array}{c}\text{피보험자동차에}\\\text{생긴 손해액}\end{array}} + \boxed{\text{비 용}} - \boxed{\begin{array}{c}\text{보험증권에 기재된}\\\text{자기부담금}\end{array}}$$

① 위 '피보험자동차에 생긴 손해액'은 보험가액(용어정의⑧)을 기준으로 다음과 같이 결정합니다.

가. 보험증권에 기재된 보험가입금액을 한도로 보상하며, 보험가입금액이 보험가액보다 많은 경우에는 보험가액을 한도로 보상합니다.

나. 피보험자동차의 손상을 고칠 수 있는 경우에는, 사고가 생기기 바로 전의 상태로 만드는데 드는 수리비. 다만, 잔존물이 있는 경우에는 그 값을 공제합니다.

다. 피보험자동차를 고칠 때에 부득이 새 부분품을 쓴 경우에는, 그 부분품의 값과 그 부착 비용을 합한 금액. 다만, 엔진, 미션

등 중요한 부분을 새 부분품으로 교환한 경우 그 교환된 기존 부분품의 감가상각에 해당하는 금액을 공제합니다.

라. 피보험자동차가 제힘으로 움직일 수 없는 경우에는, 이를 고칠 수 있는 가까운 정비공장이나 보험회사가 지정하는 곳까지 운반하는데 든 비용 또는 그 곳까지 운반하는 데 든 임시수리비용 중에서 정당하다고 인정되는 부분은 보상하여 드립니다.

② 위 '비용'은 다음의 금액을 말합니다. 이 비용은 보험가입금액과 관계없이 보상하여 드립니다.

가. 손해의 방지와 경감을 위하여 지출한 비용

나. 남으로부터 손해배상을 받을 수 있는 권리의 보전과 행사를 위하여 지출한 비용

③ 위 '자기부담금'은 피보험자동차에 전부손해(용어정의⑨)가 생긴 경우 또는 보험회사가 보상하여야 할 금액이 보험가입금액 전액 이상인 경우에는 공제하지 않습니다.

(3) 보험회사는 피보험자동차에 생긴 손해에 대하여 보험회사가 필요하다고 인정하는 경우에는, 피보험자의 동의를 얻어 수리 또는 대용품의 교부로써 보험금의 지급을 대신할 수 있습니다.

(4) 보험회사가 보상한 손해가 전부손해일 경우 또는 보험회사가 보상한 금액이 보험가입금액 전액 이상인 경우에는 자기차량손해의 보험계약은 사고 발생시에 종료합니다.

(5) 보험회사가 피보험자동차의 전부손해에 대하여 보험금 전액을 지급한 경우에는 피해물을 인수합니다. 이 경우 보험가입금액이 보험가액보다 적을 때에는 보험가입금액의 보험가액에 대한 비율에 따라 피해물을 인수합니다. 그러나, 보험회사가 피해물을 인수하지 아니한다는 뜻을 표시하고 보험금을 지급하는 경우에는 피해물에 대한 피보험자의 권리가 보험회사에 이전되지 아니합니다.

2. 피보험자의 범위

피보험자는 보험회사에 보상을 청구할 수 있는 사람으로 보험증권에 기재된 기명피보험자입니다.

⑭ 보험회사가 보상하지 않는 사항 (면책사항)

1. 일반 면책사항

구 분	보상하지 않는 경우
(1) 대인배상 I	보험계약자 또는 피보험자의 고의로 인한 손해. 다만, 자동차손해배상보장법 제10조의 규정에 따라 보험회사에 직접청구를 한 경우에는, 보험회사는 자동차손해배상보장법령에서 정한 액수를 한도로 피해자에게 손해배상액을 지급하고 피보험자에게 그 금액의 지급을 청구합니다.
(2) 대인배상 II	① 보험계약자 또는 피보험자의 고의로 인한 손해 ② 전쟁, 혁명, 내란, 사변, 폭동, 소요 및 이와 유사한 사태에 기인한 손해 ③ 지진, 분화, 태풍, 홍수, 해일 등의 천재지변에 의한 손해 ④ 핵연료물질의 직접 또는 간접적인 영향에 기인한 손해 ⑤ 요금이나 대가를 목적으로 반복적으로 피보험자동차를 사용하거나 대여한 때에 생긴 손해. 다만, 1개월 이상의 기간을 정한 임대차계약에 의하여 임차인이 피보험자동차를 전속적으로 사용하는 경우에는 보상합니다. 그러나, 임차인이 피보험자동차를 요금이나 대가를 목적으로 반복적으로 사용하는 경우에는 보상하지 아니합니다. ⑥ 피보험자가 손해배상에 관하여 제3자와의 사이에 다른 계약을 맺고 있을 때 그 계약으로 말미암아 늘어난 손해 ⑦ 피보험자 본인이 무면허운전(용어정의⑩)을 하였거나, 기명피보험자의 명시적·묵시적 승인하에서 피보험자동차의 운전자가 무면허운전을 하였을 때에 생긴 사고로 인한 손해 ⑧ 피보험자동차를 시험용, 경기용 또는 경기를 위해 연습용으로 사용하던 중 생긴 손해. 다만, 운전면허시

구 분	보상하지 않는 경우
	험을 위한 도로주행시험용으로 사용하던 중 생긴 손해는 보상합니다. ⑨ 다음에 해당하는 사람이 죽거나 다친 경우 　가. 기명피보험자 또는 그 부모, 배우자 및 자녀 　나. 피보험자동차를 운전중인 자(운전보조자를 포함합니다) 또는 그 부모, 배우자 및 자녀 　다. 기명피보험자로부터 허락을 얻어 피보험자동차를 운행하는 자 또는 그 부모, 배우자 및 자녀 　라. 위 '나.' 및 '다.'의 '그 부모, 배우자 및 자녀'에 대해서는 이들에 대한 기명피보험자의 법률상 손해배상책임이 성립하는 경우에는 그 손해를 보상합니다. 　마. 배상책임이 있는 피보험자의 피용자로서 산업재해보상보험법에 의한 재해보상을 받을 수 있는 사람. 다만, 그 사람이 입은 손해가 동법에 의한 보상범위를 넘어서는 경우에는 그 초과손해는 보상합니다. 　바. 피보험자가 피보험자동차를 사용자의 업무에 사용하는 경우 그 사용자의 업무에 종사중인 다른 피용자로서 산업재해보상보험법에 의한 재해보상을 받을 수 있는 사람. 다만, 그 사람이 입은 손해가 동법에 의한 보상범위를 넘는 경우에는 그 초과손해는 보상합니다. 　사. 위 '마.' 및 '바.'의 규정은 각각의 피보험자 모두에게 개별적으로 적용합니다. 다만, 이로 인하여 약관에서 정한 보험금의 한도액이 증액되지는 아니합니다.
(3) 대물배상	① 보험계약자 또는 피보험자의 고의로 인한 손해 ② 전쟁, 혁명, 내란, 사변, 폭동, 소요 및 이와 유사한 사태에 기인한 손해 ③ 지진, 분화, 태풍, 홍수, 해일 등의 천재지변에 의한

구 분	보상하지 않는 경우
	손해
	④ 핵연료물질의 직접 또는 간접적인 영향에 기인한 손해
	⑤ 요금이나 대가를 목적으로 반복적으로 피보험자동차를 사용하거나 대여한 때에 생긴 손해. 다만, 1개월 이상의 기간을 정한 임대차계약에 의하여 임차인이 피보험자동차를 전속적으로 사용하는 경우에는 보상합니다. 그러나, 임차인이 피보험자동차를 요금이나 대가를 목적으로 반복적으로 사용하는 경우는 보상하지 아니합니다.
	⑥ 피보험자가 손해배상에 관하여 제3자와의 사이에 다른 계약을 맺고 있을 때 그 계약으로 말미암아 늘어난 손해
	⑦ 피보험자 본인이 무면허운전을 하였거나, 기명피보험자의 명시적·묵시적 승인하에서 피보험자동차의 운전자가 무면허운전을 하였을 때에 생긴 사고로 인한 손해. 다만, 자동차손해배상보장법 제5조 제2항의 규정에 따라 자동차보유자가 의무적으로 가입하여야 하는 대물배상 보험가입금액 한도내에서는 보상합니다.
	⑧ 피보험자동차를 시험용, 경기용 또는 경기를 위해 연습용으로 사용하던 중 생긴 손해. 다만, 운전면허시험을 위한 도로주행시험용으로 사용하던 중 생긴 손해는 보상합니다.
	⑨ 피보험자 또는 그 부모, 배우자 및 자녀가 소유, 사용 또는 관리하는 재물에 생긴 손해
	⑩ 피보험자가 사용자의 업무에 종사하고 있을 때 피보험자의 사용자가 소유, 사용 또는 관리하는 재물에 생긴 손해
	⑪ 피보험자동차에 싣고 있거나 운송중인 물품에 생긴 손해
	⑫ 남의 서화, 골동품, 조각물, 기타 미술품과 탑승자와 통행인의 의류나 휴대품(용어정의⑪)에 생긴 손해

구 분	보상하지 않는 경우
	⑬ 탑승자와 통행인의 분실 또는 도난으로 인한 소지품 (용어정의⑪)에 생긴 손해. 그러나, 훼손된 소지품에 대하여는 피해자 1인당 200만원의 한도내에서 실손 보상합니다.
	⑭ 위 '⑩'의 규정은 각각의 피보험자 모두에게 개별적 으로 적용합니다. 다만, 이로 인하여 약관에서 정한 보험금의 한도액이 증액되지는 아니합니다.
(4)자기신체사고, 자동차상해	① 피보험자의 고의로 그 본인이 상해를 입은 때. 이 경 우 당해 피보험자에 대한 보험금만 지급하지 아니합 니다.
	② 피보험자가 범죄를 목적으로 피보험자동차를 사용하 던 중 또는 싸움, 자살행위로 그 본인이 상해를 입은 때. 이 경우 당해 피보험자에 대한 보험금만 지급하 지 아니합니다.
	③ 상해가 보험금을 받을 자의 고의로 생긴 때에는 그 사람이 받을 수 있는 금액
	④ 피보험자가 마약 또는 약물 등(용어정의⑫)의 영향에 의하여 정상적인 운전을 하지 못하는 상태에서 운전 하던 중 생긴 사고로 그 본인이 상해를 입은 때. 이 경우 당해 피보험자에 대한 보험금만 지급하지 아니 합니다.
	⑤ 피보험자동차 또는 피보험자동차 이외의 자동차를 시 험용, 경기용 또는 경기를 위해 연습용으로 사용하던 중 생긴 손해. 다만, 운전면허시험을 위한 도로주행시 험용으로 사용하던 중 생긴 손해는 보상합니다.
	⑥ 전쟁, 혁명, 내란, 사변, 폭동, 소요 및 이와 유사한 사태에 기인한 손해
	⑦ 지진, 분화 등 천재지변에 의한 손해
	⑧ 핵연료물질의 직접 또는 간접적인 영향에 기인한 손 해
	⑨ 요금이나 대가를 목적으로 반복적으로 피보험자동차

구 분	보상하지 않는 경우
	를 사용하거나 대여한 때에 생긴 손해. 다만, 1개월 이상의 기간을 정한 임대차계약에 의하여 임차인이 피보험자동차를 전속적으로 사용하는 경우는 보상합니다. 그러나, 임차인이 피보험자동차를 요금이나 대가를 목적으로 반복적으로 사용하는 경우는 보상하지 아니합니다.
(5) 무보험자동차에 의한 상해	① 보험계약자 또는 피보험자의 고의로 인한 손해 ② 전쟁, 혁명, 내란, 사변, 폭동, 소요 및 이와 유사한 사태에 기인한 손해 ③ 지진, 분화, 태풍, 홍수, 해일 등 천재지변에 의한 손해 ④ 핵연료물질의 직접 또는 간접적인 영향에 기인한 손해 ⑤ 요금이나 대가를 목적으로 반복적으로 피보험자동차를 사용하거나 대여한 때에 생긴 손해. 다만, 1개월 이상의 기간을 정한 임대차계약에 의하여 임차인이 피보험자동차를 전속적으로 사용하는 경우는 보상합니다. 그러나, 임차인이 피보험자동차를 요금이나 대가를 목적으로 반복적으로 사용하는 경우는 보상하지 아니합니다. ⑥ 피보험자가 범죄를 목적으로 피보험자동차를 사용하던 중 또는 싸움, 자살 행위로 생긴 손해 ⑦ 피보험자가 마약 또는 약물 등의 영향에 의하여 정상적인 운전을 하지 못하는 상태에서 운전하던 중 생긴 사고로 인한 손해 ⑧ 피보험자동차 또는 피보험자동차 이외의 자동차를 시험용, 경기용 또는 경기를 위해 연습용으로 사용하던 중 생긴 손해. 다만, 운전면허시험을 위한 도로주행 시험용으로 사용하던 중 생긴 손해는 보상합니다. ⑨ 기명피보험자나 보험증권에 기재된 범위내의 운전자가 아닌 사람이 피보험자동차를 운전하였을 때 생긴

구　분	보상하지 않는 경우
	사고로 인한 손해 ⑩ 피보험자 본인의 무면허 운전중 생긴 사고로 인한 손해 ⑪ 피보험자가 자동차등록증 등에 사업용(영업용)으로 기재되어 있는 자동차를 운전하던 중 생긴 사고로 인한 손해. 다만, 대여사업용 자동차의 경우 영리를 목적으로 요금이나 대가를 받고 사용하지 않는 때에는 보상합니다. ⑫ 다음의 사람이 배상의무자일 경우에는 보상하지 아니합니다. 　가. 상해를 입은 피보험자의 부모, 배우자 및 자녀. 다만, 이들이 무보험자동차를 운전하지 않은 경우로서 이들 이외에 다른 배상의무자가 있는 경우에는 보상합니다. 　나. 피보험자가 사용자의 업무에 종사하고 있을 때 피보험자의 사용자 또는 피보험자의 사용자의 업무에 종사중인 다른 피용인
(6) 자기차량손해	① 보험계약자, 피보험자, 이들의 법정대리인 또는 피보험자와 살림을 같이 하거나 같이 사는 친족의 고의로 인한 손해 ② 전쟁, 혁명, 내란, 사변, 폭동, 소요 및 이와 유사한 사태에 기인한 손해 ③ 지진, 분화 등 천재지변에 의한 손해 ④ 핵연료물질의 직접 또는 간접적인 영향에 기인한 손해 ⑤ 요금이나 대가를 목적으로 반복적으로 피보험자동차를 사용하거나 대여한 때에 생긴 손해. 다만, 1개월 이상의 기간을 정한 임대차계약에 의하여 임차인이 피보험자동차를 전속적으로 사용하는 경우는 보상합니다. 그러나, 임차인이 피보험자동차를 요금이나 대가를 목적으로 반복적으로 사용하는 경우는 보상하

구 분	보상하지 않는 경우
	지 아니합니다. ⑥ 소유권이 유보된 매매계약이나 대차계약에 따라 피보험자동차를 산 사람 또는 빌어 쓴 사람의 고의로 인한 손해 ⑦ 사기 또는 횡령으로 인한 손해 ⑧ 국가나 공공단체의 공권력 행사에 의한 압류, 징발, 몰수, 파괴 등으로 인한 손해. 그러나, 소방이나 피난에 필요한 조치로서 취하여진 경우에는 그 손해를 보상합니다. ⑨ 피보험자동차에 생긴 흠, 마멸, 부식, 녹, 그 밖의 자연소모로 인한 손해 ⑩ 피보험자동차의 일부 부분품, 부속품, 부속기계장치만의 도난으로 인한 손해 ⑪ 동파로 인한 손해 또는 우연한 외래의 사고에 직접 관련이 없는 전기적, 기계적 손해 ⑫ 피보험자동차를 시험용, 경기용 또는 경기를 위해 연습용으로 사용하던 중 생긴 손해. 다만, 운전면허시험을 위한 도로주행시험용으로 사용하던 중 생긴 손해는 보상합니다. ⑬ 피보험자동차를 운송 또는 싣고 내릴 때에 생긴 손해 ⑭ 피보험자동차의 타이어나 튜브에만 생긴 손해. 다만 피보험자동차가 주정차 중일때 다른 자동차가 충돌하거나 접촉하여 입은 손해와 화재, 산사태로 입은 손해는 보상합니다. ⑮ 보험계약자, 피보험자, 이들의 법정대리인, 피보험자와 같이 살거나 살림을 같이하는 친족, 피보험자동차를 빌어 쓴 사람 또는 피보험자동차에 관계되는 이들의 피용자(운전자를 포함합니다)가 마약 또는 약물 등의 영향에 의하여 정상적인 운전을 하지 못할 상태에서 피보험자동차를 운전하고 있는 때에 생긴 손해

구 분	보상하지 않는 경우
	⑯ 보험계약자, 피보험자, 이들의 법정대리인, 피보험자와 같이 살거나 살림을 같이 하는 친족, 피보험자동차를 빌어 쓴 사람 또는 피보험자동차에 관계되는 이들의 피용자(운전자를 포함합니다)가 무면허운전을 하였거나 음주운전(용어정의⑬)을 하였을 때에 생긴 손해

2. 음주운전 또는 무면허운전 관련 자기부담금
   피보험자가 음주운전 또는 무면허운전을 하는 동안의 사고로 인하여 보험회사가 보험금을 지급하게 되는 경우, 다음 금액은 피보험자가 부담하여야 합니다.

구 분	음주운전·무면허운전 사고부담금
대인배상 Ⅰ·Ⅱ 및 대물배상	① 다음의 경우는 피보험자가 음주운전사고부담금(1 사고당 대인배상Ⅰ·Ⅱ : 200만원, 대물배상 : 50만원) 또는 무면허운전사고부담금(1 사고당 대인배상Ⅰ : 200만원, 대물배상 : 50만원)을 부담하여야 합니다. 가. 피보험자 본인이 음주운전 또는 무면허운전을 하였거나, 나. 피보험자의 명시적·묵시적 승인 하에서 피보험자동차의 운전자가 음주운전 또는 무면허운전을 하였을 때에 생긴 사고로 손해를 입은 경우 ② 피보험자는 지체없이 음주운전 또는 무면허운전 사고 부담금을 보험회사에 납입하여야 합니다. 다만, 피보험자가 경제적인 사유 등으로 동 사고부담금을 미납하였을 때 보험회사는 피해자에게 동 사고부담금을 포함하여 손해배상액을 우선 지급하고 피보험자에게 동 사고부담금의 지급을 청구할 수 있습니다.

⑮ 보험금의 청구와 지급

1. 피보험자의 보험금의 청구와 지급

(1) 피보험자는 각 담보별로 다음의 경우에 보험금을 청구할 수 있습니다.

담보종류	청구할 수 있는 경우
대인배상Ⅰ, 대인배상Ⅱ, 대물배상	대한민국 법원에 의한 판결의 확정, 재판상의 화해, 중재 또는 서면에 의한 합의로 손해배상액이 확정된 때
자기신체 사고	① 사망보험금의 경우에는 피보험자가 사망한 때 ② 부상보험금의 경우에는 피보험자의 상해등급 및 치료비가 확정된 때 ③ 후유장해보험금의 경우에는 피보험자에게 후유장해가 생긴 때
무보험자동차에 의한 상해	피보험자가 무보험자동차에 의해 생긴 사고로 죽거나 다친 때
자기차량 손해	사고가 발생한 때. 다만, 피보험자동차를 도난당한 경우에는 도난사실을 경찰관서에 신고한 후 30일이 지난 때에 보험금을 청구할 수 있습니다. 만약, 경찰관서에 신고한 후 30일이 지나 보험금을 청구하였으나 피보험자동차가 회수된 경우에는, 보험금의 지급 및 피보험자동차의 반환여부는 피보험자의 의사에 따릅니다.

(2) 청구절차 및 유의사항
   ① 보험회사는 보험금 청구에 관한 서류를 받은 때에는 지체없이 지급할 보험금액을 정하고 그 정하여진 날로부터 10일 이내에 지급합니다.
   ② 보험회사가 보험금 지급사유의 조사 및 확인을 위하여 지급기일 초과가 명백히 예상되는 경우에는 구체적 사유와 지급예정일을 피보험자에게 서면으로 통지합니다.
   ③ 보험회사는 위 '①' 또는 '②'에서 정한 지급기일 내에 보험금을 지급하지 아니하였을 때에는, 그 다음날부터 지급일까지의 기간에

대하여 보험개발원이 공시한 정기예금이율에 의한 이자를 보험금에 더하여 드립니다. 그러나, 피보험자, 손해배상청구권자 등의 책임있는 사유로 지급이 지연된 때에는 그 해당기간에 대한 이자는 더하여 드리지 아니합니다.

④ 보험회사는 손해배상청구권자가 손해배상을 받기 전에는 보험금의 전부 또는 일부를 피보험자에게 지급하지 않으며, 피보험자가 손해배상청구권자에게 지급한 손해배상액을 초과하여 피보험자에게 지급하지 않습니다.

⑤ 피보험자의 보험금 청구가 손해배상청구권자의 직접청구와 경합하는 때에는 보험회사는 손해배상청구권자에게 우선하여 보험금을 지급합니다.

⑥ 대인배상 I, 대인배상 II, 자기신체사고, 자동차상해, 무보험자동차에 의한 상해의 경우에는 보험회사는 피보험자의 청구가 있거나 기타 원인에 의하여 대인사고 피해자가 발생한 사실을 안 때에는 피해자를 진료하는 의료기관에 당해 진료에 따른 자동차보험 진료수가의 지급의사 유무 및 지급한도 등을 통지합니다.

⑦ 자동차상해 및 무보험자동차에 의한 상해의 경우에는 피보험자는 배상의무자에 대하여 지체없이 서면으로 손해배상청구를 한 후 보험회사에 보험금을 청구해야 합니다.

(3) 제출서류

보험금 청구시 필요 서류	대인배상	대물배상	자기차량손해	자기신체사고	무보험자동차에 의한상해
보험금 청구서	o	o	o	o	o
손해액을 증명하는 서류 (진단서 등)	o	o	o	o	o
손해배상의 이행사실을 증명하는 서류	o	o			
사고발생의 때와 장소 및 사고사실이 신고된 관할 경찰서				o	o
배상의무자의 주소, 성명 또는 명칭, 차량번호					o

보험금 청구시 필요 서류	대인배상	대물배상	자기차량손해	자기신체사고	무보험자동차에의한상해
배상의무자의 손해를 보상할 대인배상 II 또는 공제계약의 유무 및 내용					o
배상의무자에게 서면으로 행한 손해배상청구의 금액과 내용					o
피보험자가 입은 손해를 보상할 대인배상 II 또는 공제계약, 배상의무자 또는 제3자로부터 이미 지급받은 손해배상금이 있을 때에는 그 금액					o
도난 및 전손사고시 폐차증명서 또는 말소사실 증명서			o		
기타 보험회사가 꼭 필요하여 요청하는 서류 또는 증거(수리개시전 자동차점검정비견적서, 사진 등, 이 경우 수리개시전 자동차점검정비견적서의 발급 등에 관한 사항은 보험회사에 구두 또는 서면으로 위임할 수 있으며, 보험회사는 수리개시전 자동차점검정비견적서를 발급한 자동차정비업자에게 이에 대한 검토의견서를 수리개시전에 회신하게 됩니다)	o	o	o	o	o

2. 손해배상청구권자의 직접청구 및 지급 (배상책임담보)

(1) 피보험자가 손해배상청구권자에게 법률상의 손해배상책임을 지는 사고가 생긴 때에는, 손해배상청구권자는 보험회사에 직접 보험금을 청구할 수 있습니다. 그러나 보험회사는 피보험자가 그 사고에 관하여 가지는 항변으로써 손해배상청구권자에게 대항할 수 있습니다.

(2) 청구절차 및 유의사항
① 보험회사가 손해배상청구권자의 청구를 받았을 때에는 지체없이 피보험자에게 통지합니다. 이 경우 피보험자는 보험회사의 요청에 따라 증거확보, 권리보전 등에 협력하여야 합니다. 만일 피보험자

가 정당한 이유없이 협력하지 아니한 경우에는 그로 말미암아 늘어난 손해에 대하여 보상하지 아니합니다.

② 보험회사가 손해배상청구권자에게 지급하는 보험금은 이 약관에 의하여 보험회사가 피보험자에게 지급책임을 지는 금액을 한도로 합니다.

③ 보험회사가 손해배상청구권자에게 보험금을 직접 지급하였을 때에는 그 금액의 한도내에서 피보험자에게 보험금을 지급한것으로 합니다.

④ 보험회사는 보험금 청구에 관한 서류를 받은 때에는 지체없이 지급할 보험금액을 정하고 그 정하여진 날로부터 7일이내에 지급합니다.

⑤ 보험회사는 위 '④'에서 정한 지급기일 내에 보험금을 지급하지 아니하였을 때에는, 그 다음날부터 지급일까지의 기간에 대하여 보험개발원이 공시한 정기예금이율에 의한 이자를 보험금에 더하여 드립니다. 그러나, 피보험자, 손해배상청구권자 등의 책임있는 사유로 지급이 지연된 때에는 그 해당기간에 대한 이자는 더하여 드리지 아니합니다.

⑥ 보험회사는 위 '④' 또는 '⑤'에서 정한 지급기일 내에 보험금을 지급하지 아니하였을 때에는, 그 다음날부터 지급일까지의 기간에 대하여 보험개발원이 공시한 정기예금이율에 의한 이자를 보험금에 더하여 드립니다. 그러나, 피보험자, 손해배상청구권자 등의 책임있는 사유로 지급이 지연된 때에는 그 해당기간에 대한 이자는 더하여 드리지 아니합니다.

⑦ 보험회사는 손해배상청구권자의 요청이 있을 때는 보험금을 일정기간을 정하여 정기금으로 지급할 수 있습니다. 이 경우 지급방법과 적용금리는 별도로 정한 바에 의합니다.

⑧ 대인배상 I , 대인배상 II 의 경우에는 보험회사는 손해배상청구권자의 청구가 있거나 기타 원인에 의하여 대인사고 피해자가 발생한 사실을 안 때에는 피해자를 진료하는 의료기관에 당해 진료에 따른 자동차보험 진료수가의 지급의사 유무 및 지급한도 등을 통지합니다.

(3) 제출서류

직접 청구시 필요 서류	대인배상 I · II	대물배상
교통사고 발생사실을 확인할 수 있는 서류	○	○
손해보상청구서 또는 보험금청구서	○	○
손해액을 증명하는 서류	○	○
기타 보험회사가 꼭 필요하여 요청하는 서류 또는 증거(수리개시전 자동차점검정비견적서, 사진 등, 이 경우 수리개시전 자동차점검정비견적서의 발급 등에 관한 사항은 보험회사에 구두 또는 서면으로 위임할 수 있으며, 보험회사는 수리개시전 자동차점검정비견적서를 발급한 자동차정비업자에게 이에 대한 검토의견서를 수리개시전에 회신하게 됩니다)	○	○

3. 가지급보험금의 지급

(1) 피보험자 또는 손해배상청구권자가 가지급보험금을 청구한 경우 보험회사는 자동차손해배상보장법 등에 의하여 이 약관에 따라 지급할 금액의 한도 내에서 가지급보험금(진료수가는 전액, 진료수가 이외의 보험금은 이 약관에 따라 지급할 금액의 50%)을 지급합니다. 다만, 상기 법령의 적용을 받는 담보이외의 대물배상, 자기신체사고, 무보험자동차에 의한 상해, 자기차량손해에 따른 가지급보험금은 이 약관에 따라 지급할 금액의 50%의 한도 내에서 지급합니다.

(2) 보험회사는 가지급보험금 지급 청구건이 자동차손해배상보장법 등 관련 법령상 피보험자의 손해배상책임이 발생하지 아니하거나 이 약관상 보험회사의 보험금 지급의무가 발생하지 아니하는 것이 객관적으로 명백한 경우에는 가지급보험금을 지급하지 아니할 수 있습니다.

(3) 피보험자 또는 손해배상청구권자에게 지급한 가지급보험금의 금액은 장래 지급될 보험금에서 공제되나, 최종 보험금의 결정에는 영향을 미치지 아니합니다.

(4) 가지급보험금의 청구시에는 보험금 청구시와 동일한 서류를 제출하여

야 합니다.

16 용어정의

① 자동차보험에 처음으로 가입하는 자동차

자동차 판매업자 또는 기타 양도인 등으로부터 매수인 또는 양수인에게 인도된 날로부터 10일 이내에 처음으로 동 매수인 또는 양수인을 기명피보험자로 하는 자동차보험에 가입하는 신차 또는 중고차를 말합니다. 다만, 양수인이 양도인이 맺은 보험계약을 승계한 후 그 보험기간이 종료하여 이 보험계약을 맺은 경우를 제외합니다.

② 운 전

도로 및 도로 이외의 장소에서 자동차 또는 건설기계를 그 본래의 사용방법에 따라 사용하는 것을 말합니다.

③ 피보험자의 부모, 배우자, 자녀

피보험자의 부모라 함은 피보험자의 부모와 양부모를 말하며, 피보험자의 배우자는 법률상의 배우자 또는 사실혼관계에 있는 배우자를 말하며, 피보험자의 자녀라 함은 법률상의 혼인관계에서 출생한 자녀, 사실혼관계에서 출생한 자녀, 양자 또는 양녀를 말합니다.

④ 무보험자동차

피보험자동차 이외의 자동차로서 피보험자를 죽게 하거나 다치게 한 다음의 자동차를 말합니다. 이 경우 자동차란 자동차관리법에 의한 자동차, 건설기계관리법에 의한 건설기계, 군수품관리법에 의한 차량, 도로교통법에 의한 원동기장치자전거 및 농업기계화촉진법에 의한 농업기계를 말합니다. 그러나, 피보험자가 소유한 자동차는 제외합니다.

1. 자동차보험 대인배상Ⅱ나 공제계약이 없는 자동차
2. 자동차보험 대인배상Ⅱ나 공제계약에서 보상하지 아니하는 경우에 해당하는 자동차
3. 이 약관에서 보상될 수 있는 금액보다 보상한도가 낮은 자동차보험의 대인배상Ⅱ나 공제계약이 적용되는 자동차. 다만, 피보험자를 죽게 하거나 다치게 한 자동차가 2대 이상인 경우에는 각각의 자동차에 적용되는 자동차보험의 대인배상Ⅱ 또는 공제계약에서 보상되는 금액의 합계액이 이 약관에서 보상될 수 있는 금액보다 낮은 경우에 한하여 그 각각의 자동차
4. 피보험자를 죽게 하거나 다치게 한 자동차가 명확히 밝혀지지 않은 경우에 그 자동차

⑤ 배상의무자(무보험자동차에 의한 상해)

무보험자동차의 사고로 인하여 피보험자를 죽게 하거나 다치게 함으로써 피보험자에게 입힌 손해에 대하여 법률상 손해배상책임을 지는 사람을 말합니다.

⑥ 물체

구체적인 형체를 지니고 있어 충돌이나 접촉에 의해 자동차 외부에 직접적인 손상을 줄 수 있는 것을 말하며, 엔진내부나 연료탱크 등에 이물질을 삽입하는 경우 물체로 보지 않습니다.

⑦ 침수

흐르거나 고인 물, 역류하는 물, 범람하는 물, 해수 등에 피보험자동차가 빠지거나 잠기는 것을 말하며, 차량 도어나 선루프 등을 개방해 놓았을 때 빗물이 들어간 것은 침수로 보지 않습니다.

⑧ 보험가액(자기차량손해)

보험개발원이 정한 차량기준가액표에 따라 보험계약을 맺었을 때에는 사고발생 당시의 보험개발원이 정한 최근의 차량기준가액을 말합니다. 그러나, 위 차량기준가액이 없거나 이와 다른 가액으로 보험계약을 맺었을 경우 보험증권에 기재된 가액이 손해가 생긴 곳과 때의 가액을 현저하게 초과할 때에는 그 손해가 생긴 곳과 때의 가액을 보험가액으로 합니다.

⑨ 전부손해(자기차량손해)

피보험자동차가 완전히 파손, 멸실 또는 오손되어 수리할 수 없는 상태이거나, 피보험자동차에 생긴 손해액과 보험회사가 부담하기로 한 비용의 합산액이 보험가액 이상인 경우를 말합니다.

⑩ 무면허운전(조종)

도로교통법 또는 건설기계관리법의 운전(조종)면허에 관한 규정에 위반하는 무면허 또는 무자격운전(조종)(용어정의②)을 말하며, 운전(조종)면허의 효력이 정지중에 있거나 운전(조종)(용어정의②)의 금지중에 있을 때에 운전하는 것을 포함합니다.

⑪ 휴대품 및 소지품

휴대품이란 통상 몸에 지니고 있는 물품으로 현금, 유가증권, 지갑, 만년필, 라이터, 손목시계, 귀금속, 기타 장신구 및 이와 유사한 물품을 말하며, 소지품이란 휴대품 이외에 소지한 물품으로 휴대폰, 노트북, 캠코더, 카메라, CD플레이어, MP3, 워크맨, 녹음기, 전자수첩, 전자사전, 휴대용라디오, 핸드백, 서류가방 및 골프채 등을 말합니다.

⑫ 마약 또는 약물 등

도로교통법 제45조에서 정한 "마약, 대마, 향정신성의약품 그 밖의 행정안전부령이 정하는 것"을 말합니다.

⑬ 음주운전

도로교통법에서 규정하고 있는 한계치 이상으로 술을 마시고 운전(조종)(용어정의②)하거나 도로교통법에 의한 음주측정 불응행위를 말합니다.

⑭ 의무보험

자동차손해배상보장법(이하 "자배법"이라 합니다) 시행령 제3조 제1항 및 제2항의 규정에 의한 책임보험금을 담보하는 대인배상 I 및 자배법 시행령 제3조 제3항의 규정에 의한 금액(1사고당 1천만원의 보상한도 금액을 말하여, 이하 "대물의무보험금액"이라 합니다)을 담보하는 대물배상을 말합니다. 다만, 대물의무보험금액 이상을 담보하는 대물배상의 경우 대물의무보험금액 한도만을 말합니다.

Ⅲ. 기타사항

17 보험계약의 소멸과 보험료의 환급

1. 보험계약의 소멸

(1) 보험계약의 무효
보험계약이 보험계약자 또는 보험계약자의 대리인의 사기행위에 의하여 맺어진 경우에는 무효로 됩니다.

(2) 보험계약의 효력상실
보험회사가 파산선고를 받은 날로부터 보험계약자가 보험계약을 해지함이 없이 3월이 경과하는 경우에는 보험계약은 효력을 상실합니다.

(3) 보험계약자의 보험계약의 해지 또는 해제
① 보험계약자는 언제든지 임의로 보험계약을 해지할 수 있습니다. 다만, 의무보험에 대한 보험계약은 다음의 경우에만 해지할 수 있습니다.
가. 피보험자동차가 자동차손해배상보장법 제5조 제4항에서 규정하는 자동차(의무보험 강제 가입대상에서 제외되거나 도로가 아닌 장소에 한하여 운행하는 자동차)로 변경된 경우
나. 피보험자동차를 양도한 경우. 다만, '19 보험계약의 승계' 규정에 따라 보험계약이 양수인 또는 교체(대체)된 자동차에 승계된 경우에는 의무보험에 대한 보험계약을 해지할 수 없습니다.
다. 피보험자동차의 말소등록으로 운행을 중지한 경우. 다만, '19 보험계약의 승계' 중 '2.'에 따라 보험계약이 교체(대체)된 자동차에 승계된 경우에는 의무보험에 대한 보험계약을 해지할 수 없습니다.
라. 천재지변, 교통사고, 화재, 도난 등의 사유로 인하여 피보험자동차를 더 이상 운행할 수 없게 된 경우. 다만, '19 보험계약의 승계' 중 '2.'에 따라 보험계약이 교체(대체)된 자동차에 승계된 경우에는 의무보험에 대한 보험계약을 해지할 수 없습니다.
마. 이 보험계약을 맺은 후에 피보험자동차에 대하여 이 보험계약과 보험기간의 일부 또는 전부가 중복되는 의무보험이 포함된

다른 보험계약(공제계약을 포함합니다)을 맺은 경우
바. 보험회사가 파산선고를 받은 경우
② 이 보험계약이 의무보험만 체결된 경우로서, 이 보험계약을 맺기 전에 피보험자동차에 대하여 의무보험이 포함된 다른 보험계약(공제계약을 포함합니다. 이하 같습니다)이 유효하게 맺어져 있는 경우에는, 보험계약자는 그 다른 보험계약이 종료하기 전에 이 보험계약을 해제할 수 있습니다. 만일, 그 다른 보험계약이 종료한 후에는 그 종료일 다음날로부터 보험기간이 개시되는 의무보험이 포함된 새로운 보험계약을 맺은 경우에 한하여 이 보험계약을 해제할 수 있습니다.
③ 타인을 위한 보험계약의 경우에는, 보험계약자는 기명피보험자의 동의를 얻거나 보험증권을 소지한 경우에 한하여 위 '①' 또는 '②'의 규정에 따라 보험계약을 해지 또는 해제할 수 있습니다.

(4) 보험회사의 보험계약의 해지
보험회사는 다음의 경우에는 보험증권에 기재된 보험계약자의 주소지에 서면으로 통지함으로써 보험계약을 해지할 수 있습니다.
① 보험계약자가 계약전 알릴 의무를 위반한 경우
가. 보험계약자가 보험계약을 맺을 때 고의 또는 중대한 과실로 '⑥ 보험계약자 등의 의무사항'중 '1.(1)'에서 규정한 사항에 관하여 알고 있는 사실을 알리지 아니하거나 사실과 다르게 알린 경우. 다만, 다음의 경우에는 보험회사는 보험계약을 해지하지 못합니다.
　(ㄱ) 보험계약을 맺은 때에 보험회사가 보험계약자가 알려야 할 사실을 알고 있었거나 보험회사의 중대한 과실로 알지 못하였을 때
　(ㄴ) 보험계약자가 보험금을 지급할 사고가 발생하기 전에 보험청약서의 기재사항에 대하여 서면으로 변경을 신청하여 보험회사가 이를 승인한 때
　(ㄷ) 보험회사가 보험계약자가 계약전 알릴 의무를 이행하지 아니한 사실을 안 날로부터 보험계약을 해지하지 아니하고 1월이 경과한 때
　(ㄹ) 보험회사가 보험계약을 맺은 날로부터 보험계약을 해지하

　　　　　지 아니하고 3년이 경과한 때

　　　(ㅁ) 보험계약자가 알려야 할 사항이 보험회사가 위험을 측정
　　　　　하는 데에 관련이 없는 때 또는 적용할 보험료에 차액이
　　　　　생기지 아니한 때

　　나. 보험회사는 보험계약자가 계약전 알릴 의무를 이행하지 아니
　　　　하여 보험계약을 해지한 때에는 해지 이전에 생긴 사고에 대
　　　　하여도 보상하지 아니합니다. 이 경우 보험회사가 이미 보험금
　　　　을 지급하였을 때에는 보험계약자는 이를 보험회사에 돌려주
　　　　어야 합니다. 다만, 보험계약자가 고의 또는 중대한 과실로 알
　　　　리지 아니하거나 다르게 알린 사실이 사고의 발생에 영향을
　　　　미치지 아니하였음을 증명한 때에는 보험회사는 보상합니다.

② 보험계약자가 계약후 알릴 의무를 위반한 경우

　　가. 보험계약자가 보험계약을 맺은 후에 '⑥ 보험계약자 등의 의무
　　　　사항'중 '2.(1)'에서 규정한 사실이 생긴 것을 알았음에도 불구
　　　　하고 지체없이 알리지 아니하거나 사실과 다르게 알린 경우.
　　　　다만, 다음의 경우에는 보험회사는 보험계약을 해지하지 못합
　　　　니다.

　　　(ㄱ) 보험회사가 보험계약자가 계약후 알릴 의무를 이행하지
　　　　　아니한 사실을 안 날로부터 보험계약을 해지하지 아니하
　　　　　고 1월이 경과한 때

　　　(ㄴ) 보험계약자가 알려야 할 사실이 뚜렷하게 위험 또는 적용
　　　　　보험료를 증가시킨 것이 아닌 때

　　나. 보험회사는 보험계약자가 계약후 알릴 의무를 이행하지 아니
　　　　하여 보험계약을 해지한 때에는 해지 이전에 생긴 사고에 대
　　　　하여도 보상하지 아니합니다. 이 경우 보험회사가 이미 보험금
　　　　을 지급하였을 때에는 보험계약자는 이를 보험회사에 돌려주
　　　　어야 합니다. 다만, 보험계약자가 알리지 아니하거나 다르게
　　　　알린 사실이 사고의 발생에 영향을 미치지 아니하였음을 증명
　　　　한 때에는 보험회사는 보상합니다.

③ 보험계약자가 정당한 이유없이 법령에서 정한 자동차검사를 받지
　　아니한 경우

④ 보험계약 내용의 변경 또는 위험의 변경으로 인하여 보험회사가
　　'⑥ 보험계약자 등의 의무사항'중 '1.(2)', '2.(1)' 또는 '⑲ 보험계약

의 승계'중 '1.(3)', '2.(3)' 등에 의하여 추가보험료를 청구한 날로부터 **14일** 이내에 보험계약자가 그 보험료를 지급하지 아니한 경우. 다만, 의무보험에 대하여는 적용하지 아니합니다.

⑤ 보험금의 청구에 관하여 보험계약자, 피보험자, 보험금을 수령하는 자 또는 이들의 법정대리인의 사기행위가 있는 경우. 다만, 의무보험에 대하여는 적용하지 아니합니다.

2. 보험료의 환급

보험회사는 보험계약이 소멸된 경우에는 다음의 규정에 의한 보험료를 보험계약자에게 환급합니다.

(1) 보험계약이 무효로 된 경우

무효의 유형	환급방법
보험계약자 또는 피보험자가 선의이며 중대한 과실이 없는 경우	보험료의 전액을 환급
보험계약자 또는 피보험자의 과실이 있는 경우	보험회사가 무효사실을 안 날까지의 경과기간에 대하여 단기요율로 계산한 보험료를 공제하고 나머지를 환급
보험계약자 또는 피보험자의 고의 또는 중대한 과실이 있는 경우	보험료의 전액을 환급하지 아니함

(2) 보험계약이 효력을 상실한 경우

효력상실의 유형	환급방법
보험계약자 또는 피보험자에게 책임이 없는 사유로 인한 경우	경과되지 않은 기간에 대하여 일할로 계산한 보험료를 환급
보험계약자 또는 피보험자에게 책임이 있는 사유로 인한 경우	보험회사가 효력상실을 안 날까지의 경과기간에 대하여 단기요율로 계산한 보험료를 공제하고 나머지를 환급

(3) 보험계약이 해지된 경우

해지의 유형	환급방법
보험계약자 또는 피보험자에게 책임이 없는 사유로 인한 경우 또는 피보험 자동차가 자동차손해배상보장법 제5 조 제4항의 자동차로 변경됨으로 인한 경우	경과되지 않은 기간에 대하여 일할 로 계산한 보험료를 환급. 다만, 이 계약을 해지하기 전에 보험회사가 보상하여야 하는 사고가 발생한 경 우에는 보험료를 환급하지 아니합 니다.
보험계약자 또는 피보험자에게 책 임이 있는 사유로 인한 경우	경과기간에 대하여 단기요율로 계 산한 보험료를 공제하고 나머지를 환급. 다만, 이 계약을 해지하기 전 에 보험회사가 보상하여야 하는 사 고가 발생한 경우에는 보험료를 환 급하지 아니합니다.

※ '보험계약자 또는 피보험자에게 책임이 있는 사유'라 함은 다음의 경 우를 말합니다.
   1. 보험계약자 또는 피보험자가 임의 해지하는 경우(다만, 17 보험계약 의 소멸과 보험료의 환급 중 1.(3)의 ①의 단서조항 가 내지 바 또 는 ②에 해당하는 경우는 제외)
   2. 17보험계약의 소멸과 보험료의 환급 중1.(4)에 해당하는 경우
   3. 보험료미납으로 인한 계약효력 상실

(4) 보험계약의 해제
   보험계약이 해제된 경우에는 보험료 전액을 환급합니다.

19 보험계약의 승계

1. 피보험자동차를 양도하는 경우

(1) 보험계약자 또는 기명피보험자가 보험기간 중에 피보험자동차를 양도한 경우에는 이 보험계약으로 인하여 생긴 보험계약자 및 피보험자의 권리와 의무는 피보험자동차의 양수인에게 승계되지 아니합니다. 그러나, 보험계약자가 이 권리와 의무를 양수인에게 이전하고자 한다는 뜻을 서면으로 보험회사에 통지하여 이에 대한 승인을 청구하고 보험회사가 승인한 경우에는 그 승인한 때로부터 양수인에 대하여 이 보험계약을 적용합니다. 만일 보험회사가 이 서면통지를 받은 날로부터 10일 이내에 승인여부를 보험계약자에게 발송하지 아니하면, 그 10일이 되는 날의 다음날 0시에 승인한 것으로 봅니다.

(2) 위 '(1)'에서 규정하는 피보험자동차의 양도에는 소유권을 유보한 매매계약에 따라 자동차를 '산 사람' 또는 대차계약에 따라 자동차를 '빌린 사람'이 그 자동차를 피보험자동차로 하고 자신을 보험계약자 또는 기명피보험자로 하는 보험계약이 존속하는 중에 그 자동차를 '판 사람' 또는 '빌려준 사람'에게 반환하는 경우도 포함합니다. 이 경우 '판 사람' 또는 '빌려준 사람'은 양수인으로 봅니다.

(3) 보험회사가 위 '(1)'의 승인을 하는 경우에는 피보험자동차의 양수인에게 적용되는 보험요율에 따라 피보험자동차의 양도 전의 보험계약자에게 보험료를 반환하거나, 피보험자동차의 양도 후의 보험계약자에게 추가보험료를 청구합니다.

(4) 보험회사가 위 '(1)'의 승인을 하지 않은 경우에는 피보험자동차가 양도된 후에 발생한 사고에 대하여는 보험금을 지급하지 아니합니다. 다만, 이 보험계약이 '무보험자동차에 의한 상해'를 포함하고 있고 해지되지 아니한 경우에는 피보험자동차가 양도된 후에 발생한 사고에 대하여도 '무보험자동차에 의한 상해' 및 '다른 자동차 운전담보 특별약관'에 의하여 이 보험계약의 피보험자가 입은 손해를 보상합니다.

(5) 보험계약자 또는 기명피보험자가 보험기간 중에 사망하는 등으로 인

하여 상속인이 피보험자동차를 상속하는 경우에는 이 보험계약도 승계된 것으로 봅니다. 다만, 보험기간이 종료되거나 자동차의 명의를 변경하는 경우에는 상속인을 보험계약자 또는 기명피보험자로 하는 새로운 보험계약을 맺어야 합니다.

2. 피보험자동차를 다른 자동차로 교체(대체)하는 경우

(1) 보험계약자 또는 기명피보험자가 보험기간 중에 기존의 피보험자동차를 폐차 또는 양도하고 그 자동차와 동일한 차종의 다른 자동차로 교체(대체)한 경우에는, 보험계약자가 이 보험계약을 교체(대체)된 자동차에게 승계시키고자 한다는 뜻을 서면으로 보험회사에 통지하여 이에 대한 승인을 청구하고 보험회사가 승인한 때로부터 이 보험계약을 교체(대체)된 자동차에 적용합니다. 이 경우 기존의 피보험자동차에 대한 보험계약의 효력은 이 승인이 있는 때에 상실됩니다.

(2) 위 '(1)'에서 규정하는 '동일한 차종의 다른 자동차로 교체(대체)한 경우'라 함은, 개인소유 자가용승용자동차 간에 교체(대체)한 경우를 말합니다. 다만, 인가된 자동차학원 또는 자동차학원 대표자 소유의 자동차로서 운전교습, 도로주행교육 및 시험에 사용되는 승용자동차는 제외됩니다.

(3) 보험회사가 위 '(1)'의 승인을 하는 경우에는 교체(대체)된 자동차에 적용하는 보험요율에 따라 보험계약자에게 보험료를 반환하거나 추가보험료를 청구할 수 있습니다. 이 경우 기존의 피보험자동차를 말소등록한 날 또는 소유권을 이전등록한 날로부터 승계를 승인한 날의 전날까지 기간에 해당하는 보험료를 일할로 계산하여 보험계약자에게 반환하여 드립니다.

(4) 보험회사가 위 '(1)'의 승인을 하지 않은 경우에는 교체(대체)된 자동차의 사용 중에 발생한 사고에 대하여는 보험금을 지급하지 아니합니다. 다만, 이 보험계약이 '무보험자동차에 의한 상해'를 포함하고 있고 해지되지 아니한 경우에는 교체(대체)된 자동차의 사용 중에 발생한 사고에 대하여도 '무보험자동차에 의한 상해' 및 '다른 자동차 운전담보 특별약관'에 의하여 피보험자가 입은 손해를 보상합니다.

< 예시 > 일할계산의 사례

$$기납입보험료 총액 \times \frac{해당기간}{365(윤년:366)}$$

⑲ 보험금의 분담 및 보험회사의 대위

1. 보험금의 분담 등

대인배상Ⅰ·Ⅱ, 대물배상, 무보험자동차에 의한 상해, 자기신체사고, 자동차상해, 자기차량손해에 대하여 적용됩니다.

(1) 이 보험계약과 보상책임의 전부 또는 일부가 중복되는 다른 보험계약 (공제계약을 포함합니다)이 있는 경우에, 다른 보험계약이 없는 것으로 하여 각 보험계약에 의해 산출한 보상책임액의 합계액이 손해액보다 많게 되는 경우에는 다음의 산식에 따라 보험금을 지급합니다.

$$손해액 \times \frac{이\ 보험계약에\ 의해\ 산출한\ 보상책임액}{다른\ 보험계약이\ 없는\ 것으로\ 하여\ 각\ 보험계약에\ 의해\ 산출한\ 보상책임액의\ 합계액}$$

(2) '⑩ 배상책임' 담보의 경우에 동일한 사고로 인하여 이 보험계약에서 배상책임이 있는 피보험자가 둘 이상 있게 되는 경우에는 '⑩ 배상책임'중 '1.(2)'에서 규정하는 보상한도와 범위에 따른 보험금을 각 피보험자의 배상책임의 비율에 따라 분담하여 지급합니다.

(3) (1) 및 (2) 규정에도 불구하고 대리운전업자(대리운전자를 포함합니다)가 가입한 보험계약에서 보험금이 지급될 수 있는 경우에는 그 보험금을 초과하는 손해를 보상합니다.

2. 보험회사의 대위

(1) 보험회사는 피보험자 또는 손해배상청구권자에게 보험금을 지급한 경우에는, 그 보험금의 한도내에서 제3자에 대한 피보험자의 권리를 취득합니다. 다만, 보험회사가 보상한 금액이 피보험자의 손해의 일부

를 보상한 경우에는 피보험자의 권리를 침해하지 아니하는 범위내에서 그 권리를 취득합니다.

(2) 보험회사는 다음의 권리는 취득하지 아니합니다.
   ① 자기신체사고의 경우 제3자에 대한 피보험자의 권리
   ② 자기차량손해의 경우 피보험자동차를 정당한 권리에 의하여 사용 또는 관리하던 자에 대한 피보험자의 권리. 다만, 다음의 경우에는 피보험자의 권리를 취득합니다.
      가. 고의로 사고를 낸 경우, 무면허운전이나 음주운전을 하던 중에 사고를 낸 경우, 또는 마약 또는 약물 등의 영향에 의하여 정상적인 운전을 하지 못할 상태에서 운전을 하던 중에 사고를 낸 경우
      나. 자동차정비업, 주차장업, 급유업, 세차업, 자동차판매업, 자동차탁송업 등 자동차를 취급하는 것을 업으로 하는 자(이들의 피용자 및 이들이 법인인 경우에는 그 이사와 감사를 포함합니다)가 업무로서 위탁받은 피보험자동차를 사용 또는 관리하는 동안에 사고를 낸 경우

(3) 피보험자는 보험회사가 위 '(1)' 또는 '(2)'에 의하여 취득한 권리의 행사 및 보전에 관하여 필요한 조치를 취하여야 하며, 또한 보험회사가 요구하는 증거 및 서류를 제출하여야 합니다.

20 보험약관 등의 교부 및 설명

1. 보험회사는 보험계약을 맺을 때에 보험계약자에게 보험약관 및 청약서 부본을 교부하고, 보험약관의 중요한 내용을 설명해 드립니다. 다만, 전자거래기본법 제2조 제6호에 의해 컴퓨터를 이용하여 보험거래를 할 수 있도록 설정된 가상의 영업장(사이버몰)을 이용하여 보험계약을 체결한 때에는 청약서 부본을 교부하지 아니할 수 있습니다.

2. 보험회사가 위 '1.'의 규정을 위반한 때에는 보험계약자는 보험계약 성립일로부터 1월 이내에 계약을 취소할 수 있습니다. 이 경우 보험회사는 이미 납입한 보험료 및 이자(보험료를 받은 때부터 반환시까지의 기

간에 대하여 보험료에 보험개발원이 공시한 정기예금이율을 적용하여
산정한 금액)를 반환하여 드립니다. 다만, 의무보험 부분은 제외합니다.

21 보험안내장 등의 효력

보험회사(점포, 보험설계사 및 보험대리점을 포함합니다)가 보험모집과정에
서 제작·사용한 보험안내장(서류·사진·도화 등 모든 안내자료를 포함합
니다)의 내용이 보험약관의 내용과 다른 경우에는 보험계약자에게 유리한
내용으로 보험계약이 성립된 것으로 봅니다.

22 보험계약 정보의 제공

보험회사는 신용정보의 이용 및 보호에 관한 법률 제32조, 동법 시행령 제
28조에서 정하는 절차에 따라 보험계약자의 동의를 받아 다음의 사항을 다
른 보험회사 및 보험관계단체에 제공할 수 있습니다.

(1) 피보험자의 성명, 주민등록번호 및 주소와 피보험자동차의 차량번호,
형식, 연식

(2) 계약일시, 보험종목, 담보종목, 보험가입금액, 자기부담금 및 제할인·
할증 적용과 특약가입사항, 계약해지시 그 내용 및 사유

(3) 사고일시 또는 일자, 사고내용 및 각종 보험금의 지급내용 및 사유

23 기타사항

1. 준용규정

이 약관에서 정하지 아니한 사항은 대한민국 법령에 따릅니다.

2. 피보험자동차 등에 대한 조사

보험회사는 피보험자동차 등에 관하여 필요한 조사를 하거나 보험계약

자 또는 피보험자에게 필요한 설명 또는 증명을 요구할 수 있습니다. 이 경우 보험계약자, 피보험자 또는 이들의 대리인은 이러한 조사 또는 요구에 협력하여야 합니다.

3. 예금보험기금에 의한 지급보장

보험회사가 파산 등으로 인하여 보험금 등을 지급하지 못할 경우에는 예금자보호법에서 정하는 바에 따라 그 지급을 보장합니다.

4. 보험사기행위 금지

보험계약자, 피보험자, 피해자 등이 보험사기행위를 행한 경우 관련 법령에 따라 형사처벌 등을 받을 수 있습니

Ⅳ. 보험금 지급기준

⅔ 대인배상, 무보험자동차에 의한 상해 지급기준

가. 사   망

각 담보별 보험가입금액 한도내에서 다음 금액

항 목	지 급 기 준
1. 장 례 비	지급액 : 3,000,000원
2. 위 자 료	가. 사망자 본인 및 유족의 위자료 (1) 사망자 연령이 20세이상 60세미만인 경우 : 45,000,000원 (2) 사망자 연령이 20세미만, 60세이상인 경우 : 40,000,000원 나. 지급기준 (1) 청구권자의 범위 : 피해자의 부모, 배우자, 자녀, 형제자매, 시부모, 장인장모 (2) 청구권자별 지급기준 (단위 : 만원) <table><tr><td>청구권자 신 분</td><td>배우자</td><td>부 모</td><td>자 녀</td><td>형제자매</td><td>시부모· 장인장모</td></tr><tr><td>1인당</td><td>500</td><td>300</td><td>200</td><td>100</td><td>100</td></tr></table> (3) 사망자 본인의 위자료는 위 가.의 위자료 총액에서 위 (2)의 청구권자별 실지급 위자료의 합산액을 차감한 금액으로 하며, 위 가.의 위자료 총액을 초과할 경우에는 실지급 청구권자별로 각각 균등 차감함
3. 상실수익액	가. 산정방법 : 사망본인의 월평균 현실소득액(제세액공제)에서 본인의 생활비(월평균현실소득액에 생활비율을 곱한 금액)를 공제한 금액에 취업가능월수에 해당하는 라이프닛쯔 계수를 곱하여 산정 ─〈산식〉─ (월평균현실소득액 − 생활비)×(사망일로부터 보험금지급일까지의 월수+보험금지급일부터 취업가능년한까지 월수에 해당하는 라이프닛쯔 계수)

항 목	지 급 기 준

	나. 현실소득액의 산정방법
	(1) 유직자
	 (가) 산정대상기간
	  ① **급여소득자** : 사고발생직전 또는 사망직전 과거 3개월로 하되, 계절적 요인 등에 따라 급여의 차등이 있는 경우와 상여금, 체력단련비, 연월차휴가보상금 등 매월 수령하는 금액이 아닌 것은 과거 1년간으로 함
	  ② 급여소득자 이외의 자 : 사고발생직전 과거 1년간으로 하며, 기간이 1년미만인 경우에는 계절적인 요인 등을 감안하여 타당한 기간으로 함
	 (나) 산정방법
	  1) 현실소득액의 입증이 가능한 자
	   세법에 따른 관계증빙서에 의하여 소득을 산정할 수 있는 자에 한하여 다음과 같이 산정한 금액으로 함
	  가) 급여소득자
	   피해자가 **근로의 대가로서 받은 보수액**에서 제세액을 공제한 금액. 그러나, 피해자가 사망직전에 보수액의 인상이 확정된 경우에는 인상된 금액에서 제세액을 공제한 금액
	
	〈용어풀이〉
	① 이 보험에서 **급여소득자**라 함은 소득세법 제20조에서 규정한 근로소득을 얻고 있는 자로서 일용근로자 이외의 자를 말함
	② **근로의 대가로서 받은 보수**라 함은 본봉, 수당, 성과급, 상여금, 체력단련비, 연월차휴가보상금 등을 말하며, 실비변상적인 성격을 가진 대가는 제외함
	③ 이 보험에서 **세법에 따른 관계증빙서**라 함은 사고발생전에 신고 또는 납부하여 발행된 관계증빙서를 말함. 다만, 신규취업자, 신규사업개시자 또는 사망직전에 보수액의 인상이 확정된 경우에 한하여 세법 규정에 따라 정상적으로 신고 또는 납부(신고 또는 납부가 지체된 경우는 제외함)하여 발행된 관계증빙서를 포함함

항 목	지 급 기 준
	나) 사업소득자 ① 세법에 따른 관계증빙서에 의하여 입증된 수입액에서 그 수입을 위하여 필요한 제경비 및 제세액을 공제하고 본인의 기여율을 감안하여 산정한 금액 〈산식〉 {연간수입액 − 주요경비 − (연간수입액×기준경비율) − 제세공과금}×노무기여율×투자비율 (주) 1. 제 경비가 세법에 따른 관계증빙서에 의하여 입증되는 경우에는 위 기준경비율 또는 단순경비율을 적용하지 아니하고 그 입증된 경비를 공제함 2. 소득세법 등에 의해 단순경비율 적용 대상자는 기준경비율 대신 동 비율 적용 3. 투자비율은 입증이 불가능할 때에는 1/동업자수로 함 4. 노무기여율은 85/100를 한도로 타당한 율을 적용함 ② 본인이 없더라도 사업의 계속성이 유지될 수 있는 경우에는 위 ①의 산식에 의하지 아니하고 **일용근로자 임금**을 인정함 ③ 위 ①에 따라 산정한 금액이 일용근로자 임금에 미달한 경우에는 일용근로자 임금을 인정함

항 목	지 급 기 준

	〈용어풀이〉
	① 이 보험에서 **사업소득자**라 함은 소득세법 제19조에서 규정한 소득을 얻고 있는 자를 말함
	② 이 보험에서 일용근로자 임금이라 함은 통계법 제3조에 의한 통계작성 승인기관(공사부문 : 대한건설협회, 제조부문 : 중소기업중앙회)이 조사, 공표한 노임중 보통인부의 임금을 적용하여 아래와 같이 산정합니다
	
	── <산식> ──
	(공사부문 보통인부임금+제조부문 보통인부임금)/2
	* 월 임금 산출시 25일을 기준으로 산정
	
	 다) 기타 유직자(이자소득자, 배당소득자 제외)
	   세법상의 관계증빙서에 의하여 입증된 소득액에서 제세액을 공제한 금액. <u>다만</u>, 부동산임대소득자의 경우에는 일용근로자 임금을 인정하며, 이 기준에서 정한 여타의 입증되는 소득이 있는 경우에는 그 소득과 일용근로자 임금 중 많은 금액을 인정함
	 라) 위 가), 나), 다)에 해당하는 자로서 기술직 종사자는 통계법 제3조에 의한 통계작성 승인기관(공사부문 : 대한건설협회, 제조부문 : 중소기업협동조합중앙회)이 조사, 공표한 노임에 의한 해당직종 임금이 많은 경우에는 그 금액을 인정함
	 2) 현실소득액의 입증이 곤란한 자
	   세법에 따른 관계증빙서에 의하여 소득을 산정할 수 없는 자는 다음과 같이 산정한 금액으로 함
	 가) 급여소득자
	   일용근로자 임금

항 목	지 급 기 준
	나) 사업소득자 　일용근로자 임금 다) 기타유직자 　일용근로자 임금 라) 위 가), 나), 다)에 해당하는 자로서 기술직 종사 　자는 통계법 제3조에 의한 통계작성 승인기관 　(공사부문 : 대한건설협회, 제조부문 : 중소기업 　협동조합중앙회)이 조사, 공표한 노임에 의한 해 　당직종 임금이 많은 경우에는 그 금액을 인정함 3) 미성년자로서 현실소득액이 일용근로자 임금에 　미달한 자 : 20세에 이르기까지는 현실소득액, 20 　세이후는 일용근로자 임금 (2) 가사종사자 : 일용근로자 임금 (3) 무직자(학생포함) : 일용근로자 임금 (4) 소득이 두 가지 이상인 자 　(가) 세법에 따른 관계증빙서에 의하여 입증된 소득이 　두 가지 이상 있는 경우에는 그 합산액을 인정함 　(나) 세법에 따른 관계증빙서에 의하여 입증된 소득과 　입증 곤란한 소득이 있는 때 혹은 입증이 곤란한 　소득이 두가지 이상 있는 경우에 이 기준에 의하 　여 인정하는 소득 중 많은 금액을 인정함 (5) 외국인 　(가) 유직자 　① 국내에서 소득을 얻고 있는 자로서 그 입증이 　가능한 자 : 위 1)의 현실소득액의 입증이 가능 　한 자의 현실소득액 산정방법으로 산정한 금액 　② 위 ①이외의 자 : 일용근로자 임금

항 목	지 급 기 준
	(나) 무직자(학생 및 미성년자 포함) : 일용근로자 임금 다. 생활비율 : 1/3 라. 취업가능월수 (1) 취업가능년한을 60세로 하여 취업가능월수를 산정함. 다만, 법령, 단체협약 또는 기타 별도의 정년에 관한 규정이 있으면 이에 의하여 취업가능월수를 산정하며 피해자가 '농어업·농어촌 및 식품산업기본법'제3조제2호에 따른 농어업인일 경우(피해자가 객관적 자료를 통해 입증한 경우에 한함)에는 취업가능년한을 65세로 하여 취업가능월수를 산정함 (2) 56세이상의 자에 대하여는 〈표1〉에서 정한 「56세이상의 취업가능월수표」에 의하되, 사망 또는 장해 확정당시부터 정년에 이르기까지는 월현실소득액을, 그 이후 취업가능월수까지는 일용근로자 임금을 인정함 (3) 정년이 60세미만인 급여소득자의 경우에는 정년이후 60세에 이르기까지의 현실소득액은 피해자의 사망 또는 장해 확정당시의 일용근로자 임금을 인정함 (4) 취업가능년한이 사회통념상 60세미만인 직종에 종사하는 자인 경우 해당 직종에 타당한 취업가능년한 이후 60세에 이르기까지의 현실소득액은 사망 또는 장해 확정당시의 일용근로자 임금을 인정함 (5) 취업시기는 20세로 하되 군복무 해당자는 그 기간을 감안하여 취업가능월수를 산정함(군복무 중인 경우에는 잔여 복무기간을 감안하여 적용함)

항 목	지 급 기 준
	마. **라이프닛쯔 계수** : 법정이율 월 5/12%, 복리에 의하여 중간이자를 공제하고 계산하는 방법 ┌─ 〈산식〉 ───────────────── $$\frac{1}{1+i} + \frac{1}{(1+i)^2} + \cdots\cdots\cdots + \frac{1}{(1+i)^n}$$ i=5/12%, n=취업가능월수 ※ 대인배상 I 의 경우 이 보험의 보험금 지급기준에 의하여 산출한 사망보험금이 20,000,000원 미만일 경우에는 20,000,000원으로 함

나. 부 상

각 담보별 보험가입금액 한도내에서 다음 금액. 다만, 대인배상 I 의 경우에는 <표2>에서 정한 상해급별 보험가입금액 한도내에서 다음 금액

항 목	지 급 기 준
1. 적극손해	가. **구조수색비** : 사회통념상으로 보아 필요타당한 실비 나. **치료관계비** : 의사의 진단 기간내에서 치료에 소요되는 다음의 비용(외국에서 치료를 받은 경우에는 국내의료기관에서의 치료에 소요되는 비용 상당액. 다만, 국내의료기관에서 치료가 불가능하여 외국에서 치료를 받는 경우에는 그에 소요되는 타당한 비용)으로 하되, 관련법규에서 환자의 진료비로 인정하는 선택진료비를 포함함 (1) 입원료 (가) 입원료는 대중적인 일반병실(이하 '기준병실'이라 함)의 입원료를 지급함. 다만, 의사가 치료상 부득이 기준병실보다 입원료가 비싼 병실(이하 '상급병실'이라 함)에 입원하여야 한다고 판단하여

항　목	지　급　기　준
	상급병실에 입원하였을 때에는 그 병실의 입원료를 지급함 (나) 병실의 사정으로 부득이 상급병실에 입원하였을 때에는 7일의 범위내에서는 그 병실의 입원료를 지급함. 만약, 입원일수가 7일을 넘을 때에는 그 넘는 기간에 대하여는 기준병실의 입원료와 상급병실의 입원료와의 차액은 지급하지 아니함 (다) 피보험자나 피해자의 회망으로 상급병실에 입원하였을 때는 기준병실의 입원료와 상급병실의 입원료와의 차액은 지급하지 아니함 (2) 응급치료, 호송, 진찰, 전원, 퇴원, 투약, 수술(성형수술 포함), 처치, 의지, 의치, 안경, 보청기 등에 소요되는 필요타당한 실비 (3) 치아보철비 : 금주조관보철(백금관보철 포함)에 소요되는 비용. 다만, 치아보철물이 외상으로 인하여 손상 또는 파괴되어 사용할 수 없게 된 경우에는 원상회복에 소요되는 비용
2. 위 자 료	가. 청구권자의 범위 : 피해자 본인 나. 지급기준 : 책임보험 상해구분에 따라 다음과 같이 급별로 인정함 (단위 : 만원) | 급별	인정액	급별	인정액	급별	인정액	급별	인정액
---	---	---	---	---	---	---	---
1	200	5	75	9	25	13	15
2	176	6	50	10	20	14	15
3	152	7	40	11	20		
4	128	8	30	12	15			
3. 휴업손해	가. 산정방법 : 부상으로 인하여 휴업함으로써 수입의 감소가 있는 경우에 한하여 휴업기간 중 피해자의 실제 수입감소액의 80% 해당액을 지급함 〈산식〉 $$1일 수입감소액 \times 휴업일수 \times \frac{80}{100}$$

항 목	지 급 기 준
	나. **휴업일수의 인정** : 피해자의 상해정도를 감안, 치료기 간의 범위내에서 인정 다. **수입감소액의 산정** (1) 유직자 　(가) 사망의 경우 현실소득액의 산정방법에 따라 산정 　　한 금액을 기준으로 하여 수입감소액을 산정함 　(나) 실제의 수입감소액이 위 (가)의 기준으로 산정한 금 　　액에 미달하는 경우에는 실제의 수입감소액으로 함 (2) 가사종사자 　(가) 일용근로자 임금에 휴업일수를 곱한 액으로 함 　(나) 가사에 종사하지 못하는 기간동안 타인으로 하여금 　　종사케 한 경우에 일용근로자 임금을 수입감소액으 　　로 함 (3) 무직자 　(가) 무직자는 수입의 감소가 없는 것으로 함 　(나) 유아, 연소자, 학생, 연금생활자, 기타 금리나 임대 　　료에 의한 생활자는 수입의 감소가 없는 것으로 함 (4) 소득이 두가지 이상의 자 　사망의 경우 현실소득액의 산정방법과 동일 (5) 외국인 　사망의 경우 현실소득액의 산정방법과 동일
4. **기타손해 배상금**	위 1. 내지 3. 외에 기타의 손해배상금으로 다음의 금액 을 지급함 가. **입원의 경우** 　입원기간 중 한끼당 4,030원(병원에서 환자의 식사를 제공하지 않거나 환자의 요청에 따라 병원에서 제공하 는 식사를 이용하지 않는 경우에 한함) 나. **통원의 경우** 　실제 통원한 일수에 대하여 1일 8,000원

다. 후유장해

각 담보별 보험가입금액 한도내에서 다음 금액. 다만, 대인배상 I 의 경우에는 <표3>에서 정한 장해급별 보험가입금액 한도내에서 다음 금액

항 목	지 급 기 준

1. 위 자 료	가. **청구권자의 범위** : 피해자 본인
	
	나. **지급기준** : 노동능력상실률에 따라 (1)항 또는 (2)항에 의해 산정한 금액을 피해자 본인에게 지급함
	
	(1) 노동능력상실률이 50% 이상인 경우
	  (가) 장해자 연령이 20세이상 60세미만 :
	    45,000,000원×장해율×70%
	  (나) 장해자 연령이 20세미만 60세이상 :
	    40,000,000원×장해율×70%
	
	(2) 노동능력상실률이 50% 미만인 경우

(단위 : 만원)

노동능력상실률(%)	인정액
50미만~45이상	400
45미만~35이상	240
35미만~27이상	200
27미만~20이상	160
20미만~14이상	120
14미만~ 9이상	100
9미만~ 5이상	80
5미만~0초과	50

항 목	지 급 기 준
	다. 부상위자료와 후유장해위자료가 중복될 때에는 양자 중 많은 금액을 지급함
2. 상실수익액	가. **산정방법** : 노동능력의 상실이 있는 경우에 피해자의 월평균 현실소득액에 노동능력상실률과 노동능력상실기간에 해당하는 라이프닛쯔 계수를 곱하여 산정함. 다만, 소득의 상실이 없는 경우에는 치아보철로 인한 장해에 대해서는 지급하지 아니함

항 목	지 급 기 준

	┌─〈산식〉
	│ 월평균현실소득액×노동능력상실률×(노동능력상실일
	로부터 보험금지급일까지의 월수+보험금지급일로부
	터 취업가능년한까지의 월수에 해당하는 라이프닛쯔
	계수)
	
	나. 현실소득액의 산정방법
	  (1) 유직자
	    (가) 산정대상기간
	      ① 급여소득자 : 사고발생직전 또는 장해발생직전
	        과거 3개월로 하되, 계절적 요인 등에 따라 급
	        여의 변동이 있는 경우와 상여금, 체력단련비,
	        연월차휴가보상금 등 매월 수령하는 금액이 아
	        닌 것은 과거 1년간으로 함
	      ② 급여소득자 이외의 자 : 사고발생직전 과거 1년
	        간으로 하며, 그 기간이 1년미만인 경우에는 계
	        절적인 요인 등을 감안하여 타당한 기간으로 함
	    (나) 산정방법
	      사망의 경우 현실소득액의 산정방법과 동일
	  (2) 가사종사자
	    사망의 경우 현실소득액의 산정방법과 동일
	  (3) 무직자(학생포함)
	    사망의 경우 현실소득액의 산정방법과 동일
	  (4) 소득이 두 가지 이상의 자
	    사망의 경우 현실소득액의 산정방법과 동일
	  (5) 외국인
	    사망의 경우 현실소득액의 산정방법과 동일
	다. 노동능력상실률
	  맥브라이드식 장해평가방법에 따라 일반의 옥내 또는
	  옥외 근로자를 기준으로 실질적으로 부상 치료 진단을
	  실시한 의사 또는 해당과목 전문의가 진단, 판정한 타
	  당한 노동능력상실률을 적용하며, 동 판정과 관련하여
	  다툼이 있을 경우 보험금 청구권자와 보험회사가 협의

항 목	지 급 기 준
	하여 정한 제3의 전문의료기관의 전문의에게 판정을 의뢰할 수 있음 **라. 노동능력상실기간** 사망의 경우 취업가능월수와 동일 **마. 라이프닛쯔 계수** 사망의 경우와 동일
3. 가정간호비	**가. 인정대상** 치료가 종결되어 더 이상의 치료효과를 기대할 수 없게 된 때에 1인 이상의 해당 전문의로부터 노동능력상실률 100%의 후유장해 판정을 받은 자로서 다음 요건에 해당하는 '식물인간상태의 환자 또는 척수손상으로 인한 사지완전마비 환자'로 생명유지에 필요한 일상생활의 처리동작에 있어 항상 다른 사람의 개호를 요하는 자 (1) 식물인간상태의 환자 　뇌손상으로 다음 항목에 모두 해당되는 상태에 있는 자 (가) 스스로는 이동이 불가능하다 (나) 자력으로는 식사가 불가능하다 (다) 대소변을 가릴 수 없는 상태이다 (라) 안구는 겨우 물건을 쫓아가는 수가 있으나, 알아보지는 못한다 (마) 소리를 내도 뜻이 있는 말은 못한다 (바) '눈을 떠라', '손으로 물건을 쥐어라'하는 정도의 간단한 명령에는 가까스로 응할 수 있어도 그 이상의 의사소통은 불가능하다 (2) 척수손상으로 인한 사지완전마비 환자 　척수손상으로 인해 양팔과 양다리가 모두 마비된 환자로서 다음 항목에 모두 해당되는 자 (가) 생존에 필요한 일상생활의 동작(식사, 배설, 보행 등)을 자력으로 할 수 없다 (나) 침대에서 몸을 일으켜 의자로 옮기거나 집안에서 걷기 등의 자력이동이 불가능하다 (다) 욕창방지를 위해 수시로 체위를 변경시켜야 하는

항 목	지 급 기 준
	등의 타인의 상시 개호를 필요로 한다 나. 지급기준 　가정간호 인원은 1일 1인 이내에 한하며, 가정간호비 　는 일용근로자 임금을 기준으로 보험금수령권자의 선 　택에 따라 일시금 또는 퇴원일로부터 향후 생존기간 　에 한하여 매월 정기금으로 지급함

<표 1> 56세이상의 취업가능월수표

연　령	취업가능월수	연　령	취업가능월수
56세이상 ~ 59세미만	48월	67세 이상 ~76세 미만	24월
59세이상 ~ 67세미만	36월	76세 이상	12월

<표 2> 상해구분 및 급별 보험가입금액표
(대인배상Ⅰ- 책임보험 나. 부상 관련)

상해 등급	보험가입금액	상해 등급	보험가입금액
1급	2,000만원	8급	240만원
2급	1,000만원	9급	240만원
3급	1,000만원	10급	160만원
4급	900만원	11급	160만원
5급	900만원	12급	80만원
6급	500만원	13급	80만원
7급	500만원	14급	80만원

주) 상해등급은 자동차손해배상보장법 시행령 별표 1에서 정한 상해구분에 의함

<표 3> 후유장해구분 및 급별 보험가입금액표
(대인배상 I - 책임보험 다. 후유장해 관련)

장해등급	보험가입금액	장해등급	보험가입금액
1급	10,000만원	8급	3,000만원
2급	9,000만원	9급	2,250만원
3급	8,000만원	10급	1,880만원
4급	7,000만원	11급	1,500만원
5급	6,000만원	12급	1,250만원
6급	5,000만원	13급	1,000만원
7급	4,000만원	14급	630만원

주) 장해등급은 자동차손해배상보장법 시행령 별표 2에서 정한 후유장해 구분에 의함

26 대물배상 지급기준

항 목	지 급 기 준
1. 수리비용	가. 수리비 　원상회복이 가능한 경우 사고직전의 상태로 원상회복하는데 소요되는 필요타당한 비용으로서 실제 수리비 나. 열처리 도장료 　수리시 열처리 도장을 한 경우 차령에 관계없이 열처리 도장료 전액 다. 수리비 및 열처리 도장료의 합계액은 피해물의 사고직전 가액의 120%를 한도로 함
2. 교환가액	수리비용이 피해물의 사고직전의 가액을 초과하는 경우와 원상회복이 불가능한 경우 사고직전 피해물의 가액상당액 또는 사고직전의 피해물과 동종의 대용품의 가액과 이를 교환하는데 실제로 소요된 필요타당한 비용
3. 대 차 료	가. 대상 　비사업용자동차(건설기계 포함)가 파손 또는 오손되어 가동하지 못하는 기간 동안에 다른 자동차를 대신 사용할 필요가 있는 경우 나. 인정기준액 　(1) 대차를 하는 경우 　　(가) 대여자동차로 대체사용할 수 있는 차종에 대하여

항 목	지 급 기 준
	는 차량만을 대여하는 경우를 기준으로 한 동종의 대여자동차를 대여하는데 소요되는 통상의 요금. 다만, 보험회사는 피해자의 선택에 따라 동종의 자동차를 직접 제공할 수 있으며 동종의 대여자동차를 구할 수 없는 회소차량에 대해서는 동급의 일반적인 차량을 제공 가능 　(나) 대여자동차로 대체사용할 수 없는 차종에 대하여는 보험개발원이 산정한 사업용 해당차종(사업용 해당차종의 구분이 곤란할 때에는 사용방법이 유사한 차종으로 함. 이하 같음) 휴차료 일람표 범위내에서 실임차료. 다만, 5톤 이하 또는 밴형 화물자동차의 경우 중형승용차급 한도로 대차 가능 　(2) 대차를 하지 아니하는 경우 　　(가) 대여자동차가 있는 경우 : 해당차종 대여자동차 대여시 소요되는 통상요금의 30% 상당액 　　(나) 대여자동차가 없는 경우 : 사업용 해당차종 휴차료 일람표 금액의 30% 상당액 　다. 인정기간 　(1) 수리가능한 경우 　　(가) 수리가 완료될 때까지의 기간으로 하되, 30일을 한도로 함 　　(나) 여객자동차운수사업법시행규칙에 의하여 개인택시운송사업 면허를 받은 자가 부상으로 자동차의 수리가 완료된 후에도 자동차를 운행할 수 없는 경우에는 사고일로부터 30일을 초과하지 않는 범위내에서 운행하지 못한 기간으로 함 　(2) 수리 불가능한 경우 : 10일
4. 휴 차 료	가. 지급대상 　사업용자동차(건설기계 포함)가 파손 또는 오손되어 사용하지 못하는 기간동안에 발생하는 타당한 영업손해 나. 인정기준액 　(1) 입증자료가 있는 경우

항 목	지 급 기 준
	1일 영업수입에서 운행경비를 공제한 금액에 휴차 기간을 곱한 금액 (2) 입증자료가 없는 경우 　보험개발원이 산정한 사업용 해당 차종 휴차료 일 람표 금액에 휴차기간을 곱한 금액 다. 인정기간 　(1) 수리가 가능한 경우 　(가) 수리가 완료될 때까지의 기간으로 하되, 30일을 한도로 함 　(나) 여객자동차운수사업법시행규칙에 의하여 개인택 시운송사업 면허를 받은 자가 부상으로 자동차 의 수리가 완료된 후에도 자동차를 운행할 수 없는 경우에는 사고일로부터 30일을 초과하지 않는 범위내에서 운행하지 못한 기간으로 함 　(2) 수리 불가능한 경우 : 10일
5. 영업손실	가. 지급대상 　소득세법 시행령에서 규정하고 있는 사업을 경영하는 자의 사업장 또는 그 시설물을 파괴하여 휴업함으로 써 상실된 이익 나. 인정기준액 　(1) 입증자료가 있는 경우 　소득을 인정할 수 있는 세법에 따른 관계증빙서에 의하여 산정한 금액 　(2) 입증자료가 없는 경우 　일용근로자 임금 다. 인정기간 　(1) 원상복구에 소요되는 기간으로 함. 그러나, 합의지 연 또는 부당한 복구지연으로 연장되는 기간은 휴 업기간에 넣지 아니함 　(2) 영업손실의 인정기간은 30일을 한도로 함
6. 자동차시세	사고로 인한 자동차(출고후 2년 이하인 자동차에 한함)의

항 목	지 급 기 준
하락손해	수리비용이 사고직전 자동차가액의 20%를 초과하는 경우 출고후 1년 이하인 자동차는 수리비용의 15%를 지급하고, 출고후 1년 초과 ~ 2년 이하인 자동차는 수리비용의 10%를 지급함

26 자기신체사고 지급기준

1) 상해구분 및 급별 보험가입금액표

상해등급	보험가입금액	상해등급	보험가입금액
1급	1,500만원	8급	180만원
2급	800만원	9급	140만원
3급	750만원	10급	120만원
4급	700만원	11급	100만원
5급	500만원	12급	60만원
6급	400만원	13급	40만원
7급	250만원	14급	20만원

주) 상해등급은 자동차손해배상보장법 시행령 별표 1에서 정한 상해구분에 의함

2) 후유장해구분 및 급별 보험가입금액표

장해 등급	보험가입금액			
	1,500만원	3,000만원	5,000만원	10,000만원
1급	1,500만원	3,000만원	5,000만원	10,000만원
2급	1,350만원	2,700만원	4,500만원	9,000만원
3급	1,200만원	2,400만원	4,000만원	8,000만원
4급	1,050만원	2,100만원	3,500만원	7,000만원
5급	900만원	1,800만원	3,000만원	6,000만원
6급	750만원	1,500만원	2,500만원	5,000만원
7급	600만원	1,200만원	2,000만원	4,000만원
8급	450만원	900만원	1,500만원	3,000만원
9급	360만원	720만원	1,200만원	2,400만원
10급	270만원	540만원	900만원	1,800만원
11급	210만원	420만원	700만원	1,400만원
12급	150만원	300만원	500만원	1,000만원
13급	90만원	180만원	300만원	600만원
14급	60만원	120만원	200만원	400만원

주) 장해등급은 자동차손해배상보장법시행령 별표 2에서 정한 후유장해구분에 의함

27 과실상계 등

항 목	지 급 기 준
1. 과실상계	가. 과실상계의 방법 (1) 이 기준의 「대인배상Ⅰ」, 「대인배상Ⅱ」, 「대물배상」 및 「무보험자동차에 의한 상해」에 의하여 산출한 금액에 대하여 피해자측의 과실비율에 따라 상계함 (2) 「대인배상Ⅰ」, 「대인배상Ⅱ」 및 「무보험자동차에 의한 상해」의 경우에는 위 (1)에 의하여 상계한 후의 금액이 치료관계비 해당액에 미달하는 경우에는 치료관계비 해당액(입원환자 식대포함)을 보상함. 나. 과실비율의 적용기준 별도로 정한 자동차사고 과실비율의 인정기준에 따라 적용하며, 사고유형이 동 기준에 없거나 동 기준에 의한 과실비율의 적용이 곤란할 때에는 판결례를 참작하여 적용함. 그러나, 소송이 제기되었을 경우에는 확정판결에 의한 과실비율을 적용함
2. 손익상계	보험사고로 인하여 다른 이익을 받을 경우 이를 상계하여 보험금을 지급함
3. 동승자에 대한 감액	피보험자동차에 동승한 자에 대하여는 <표 4>의 「동승자 유형별 감액비율표」에 따라 감액함
4. 기왕증	이 약관의 보험금지급기준에 의해 '대인배상Ⅰ', '대인배상Ⅱ', '자기신체사고', '자동차상해', '무보험자동차에 의한 상해'에 대한 보험금 산출시, 당해 자동차사고가 있기 전에 이미 가지고 있던 증상에 대해서는 보상하지 아니함. 다만, 이미 가지고 있던 증상이라도 당해 사고로 인해 추가된 부분에 대해서는 보상함

<표 4> 동승자 유형별 감액비율표

1. 기준요소

동승의 유형		운행목적	감액비율
운전자(운행자)의 승낙이 없는 경우	강요동승 무단동승		100%
운전자의 승낙이 있는 경우	동승자의 요청	거의 전부 동승자에게	50%
		동승자가 주, 운전자는 종	40%
		동승자와 운전자에게 공존·평등	30%
		운전자가 주, 동승자는 종	20%
	상호의논 합의	동승자가 주, 운전자는 종	30%
		동승자와 운전자에게 공존·평등	20%
		운전자가 주, 동승자는 종	10%
	운전자의 권유	동승자가 주, 운전자는 종	20%
		동승자와 운전자에게 공존·평등	10%
		운전자가 주, 동승자는 종	5%
		거의 전부 운전자에게	0%

* 다만, 교통난 완화대책과 제조업 경쟁력 강화를 위한 교통소통 대책의 일환으로 출·퇴근(자택과 직장사이를 순로에 따라 진행한 경우로서 관례에 따름)시 「승용차 함께타기」 실시차량의 운행중 사고의 경우에는 위 감액비율에 불구하고 동승자 감액비율을 적용하지 않는다.

2. 수정요소

수정요소	수정비율
동승자의 동승과정에 과실이 있는 경우	+10~20%

(붙임) 자동차손해배상보장법시행령 [별표1]

상해의 구분과 보험금 등의 한도금액
(자동차손해배상보장법시행령 제3조 제1항 제2호 관련)

상해 급별	보험가입금액	상 해 부 위	비 고
1급	2,000만원	1. 고관절의 골절 또는 골절성 탈구 2. 척주체 분쇄성 골절 3. 척주체 골절 또는 탈구로 인한 제신경증상으로 수술을 시행한 상해 4. 외상성 두개강내 출혈로 개두술을 시행한 상해 5. 두개골의 함몰골절로 신경학적 증상이 심한 상해 또는 경막하 수종, 수활액 낭종, 지주막하 출혈 등으로 개두술을 시행한 상해 6. 고도의 뇌좌상(미만성 뇌축삭 손상을 포함한다)으로 생명이 위독한 상해 (48시간 이상 혼수상태가 지속되는 경우에 한한다) 7. 대퇴골 간부의 분쇄성 골절 8. 경골아래 3분의 1 이상의 분쇄성 골절 9. 화상, 좌창, 괴사창 등 연부조직에 손상이 심한 상해 (체표의 9퍼센트 이상의 상해) 10. 사지와 몸통의 연부조직에 손상이 심하여 유경식피술을 시행한 상해 11. 상박골 경부 골절과 간부 분쇄골절이 중복된 경우 또는 상완골 삼각골절 12. 기타 1급에 해당한다고 인정되는 상해	1. 2급 내지 11급까지의 상해내용중 개방성 골절은 해당 등급보다 한급 높이 배상한다. 2. 2급 내지 11급까지의 상해 내용중 단순성 선상 골절로 인한 골편의 전위가 없는 골절은 해당 등급보다 한급 낮게 배상한다. 3. 2급 내지 11급까지의 상해내용중 2가지 이상의 상해가 중복된 경우에는 가장 높은 등급에 해당하는 상해로부터 하위3등급(예 상해 내용이 주로 2급에 해당되는 경우에는 5급까지)사이의 상해가 중복된 경우에 한하여 가

상해급별	보험가입금액	상 해 부 위	비 고
2급	1,000만원	1. 상박골 분쇄성 골절 2. 척주체의 압박골절이 있으나 제신경 증상이 없는 상해 또는 경추 탈구 (아탈구 포함),골절 등으로 할로베스트 등 고정술을 시행한 상해 3. 두개골 골절로 신경학적 증상이 현저한 상해 (48시간 미만의 혼수상태 또는 반혼수상태가 지속되는 경우를 말한다) 4. 내부장기 파열과 골반골 골절이 동반된 상해 또는 골반골 골절과 요도 파열이 동반된 상해 5. 슬관절 탈구 6. 족관절부 골절과 골절성 탈구가 동반된 상해 7. 척골 간부 골절과 요골 골두 탈구가 동반된 상해 8. 천장골간 관절 탈구 9. 슬관절 전·후십자인대 및 내측부인대 파열과 내·외측 반월상 연골이 전부 파열된 상해 10. 기타 2급에 해당한다고 인정되는 상해	장 높은 상해내용의 등급보다 한급 높이 배상한다. 4.일반외상과 치아보철을 요하는 상해가 중복된 경우에는 1급의 금액을 초과하지 아니하는 범위안에서 각 상해등급별에 해당하는 금액의 합산액을 배상한다
3급	1,000만원	1. 상박골 경부 골절 2. 상박골 과부 골절과 주관절 탈구가 동반된 상해 3. 요골과 척골의 간부골절이 동반된 상해 4. 수근 주상골 골절 5. 요골 신경손상을 동반한 상박골 간부 골절 6. 대퇴골 간부 골절 (소아의 경우에는 수술을 시행한 경우에 한하며, 그외	

상해급별	보험가입금액	상 해 부 위	비 고
		의 자의 경우에는 수술의 수행여부를 불문한다)	
		7. 무릎골(슬개골을 말한다. 이하 같다) 분쇄골절과 탈구로 인하여 무릎골 완전 적출술을 시행한 상해	
		8. 경골 과부 골절이 관절면을 침범하는 상해 (경골극 골절로 관혈적 수술을 시행한 경우를 포함한다)	
		9. 족근 골척골간 관절 탈구와 골절이 동반된 상해 또는 리스프랑씨시(Lisfranc)관절의 골절 및 탈구	
		10. 전·후십자인대 또는 내외측 반월상 연골 파열과 경골극 골절 등이 복합된 슬내장	
		11. 복부 내장 파열로 수술이 불가피한 상해 또는 복강내 출혈로 수술한 상해	
		12. 뇌손상으로 뇌신경 마비를 동반한 상해	
		13. 중증도의 뇌좌상(미만성 뇌축삭 손상을 포함한다)으로 신경학적 증상이 심한 상해 (48시간 미만의 혼수 상태 또는 반혼수 상태가 지속되는 경우를 말한다.)	
		14. 개방성 공막 열창으로 양안구가 파열되어 양안 적출술을 시행한 상해	
		15. 경추궁의 선상 골절	
		16. 항문 파열로 인공항문 조성술 또는 요도파열로 요도성형술을 시행한 상해	
		17. 관절면을 침범한 대퇴골 과부 분쇄 골절	
		18. 기타 3급에 해당한다고 인정되는 상해	

상해 급별	보험가입금액	상 해 부 위	비 고
4급	900만원	1. 대퇴골 과부(원부위, 과상부 및 대퇴 　과간을 포함한다)골절 2. 경골 간부 골절, 관절면 침범이 없 　는 경골 과부 골절 3. 거골 경부 골절 4. 슬개인대 파열 5. 견갑 관절부의 회선근개 골절 6. 상박골 외측상과 전위 골절 7. 주관절부 골절과 탈구가 동반된 상 　해 8. 화상,좌창,괴사창 등으로 연부조직의 　손상이 체표의 약 4.5퍼센트 이상인 　상해 9. 안구 파열로 적출술이 불가피한 상 　해 또는 개방성 공막열창으로 안구 　적출술, 각막 이식술을 시행한 상해 10. 대퇴 사두근, 이두근 파열로 관혈적 　수술을 시행한 상해 11. 슬관절부의 내·외측부 인대, 전· 　후십자인대, 내·외측반월상 연골 　완전 파열(부분 파열로 수술을 시 　행한 경우를 포함한다) 12. 관혈적 정복술을 시행한 소아의 　경·비골 아래 3분의1 이상의 분쇄 　성 골절 13. 기타 4급에 해당한다고 인정되는 상 　해	

상해 급별	보험가입금액	상 해 부 위	비 고
5급	900만원	1. 골반골의 중복 골절(말가이그니씨 골절 등을 포함한다) 2. 족관절부의 내외과 골절이 동반된 상해 3. 족종골 골절 4. 상박골 간부 골절 5. 요골 원위부 (Colles, Smith, 수근 관절면, 요골 원위 골단 골절을 포함한다)골절 6. 척골 근위부 골절 7. 다발성 늑골 골절로 혈흉, 기흉이 동반된 상해 또는 단순 늑골 골절과 혈흉, 기흉이 동반되어 흉관 삽관술을 시행한 상해 8. 족배부 근건 파열창 9. 수장부 근건 파열창(상완심부 열창으로 삼각근, 이두근 근건 파열을 포함한다) 10. 아킬레스건 파열 11. 소아의 상박골 간부 골절(분쇄골절을 포함한다)로 수술한 상해 12. 결막, 공막, 망막 등의 자체 파열로 봉합술을 시행한 상해 13. 거골 골절(경부를 제외한다) 14. 관혈적 정복술을 시행하지 아니한 소아의 경·비골 아래의 3분의 1 이상의 분쇄 골절 15. 관혈적 정복술을 시행한 소아의 경골 분쇄 골절 16. 23치 이상의 치아보철을 요하는 상해 17. 기타 5급에 해당한다고 인정되는 상해	

상해 급별	보험가입금액	상 해 부 위	비 고
6급	500만원	1. 소아의 하지 장관골 골절(분쇄 골절 　또는 성장판 손상을 포함한다) 2. 대퇴골 대전자부 절편 골절 3. 대퇴골 소전자부 절편 골절 4. 다발성 발바닥뼈(중족골을 말한다. 　이하 같다)골절 5. 치골·좌골·장골·천골의 단일 골 　절 또는 미골골절로 수술한 상해 6. 치골 상·하지 골절 또는 양측 치골 　골절 7. 단순 손목뼈 골절 8. 요골 간부 골절(원위부 골절을 제외 　한다) 9. 척골 간부 골절(근위부 골절을 제외 　한다) 10. 척골 주두부 골절 11. 다발성 손바닥뼈(중수골을 말한다. 　이하 같다)골절 12. 두개골 골절로 신경학적 증상이 경 　미한 상해 13. 외상성 경막하 수종, 수활액 낭종, 　지주막하 출혈등으로 수술하지 아니 　한 상해(천공술을 시행한 경우를 포 　함한다) 14. 늑골 골절이 없이 혈흉 또는 기흉이 　동반되어 흉관 삽관술을 시행한 상 　해 15. 상박골 대결절 견연 골절로 수술을 　시행한 상해 16. 대퇴골 또는 대퇴골 과부 견연 골절 17. 19치 이상 22치 이하의 치아보철을 　요하는 상해 18. 기타 6급에 해당한다고 인정되는 상 　해	

상해 급별	보험가입금액	상 해 부 위	비 고

7급	500만원	1. 소아의 상지 장관골 골절
		2. 족관절 내과골 또는 외과골 골절
		3. 상박골 상과부 굴곡 골절
		4. 고관절 탈구
		5. 견갑 관절 탈구
		6. 견봉쇄골간 관절 탈구, 관절낭 또는
		   견봉쇄골간 인대파열
		7. 족관절 탈구
		8. 천장관절 이개 또는 치골 결합부 이
		   개
		9. 다발성 안면두개골 골절 또는 신경
		   손상과 동반된 안면 두개골 골절
		10. 16치 이상 18치 이하의 치아보철을
		   요하는 상해
		11. 기타 7급에 해당한다고 인정되는 상
		   해	

8급	240만원	1. 상박골 절과부 신전 골절 또는 상박
		   골 대결절 견연 골절로 수술하지 아
		   니한 상해
		2. 쇄골 골절
		3. 주관절 탈구
		4. 견갑골(견갑골극 도는 체부, 흉곽내
		   탈구, 경부, 과부, 견봉돌기, 오훼돌
		   기를 포함한다)골절
		5. 견봉쇄골 인대 또는 오구쇄골 인대
		   완전 파열
		6. 주관절내 상박골 소두 골절
		7. 비골(다리)골절, 비골 근위부 골절
		   (신경손상 또는 관절면 침범을 포함
		   한다.)
		8. 발가락뼈(족지골을 말한다. 이하 같
		   다)의 골절과 탈구가 동반된 상해
		9. 다발성 늑골 골절
		10. 뇌좌상(미만성 뇌축삭 손상을 포함	

상해 급별	보험가입금액	상 해 부 위	비 고
		한다)으로 신경학적 증상이 경미한 상해	
		11. 안면부 열창, 두개부 타박 등에 의한 뇌손상이 없는 뇌신경손상	
		12. 상악골, 하악골, 치조골, 안면 두개골 골절	
		13. 안구적출술없이 시신경의 손상으로 실명된 상해	
		14. 족부 인대 파열(부분 파열을 제외한다)	
		15. 13치 이상 15치 이하의 치아보철을 요하는 상해	
		16. 기타 8급에 해당한다고 인정되는 상해	
9급	240만원	1. 척주골의 극상돌기, 횡돌기 골절 또는 하관절 돌기 골절(다발성 골절을 포함한다)	
		2. 요골 골두골 골절	
		3. 완관절내 월상골 전방 탈구 등 손목뼈 탈구	
		4. 손가락뼈(수지골을 말한다. 이하 같다)의 골절과 탈구가 동반된 상해	
		5. 손바닥뼈 골절	
		6. 수근 골절(주상골을 제외한다)	
		7. 발목뼈(족근골을 말한다) 골절(거골·종골을 제외한다)	
		8. 발바닥뼈 골절	
		9. 족관절부 염좌, 경·비골 이개, 족부 인대 또는 아킬레스건의 부분파열	
		10. 늑골, 흉골 늑연골 골절 또는 단순 늑골 골절과 혈흉, 기흉이 동반되어 수술을 시행하지 아니한 경우	
		11. 척주체간 관절부 염좌로서 그 부근의 연부 조직(인대·근육 등)손상이	

상해 급별	보험가입금액	상 해 부 위	비　　고
		동반된 상해 12. 척수 손상으로 마비증상 없고 수술 　　을 시행하지 아니한 경우 13. 완관절 탈구(요골, 손목뼈 관절 탈구 　　또는 수근간 관절탈구, 하요척골 관 　　절 탈구를 포함한다) 14. 미골 골절로 수술하지 아니한 상해 15. 슬관절부 인대의 부분파열로 수술을 　　시행하지 아니한 경우 16. 11치 이상 12치 이하의 치아보철을 　　요하는 상해 17. 기타 9급에 해당한다고 인정되는 상 　　해	
10급	160만원	1. 외상성 슬관절내 혈종(활액막염을 　　포함한다) 2. 손바닥뼈 지골간 관절 탈구 3. 손목뼈 손바닥뼈간 관절 탈구 4. 상지부 각 관절부(견관절, 주관절, 　　완관절)염좌 5. 척골·요골 경상돌기 골절, 제불완 　　전골절[비골(코)골절·수지골절 및 　　발가락뼈 골절을 제외한다] 6. 수지 신전근건 파열 7. 9치 이상 10치 이하의 치아보철을 　　요하는 상해 8. 기타 10급에 해당한다고 인정되는 　　상해	
11급	160만원	1. 발가락뼈 관절 탈구 및 염좌 2. 수지 골절·탈구 및 염좌 3. 비골(코) 골절 4. 손가락뼈 골절 5. 발가락뼈 골절 6. 뇌진탕	

상해 급별	보험가입금액	상 해 부 위	비 고
		7. 고막 파열 8. 6치 이상 8치 이하의 치아보철을 요 하는 상해 9. 기타 11급에 해당한다고 인정되는 상해	
12급	80만원	1. 8일 내지 14일간의 입원을 요하는 상해 2. 15일 내지 26일간의 통원을 요하는 상해 3. 4치 이상 5치 이하의 치아보철을 요 하는 상해	
13급	80만원	1. 4일 내지 7일간의 입원을 요하는 상 해 2. 8일 내지 14일간의 통원을 요하는 상해 3. 2치 이상 3치 이하의 치아보철을 요 하는 상해	
14급	80만원	1. 3일 이하의 입원을 요하는 상해 2. 7일 이하의 통원을 요하는 상해 3. 1치 이하의 치아보철을 요하는 상해	

자동차손해배상보장법시행령 [별표2]

후유장해의 구분과 보험금 등의 한도금액

(자동차손해배상보장법시행령 제3조 제1항 제3호관련)

장해급별	보험가입금액		신 체 장 해	비 고
	2005.2.21 이전 사고	2005.2.22 이후 사고		
1급	8,000 만원	10,000 만원	1. 두 눈이 실명된 사람 2. 말하는 기능과 음식물을 씹는 기능을 완전히 잃은 사람 3. 신경계통의 기능 또는 정신기능에 뚜렷한 장해가 남아 항상 보호를 받아야 하는 사람 4. 흉복부장기의 기능에 뚜렷한 장해가 남아 항상 보호를 받아야 하는 사람 5. 반신마비가 된 사람 6. 두 팔을 팔꿈치관절 이상에서 잃은 사람 7. 두 팔을 완전히 사용하지 못하게 된 사람 8. 두 다리를 무릎관절 이상에서 잃은 사람 9. 두 다리를 완전히 사용하지 못하게 된 사람	1. 신체장해가 2 이상 있는 경우에는 중한 신체장해에 해당하는 장해등급보다 한 급 높이 배상한다. 2. 시력의 측정은 국제적으로 인정되는 시력표에 의하며, 굴절이상이 있는 사람에 대하여는 원칙적으로 교정시력을 측정한다.
2급	7,200 만원	9,000 만원	1. 한 눈이 실명되고 다른 눈의 시력이 0.02 이하로 된 사람 2. 두 눈의 시력이 각각 0.02 이하로 된 사람 3. 두 팔을 손목관절 이상에서 잃은 사람 4. 두 다리를 발목관절 이상에서 잃은 사람 5. 신경계통의 기능 또는 정신기능에 뚜렷한 장해가 남아 수시로 보호를 받아야 하는 사람	3. "손가락을 잃는 것"이란 엄지손가락에 있어서는 지관절, 기타의 손가락에 있어서는 제1지관절 이상을 잃은 경우를 말한다. 4. "손가락을 제대로 못쓰게 된

장해 급별	보험가입금액		신 체 장 해	비 고
	2005.2.21 이전 사고	2005.2.22 이후 사고		
			6. 흉복부장기의 기능에 뚜렷한 장해가 남아 수시로 보호를 받아야 하는 사람	것"이란 손가락의 말단의 2분의1 이상을 잃거나 중수기관절 또는 제1지관절(엄지손가락에 있어서는 지관절)에 뚜렷한 운동장해가 있는 경우를 말한다.
3급	6,400 만원	8,000 만원	1. 한 눈이 실명되고 다른 눈의 시력이 0.06 이하로 된 사람 2. 말하는 기능이나 음식물을 씹는 기능을 완전히 잃은 사람 3. 신경계통의 기능 또는 정신기능에 뚜렷한 장해가 남아 일생동안 노무에 종사할 수 없는 사람 4. 흉복부 장기의 기능에 뚜렷한 장해가 남아 일생동안 노무에 종사 할 수 없는 사람 5. 두 손의 손가락을 모두 잃은 사람	5. "발가락을 잃은 것"이란 발가락의 전부를 잃은 경우를 말한다.
4급	5,600 만원	7,000 만원	1. 두 눈의 시력이 0.06 이하로 된 사람 2. 말하는 기능과 음식물을 씹는 기능에 뚜렷한 장해가 남은 사람 3. 고막의 전부의 결손이나 그 외의 원인으로 인하여 두 귀의 청력을 완전히 잃은 사람 4. 한 팔을 팔꿈치관절 이상에서 잃은 사람 5. 한 다리를 무릎관절 이상에서 잃은 사람 6. 두 손의 손가락을 모두 제대로 못쓰게 된 사람 7. 두 발을 족근중족관절 이상에서 잃은 사람	6. "발가락을 제대로 못쓰게된 것"이란 엄지발가락에 있어서는 끝관절의 2분의1 이상을, 기타의 발가락에 있어서는 끝관절 이상을 잃은 경우 또는 중족지관절 또는 제1지관절(엄지발가락에 있어서는 지관절)에 뚜렷한 운동장해가 남은

장해 급별	보험가입금액		신 체 장 해	비 고
	2005.2.21 이전 사고	2005.2.22 이후 사고		
5급	4,800 만원	6,000 만원	1. 한 눈이 실명되고 다른 눈의 시력이 0.1 이하로 된 사람 2. 한 팔을 손목관절 이상에서 잃은 사람 3. 한 다리를 발목관절 이상에서 잃은 사람 4. 한 팔을 완전히 사용하지 못하게 된 사람 5. 한 다리를 완전히 사용하지 못하게 된 사람 6. 두 발의 발가락을 모두 잃은 사람 7. 흉복부 장기의 기능에 뚜렷한 장해가 남아 특별히 손쉬운 노무외에는 종사할 수 없는 사람 8. 신경계통의 기능 또는 정신기능에 뚜렷한 장해가 남아 특별히 손쉬운 노무외에는 종사할 수 없는 사람	경우를 말한다. 7. "흉터가 남은 것"이란 성형수술을 하였어도 육안으로 식별이 가능한 혼적이 있는 상태를 말한다. 8. "항상 보호를 받아야 하는 것"은 일상생활에서 기본적인 음식섭취, 배뇨 등을 다른 사람에게 의존하여야 하는 것을 말한다. 9. "수시로 보호를 받아야 하는 것"은 일상생활에서 기본적인 음식섭취, 배뇨 등은 가능하나 그외의 일을 다른 사람에게 의존 하여야 하는 것을 말한다.
6급	4,000 만원	5,000 만원	1. 두 눈의 시력이 0.1 이하로 된 사람 2. 말하는 기능이나 음식물을 씹는 기능에 뚜렷한 장해가 남은 사람 3. 고막의 대부분의 결손이나 그외의 원인으로 인하여 두 귀의 청력이 모두 귓바퀴에 대고 말하지 아니하고는 큰 말소리를 알아듣지 못하게 된 사람 4. 한 귀가 전혀 들리지 아니하게 되고 다른 귀의 청력이 40센티미터 이상의 거리에서는 보통의 말소리를 알아듣지 못하게 된 사람	10. "항상보호 또는 수시 보호를 받아야하는 기간"은 의사가 판정

장해 급별	보험가입금액		신 체 장 해	비 고
	2005.2.21 이전 사고	2005.2.22 이후 사고		
			5. 척주에 뚜렷한 기형이나 뚜렷한 　운동장해가 남은 사람 6. 한 팔의 3대 관절중 2개 관절이 　못쓰게 된 사람 7. 한 다리의 3대 관절중 2개 관절 　이 못쓰게 된 사람 8. 한 손의 5개의 손가락 또는 엄 　지손가락과 둘째손가락을 포함 　하여 4개의 손가락을 잃은 사람	하는 노동능력 상실기간을 기 준으로 하여 타 당한 기간으로 한다. 11. "제대로 못쓰게 　된 것"이란 정 　상기능의 4분 　의 3이상을 상 　실한 경우를 　말하고, 뚜렷한 　장해가 남은 　것이란 정상 　기능의 2분의1 　이상을 상실한 　경우를 말하며, 　장해가 남은 　것이란 정상기 　능의 4분의 1 　이상을 상실한 　경우를 말한다.
7급	3,200 만원	4,000 만원	1. 한 눈이 실명되고 다른 눈의 시 　력이 0.6 이하로 된 사람 2. 두 귀의 청력이 모두 40센티미 　터 이상의 거리에서는 보통의 　말소리를 알아듣지 못하게 된 　사람 3. 한 귀가 전혀 들리지 아니하게 　되고 다른 귀의 청력이 1미터 　이상의 거리에서는 보통의 말소 　리를 알아듣지 못하게 된 사람 4. 신경계통의 기능 또는 정신기능 　에 장해가 남아 쉬운 노무외에 　는 종사하지 못하는 사람 5. 흉복부 장기의 기능에 장해가 　남아 손쉬운 노무외에는 종사 　하지 못하는 사람 6. 한 손의 엄지손가락과 둘째손가 　락을 잃은 사람 또는 엄지손가 　락이나 둘째손가락을 포함하여 　3개 이상의 손가락을 잃은 사람 7. 한 손의 5개의 손가락 또는 엄 　지손가락과 둘째손가락을 포함	

장해 급별	보험가입금액		신 체 장 해	비 고
	2005.2.21 이전 사고	2005.2.22 이후 사고		
			하여 4개의 손가락을 제대로 못쓰게 된 사람 8. 한 발을 족근중족관절 이상에서 잃은 사람 9. 한 팔에 가관절이 남아 뚜렷한 운동장해가 남은 사람 10. 한 다리에 가관절이 남아 뚜렷 한 운동장해가 남은 사람 11. 두 발의 발가락을 모두 제대로 못쓰게 된 사람 12. 외모에 뚜렷한 흉터가 남은 여 자(2004.8.22일 이후 사고에 대 하여는 '여자'를 '사람'으로 대 체 적용) 13. 양쪽의 고환을 잃은 사람	
8급	2,400 만원	3,000 만원	1. 한 눈의 시력이 0.02 이하로 된 사람 2. 척주에 운동장해가 남은 사람 3. 한 손의 엄지손가락을 포함하여 2개의 손가락을 잃은 사람 4. 한 손의 엄지손가락과 둘째손가 락을 제대로 못쓰게 된 사람 또 는 엄지손가락이나 둘째손가락 을 포함하여 3개 이상의 손가락 을 제대로 못쓰게 된 사람 5. 한 다리가 5센티미터 이상 짧아 진 사람 6. 한 팔의 3대 관절중 1개 관절을 제대로 못쓰게 된 사람 7. 한 다리의 3대 관절중 1개 관절 을 제대로 못쓰게 된 사람	

장해 급별	보험가입금액		신 체 장 해	비 고
	2005.2.21 이전 사고	2005.2.22 이후 사고		
			8. 한 팔에 가관절이 남은 사람 9. 한 다리에 가관절이 남은 사람 10. 한 발의 발가락을 모두 잃은 사람 11. 비장 또는 한쪽의 신장을 잃은 사람	
9급	1,800 만원	2,250 만원	1. 두 눈의 시력이 각각 0.6 이하로 된 사람 2. 한 눈의 시력이 0.06 이하로 된 사람 3. 두 눈에 반맹증·시야협착 또는 시야결손이 남은 사람 4. 두 눈의 눈꺼풀에 뚜렷한 결손이 남은 사람 5. 코가 결손되어 그 기능에 뚜렷한 장해가 남은 사람 6. 말하는 기능과 음식물을 씹는 기능에 장해가 남은 사람 7. 두 귀의 청력이 모두 1미터 이상의 거리에서는 보통의 말소리를 알아듣지 못하게 된 사람 8. 한 귀의 청력이 귓바퀴에 대고 말하지 아니하고는 큰 말소리를 알아듣지 못하고 다른 귀의 청력이 1미터 이상의 거리에서는 보통의 말소리를 알아듣지 못하게 된 사람 9. 한 귀의 청력을 완전히 잃은 사람 10. 한 손의 엄지손가락을 잃은 사람 또는 둘째손가락을 포함하여 2개의 손가락을 잃은 사람 또는 엄지손가락과 둘째손가락외의 3개의 손가락을 잃은 사람	

장해 급별	보험가입금액		신 체 장 해	비 고
	2005.2.21 이전 사고	2005.2.22 이후 사고		
			11. 한 손의 엄지손가락을 포함하여 2개의 손가락을 제대로 못쓰게 된 사람 12. 한 발의 엄지발가락을 포함하여 2개 이상의 발가락을 잃은 사람 13. 한 발의 발가락을 모두 제대로 못쓰게 된 사람 14. 생식기에 뚜렷한 장해가 남은 사람 15. 신경계통의 기능 또는 정신기능 에 장해가 남아 노무가 상당한 정도로 제한된 사람 16. 흉복부 장기의 기능에 장해가 남아 노무가 상당한 정도로 제 한된 사람	
10급	1,500 만원	1,880 만원	1. 한 눈의 시력이 0.1 이하로 된 사람 2. 말하는 기능이나 음식물을 씹는 기능에 장해가 남은 사람 3. 14개 이상의 치아에 대하여 치 아 보철을 한 사람 4. 한 귀의 청력이 귓바퀴에 대고 말하지 아니하고서는 큰 말소 리를 알아듣지 못하게 된 사람 5. 두 귀의 청력이 모두 1미터 이 상의 거리에서 보통의 말소리 를 알아듣는 데 지장이 있는 사람 6. 한 손의 둘째손가락을 잃은 사 람 또는 엄지손가락과 둘째 손가락외의 2개의 손가락을 잃 은 사람	

장해급별	보험가입금액		신 체 장 해	비 고
	2005.2.21 이전 사고	2005.2.22 이후 사고		
			7. 한 손의 엄지손가락을 제대로 못쓰게 된 사람 또는 둘째손가락을 포함하여 2개의 손가락을 제대로 못쓰게 된 사람 또는 엄지손가락과 둘째손가락외의 3개의 손가락을 제대로 못쓰게 된 사람	
			8. 한 다리가 3센티미터 이상 짧아진 사람	
			9. 한 발의 엄지발가락 또는 그 외의 4개의 발가락을 잃은 사람	
			10. 한 팔의 3대 관절중 1개 관절의 기능에 뚜렷한 장해가 남은사람	
			11. 한 다리의 3대 관절중 1개 관절의 기능에 뚜렷한 장해가 남은 사람	
11급	1,200 만원	1,500 만원	1. 두 눈이 모두 근접반사 기능에 뚜렷한 장해가 남거나 또는 뚜렷한 운동장해가 남은 사람	
			2. 두 눈의 눈꺼풀에 뚜렷한 장해가 남은 사람	
			3. 한 눈의 눈꺼풀에 뚜렷한 결손이 남은 사람	
			4. 한 귀의 청력이 40센티미터 이상의 거리에서는 보통의 말소리를 알아듣지 못하게 된 사람	
			5. 두 귀의 청력이 모두 1미터 이상의 거리에서는 작은 말소리를 알아듣지 못하게 된 사람	
			6. 척주에 기형이 남은 사람	
			7. 한 손의 가운데손가락 또는 넷	

장해급별	보험가입금액		신 체 장 해	비 고
	2005.2.21 이전 사고	2005.2.22 이후 사고		
			째손가락을 잃은 사람	
			8. 한 손의 둘째손가락을 제대로 못쓰게 된 사람 또는 엄지손가락과 둘째손가락외의 2개의 손가락을 제대로 못쓰게 된 사람	
			9. 한 발의 엄지발가락을 포함하여 2개 이상의 발가락을 제대로 못쓰게된 사람	
			10. 흉복부장기의 기능에 장해가 남은 사람	
			11. 10개 이상의 치아에 대하여 치아보철을 한 사람	
12급	1,000 만원	1,250 만원	1. 한 눈의 근접반사 기능에 뚜렷한 장해가 있거나 뚜렷한 운동장해가 남은 사람	
			2. 한 눈의 눈꺼풀에 뚜렷한 운동장해가 남은 사람	
			3. 7개 이상의 치아에 대하여 치아보철을 한 사람	
			4. 한 귀의 귓바퀴의 대부분이 결손된 사람	
			5. 쇄골, 흉골, 늑골, 견갑골 또는 골반골에 뚜렷한 기형이 남은 사람	
			6. 한 팔의 3대 관절중 1개 관절의 기능에 장해가 남은 사람	
			7. 한 다리의 3대 관절중 1개 관절의 기능에 장해가 남은 사람	
			8. 장관골에 기형이 남은 사람	
			9. 한 손의 가운데손가락 또는 넷째손가락을 제대로 못쓰게 된	

장해 급별	보험가입금액		신 체 장 해	비 고
	2005.2.21 이전 사고	2005.2.22 이후 사고		
			사람	
			10. 한 발의 둘째발가락을 잃은 사 람, 둘째발가락을 포함하여 2개 의 발가락을 잃은 사람 또는 가운데발가락 이하의 3개의 발 가락을 잃은 사람	
			11. 한 발의 엄지발가락 또는 그 외 의 4개의 발가락을 제대로 못쓰 게된 사람	
			12. 국부에 뚜렷한 신경증상이 남은 사람	
			13. 외모에 뚜렷한 흉터가 남은 남 자(2004.8.21일 이전 사고에 한 하여 적용)	
			14. 외모에 흉터가 남은 여자 (2004.8.22일 이후 사고에 대하 여는 '여자'를 '사람'으로 대체 적용)	
13급	800만원	1,000 만원	1. 한 눈의 시력이 0.6 이하로 된 사람 2. 한 눈에 반맹증, 시야협착 또는 시야결손이 남은 사람 3. 두 눈의 눈꺼풀의 일부에 결손 이 남거나 속눈썹에 결손이 남 은 사람 4. 5개 이상의 치아에 대하여 치아 보철을 한 사람 5. 한 손의 새끼손가락을 잃은 사람 6. 한 손의 엄지손가락의 마디뼈의 일부를 잃은 사람 7. 한 손의 둘째손가락의 마디뼈의	

장해 급별	보험가입금액		신 체 장 해	비 고
	2005.2.21 이전 사고	2005.2.22 이후 사고		
			일부를 잃은 사람	
			8. 한 손의 둘째손가락의 끝관절을 굽히고 펼 수 없게된 사람	
			9. 한 다리가 1센티미터 이상 짧아진 사람	
			10. 한 발의 가운데발가락 이하의 1개 또는 2개의 발가락을 잃은 사람	
			11. 한 발의 둘째발가락을 제대로 못쓰게 된 사람 또는 둘째발가락을 포함하여 2개의 발가락을 제대로 못쓰게 된 사람 또는 가운데 발가락 이하의 3개의 발가락을 제대로 못쓰게 된 사람	
14급	500만원	630만원	1. 한 눈의 눈꺼풀의 일부에 결손이 있거나 속눈썹에 결손이 남은 사람	
			2. 3개 이상의 치아에 대하여 치아보철을 한 사람	
			3. 한 귀의 청력이 1미터 이상의 거리에서는 보통의 말소리를 알아듣지 못하게 된 사람	
			4. 팔의 노출된 면에 손바닥 크기의 흉터가 남은 사람	
			5. 다리의 노출된 면에 손바닥 크기의 흉터가 남은 사람	
			6. 한 손의 새끼손가락을 제대로 못쓰게 된 사람	
			7. 한 손의 엄지손가락과 둘째손가락외의 손가락의 마디뼈의 일부를 잃은 사람	

장해 급별	보험가입금액		신 체 장 해	비 고
	2005.2.21 이전 사고	2005.2.22 이후 사고		
			8. 한 손의 엄지손가락과 둘째손가락외의 손가락의 끝관절을 제대로 못쓰게 된 사람 9. 한 발의 가운데발가락 이하의 1개 또는 2개의 발가락을 제대로 못쓰게 된 사람 10. 국부에 신경증상이 남은 사람 11. 외모에 흉터가 남은 남자 (2004.8.21일 이전 사고에 한하여 적용)	

V.운전가능자 제한 특별약관

㉘ 운전자 연령제한 특별약관

1. 보상내용
보험회사(이하 '회사'라 합니다.)는 피보험자가 보험증권에 기재된 자동차(이하 '피보험자동차'라 합니다)에 대하여 운전할 자를 만(21/24/26)세 이상으로 한정하는 경우에는 이 특별약관이 정하는 바에 따라 보상합니다.

1. 보상하지 아니하는 손해
(1) 회사는 이 특별약관에 의하여 만(21/24/26)세미만의 자가 피보험자동차를 운전하는 중에 발생된 사고에 대하여는 보험금을 지급하지 아니합니다.

(2) 위'(1)'의 규정에도 불구하고 회사는 보험계약자 또는 피보험자에게 이 특별약관의 내용을 알려주었다는 사실을 회사가 입증하지 못하는 경우에는 보통약관 '배상책임(⑩대인배상Ⅰ제외)', '⑪자기신체사고', '⑫무보험자동차에 의한 상해' 및 '⑬자기차량손해'에서의 손해에 대하여는 보험금을 지급합니다.

또한, 피보험자동차를 도난당하였을 경우 그 도난당하였을 때로부터 발견될 때까지의 사이에 발생된 피보험자동차의 사고로 인한 보통약관 '⑩배상책임', '⑪자기신체사고', '⑬자기차량손해'의 손해에 대하여는 보험금을 지급합니다.

<용어풀이>
이 특별약관에서 만(21/24/26)세 미만의 자란 주민등록상의 생년월일을 기준으로 사고일 현재 만(21/24/26)세 미만의 사람을 말합니다.

3. 준용규정
이 특별약관에서 정하지 아니한 사항은 보통약관에 따릅니다.

4. 기타
이 특별약관의 규정은 대인배상Ⅰ에 대해서는 적용하지 아니합니다.

<용어풀이>
1.기명피보험자의 가족
 ①기명피보험자의 부모와 양부모, 계부모
 ②기명피보험자의 배우자의 부모 또는 양부모, 계부모
 ③법률상의 배우자 또는 사실혼관계에 있는 배우자
 ④법률상의 혼인관계에서 출생한 자녀, 사실혼관계에서 출생한 자녀, 양자
    또는 양녀, 계자녀
 ⑤기명피보험자의 며느리 또는 사위(계자녀의 배우자 포함)
2.기명피보험자의 배우자
 기명피보험자의 법률상의 배우자 또는 사실혼 관계에 있는 배우자

㉙ 운전자 범위제한 특별약관

1. 보상내용
보험회사(이하 '회사'라 합니다)는 피보험자가 보험증권에 기재된 자동차(이하 '피보험자동차'라 합니다)에 대하여 운전할 자를 보험증권에 기재된 피보험자(이하 '기명피보험자'라 합니다)와 그 (가족/부부/가족운전자 형제자매추가/기명1인한정)(으)로 한정하는 경우에는 이 특별약관이 정하는 바에 따라 보상합니다.

2. 보상하지 아니하는 손해
회사는 이 특별약관에 의하여 기명피보험자와 그 (가족/부부/가족운전자 형제자매추가/기명1인한정)이외의 자가 피보험자동차를 운전하던 중에 발생된 사고에 대하여는 보험금을 지급하지 아니합니다. 그러나, 피보험자동차를 도난당하였을 경우 그 도난당하였을 때로부터 발견될 때까지의 사이에 발생된 피보험자동차의 사고로 인한 보통약관 '⑩ 배상책임', '⑪ 자기신체사고', '⑬ 자기차량손해'의 손해에 대하여는 보험금을 지급합니다.

3. 준용규정
이 특별약관에서 정하지 아니한 사항은 보통약관에 따릅니다.

4. 기타
이 특별약관의 규정은 대인배상 I 에 대해서는 적용하지 아니합니다.
(2) 위'(1)'의 규정에도 불구하고 회사는 보험계약자 또는 피보험자에게 이 특별약관의 내용을 알려주었다는 사실을 회사가 입증하지 못하는 경우에는 보

통약관 '배상책임(⑩대인배상Ⅰ제외)', '⑪자기신체사고', '⑫무보험자동차에
의한 상해' 및 '⑬자기차량손해'에서의 손해에 대하여는 보험금을 지급합니
다. 또한, 피보험자동차를 도난당하였을 경우 그 도난당하였을 때로부터 발견
될 때까지의 사이에 발생된 피보험자동차의 사고로 인한 보통약관 '⑩배상책
임', '⑪자기신체사고', '⑬자기차량손해'의 손해에 대하여는 보험금을 지급합
니다.

<용어풀이>
1. 기명피보험자의 가족
 ①기명피보험자의 부모와 양부모, 계부모
 ②기명피보험자의 배우자의 부모 또는 양부모, 계부모
 ③법률상의 배우자 또는 사실혼관계에 있는 배우자
 ④법률상의 혼인관계에서 출생한 자녀, 사실혼관계에서 출생한 자녀, 양자
   또는 양녀, 계자녀
 ⑤기명피보험자의 며느리 또는 사위(계자녀의 배우자 포함)

2. 기명피보험자의 배우자
 기명피보험자의 법률상의 배우자 또는 사실혼 관계에 있는 배우자

개인용자동차보험 특별약관

1) 보험료 분할납입 특별약관

1. 보험료의 분할납입

보험회사(이하 '회사'라 합니다)는 이 특별약관에 의하여 보험계약자가 보험료(이 보험계약의 보험기간에 해당하는 보험료 전액을 말합니다. 이하 같습니다)를 보험증권 기재의 회수 및 금액(이하 '분할보험료'라 합니다)으로 분할하여 납입하게 할 수 있습니다. 그러나 대인배상Ⅰ 및 대물배상에 대하여는 이 특별약관이 적용되지 않습니다.

2. 분할보험료의 납입방법

보험계약자는 이 보험계약을 맺으면서 제1회 분할보험료를 납입하고 제2회 이후의 분할보험료부터는 약정한 납입일자 안에 납입하여야 합니다.

3. 분할보험료의 납입최고

(1) 보험계약자가 약정한 납입일자까지 제2회 이후의 분할보험료를 납입하지 아니하는 때에는 약정한 납입일자로부터 30일간의 납입최고기간을 둡니다. 회사는 이 납입최고기간 안에 생긴 사고에 대하여는 보상합니다.

(2) 위 '(1)'의 납입최고기간 안에 분할보험료를 납입하지 아니하는 때에는 납입최고기간이 끝나는 날의 24시부터 보험계약은 해지됩니다.

(3) 보험계약자가 약정한 납입일자까지 분할보험료를 납입하지 아니한 경우, 회사는 보험계약자 및 기명피보험자에게 납입최고기간이 끝나는 날 이전에 위 '(1)' 및 '(2)'의 내용을 서면으로 최고합니다. 이때 보험계약자 또는 피보험자가 보통약관 '⑥ 보험계약자 등의 의무사항' '2. 계약 후 알릴의무'에 따라 주소변경을 통보하지 않는 한 보험증권에 기재된 보험계약자 또는 기명피보험자의 주소를 회사의 의사표시를 수령할 지정장소로 합니다.

4. 보험료의 환급

이 특별약관 '3.(2)'에 의하여 보험계약을 해지한 때에는 회사가 보상하여야 할 사고가 생기지 아니한 경우에 한하여 이미 받은 보험료에서 해지일까지 경과한 기간에 대하여 단기요율로 계산한 보험료를 공제한 나머지를 돌려드립니다.

5. 보험계약의 부활
(1) 이 특별약관 '3.(2)'에 의하여 보험계약이 해지되고 해지환급금이 지급되지 아니한 경우, 보험계약이 해지된 후 30일안에 보험계약자가 보험계약의 부활을 청구하고 당해 분할보험료를 납입한 때에는 이 보험계약은 유효하게 계속됩니다.
(2) 위 '(1)'의 경우, 회사는 보험계약이 해지된 때로부터 당해 분할보험료를 영수한 날의 24시까지에 생긴 사고에 대하여는 보상하지 아니합니다.

6. 준용규정
이 특별약관에 정하지 아니한 사항은 보통약관에 따릅니다.

2) 보험료 자동이체납입 특별약관

1. 적용대상
보험회사(이하 '회사'라 합니다)는 보험계약자가 이 보험계약의 보험료를 보험계약자 또는 기명피보험자의 지정은행계좌를 통하여 자동이체납입하기로 약정하는 경우에 이 특별약관을 적용합니다.

2. 보험료의 자동납입
(1) 보험계약자는 보험료를 분할납입할 때는 이 특별약관에 의하여 보험증권에 기재된 회수 및 금액으로 자동이체 분할납입합니다. 그러나, 대인배상Ⅰ 및 대물배상에 대하여는 그러하지 아니합니다.
(2) 보험료의 자동이체 납입일은 보험증권에 기재된 이체일자(이하 '약정이체일'이라 합니다)로 합니다.
(3) 위 '(2)'의 약정이체일은 보험청약서상에 열거된 이체가능일자 중에서 보험료 납입기일 이후에 최초로 도래하는 이체일자를 말합니다. 다만, 초회보험료를 자동이체납입할 경우의 초회보험료 약정이체일은 회사와 보험계약자가 별도로 약정한 책임개시일자의 이전의 이체일자를 말합니다.

(4) 지정은행계좌의 이체가능 금액이 회사가 청구한 보험료에 미달할 경우에는 보험료가 이체납입되지 않습니다.

3. 분할보험료의 납입유예 및 납입최고

(1) 회사는 분할보험료가 약정이체일에 납입되지 아니할 경우에는 약정이체일로부터 〈별표〉의 납입유예기간을 둡니다. 회사는 이 납입유예기간 안에 생긴 사고는 보상합니다. 다만, 초회보험료에 대해서는 납입유예기간이 없으며, 책임개시일자 이전까지 초회보험료의 납입이 없을 경우에는 보험계약의 효력이 발생하지 아니합니다.

(2) 회사는 약정이체일에 분할보험료가 이체납입되지 아니한 경우에는 분할보험료 납입유예기간 중에는 계속하여 이체청구를 할 수 있습니다.

(3) 회사는 위 '(1)'의 납입유예기간이 끝나는 날의 10일전까지 보험계약자에게 납입최고를 합니다.

(4) 납입유예기간 말일까지 분할보험료가 납입되지 않을 경우에는 납입유예기간 말일의 24시부터 보험계약은 해지됩니다.

4. 계약 후 알릴 의무

보험계약자 또는 기명피보험자는 지정은행계좌의 번호가 변경되거나 거래정지된 경우에는 그 사실을 지체없이 회사에 알려야 합니다.

5. 준용규정

이 특별약관에 정하지 아니한 사항은 보통약관에 따릅니다.

〈별표〉 제2회 이후의 분할보험료 미납입에 따른 납입유예기간

납입방법 \ 미납입보험료		2회보험료	3회보험료	4회보험료	5회보험료	6회보험료
비연속 2회납						1개월
연속납	2회납	4개월				
	3회납	2개월	4개월			
	4회납	1개월	3개월	4개월		
	5회납	1개월	2개월	3개월	4개월	
	6회납	1개월	1개월	2개월	2개월	3개월

(주) 비연속 2회납의 납입유예기간 1개월은 2회보험료 미납입에 따른 납입유예기간을 말합니다.

3) 가족운전자 한정운전 특별약관

1. 보상책임내용

보험회사(이하 '회사'라 합니다)는 피보험자가 보험증권에 기재된 자동차(이하 '피보험자동차'라 합니다)에 대하여 운전할 자를 보험증권에 기재된 피보험자(이하 '기명피보험자'라 합니다)와 그 **가족**으로 한정하는 경우에는 이 특별약관이 정하는 바에 따라 보상합니다. 그러나 대인배상 I 에 대하여는 그러하지 아니합니다.

> 〈용어풀이〉
>
> 이 약관에서 기명피보험자의 **가족**이라 함은 ① 기명피보험자의 부모와 양부모, 계부모 ② 기명피보험자의 배우자의 부모 또는 양부모, 계부모 ③ 법률상의 배우자 또는 사실혼관계에 있는 배우자 ④ 법률상의 혼인관계에서 출생한 자녀, 사실혼관계에서 출생한 자녀, 양자 또는 양녀, 계자녀 ⑤ 기명피보험자의 며느리 또는 사위(계자녀의 배우자 포함)를 말합니다.

2. 보상하지 아니하는 손해

(1) 위 1. 보상책임내용의 규정에도 불구하고 회사는 보험계약자 또는 피보험자에게 이 특별약관의 내용을 알려주었다는 사실을 회사가 입증하지 못하는 경우에는 보통약관 '⑩배상책임(대인배상 I 제외)', '⑪자기신체사고', '⑫무보험자동차에 의한 상해' 및 '⑬자기차량손해'에서의 손해에 대하여는 보험금을 지급합니다.

(2) 회사는 이 특별약관에 의하여 기명피보험자와 그 가족 이외의 자가 피보험자동차를 운전하던 중에 발생된 사고에 대하여는 보험금을 지급하지 아니합니다. 그러나 피보험자동차를 도난당하였을 경우 그 도난당하였을 때로부터 발견될 때까지의 사이에 발생된 피보험자동차의 사고로 인한 보통약관 '⑩ 배상책임', '⑪ 자기신체사고', '⑬ 자기차량손해'의 손해에 대하여는 보험금을 지급합니다.

3. 준용규정

이 특별약관에 정하지 아니한 사항은 보통약관에 따릅니다.

4) 부부운전자한정운전 특별약관

1. 보상책임내용

보험회사(이하 '회사'라 합니다)는 피보험자가 보험증권에 기재된 자동차(이하 '피보험자동차'라 합니다)에 대하여 운전할 자를 보험증권에 기재된 피보험자(이하 '기명피보험자'라 합니다) 및 그 배우자로 한정하는 경우에는 이 특별약관이 정하는 바에 따라 보상합니다. 그러나, 대인배상 I 에 대하여는 그러하지 아니합니다.

<용어풀이>
이 약관에서 기명피보험자의 배우자라 함은 기명피보험자의 법률상의 배우자 또는 사실혼 관계에 있는 배우자를 말합니다.

2. 보상하지 아니하는 손해

(1) 위 1. 보상책임내용의 규정에도 불구하고 회사는 보험계약자 또는 피보험자에게 이 특별약관의 내용을 알려주었다는 사실을 회사가 입증하지 못하는 경우에는 보통약관 '⑩배상책임(대인배상 I 제외)', '⑪자기신체사고', '⑫무보험자동차에 의한 상해' 및 '⑬자기차량손해'에서의 손해에 대하여는 보험금을 지급합니다.

(2) 회사는 이 특별약관에 의하여 기명피보험자와 그 배우자 이외의 자가 피보험자동차를 운전하던 중에 발생된 사고에 대하여는 보험금을 지급하지 아니합니다. 그러나, 피보험자동차를 도난당하였을 경우, 그 도난당하였을 때로부터 발견될 때까지의 사이에 발생된 피보험자동차의 사고로 인한 보통약관 '⑩배상책임', '⑪자기신체사고', '⑬자기차량손해'에 대하여는 보험금을 지급합니다.

3. 준용규정

이 특별약관에 정하지 아니한 사항은 보통약관에 따릅니다.

5) 가족운전자 형제자매추가한정운전 특별약관

1. 보상책임내용

보험회사(이하 '회사'라 합니다)는 피보험자가 보험증권에 기재된 자동차(이하 '피보험자동차'라 합니다)에 대하여 운전할 자를 보험증권에 기재된 피보험자(이하 '기명피보험자'라 합니다) 및 그의 가족으로 한정하는 경우에는 이 특별약관이 정하는 바에 따라 보상합니다. 그러나 대인배상 I 에 대하여는 그러하지 아니합니다.

<용어풀이> 이 약관에서 기명피보험자의 가족이라 함은 ① 기명피보험자의 부모와 양부모, 계부모 ② 기명 피보험자의 배우자의 부모 또는 양부모, 계부모 ③ 법률상의 배우자 또는 사실혼관계에 있는 배우자 ④ 법률상의 혼인관계에서 출생한 자녀, 사실혼 관계에서 출생한 자녀, 양자 또는 양녀, 계자녀 ⑤ 기명피보험자의 며느리 또는 사위(계자녀의 배우자 포함) ⑥기명피보험자의 법률상 형제, 자매를 말합니다.

2. 보상하지 아니하는 손해

(1) 위 1. 보상책임내용의 규정에도 불구하고 회사는 보험계약자 또는 피보험자에게 이 특별약관의 내용을 알려주었다는 사실을 회사가 입증하지 못하는 경우에는 보통약관 '⑩배상책임(대인배상 I 제외)', '⑪자기신체사고', '⑫무보험자동차에 의한 상해' 및 '⑬자기차량손해'에서의 손해에 대하여는 보험금을 지급합니다.

(2) 회사는 이 특별약관에 의하여 기명피보험자 및 그 가족 이외의 자가 피보험자동차를 운전하던 중에 발생된 사고에 대하여는 보험금을 지급하지 아니합니다. 그러나 피보험자동차를 도난당하였을 경우, 그 도난당하였을 때로부터 발견될 때까지의 사이에 발생된 피보험자동차의 사고로 피보험자가 배상책임을 짐으로써 입은 보통약관 '⑩배상책임', '⑪자기신체사고', '⑭자기차량손해'에 대하여는 그러하지 아니합니다.

3. 준용규정

이 특별약관에서 정하지 아니한 사항은 보통약관에 따릅니다

6) 기명1인한정운전 특별약관

1. 보상책임내용

보험회사(이하 '회사'라 합니다)는 피보험자가 보험증권에 기재된 자동차(이하 '피보험자동차'라 합니다)에 대하여 운전할 자를 보험증권에 기재된 피보험자(이하 '기명피보험자'라 합니다)로 한정하는 경우에는 이 특별약관이 정하는 바에 따라 보상합니다. 그러나 대인배상 I 에 대하여는 그러하지 아

니합니다.

2. 보상하지 아니하는 손해

(1) 위 1. 보상책임내용의 규정에도 불구하고 회사는 보험계약자 또는 피보험자에게 이 특별약관의 내용을 알려주었다는 사실을 회사가 입증하지 못하는 경우에는 보통약관 '⑩배상책임(대인배상Ⅰ제외)', '⑪자기신체사고', '⑫무보험자동차에 의한 상해' 및 '⑬자기차량손해'에서의 손해에 대하여는 보험금을 지급합니다.

(2) 회사는 이 특별약관에 의하여 기명피보험자 이외의 자가 피보험자동차를 운전하던 중에 발생된 사고에 대하여는 보험금을 지급하지 아니합니다. 그러나 피보험자동차를 도난당하였을 경우, 그 도난당하였을 때로부터 발견될 때까지의 사이에 발생된 피보험자동차의 사고로 피보험자가 배상책임을 짐으로써 입은 보통약관 '⑩배상책임', '⑪자기신체사고', '⑬자기차량손해'에 대하여는 그러하지 아니합니다.

3. 준용규정

이 특별약관에서 정하지 아니한 사항은 보통약관에 따릅니다.

7) 운전자연령 만21/24/26세이상 한정운전 특별약관

1. 보상책임내용

보험회사(이하 '회사'라 합니다)는 피보험자가 보험증권에 기재된 자동차(이하 '피보험자동차'라 합니다)에 대하여 운전할 자를 21/24/26세이상으로 한정하는 경우에는 이 특별약관이 정하는 바에 따라 보상합니다. 그러나 대인배상Ⅰ에 대하여는 그러하지 아니합니다.

2. 보상하지 아니하는 손해

(1) 회사는 이 특별약관에 의하여 **21/24/26세미만의** 자가 피보험자동차를 운전하던 중에 발생된 사고에 대하여는 보험금을 지급하지 아니합니다.

(2) 위 '(1)'의 규정에도 불구하고 회사는 보험계약자 또는 피보험자에게 이 특별약관의 내용을 알려주었다는 사실을 회사가 입증하지 못하는 경우에는 보통약관 '⑩ 배상책임(대인배상Ⅰ 제외)', '⑪ 자기신체사고', '⑫ 무보험자동차에 의한 상해' 및 '⑬ 자기차량손해'에서의 손해에 대하여는 보험금을 지급합니다.

또한, 피보험자동차를 도난당하였을 경우 그 도난당하였을 때로부터 발견될 때까지의 사이에 발생된 피보험자동차의 사고로 인한 보통약관 '⑩ 배상책임', '⑪ 자기신체사고', '⑬ 자기차량손해'의 손해에 대하여는 보험금을 지급합니다.

〈용어풀이〉

이 특별약관에서 **21/24/26세미만의** 자란 주민등록상의 생년월일을 기준으로 사고일 현재 만21/24/26세미만의 사람을 말합니다.

---

3. 준용규정

이 특별약관에서 정하지 아니한 사항은 보통약관에 따릅니다.

8) 다른 자동차 운전담보 특별약관

이 특별약관은 보통약관 '⑫무보험자동차에 의한 상해' 가입자에 대하여 자동적으로 적용됩니다.

1. 보상책임내용

(1) 보험회사(이하 '회사'라 합니다)는 피보험자가 다른 자동차를 운전 중(주차 또는 정차 중을 제외합니다. 이하 같습니다.) 생긴 대인 사고나 대물사고로 인하여 법률상 손해배상책임을 짐으로써 손해를 입은 때 또는 피보험자가 상해를 입었을 때에는 피보험자가 운전한 다른 자동차를 보통약관 '⑩배상책임(대인배상Ⅰ제외)' 및 '⑪자기신체사고' 규정의 피보험자동차로 간주하여 보통약관에서 규정하는 바에 따라 보상하여 드립니다.

(2) 회사는 피보험자가 다른 자동차를 운전 중 생긴 사고로 다른 자동차의 소유자가 상해를 입었을 때에는 보통약관 '⑪자기신체사고'의 피보험자로 간주하여 보통약관에서 규정한 바에 따라 보상하여 드립니다.

(3) 회사가 보상할 위 '(1)' 또는 '(2)'의 손해에 대하여 다른 자동차에 적용되는 보험계약에 의하여 보험금이 지급될 수 있는 경우에는 회사가 보상할 금액이 다른 자동차의 보험계약에 의하여 지급될 수 있는 금액을 초과하는 때에 한하여 그 초과액만을 보상합니다.

<용어풀이>
이 특별약관에서 다른 자동차라 함은 자가용자동차로서 피보험자동차와 동일한 차종(승용자동차(다인승 1종·2종포함), 경승합자동차 및 경·4종 화물자동차간에 , 다인승 1종·2종 승용자동차 및 경·3종 승합자동차간에는 동일한 차종으로 봅니다_으로서 다음 각호의 1에 해당하는 자동차를 말합니다.
①기명피보험자와 그 부모, 배우자 또는 자녀가 소유하거나 통상적으로 사용하는 자동차가 아닌것
②기명피보험자가 자동차를 대체한 경우, 그 사실이 생긴 때로부터 회사가 보통약관 '⑱보험계약의 승계', '2.피보험자동차를 다른 자동차로 교체(대체)하느 경우'의 승인을 한 때까지의 대체 자동차

2. 보상하지 아니하는 손해

회사는 보통약관 '⑭보험회사가 보상하지 않는 사항'에서 정하는 사항이외에 다음과 같은 손해에 대하여도 보상하지 아니합니다.

(1) 피보험자가 사용자의 업무에 종사하고 있을 때 그 사용자가 소유하는 자동차를 운전 중 생긴 사고로 인한 손해

(2) 피보험자가 소속한 법인이 소유하는 자동차를 운전 중 생긴 사고로 인한 손해

(3) 피보험자가 자동차정비업, 주차장업, 급유업, 세차업, 자동차판매업, 대리운전업(대리운전자를 포함합니다) 등 자동차 취급업무상 수탁받은 자동차를 운전 중 생긴 사고로 인한 손해

(4) 피보험자가 요금 또는 대가를 지불하거나 받고 다른 자동차를 운전 중 생긴 사고로 인한 손해

(5) 피보험자가 다른 자동차의 사용에 대하여 정당한 권리를 가지고 있는 자의 승낙을 받지 아니하고 다른 자동차를 운전 중 생긴 사고로 인한 손해

(6) 피보험자가 다른 자동차의 소유자에 대하여 법률상의 손해배상책임을 짐으로써 입은 손해

(7) 피보험자가 다른 자동차를 시험용 또는 경기용이나 경기를 위한 연습용으로 사용하던 중 생긴 사고로 인한 손해. 다만 운전면허시험을 위한 도로주행시험용으로 사용하던 중 생긴 손해는 보상합니다.

(8) 보험증권에 기재된 운전가능 연령범위외의 자가 다른 자동차를 운전 중 생긴 사고로 인한 손해

3. 피보험자

다른자동차 운전담보에서 피보험자라 함은 다음에 열거하는 사람을 말합니다.

(1) 기명피보험자

(2) 기명피보험자의 배우자 다만, 운전자를 한정하는 다른 특별약관에 의하여 기명피보험자의 배우자가 운전가능범위에 포함되지 않는 경우에는 피보험자로 보지 아니합니다.

4. 준용규정

이 특별약관에서 정하지 아니한 사항은 보통약관에 따릅니다.

9) 의무보험 일시담보 특별약관

1. 적용대상

이 특별약관은 보통약관 '⑩배상책임(대인배상Ⅰ 및 대물배상)'에 대하여 자동적으로 적용됩니다.

2. 보험계약자 및 기명피보험자

보험회사(이하 '회사'라 합니다)는 보통약관 '⑱보험계약의 승계', '1. 피보험자동차를 양도하는 경우'의 규정에 불구하고(단서의 승인이 있는 경우는 제외합니다.) 보험증권에 기재된 피보험자동차가 양도된 날로부터 15일째 되는 날의 24시까지의 기간동안은 그 자동차를 보통약관 '⑩배상책임(대인배상Ⅰ 및 대물배상)'의 피보험자동차로 간주하고 양수인을 보험계약자 및 기명피보험자로 봅니다.

3. 보상책임내용

(1) 회사는 피보험자가 피보험자동차를 소유, 사용, 관리하는 동안 생긴 사고로 인하여 남을 죽게 하거나 다치게 한 경우와 남의 재물을 없애거나 훼손하여 법률상 손해배상책임을 짐으로써 입은 손해를 보통약관 '⑩ 배상책임(대인배상Ⅰ 및 대물배상)'에서 규정하는 바에 따라 보상합니다. 다만, 「대물배상」의 경우 회사가 매 사고에 대하여 지급하는 보험금은 1사고당 1,000만원을 한도로 합니다.

(2) 회사는 위 '(1)'의 규정에 불구하고 다음 각호의 손해에 대하여는 보상

하지 아니합니다.

① 양도된 피보험자동차가 양수인 명의로 이전등록된 이후에 발생한 손해

② 양도된 피보험자동차에 대하여 양수인 명의로 유효한 「대인배상Ⅰ」 및 「대물배상」에 가입한 이후에 발생한 손해

③ 보통약관 '⑤ 보험기간'의 「대인배상Ⅰ」 및 「대물배상」 계약 성립시 설정된 보험기간의 마지막 날 24시 이후에 발생한 손해

④ 「대물배상」에서 양도인의 보험증권에 기재된 운전가능 범위 또는 운전가능 연령범위 외의 자가 피보험자동차를 운전 중 생긴 사고로 인한 손해

(3) 위 '(1)'에 의하여 회사가 보상한 경우에는 자동차보험요율서에서 정한 불량할증을 양수인에게 적용합니다.

4. 보험료의 청구 및 납입

(1) 회사는 이 특별약관 '3.'에 의해 회사가 보상책임을 지는 기간에 대하여는 단기요율로 계산한 해당 보험료를 양수인에게 청구할 수 있습니다.

(2) 양수인은 위 '(1)'의 보험료의 납입을 청구 받은 때에는 지체 없이 이를 회사에 납입하여야 합니다.

5. 준용규정

이 특별약관에 정하지 아니한 사항은 보통약관에 따릅니다.

10) 유상운송 위험담보 특별약관

1. 보상책임내용

보험회사(이하 '회사'라 합니다)는 보험증권에 기재된 자동차(이하 '피보험자동차'라 합니다)가 다인승 1종·2종승용자동차로서 유상으로 운송용에 제공하는 경우에는 이 특별약관에 따라 보상합니다. 그러나 대인배상Ⅰ에 대하여는 그러하지 아니합니다.

2. 보상하는 손해

보통약관 '⑭ 보험회사가 보상하지 않는 사항'의 '1. 일반 면책사항'의 '(2)의 ⑤', '(3)의 ⑤', '(4)의 ⑨', '(5)의 ⑤' 및 '(6)의 ⑤'에도 불구하고 요금이나 대가를 목적으로 피보험자동차를 사용 또는 대여한 때에 생긴 사고로

인한 손해에 대하여도 보상합니다.

3. 준용규정

이 특별약관에 정하지 아니한 사항은 보통약관의 규정에 따릅니다.

11) 기계장치에 관한 「자기차량손해」 특별약관

보험회사는 이 특별약관에 의하여 보통약관의 규정에도 불구하고, 보험증권에 기재된 자동차(이하 '피보험자동차'라 합니다)가 다인승 1종·2종승용자동차로서 피보험자동차에 장착 또는 장비되어 있는 「보험증권기재의 기계장치」에 대하여 생긴 손해는 보상하지 아니합니다. 그러나 차량과 동시에 입은 손해는 보상합니다.

12) 신용카드이용 보험료납입 특별약관

1. 보상책임내용

보험회사(이하 '회사'라 합니다)는 신용카드회사(이하 '카드회사'라 합니다)의 카드회원을 보험계약자 및 피보험자로 하며, 신용카드를 이용하여 보험계약을 체결하고 보험사고가 발생하였을 경우 이로 인한 손해를 보상하여 드립니다.

2. 보험료의 영수

회사는 신용카드이용 보험료납입 특별약관(이하 '특별약관'이라 합니다)에 따라 보험계약자 또는 피보험자가 소정의 신용카드로써 보험료를 결제하고 카드회사의 승인을 받은 시점을 보험료의 영수시점으로 간주합니다.

3. 사고카드 계약

(1) 사고카드를 이용하여 보험계약을 체결하였을 때에는 이 보험계약은 보험자의 책임개시일로부터 그 효력을 상실합니다.

(2) 위 '(1)'의 사고카드라 함은 유효기간이 경과한 카드, 위조·변조된 카드, 무효 또는 거래정지를 받은 카드, 카드 상에 기재되어 있는 회원과 이용자가 상이한 카드 등을 말합니다.

4. 준용규정

이 특별약관에 정하지 아니한 사항은 보통약관의 규정에 따릅니다.

13) 다이렉트서비스 특별약관

1. 보상책임내용

보험회사(이하 '회사'라 합니다)는 피보험자가 보험증권에 기재된 피보험자동차를 소유, 사용, 관리하는 동안에 다이렉트서비스를 필요로 하여 회사에 요청할 때에는 이 특별약관에 의하여 해당하는 서비스를 제공합니다.

2. 다이렉트서비스의 종류 및 내용

(1) 이 특별약관에서 제공되는 다이렉트서비스는 다음과 같습니다.

① 긴급견인서비스

피보험자동차를 소유, 사용, 관리하던 중 사고 또는 고장으로 인하여 자력으로 운행하지 못할 경우에는 피보험자가 요청하는 곳으로 견인하여 드립니다. 단, 견인을 개시한 곳부터 10km를 한도로 하며, 10km를 초과하는 거리에 대해서는 피보험자가 실비(초과 1km당 2,000원)를 부담하여야 합니다.

② 비상급유서비스

피보험자동차를 소유, 사용, 관리하던 중 연료가 소진되어 피보험자동차의 운행이 정지된 경우에 1일 1회에 한하여 긴급운행용으로 연료(휘발유 3ℓ, 경유 5ℓ)를 주유하여 드립니다. 단, LPG차량의 경우에는 연료의 완전소진으로 운행이 정지된 경우에 10km를 한도로 가까운 충전소까지 견인하여 드리며, 10km를 초과하는 거리에 대해서는 피보험자가 실비(초과 1km당 2,000원)를 부담하여야 합니다.

③ 배터리충전서비스

피보험자동차를 소유, 사용, 관리하던 중 배터리의 방전으로 운행할 수 없는 경우에 차량의 운행이 가능하도록 조치하여 드립니다. 단, 배터리 교환시는 피보험자가 실비를 부담하여야 합니다.

④ 예비타이어교체서비스

피보험자동차를 소유, 사용, 관리하던 중 타이어의 파손으로 운행을 할 수 없는 경우에 피보험자동차에 내장된 예비타이어로 교체하여 드립니다. 단, 타이어수선은 제외되며, 예비타이어가 없는 경우에는 서비스를 제공하지 아니합니다.

⑤ 잠금장치해제서비스

피보험자동차를 소유, 사용, 관리하던 중 차량의 Key를 자동차 실내에 두거나 분실 등으로 피보험자동차의 운전석의 잠금장치를 해제할 수 없는 경우에 잠금장치를 해제하여 드립니다. 단, 서비스를 요청하는 자가 피보험자임을 구체적으로 확인할 수 없는 경우에는 잠금장치해제 서비스를 제공하지 아니하며, 외제차량 및 일반적인 방법으로 잠금장치해제가 되지 않는 일부 고급차량은 잠금장치해제 서비스 대상에서 제외됩니다. 또한, 피보험자의 동의하에 잠금장치해제를 위하여 부득이하게 파손된 부분의 원상복구를 위한 비용은 피보험자가 부담하여야 합니다.

⑥ 브레이크/엔진/파워오일보충 서비스

피보험자동차를 소유, 사용, 관리하던 중 브레이크오일, 엔진오일, 파워오일의 부족으로 피보험자동차를 운행 할 수 없는 경우에는 오일의 부족분을 보충하여 드립니다. 단, 브레이크오일은 1ℓ 이내, 엔진오일은 2ℓ 이내, 파워오일은 1ℓ 이내에 한합니다.

⑦ 라지에타캡교환 서비스

피보험자동차의 주행 중 부품불량 및 파손으로 엔진과열시 긴급출동하여 라지에타캡을 교환하여 드립니다.

⑧ 브레이크등/전조등 전구교환 서비스

피보험자동차를 소유, 사용, 관리하던 중 브레이크등, 전조등의 고장으로 피보험자동차를 운행할 수 없는 때에는 해당하는 등을 교환하여 드립니다. 단, 일반등 교환만 가능하며 할로겐등과 같은 특수등은 실비를 받고 교환해 드립니다.

⑨ 윈도우브러쉬 교환서비스

우천시 또는 눈이 오는 때에 피보험자동차의 윈도우브러쉬 고장으로 주행이 불가능한 경우 윈도우브러쉬, 윈도우브러쉬모터를 교환하여 드립니다. 단, 부품실비는 피보험자가 부담하여야 합니다.

⑩ 휴즈교환서비스

피보험자동차를 소유, 사용, 관리하던 중 휴즈의 단락으로 피보험자동차를 운행할 수 없는 경우에는 휴즈를 교환하여 드립니다.

⑪ 오버히트(엔진과열)응급조치 서비스

피보험자동차의 주행 중 오버히트(엔진과열)로 운행이 불가능시 피보험
자동차를 응급조치하여 드립니다.
⑫ 부동액보충 서비스
피보험자동차의 주행 중 부동액의 부족으로 피보험자동차를 운행 할 수 없
는 경우에는 부동액을 보충하여 드립니다.
⑬ 긴급시동서비스
피보험자동차를 소유, 사용, 관리하던 중 기온 급강하로 인한 시동불량,
엔진 시동장치(점화플러그, 시동모터 등)의 고장으로 인한 시동불량으로 피
보험자동차를 운행할 수 없는 경우에는 차량운행이 가능하도록 조치하여
드립니다. 단, 엔진 시동을 위해 부품교환이 필요한 경우에는 피보험자가
부품 실비를 부담하여야 합니다.
⑭ 긴급구난서비스
피보험자동차를 소유, 사용, 관리하던 중 도로를 이탈하거나 장애물로 인하
여 피보험자동차가 자력으로 운행이 불가능한 경우 피보험자동차를 긴급구
난하여 드립니다. 단, 별도의 구난장비 없이 구난형 특수자동차로 구난이
가능한 경우에 한하며, 추가적인 구난장비(크레인, 2대 이상의 구난차량
등)가 필요한 경우에는 피보험자가 실비를 부담하여야 합니다.
또한, 피보험자에게 사전에 파손 가능성을 안내하고 동의 후 구난을 하다
가 파손된 부분의 원상복구를 위한 비용은 피보험자가 부담하여야 합니다.

(2) 회사는 현장에서 위 '(1) ③~⑬'에서 규정한 서비스를 제공하기 어려운 경우
위 '(1) ①'의 서비스로 대신 제공해 드릴 수 있습니다.
(3) 피보험자의 책임없는 사유로 위 '(1)'에서 규정한 서비스를 제공받지 못하
여 피보험자가 개인적으로 부담한 금액이 있는 경우에는 회사가 통상적으로
부담하는 해당 다이렉트서비스 비용 상당액을 한도로 피보험자가 부담한 금
액을 지급하여 드립니다.

3. 피보험자
이 특별약관에 있어 피보험자란 보험증권에 기재된 운전할 수 있는 범위의
자를 말합니다.

4. 특약의 자동종료
이 특별약관은 피보험자가 이 보험계약 가입 후 다이렉트서비스를 5회 이

상(보험기간이 1년 미만인 경우는 3회 이상) 받았을 때에는 그 시점부터 자동으로 해지됩니다.

5. 보상하지 아니하는 손해

(1) 회사는 이 특별약관에서 정한 서비스의 요청지가 도서지역(제주도 및 연륙교로 연결된 도서는 포함) 또는 통신교환이 원활하지 못하거나 물리적으로 차량진입이 불가능하다고 판단되는 지역인 경우에는 서비스를 제공하지 아니합니다.

(2) 회사는 다이렉트서비스의 지연 또는 미제공으로 인하여 발생한 간접손해에 대하여는 보상하지 아니합니다.

(3) 회사는 다이렉트서비스를 제공하는 과정에서 부득이 발생한 적재물의 손상, 멸실 등의 손해에 대하여는 보상하지 아니합니다.

6. 준용규정

이 특별약관에 정하지 아니한 사항은 보통약관에 따릅니다.

14) 대리운전 위험담보 특별약관

1. 보상내용

(1) 보험회사(이하 '회사'라 합니다)는 피보험자가 대리운전업자에게 일시적으로 운전대행을 의뢰한 경우에 피보험자가 보험증권에 기재된 자동차(이하 '피보험자동차'라 합니다)에 탑승한 상태에서 대리운전자가 피보험자동차를 운전하던 중에 발생한 사고에 대하여는 이 특별약관에 따라 보상합니다. 또한, 이 경우에는 『운전자연령 한정운전 특별약관』 이나 『운전자 한정운전 특별약관』의 2.보상하지 아니하는 손해의 규정을 적용하지 아니합니다.

<용어풀이>

(1) 이 특별약관에서 대리운전업자라 함은 요금이나 대가를 목적으로 운전대행서비스를 제공하는 사업자를 말합니다.

(2) 이 특별약관에서 대리운전자라 함은 대리운전업자의 종사자로서 피보험자동차의 운전을 일시적으로 대리하는 사람을 말하며, 다음의 사람은 제외합니다.

① 기명피보험자의 피용자

② 자동차정비업, 주차장업, 급유업, 세차업, 자동차판매업, 자동차탁송업 등 자동차를 취급하는 것을 업으로 하는 자(이들의 피용자 및 이들이 법인인 경우에는 그 이사와 감사를 포함합니다). 다만, 이들이 피보험자동차를 위탁받아 사용 또는 관리하는 경우에 한하며, 대리 운전업에 종사하는 자는 제외합니다

③ 피보험자동차를 임시적으로 운전하지 않고 통상적으로 운전하는 자

④ 피보험자동차에 탑승중인 자로서 교대운전자

(2) 회사가 보상할 '(1)'의 손해에 대하여 대리운전업자 또는 대리운전자에게 적용되는 다른 자동차보험계약(대리운전 위험을 담보하는 보험계약을 포함합니다)에 의하여 보험금이 지급될 수 있는 경우에는 회사가 보상하여야 할 금액이 대리운전자에게 적용되는 다른 자동차보험계약에 의하여 지급될 수 있는 금액을 초과하는 경우에 한하여 그 초과액만을 보상합니다.

2. 피보험자

이 특별약관에서 피보험자라 함은 다음에 열거하는 사람을 말합니다.

① 기명피보험자. 다만, 법인인 경우에는 이사와 감사를 기명피보험자로 봅니다.

② 기명피보험자의 가족

(3.「가족운전자 한정운전 특별약관」에서 정하는 '가족'을 말합니다)

3. 보상하지 아니하는 손해

회사는 보통약관의 '⑭ 보험회사가 보상하지 않는 사항 (면책사항)'에서 정한 사항 이외에 다음과 같은 손해에 대하여도 보험금을 지급하지 아니합니다.

① 대리운전자의 신체에 생긴 손해

② 피보험자가 음주 또는 부상으로 인하여 대리운전을 요청하지 아니한 경우의 임시적 대리운전자의 운전으로 인한 손해

③ 탑승자나 제3자의 교대운전 또는 임시대리운전으로 인한 손해

4. 준용규정

이 특별약관에서 정하지 아니하는 사항은 보통약관에 따릅니다.

신용정보 제공·활용에 대한 고객 권리 안내문

1. 금융서비스의 이용

고객의 신용정보는 고객이 동의한 이용목적만으로 사용되며, 보험관련 금융서비스는 제휴회사 등에 대한 정보의 제공·활용 동의여부와 관계없이 이용하실 수 있습니다. 다만, 제3자에 대한 정보의 제공·활용에 동의하지 않으시는 경우에는 제휴·부가서비스, 신상품 서비스 등은 제공받지 못할 수도 있습니다.

2. 고객 신용정보의 제공·활용 중단 신청

가. 고객은 가입신청 시 동의한 본인정보의 제3자에 대한 제공 또는 당사의 보험·금융 상품(서비스) 소개 등 영업목적 사용에 대하여 전체 또는 사안별로 제공·활용을 중단 시킬 수 있습니다. 다만, 신용정보 인프라를 해하거나, 신용정보 집중기관, 신용 정보업자, 업무위탁회사 등에 대한 정보를 제한함으로서 금융회사의 업무 효율성을 저해할 우려가 있는 경우의 동의철회는 제한됩니다.

본인정보의 활용 제한중단을 원하시는 고객은 당사 콜센터 1544-2580으로 신청하여 주시기 바랍니다.

※ 단, 신규거래 고객은 계약체결일로부터 3개월간은 신청할 수 없습니다.

나. 위의 신청과 관련한 불편과 애로가 있으신 경우에는 당사의 개인신용정보 관리보호 인 또는 대한손해보험협회 및 금융감독원 정보보호 담당자 앞으로 연락하여 주시기 바랍니다.

당사 개인신용정보 관리보호인	대한손해보험협회 정보보호담당자	금융감독원 정보보보담당자
서울시 강남구 역삼동 708-6 에르고다음다이렉트 (☎02-2050-8050)	서울시 종로구 수송동 80코리안리빌딩 (☎02-3702-8544)	서울시 영등포구 여의도동27번지 (☎02-3786-8390)

▣ 저자 박 영 민 ▣

□ 강릉고등학교 졸업
□ 관동대 법학과 졸업(법학사)
□ 한양대학교 대학원 법학과 졸(법학석사)
□ 한양대학교 대학원 법학과 졸(법학박사)
□ 3종 대인 · 대물 손해사정사
□ 전 신동아화재 보상과 근무
□ 현 AXA 손해보험 보상과장 재직 중

〈주요 논문〉

- 자동차사고로 인한 자배법상의 책임
- 자동차손해배상보장법상의 타인성에 관한 연구
- 자동차손해배상보장법상 운행자의 의미
- 무단운전과 절취운전에 있어서 보유자 책임의 한계
- 자동차사고와 민사상 책임분담
- 자동차사고로 인한 인적 손해에 있어서 손해배상의 범위
- 자동차사고로 인한 인적 손해에 있어서 과실에 관한 비판적 고찰

자동차사고로 인한 손해배상의 책임과 보상	定價 30,000원

2012年 10月 25日 1판 인쇄
2012年 10月 30日 1판 발행
　저 자 : 박 영 민
　발행인 : 김 현 호
　발행처 : 법문 북스
　공급처 : 법률미디어

1̄5̄2̄-̄0̄5̄0̄
서울 구로구 구로동 636-62

TEL : 2636-2911∼3, FAX : 2636∼3012
등록 : 1979년 8월 27일 제5-22호
Home : www.lawb.co.kr

▎ISBN 978−89−7535−248−5 93360
▎파본은 교환해 드립니다.